인류문명의 기원과 **한**【韓】

• 김상일 지음

국립중앙도서관 출판예정도서목록(CIP)

인류 문명의 기원과 한 : 문명(文明)의 기원(起源), 근동(近東)이냐 극동(極東)이냐 / 지은이: 김상일. -- 대전 : 상생출판, 2018
  p. ;   cm

권말부록: 수메르어 문법과 우리 옛말의 대조 연구 ; 수메르수사와 우리말의 수사와 대조 ; A study about the similarities between the Sumerian grammar and the old Korean language
참고문헌과 색인수록
ISBN 979-11-86122-77-8 03150 : ₩26000

인류 문명[人類文明]
고대 문명[古代文明]

918-KDC6
935.01-DDC23   CIP2018029897

인류 문명의 기원과 한

– 문명文明의 기원起源, 근동近東이냐 극동極東이냐 –

발행일　2018년 11월 1일 초판 1쇄
지은이　김상일
발행처　상생출판
발행인　안경전
주소　　대전시 중구 선화서로 29번길 36(선화동)
전화　　070-8644-3156
팩스　　0303-0799-1735
출판등록 2005년 3월 11일(175호)

ISBN 979-11-86122-77-8
ⓒ2018김상일

인류 문명의 기원과 한

· 김상일 지음

【韓】

문명의 기원
근동近東이냐 극동極東이냐

상생출판

차 례

30년 이후, 증보 재판을 내면서

　1987년 『인류문명人類文明의 기원起源과 한』(가나출판사)이 나온 지 세대로 말하면 한 세대, 만 30년이 지났다. 그 때에는 감리교신학대학에서 쫓겨나 있을 때(1985-1988)였다. 역설적으로 그런 여가 시간이 없었더라면 책을 낼 수 없었을 것이다. 1987년에 처음 책을 편저한 후 1988년 재판 서문을 씀은 감개무량하다 아니할 수 없다. 사용하던 용어들마저도 '중국'이 아니고 '중공'인 것을 보니 격세지감마저 갖게 한다.

　급변하는 우리 시대에 30년 전의 책을 다시 출간한다는 것은 불가능하거나 많은 부담이 될 수 있다. 이유는 책을 지을 당시의 내용이 무용지물이 될 가능성이 높기 때문이다. 더욱이 생소한 내용일 경우는 더욱 부담스러울 것이다. 그러나 30년 사이에 수메르의 기원과 한국과의 관계는 더 굳어졌다. 무엇보다 수메르 전공가이신 고 조철수 교수님의 검증을 거쳤다는 것이 큰 성과라 할 수 있다. 책이 다시 빛을 보게 된 데는 조 교수님의 공로가 크다고 할 수 있다. 초판본과는 달리 증보판에서는 한의 문명사적 의의에 논리적 구조를 첨가했다. 논리적 구조란 수학의 대각선논법을 적용해 수메르의 놀이 구조연구를 추가했다는 점이다. 문명사적으로는 텡그리 사상과, 논리적으로는 대각선논법을 추가한 점이 30년 전과 달라진 내용이다. 그러나 아직 우리 학계의 학문 풍토는 30년 전과 하나 달라진 것이 없다. 이 책이 가는 길이 아직 외로운 것이 사실이다.

당시 책을 엮을 때에 기고해 주신 분들 가운데는 돌아가신 분들도 있고, 연락이 두절된 지 오랜 분들도 있는 것이 안타깝다. 홍산문화를 처음 나에게 알려줘 책에 실리게 한 알리바마 주립대 김기항 박사님은 고인이 되셨다. 당시만 하더라도 홍산문화에 대해서는 국내에서 관심도 없고 헛소리로 취급할 때가 아니던가. 김기항 박사님은 세계 11대 저명한 수학교수였음에도 불구하고 한사상과 우리 문화 뿌리에 지극한 관심을 가졌던 분이시다. 조철수 교수님은 책이 나온 후 수메르 수사 연구를 검토 보완해 논문을 발표해 주신 세계적 수메르어 연구 학자이신데 돌아가셨다. 그 분이 남기신 글을 〈부록〉으로 새 책에 싣게 되었다. 이 부록은 이 책의 노른자위 같은 부분이다. 필독을 권한다. 김기항과 조철수 교수님, 이 두 분의 영전에 삼가 이 책을 드린다.

그 밖에 기고해 주신 분들과는 연락이 두절된 지 오래 되었다. 그래서 부득이 이번에는 기고해 주셨던 분들의 글들(III부와 IV부)을 실을 수 없게 되었다. 대신에 그 동안 새로운 자료들을 모아 단독으로 쓴 글들을 모아, 이를 III부에 실어 출간하게 되었다.

우선 책이 나온 이후, 그 동안 있었던 일들과 변화, 그리고 관련 연구 현황부터 알아보기로 한다. 1996년 성서공회에서 장소 제공한 연찬회에서 조철수와 박기용 교수님들이 수메르어 특강을 하신 적이 있다. 나는 연찬회 기간 동안 수메르어와 한국어 관련해, 특히 수사의 동일성에 관하여 토론과 질문을 하였다. 처음에는 반신반의였지만, 〈부록〉에 실린 글에서 조철수 교수님은 "우리말의 단어와 대조 연구가 김상일(1987)에서 시도되었으며,[1] 박기용(1994)의 최근 논문에서

---

1 김상일, '수메르어와 한국어의 수사 비교, 수메르어와 한국어의 비교' 등, 人類文明의 起源과 〈한〉, 서울: 가나출판사, 1987.

는 문법적인 차원에서 그 연관성을 시사하였다.[2] 이러한 연구와 그분들의 열성에 힘입어 수메르어 문법을 전공하고 수메르어 문헌 사전 편찬을 천직으로 하고 있는 졸자拙者가 그분들의 노고에 조금이나마 도움이 되고자 이와 같은 제목으로 시도해 본다. 졸고에 수메르어 문법을 개괄하여 어떤 부분이 우리말과 유사한지를 대조하여 볼 수 있으며, 더 발전하여 수메르어 연구 뿐 아니라 우리 옛말의 일부 원형을 찾는 데 새로운 계기가 되길 바란다."(〈부록〉 중에서)고 했다.

이 말을 유언으로 옥고를 남기고 가셨다. 생니가 빠지는 듯한 아픔을 금할 수 없다. 조철수 교수님은 글에서 "수메르어와 우리 옛말 사이에 비록 지리적으로나 시간적으로 그 차이가 크지만 수메르어와 우리 옛말의 문법을 대조하여 보면 어느 다른 언어보다 그 유사성을 많이 찾아볼 수 있다."고 했다. 박기용 교수님도 연찬회에 함께 하셨으며 그의 〈수메르어역체계대조분석〉 연구는 우리말과 연관하여 1987년 이후 거둔 사계의 업적들이다. 30년 전, 수메르어 전문가들의 손에 책이 들어가 이러한 결과가 나오길 바라는 마음으로 던졌던 한 시도가 뜻을 이룬 것이 아닌가 생각해 본다. 이번에 30년 후 증보 재판을 시도하는 이유도 의도와 시도에 있어서는 마찬가지이다. 다시 말해서 증보 재판을 내는 이유는 이 분야의 학계에 동기 유발을 하여, 더욱 더 좋은 연구가 사계에서 이루어지기만을 바라는 기대 하나 때문이다.

우리 학계의 무관심과 백안시 속에서 한 번 밖으로 눈을 돌려 보자. C. J. 볼의 *Chinese and Sumerian* (Oxford University Press, 1913)이 나

---

2 수메르어 명사구에 붙이는 후치사를 격변화로 많이 설명하는데 박기용(수메르 語格體系對照分析, 언어학 16호, 한국언어학회, 1994, 81~129쪽)은 우리말의 토씨와 대조하여 그 활용이 서로 비슷함을 학계에 처음으로 발표했다.

온 후, 1991년 일본에서 드디어 *Sumerian and Japanese* (Japan English Service, Inc.)가 R. Yoshiwara에 의하여 출판되었다. 이 밖에 전 세계 언어학자들은 경쟁적으로 자기들 모국어와 수메르어를 연관시키려 한다. 그러나 수메르어와 중국어는 언어특징(교착언어)과 문법과 수사에서 다르고, 일본어와는 수사가 다르다. 그러나 이 제반 특징이 다 같은 언어는 조철수 교수의 말대로 한국어뿐이다. 그러나 한국 대학에는 아직 근동아시아 학과 하나 없고, 이런 연구 자체를 국수주의로 매도하고 있는 실정이다. 책의 앞부분에 나오는 홍산문화가 그 당시만 하더라도 아직 우리 학계에선 잠꼬대 같이 들릴 때이다. 그 사이에 중국의 동북공정은 확대되고 있지만, 우리 학계는 손을 놓고 있는 실정이다. 돈에 매수된 국내 강단 학자들은 일본과 중국에 우리 역사와 문화를 밀매하고 있다. '동북아역사재단'이란 것이 그 대표적이다.

일찍이 문정창 선생님은 『한국·수메르·이스라엘』(한뿌리, 1987)에서, 대영백과사전의 자료만 이용해도 8개 문명사적 특징에 있어서 한국과 수메르가 같다고 했다. 수메르와 같은 시기, 지구상에 동급의 문화가 있었던 곳은 만주-요동 뿐이었고, 그 문화의 주인공은 소호금천이라고 하면서, 가야사와 연관하여 수메르의 기원을 다루었다. 그러나 그의 연구는 단서를 제공했을 뿐이다. 8대 문명 간의 특징들을 하나하나 심화시켜 천착시키는 연구를 해야 할 것이다. 그래서 그의 주장을 여기서 긍정도 부정도 하지 않으려 한다. 다만 하나하나에 대한 심화 연구를 통해 그 학문적 타당성을 검증하면 족할 것이다.

이 책은 30년 전 글들 가운데 I-II부의 글들은 수정가감 없이 거의 그대로 두었다. 새로 추가되는 글들은 거의 각주로 처리하였다. 그리고 그 사이 새로 쓴 글들을 III부에 추가하였다. 30년 전에는 '한'을 소로 하여 인류문명사 특히 수메르와의 관계를 모색했지만, 한 세대가

지난 이번에는 '텡그리'를 소로 하여 이를 재조명하였다. 구소련 연방들이 소련에서 분리돼 나와 '텡그리즘'으로 연대를 만들었다. 다분히 정치적이지만 그만큼 텡그리가 지역적으로, 지구의 심장지대를 하나로 묶는 띠 역할을 한다.

지금 학계에서 이구동성으로 의심의 여지없이 이견이 없는 설 가운데 하나가 수메르어의 '딩그르Din.gir'가 몽고어의 '텡그리Tengri'라고 한다는 점이다. 그리고 텡그리는 우리말의 '당골레'이고, 여기서 '단군'이 유래했다는 것도 의문의 여지없이 받아들여지고 있다. 수메르-이스라엘-한국을 잇는 강한 띠 하나가 있는데, 그것은 텡그리를 통한 '인격신관'이다. 즉, 딩그르-텡그리-당골레(단군)를 잇는 띠는 인류 문명사의 공간적인 동시에 시간적인 띠이다. 이런 점들이 III부의 1장에서 다루어지고 있다. 2장에서는 수메르의 놀이 가운데 우리의 윷놀이와 같은 것이 있어서 이를 비교하여 같은 점과 다른 점을 비교하였다. 수메르의 윷놀이는 모에게 점수를 주지 않는데, 우리는 무려 '5'점을 준다는 것에 초점이 맞추어져 있다. 이는 다분히 논리적인 문제에 해당한다. 3장에서는 소위 '에누마 엘리쉬'를 통한 바빌로니아 신화를 현대 수학의 대각선논법으로 다루었다. 시친의 주장을 일견 수용하면서 그 이면의 논리를 찾는 것으로 수메르-바빌로니아 신화의 구조를 찾아보았다.

시친은 수메르인들을 두고 외계에서 온 문명권이라 하면서 자기 주장을 여러 권의 저서를 통해 강변하고 있다. 당황스럽다 아니 할 수 없지만, 다른 한편 서양에서 볼 때에 초고대 문명의 주인공인 수메르를 도저히 극동에 연관시킬 수 없기 때문에 이런 주장까지 하게 되었다고 본다. 이를 역으로 생각하면 수메르가 서양 시각에서 볼 때에 상상을 초월할 정도의 문자를 가진 탁월한 문화를 가지고 있었기 때문에 이를 외계인과 연관시킨 것이 아니겠는가? 그러나 최근 발굴되는 요하문명은 같은 시기에 수메르와 같은 수준의 문화가 극동에 있었다는 것을 말해 주고 있다. 그래서 수메르 연구는 앞으로 요하 문명과 연계해 연구되어야 할 것이다.

제 IV부는 한·중·일 삼국의 언어를 수메르어와 일대일 대조, 혹은 비교하는 대조표를 통해 근동과 극동 문명, 과연 그 행방과 현주소가 어디인지 알아보았다. 언어의 동질성이 갖추어야 할 제반 요소를 비교해 보면 지구상에 현존하는 언어 가운데 수메르어와 가장 가까운 언어는 한국어라고 말해도 될 것이다. 그래서 중국과 일본 측에서의 연구는 우리를 위한 선구자적 역할, 그 이상은 없을 것으로 본다. 차라리 이 두 방향에서의 연구는 앞으로의 연구에 타산지석他山之石이 될 것이다. 중국어의 경우 현재 우리가 사용하는 한자 발음이 수메르어에 더 가깝다는 사실은 차라리 경이롭기만 하고, 이것이 의미하는 바는 크다 아니 할 수 없다. 다시 말해서 일본과 중국 측에서 아무리 수메르어를 자기들 모국어에 연관시키려 하지만 그렇게 하면 할수록 한국어와 더 가깝다는 결과 밖에는 얻을 것이 없다는 것을 보여 줄 뿐이다.

환단고기에 나오는 고조선의 강역 가운데 '수밀이'와 '우르'라는 두 이름은 수메르와 우리의 관계에 어떤 암시적 역할을 하는지 모르겠다. '예루살렘Jerusalem'이란 말이 원래 '우르살렘Urusalem'이고 보면 성서의 역사를 다시 쓸 날이 올지도 모른다. 이것은 수메르 연구의 하드Hard 부분에 해당한다. 이에 대해서는 가타부타 언급을 삼가기로 한다. 그러나 이러한 하드 부분 연구에 본 연구가 측면 지원은 할 수 있을 것이라 본다.

그 동안 상생출판에서는 환단고기 번역과 주석을 하는 과정에서 수메르와 한국과의 관계를 엄연한 역사로서 인식하게 되어 『인류문명人類文明의 기원起源과 한』에 각별한 애정을 가지고 주목을 해 온 줄로 안다. 상생출판의 각별한 관심 없이는 30년 만에 다시 이렇게 증보 출간을 할 수는 없었을 것이다. 이에 상응하는 보답을 하기 위해 III-IV부는 최선을 다해 쓰인 것이다. 실로 예루살렘이 우루살렘이고, 그것이 고조선 12분국 가운데 하나라면 이건 경천동지할 사건이 아니겠는가? 언어는 가장 보수적이어서 시간이 지나도 가장 변하지 않는 것이 언어이다. 수메르어 가운데 접두사와 접미사 같은 것들은 현재의 한국어와 거의 동일하다. 그래서 우루살렘이 고조선 12분국 가운데 하나인 것을 입증해 나가는 데 있어서 두 언어의 접미사와 접두사를 비교하는 것만큼 과학적이고 설득력이 있는 것도 없을 것이다. 이 책이 나오는 계기로 사계의 연구를 시급히 촉구하는 바이다.

30년 전, 아직 수작업 한 원고지를 활판으로 책을 만들 때의 깨알 같은 글자들을 모두 전산화 작업을 해 주신 이길연님과 책의 분만을 위해 전방위로 수고해 주신 전재우님, 그리고 책의 제작을 위해 수고해 주신 여러분들께 심심한 감사의 말씀을 드린다.

2018년 9월
미국 애너하임 한움터 연구실에서

추천의 말

한국 고대 근동학회

회장 장 국 원

1981년 미국과 독일 등지에서 고대 근동(수메르, 바빌론, 앗시리아 등)에 관한 연구를 하다가 귀국하여, 「세계 고대 언어 및 문명 연구소 (Institútum Paulinum : Center for the Languages and Civilization of the Ancient World)를 개설, 소규모나마 고대 근동에 대한 학적 소개와 제자 양성에 힘쓰기 시작하였다. 1984년 3월 「한국 고대 근동학회」를 창설하게 되었고, 1986년 12월 제4회 한국 고대 근동학회 학술 발표를 국민대학에서 갖게 되었다.

세계 문명의 4대 발상지를 티그리스·유프라테스강 유역의 메소포타미아 문명, 나일강 유역의 이집트 문명, 인더스와 갠지스강 유역의 인도 문명, 황하 유역의 중국 문명을 꼽고 있다. 처음 세 문명은 유기적 관계하에서 이루어졌고, 그 중 메소포타미아 문명, 즉, 수메르 문명이 가장 오래된 문명이라는 것이 밝혀졌다. 기원전 3500년경 설형 문자의 사용으로 세계 최초의 문명 발상지가 되었던 고대 수메르의 제반 문명은 지리적, 기후적, 역사적 차이를 전제하고라도 동양과 여러 가지 면에서 인류 보편적 문화의 공통성을 노정시키고 있다. 본인은 독일 교수 자격 획득 논문으로 「세계 운명학世界運命學의 발단發端과 그 전개展開」(Die Schicksalbestimmungen bei den Mesopotamiern-Eine Grundlage für die Kulturkritik der antiken Welt)를 제출하였고, 이 논문에서 고대 수메르의 운명관과 동양의 운명관을 비교한 바 있다.

일본과 중국에서는 이미 고대 근동학과를 대학에 개설하여 인류 문명의 발상지와 자기들의 문명을 연관시키는 작업을 활발히 전개시키고 있는데, 한국은 지금 근동 지역에 경제적 진출은 하고 있음에도 불구하고 대학에 학과 하나 없는 한심한 실정이다. 아마도 세계 어느 나라치고 근동학과가 없는 나라는 우리나라뿐인 것 같다. 이 방면에 대해 연구하는 학자들이 다수 있음에도 불구하고 대학에 학과 하나 없다는 것은, 한국 대학이 지금 세계 학문 동향에 눈감고 있음을 입증하고 있다.

고대 근동학을 연구하는 학자들은 언어나 사상에 있어서 동양 혹은 한국과 수메르 사이에 유사점을 발견하였는데도 심층 연구는 해보지 못하였다. 그런 중에, 한국학의 세계적 위치를 정립하기 위해서 고대 근동의 제 문명과 한국 문명을 비교하는 이 책이 출판되게 된 것은 큰 의미가 있다고 본다. 이제 한국 상고사와 사상도 인류 문명 기원사적 입장에서 파악되어져야 할 때가 온 것이다. 아시아 안에서도 아직 제자리를 찾지 못하고 있는 한국학의 실정으로 볼 때, 대담한 시도일지는 몰라도, 거듭 말하거니와 한국의 언어가 고대 수메르어와 여러 가지 점에서 유사성이 있기 때문에 누군가가 언젠가는 해내야 할 작업인 것만은 믿어 의심치 않아 왔던 차다. 모든 분야가 그러한 바와 같이 이 분야의 연구마저 일본이나 중국에 그 기선을 빼앗기게 되면 인류 문명의 주인공도 하루 아침에 둔갑되어질 위험성이 있다.

하루 속히 대학에 고대 근동학과가 개설되고 한국 문명을 인류 초고대 문명과 연관시켜 연구할 수 있는 기틀이 만들어지기를 바란다.

1987. 3. 18.

머리말

『한철학』(1983년)과 『한사상』(1986년)에 이어 '한'에 관한 세 번째 연구서를 엮게 되었다. 『한철학』이 주로 '한'의 철학적인 면을 다루었다면, 이 책은 역사적인 면에 치중했다. 우리 학계의 모든 연구가 단편적이고 지속적이지 못해, 학문의 전통을 이어가지 못하는 안타까움이 있다. 그 원인을 일제 35년에 돌리지 않을 수 없을 것이다. 일제가 저지른 용서받지 못할 일 가운데 하나가, 이 나라의 학문의 맥을 끊어버린 것이다. 자료가 말살당하고, 인물들은 박해를 당하거나 자라지를 못하였다. 해방은 되었지만, 잃어버린 학문의 맥을 다시 찾으려는 생각은 엄두도 못 내고 있으며, 더욱 안타까운 일은, 일제가 걸어 놓은 최면에서 아직 깨어나지 못하고 있다는 것이다.

이제, 여러 방면에서 여러 가지 방법론을 동원하여 우리의 단절된 학풍을 다시 찾고, 우리도 남부럽지 않은 학풍을 창조하여, 우리가 밖에 나가 남의 것을 배워만 올 것이 아니라, 남이 우리를 찾아와 우리의 고유한 것을 배워가도록 하여야 할 것이다.

필자는 미국에서 10년간 공부하는 동안 이러한 필요성을 뼈저리게 느꼈다. 일본학이 마치 동양학의 대변인 노릇을 하는 것을 볼 때에는 분노마저 느껴진다. 이러한 동기로 '한'을 주제로 한 연구를 하게 되었다. 1985년 귀국할 무렵 *Hanism As Korean Mind*를 미국에서 출판, 외국인들에게 강의했는데, 외국인들이 도리어 '한'(HAN)에 대한 관심을 더 갖는 것을 발견하게 되었다. 최근 국내에서도 최민홍 박사의

『한철학』(1984년), 이을호 박사의 『한 사상思想의 묘맥苗脈』(1986년) 같은 단행본이 나오면서 '한'의 연구가 활발해져 가고 있다.

우리는 이제, 국제화 시대에 자신을 노출해 가며 살게 되었다. 정신적 준비 없는 국제화는 도리어 남에게 조롱거리가 되기 십상이다. 어린아이로부터 어른에 이르기까지 한국인으로서 자신감과 긍지를 가지고 사는 모습을 보여 주는 것이 가장 훌륭한 국위선양의 길이다. 이러한 민족적 주체성은, 역사를 바로 알고, 우리 문화에 대한 긍지를 갖는 데서 생겨진다. 이 책은 제목에서 보는 바와 같이, '한'의 기원을 여러 인류 문명의 기원에서 찾아보고 있다. 인류 초고대 문명인 메소포타미아(수메르) 문명, 아메리칸 인디언 문명, 동남아 문명, 가깝게는 중국 문명에서까지 '한'의 뿌리를 찾아보았다. '한국'이라 하면 지역적 제한을 받는다는 인상을 줄 우려가 있기 때문에 '한'이라 했다.

'한'은 '밝'과 같이 '밝고 환한'으로 겹으로 쓰이는 말이다. 일찍이 최남선은 '밝'을 여러 인류 문명의 뿌리에서부터 찾아 「불함문화론不咸文化論」(1925년)을 저술한 바 있다. 그의 연구에 대한 평가는 저리 하고라도, 아무튼 '밝'과 마찬가지로 '한'도 제4 빙하기 이후부터 나타난 오래된 문명권 속에는 영락없이 신의 이름으로, 위대한 인물들의 이름으로, 혹은 지명으로 나타난다는 것이다. 그래서 필자는 최남선의 '밝'연구가, 그 연구 방법론에 있어서는 다소 차이가 있어도, 그의 착안은 놀랄 만한 것이었다고 결론하게 되었다.

'밝'과 '한'에 대한 연구는 이제 결코 한 사람의 연구 작업일 수는 없다. 고고학, 언어학, 종교학, 인류학, 성서학 등 여러 분야가 다 동원되어져야만 가능하다. 이 책은 이 분야에 더 깊은 연구를 돕기 위한 동기유발에 불과할 것이다. 부디 이 책으로 인하여 '한'분야에 대한 연구에 관심을 가지는 분이 많이 생겨나기를 바란다. 부족하나마 이 책을 통해 시간적으로 공간적으로 '한'의 외연이 확장되기를 바란다.

이 큰 작업을 위해 '한국 고대 근동학회'(회장 장국원 박사) 회원들이 다수의 글들을 기고해 주신 데에 감사하지 않을 수 없다. 1986년 12월 국민대학에서 학회 발표를 할 당시에 필자가 「한국어와 수메르어의 비교」를 발표했었다. 이 때, 장국원 회장님을 비롯한 여러 회원들이 이 분야에 대한 공동의 연구가 필요함을 절감하게 되었다. 1986년 5월부터 '한 연구 학회'에서 필자가 조금씩 연구 결과를 발표해 온 결과물들의 내용들이 여기에 정리되어 실려지게 되었다.

제Ⅲ부의 글들은 '한국 고대 근동학회' 회원들이 특별 기고한 것이다. 그 내용은 성광문화사에서 펴낸 『하나님의 향연』(1985년)과 『피안의 표적』(1984년)에 담겨 있었던 것이다. 고대 근동학에 대해 더 관심이 있으신 분들은 이 책들을 참고할 수 있다. 성광문화사의 이승하 사장님께 감사드린다.

제Ⅲ부의 김진섭 선생님의 글은, 미국에서 필자가 귀국할 때 본인으로부터 받아 온 것이다. 김진섭 선생님은 드롭시 대학에서 S. N. 크래머 교수로부터 직접 수메르 연구를 사사받고 있는 분이시다. 기고해 주신 데 감사드린다.

제Ⅳ부에, 수메르 바빌론 길가메쉬 서사시와 구약의 홍수 설화를 비교 연구해 기고하여 주신 민영진 박사님께 감사드린다. 앞으로 한국 토착화 신학은 한국-수메르-이스라엘의 삼각관계, 그리고 문명의 기원에서부터 그 작업이 시작되어져야 할 것이다. 그리스도교의 성서 신학자들이 한국 상고사에 공헌할 수 있다는 것을 보여주고 있다. 이런 의미에서 민 박사님의 기고는 큰 의미가 있다고 할 수 있다.

문명 기원의 차원에서 '한'을 연구하는 것은 이와 같이 그리스도교 신학의 토착화의 차원에서도 고려되어져야 할 뿐만 아니라, 잃어버린

17

우리 상고사를 찾는 데 있어서 원격 지원이 될 수 있을 것이다. 우리 한민족의 문명이 결코 외톨이같이 따로 외진 곳에서 불쑥 나타난 것이 아니고, 문명은 반드시 유기적 관계 속에서 이루어졌다는 것이 이 책의 내용이다. 그렇다면, 문명과 문명 사이의 단절된 부분을 찾아 연결시켜 보면, 우리 문명과 역사의 뿌리를 실증적으로 찾을 수 있을 것이다.

끝으로, 요령성 유적 자료를 제공해주신 앨라바마 주립대학 김기항 교수님, 이 책을 출판해주신 가나출판사 이광진 사장님께 감사드린다. 원고를 읽고 조언과 교정을 해 준 아내에게 감사한다.

1987년 3월
월계에서 김상일

제2판을 내면서

과거 어느 때보다 모든 인류를 하나의 유기체적 공동체로 이해할 때가 왔다. 대서양 문명(즉, 서구 문명)이 인종과 인종, 문화와 문화를 균열시키고 분열시키는 역사였다면, 미래의 태평양 시대는 반대로 조화시키고 통일시키는 역사여야 한다. 이 책을 통해 고대로 올라갈수록 문명 간의 유기적 관계가 놀랄 만큼 뚜렷했다는 사실을 발견하게 될 것이다. 이 책은 과거의 소재를 다루어 문명의 유기적 관계를 탐색했는데, 앞으로 21세기 태평양 시대를 맞이하려는 모든 주인공들에게 참고가 되리라고 확신한다.

일본 식민지 사학자들이 우리 역사의 상한선을 자르고 역사의 주인공을 역사의 뒤안길로 몰아냈지만, 우리 민족이 인류 문명 시원의 주인공으로 큰 공헌을 했음은 이 민족이 남긴 언어, 토기, 민속, 신화 등을 통해 분명해지고 있다.

기독교와 한국 문화의 관계에 관심을 가진 분들, 유대교 문화와 한국 문화 사이의 실제적 관계에 관심을 가진 분들에게도 이 책은 도움을 줄 것이다. 수메르라는 매체를 통해 그 관계가 성립되었다고 본다. 후진들에 의해 이에 대한 연구가 활발해지기를 바란다. 젊은 학자들 가운데 성서 연구를 이런 시각으로 하려는 분들이 이 책을 통해 생기고 있음을 기뻐하는 바이다. 그리스도의 구원이 유대인의 율법만을 완성하는 것이 아니라, 전 인류의 문명에 유기적인 맥이 와 닿는 그런 완성이 되어야 할 것이다. 이것이 또 다른 의미의 역사적 오메가 포인

트인 것이 아닐까?

　한국 역사의 잃어버린 부분을 회복시키고 기독교의 배타적 세계관을 극복하는 데 이 책이 공헌할 수 있게 되기를 바란다.

1988년 3월 과천에서

들어가면서

수메르 연구 학자 S. N. 크래머 교수는 인류 최초의 39가지 사건이 수메르에서 시작되었다고 하여, 1981년에 『역사는 수메르에서 시작되었다』History Begins at Sumer를 출간하였다. '최초의 학교', '최초의 법', '최초의 낙원 설화' 등, 크래머는 수메르 문명 그 이상을 추적할 만한 문명이 없다고 하였다.[1]

크래머의 위 책 가운데 일부를 번역하여 이 책의 제Ⅱ부에 실었다. 지금으로부터 무려 5,000여 년 전에 티그리스와 유프라테스 양강兩江 유역메소포타미아에 산재해 있던, '우르'를 비롯한 여러 도시에서, 현재의 서양 문명의 모체가 될 문명이 탄생하였다. 수메르인들은 이미 그 때부터 60진법을 사용하였고, '설형 문자'라는 초고대 문자를 사용했으며, 2층집을 지을 정도의 건축술을 알고 있었다. 이 불가사의한 수메르 문명은 그 이후 바빌론, 이집트 문명으로 계승되었으며, 인도의 인더스-모헨조다로 문명도 수메르 문명에서 영향을 받았다고 한다.

그런데 문제시되는 것은 수메르인들이 어디서 왔느냐 하는 것이다. 수메르인들이 메소포타미아의 원주민이 아니기 때문이다. 수메르인들은 기원전 3,500년경에 북쪽 산간 지방 자그로스 산맥 부근에서 이주했을 것으로 추측하지만, 그 이전에는 어디에 있었느냐 하는 것은 아직 밝혀지지 않고 있다. 이러한 수메르 기원의 문제를 학계에서는

1　그러나 같은 시기에 수메르와 동급 수준의 문명이 만주-요동 쪽에 있었다. 요하문명은 최근 유전자 인류학적으로도 주요시 되고 있으며, 수메르와 같은 시기 지구상에 존재했던 고대 문명이다.

21

'수메르적 문제'Sumerian Problem라고 한다.

제Ⅰ부에는 세계 다른 지역의 문명을 '한'으로 추적한 글 세 편을 모았다. 아메리칸 인디언에 대해서도, 그동안 아시아 유래에 많은 추측을 해왔다. 미국의 세 학자들이 언어, 치아, 혈액형 등 과학적인 연구 방법을 동원해 연구한 결과, 인디언들이 시베리아와 만주 지방에서 이주해왔다는 사실을 최종 발표하였다. 아메리칸 인디언의 유래와 함께 언어구조, 풍습, 신앙 등을 통해 우리와의 유사성을 살펴보았다. 그들의 곰 숭배 사상, 그들이 사용하던 토기, 짚신 같은 것은 우리의 것을 그대로 옮겨 놓은 듯 유사하다. 그러나 이 방면의 연구는 아직 초보 단계이며, 더 많은 연구 결과가 나와야 할 것이다.

최근에 유적이 발굴된 요령성은, 어쩌면 문명 기원의 요람일지도 모른다. 왜냐하면, 수메르인과 인디언이 차지한 메소포타미아와 남북 미주 대륙을 새의 양 날개에 비유하고, 한반도와 만주, 다시 시베리아 일대를 문명이 시작된 지역이라고 보고, 동서 양쪽으로 인간들이 퍼져 나간 것을 상상한다면, 이 지역의 발굴은 매우 중요하며, 수메르와 아메리칸 인디언을 연결하는 다리 역할을 할 수 있기 때문이다.

요령성 유적에서 발굴된 유물들에 중국학자들은 의문을 제기했고, 국내 학자들은 흥분했다. 왜냐하면, 중국학자들에게는 정체불명의 문명권이고, 국내 학자들에게는 그곳이 바로 단군 조선이 위치했던 지역이기 때문이다. 중국에서 발행된 *China Reconstructs*(Vol. XXXV, No. 12, 1987)에 실린 전문을 유적 발굴 사진과 함께 소개하고, 국내 학자들의 견해를 소개했다. 유적이 더 나타날수록 중국학자들은 당황해 할 것이고, 우리 식민사관 사학자들은 고개를 들지 못할 것이며, 한민족에게는 인류 문명을 창조한 주인공으로서의 긍지를 더없이 안겨다 줄 것이다.

홍산문화, 요하문화, 대문구문화 등 최근에도 발굴이 이루어지고 있다. 동북공정의 이름으로 모두가 지금 중국 것으로 둔갑하고 있다. 그러면 '수메르와 한국'은 모두 '수메르와 중국'으로 되고 말 것이다. 안타까운 일이지만 어찌 감당할지 두렵기만 하다. 동북공정을 넘어 '근동공정'이 생길 상황이다.

I부에는 버마, 타이, 인도네시아, 인도, 필리핀 등의 고대 종교 신앙, 특히 신의 이름들을 통해 '한'의 유래를 찾아보았다. 동남아 일대의 원주민, 즉 산악 지대에 살고 있는 버마의 친 족과 카친 족, 인도의 산탈 족, 필리핀의 이고로트 족들의 신의 이름은 예외 없이 '한'을 포함하고 있다. '한'이란 말은 신의 이름, 군장君長, 거룩한 지명 등에 나타나며, 그 퍼져 있는 지역도 매우 넓다. 최남선 선생이 지적한 '밝'白보다 더 선명하게 광역에 걸쳐 퍼져 있는 말이 아닌가 한다. 수메르어의 '안', 인디언어의 '칸', 몽골어의 '칸', 버마 친 족의 '한', 인도 산탈어의 '한스한신', 필리핀 이그로트어의 '한' 등, 문명이 오래된 종족은 모두 놀라울 정도로 '한'을 자기들 신의 이름으로 사용하고 있다. 아시아의 북부지역이 '텡그리Taengrism'가 유대를 만든다면 남부지역에서는 '한니즘Hanism'으로 그러한 것을 발견할 수 있다.

책의 제 II부는 '수메르와 한국문명(1)'으로서 30년 전의 내용을 그대로 수록한 것이다. '한'과 '인'의 유래, 수사비교, 고산숭배, 모계사회 비교 등을 통해 수메르와 한국간의 동질성을 찾고 있다. 수메르의 신 명칭은 거의 순수 한국어와 유사하다는 것이 필자의 주장이다. '한'이란 말은 거의 7,000년 이상 된 언어로서, 우리 문명과는 그 출발부터 같이 하고 있으며, '환인', '환웅', '환검' 등의 '환'은 모두 '한'의 한자 전음이라고 본다. 이 '한'은 수메르어의 '안'AN과 같다.(왜냐하면, H음은 모음 앞에서 탈락되기 때문이다.) 수메르의 '안' 역시 최고 높은 하늘신이다. 그러나 한이 '하나님'이 되듯 인격신화의 과정을 거치는 과정에서 달라진다.

어느 두 언어가 같은 계통에 속하자면 수사數詞가 같아야 한다. 수메르어의 수사와 삼국사기에 수록된 고구려어의 수사를 비교하여 보았다. 국내 언어학자들이 소위 원시 한반도어로 돌리는 원시 언어들을 거의 영락없이 수메르어에서 찾을 수 있다는 것은 놀라운 일이다. 예를 들어, '물'(水)은 고구려어로 '메'Me였는데, 이것은 수메르어의 그것과 동일하다. 수메르어와 한국어는 같이 교착 언어이고, 문법 구조가 유사하다. 중국어나 영어와 달리, 주어+목적어+동사의 순서이다.

수메르의 종교 신앙 가운데 '지구랏'은 매우 중요하다. 벽돌로 높은 제단을 쌓고 거기서 신에게 예배했는데, 이것은 아시아 산악 지방의 고산 숭배 사상에서 유래했을 것으로 본다. 그렇게 모든 학자들이 추측한다. 이것으로, 수메르인들이 북쪽 자그로스 산맥 쪽에서 내려왔을 것이라고 추리한다. 수메르의 지구랏은 이집트 피라밑의 기원이 되었다. 그리고 마야 인디언들이 살던 지역에서도 지구랏 같은 탑이 보이는데, 이것은 역사적으로 어떤 영향을 주고받았다고 하기보다는, 북미주 인디언과 수메르인이 원래 모두 중앙아시아 고산 지역에서 살았었다는 것을 의미한다고 보아야 할 것이다. 이런 의미에서, 고산 숭배 사상은 인류 문명의 기원을 구명하는 데 매우 중요한 단서가 된다.

고산 숭배 사상 다음으로, 여신을 숭배하는 모계 중심 사회에 대한 연구가 인류 문명 기원 연구에 필수불가결하다. 제4 빙하기 이후, 인류는 모계로부터 그 사회가 출발했다고 본다. 최근 중국 요령성遼寧省에서 발굴된 홍산 문명과 수메르 문명, 인디언 문명 간의 한 가지 공통된 특징은, 여신상이 신전 발굴에서 나왔다는 것이다. 구석기, 신석기 시대까지도 모계 사회가 유지되다가, 청동기 시대(기원전 1000년 전후)에 와서야 부계 사회로 넘어왔을 것이라고 본다. 그런즉 인류 문명은 모계로 시작되었지, 부계로 시작되지 않은 것이 분명하다.

그러면 역사가 수메르에서 시작되었다면 수메르는 어디서 시작되었는가? 이에 대한 원격 연구 보고서이다. 문정창 선생은 『수메르·한국·이스라엘의 역사』(서울, 柏文堂, 1979)에서, '소호김천씨'小昊金天氏의 후예가 서쪽으로 이동하여 수메르인이 되었다'고 하면서, '여덟 가지 특징에 있어서 수메르는 한국에서 갔다'고 하여 이를 '수메르인의 한국인적 8대요소'(위의 책, 39쪽)라 했다. 물론, 여기에서 말하는 한국은 지금의 한국과는 다른 대영백과사전에 근거하여 이런 결론에 도달했다고 한다. 그러나 지금은 사정이 달라 이를 입증할 수 있는 근거와 자료가 많아졌다. 일본의 가지마 노보루鹿島昇는 1983년 『환단고기』桓檀古記를 일어로 번역해 냈는데, 그는 이 책에서, 한국인들(일본인들)이 수메르로부터 왔다고 거꾸로 풀이하였다.

아무튼 문정창은 수메르와 한국과의 관계를 시사하는 첫 줄을 끊었다. 그러나 너무 큰 주제들을 심화시키지 못한 아쉬움이 많이 남아 있다. 이 책은 하나의 소주제를 심층적으로 추구하는 방법을 취하였다. 그러나 아직도 전도는 멀기만 하다. 그 무엇보다 한국 학계의 아성 속의 독단과 협량함을 어떻게 딛고 넘어가야 할 것인가는 지구가 끝날 때까지 불가능 할지도 모른다는 막막함도 앞서는 것이 사실이다. 그러나 30년이 지난 다음에도 수메르와 한국의 연결 고리를 탐색하려는 유혹은 물리칠 수 없다.

제 III부는 최근 들어 새로 발견된 자료들을 근거하여 II부에 이어서 '수메르와 한국문명(2)'을 새로 수록한 것이다. 최남선의 불함문화를 통한 텡그리주의를 띠로 하여 수메르-몽골-한국을 잇는 연계망을 추구해 보았다. 그 과정을 통해 수메르-이스라엘-한국에 이어지는 '인격신관'의 띠는 수메르와 한국간의 관계를 더욱 확고하게 만들고 있다. 이 밖에도 수메르인들에게도 우리와 같은 윷놀이 문화와 같은 것이 있었다는 자료를 보여줄 것이다. 논리적인 접근을 통해 두 놀이 문화간의 상이점과 유사점을 비교할 것이다. 수메르에 관한 많은 책을 낸 시친의 주장을 비판적 성찰을 통해 다루어 보았다. 그의 딩그르에 대한 로켓맨 주장의 배경이 무엇인지 천문 지식으로 검토할 것이다.

부록으로 조철수 교수님의 수사 비교는 가히 독보적이라 할 수 있을 것이다. 생전에 이 논문을 건네 주면서 나의 주장에 동의, 외연을 확장한 것이라고 하셨다. 수메르와 한국의 신화 비교, 그리고 한글과 히브리어의 비교와 같은 불굴의 노력을 하시다 서거하셨다. 부록에 재록하는 것으로 감사를 대신한다.

아무튼 수메르와 한국에 보통 이상의 어떤 관계가 있다는 것을 추측하고 있음에도 불구하고, 아직까지 이 분야에 손을 대지 못하고 있는 실정이다. C. J. 볼은 수메르와 중국의 관계에도 언급하여 언어 비교를 하였으나, 수메르어와 중국어는 언어적 특징이나 문법 체계가 맞지 않는다. 다만, 언어의 음운 정도가 같을 뿐인데, 그것도 한국의 한자 발음이 수메르어에 더 가깝다. 일본어는 한국어와 많은 점에서 유사하기 때문에 요시와라의 글은 '수메르어와 한국어'의 관계를 연구하는 데 길잡이가 될 것이다. 볼은 그의 책에서 한국어와 수메르어의 관계를 언급하고 있지만, 요시와라는 언급하지 않고 있다.

막상 판을 벌여 놓고 보니, 이 연구 작업은 한두 사람이 짧은 시간에 끝낼 수 없는 것이라는 사실을 절감하게 되었다. 민족의 잃어버린 고리를 다시 찾되, 그것이 병적인 국수주의에 빠져서는 안 되고, 남의 것을 배척해서도 안 되며, 쓸데없는 우월감에 사로잡혀서도 안 될 것이다. 다만, 있었던 사실, 우리가 몰랐던 역사의 진실을 바로 알고, 이 분야에 대한 연구 의욕을 고취시키는 데 조금이라도 도움이 된다면, 이 책을 다시 쓰는 보람은 그것으로 다한 줄로 안다.

이 책을 고故 조철수 교수님 영전에 드립니다.

일러두기

———

1. 책에는 1980년대 현재 용어들('중공' 같은)을 그대로 두었다.
  서구 중심적 '극동'과 '근동'이란 용어도 관례상 그대로 사용했다.
2. 주는 후주와 각주를 혼용했다.
3. IV부는 볼과 요쉬와라의 글을 편역 보완한 것이다.

I

아시아 및
아메리칸 인디언 문명의
기원과
「한」

1

아메리칸 인디언의 유래와 한국

아메리칸 인디언[1], 어디서 왔나?

 학자들은, 제일 처음 미국 땅에 건너온 종족이 인디언이고, 이 인디언들이 아시아로부터 신세계로 건너올 때에 베링 해협Bering Strait을 통해 건너왔다고 하는 데에 모두 의견을 일치하고 있다. 그러나 인디언들이 어디서 언제쯤 건너왔으며, 언제쯤 그들이 연장을 만들어 쓰기 시작했는지에 대해서는 서로 의견이 다르다. 『처음 미국인들』(The First Americans)을 쓴 G. H. S. 부쉬넬Bushnell의 설을 소개하면 다음과 같다.

 신세계로 인간이 이주하는 데는 지리, 기후 조건에 많은 영향을 받았다. 그들이 신대륙에 올 수 있는 유일한 통로는 베링 해협이었다. 배가 발명되어지기 전에 인디언들은 마른 땅을 밟아 건너지 않을 수 없었다. 대략 BCE 25000년에서 BCE 9000년 사이에는 동북아시아와 알래스카가 넓은 평원으로 서로 붙어 있었다. 위스콘신이라 불리는 제4 빙하기에는 지금보다 해면이 훨씬 낮았고, 물은 얼음에 잠겨 있었다. 최근의 연구 결과에 의하면, 캐나다와 미

---

1 콜럼부스가 서쪽으로 인도를 향해 항해하다가, 70일 만에 쿠바 북쪽 바하마 군도에 도착했다. 그는 스페인에 돌아가, 자기는 인도에 갔다고 선언하여, 거기에 사는 사람들은 인디언이라 부르게 되었다.

국의 북부 지방은 두꺼운 얼음으로 덮여 있었다고 한다. 알래스카는 얼음이 덮여 있지 않고, 넓은 평원으로서 아시아 대륙에 연결되어 있었다. 이때가 대략 BCE 25000년경이고, 사람들은 쉽게 알래스카를 정복할 수 있었을 것으로 본다. 그러다가 BCE 18000년 경부터는 남쪽으로 내려가는 길이 막혔는데, 그것이 약 8,000년 동안 지속되었을 것으로 본다. 그러다가 BCE 9000~BCE 8000년 그 이후부터는 기후가 다시 따뜻해져 빙하기가 끝났다고 본다. 추운 날씨가 지나가고, BCE 5000~BC 2000년 사이에는 현재보다 훨씬 따뜻한 날씨가 계속되었을 것으로 본다. BCE 8000~BCE 5000년 사이에 기후가 따뜻해져서 대양이 물로 가득 채워짐에 따라 이제는 육지로 건너오지 않고 배를 타고 건너왔다. 베링 해협은 지금도 얼음 위로 걸어서 건널 수 있다. 배를 언제부터 사용해 베링 해협을 횡단했는지는 모른다. 그러나 BCE 7000년경에 이미 북유럽 지역에서 배를 사용한 것으로 보아, 인디언들은 훨씬 그 이전부터 사용했던 것 같다.[2]

1920년대에 고고학의 권위자들이 모여 인류 문명의 요람지가 어디인가에 대하여 집중적으로 논의한 적이 있다. 그 당시 대부분의 학자들은 문명의 요람지가 아시아라는 데 의견의 일치를 보았으며, 아시아로부터 중근동 아시아 일대로 이동한 것으로 결론하였다.[3]

최근 소련의 고고학자 유리 모차노프는 시베리아에서 돌로 된 도구

---

2 G. H. S. Bushnell, *The First Americans*(New York : McGraw-Hill Book Company, 1978), pp. 13~14.

3 Frank C. Hibben, *The Lost Americans*(New York : Thomas Y. Crowell Company, 1968), p. 14.

를 발견, '인류는 2백만 년 전에 동아프리카에서 진화되어 1백만 년 전에 유럽과 아시아로 퍼졌으며, 1만2천 년 전에 이들이 베링 해협을 거쳐 미주 대륙으로 건너갔다'는 이론을 반박하고 새로운 학설을 내세웠다. 모차노프는 시베리아에서 발견된 돌 도구가 영국의 고고학자 메어리 리키에 의해 케냐에서 발견된 2백만 년 전 호모 하빌리스가 사용한 것과 흡사하며, 또 도구들이 발견된 토양이 지리학적으로 1백 80만 년 전에 생성되었음이 확인되었다고 밝혔다. 따라서 이 도구들을 사용했던 최초의 인류가 아프리카와 아시아에서 같은 시기에 생겨났거나, 또는 아마도 아시아에서 최초의 인류가 나타났을지도 모른다고 결론했다.[4]

잡지 『유네스코 프리』*UNESCO FREE*의 소련의 고고학자 비탈리 라리체프의 글 「시베리아의 구석기 문화」는 흔히 시베리아를 얼어붙은 불모의 땅이라고 말하는 사람들이 많으나, 그 같은 견해는 잘못된 것이라 했다. 시베리아에서 약 3만4천여 년 전의 구석기 유적이 잇달아 발견되고 있기 때문이다. 그 대표적인 유적이 바로 시베리아의 말라이아쉬 유적이다. 1975년부터 고고학자들이 발굴하기 시작한 말라이아쉬 지방은 중부 시베리아의 벨리라우스 강과 노비스비르크 산 및 아비칸 산을 가로지르는 산맥에 위치한 계곡 지방으로서, 발굴된 유물을 방사선 탄소 연대 측정으로 조사한 결과, 3만5천 년 전에 구석기 인류가 이 주거지에서 생활한 사실이 밝혀졌다. 말라이아쉬 지방은 인류가 생활하기에 적합한 조건을 고루 갖춘 지역으로서, 발굴된 뼈를 보면, 순록, 산양, 야생말, 산토끼, 영양, 들소, 사슴, 매머드, 코뿔소, 여우 등 여러 종류의 야생 동물이 무수히 서식하고 있었기 때문에, 이곳

---

4 東亞日報(1986. 8. 28).

에서 구석기인들은 수천 미터에 이르는 마을을 형성하여 진보된 복합 문화를 발달시킬 수 있었다.[5]

　이렇게 새롭게 발견되는 구석기 유물은 인류 문명의 아프리카 기원설을 뒤엎고 아시아 기원설을 주장하게 되는 중요한 단서가 되고 있다. 말라이아쉬 유적에서 붉은색, 노란색, 진홍색, 검은색, 초록색, 보라색 등 여러 가지 색깔로 그린 그림의 흔적이 발견되었는데, 구석기인들이 사용한 색깔은 적철광석, 자철광석, 청동광석 등의 분말과 야생 동물의 수지를 혼합하여 제조한 것이어서, 그들의 탁월한 예술적 재능에 경탄하지 않을 수 없다. 종래의 무딘 구석기 유물의 개념과는 달리 정교하게 조각된 맷돌, 독수리와 거북이 새겨진 석기 조각품도 발굴되어, 고유한 토착 예술의 뿌리가 존재했다는 것이 분명해졌다. 말라이아쉬의 또 다른 조각품들에는 세상의 모습, 불의 출현, 인류의 탄생 등이 묘사되어 있다. 말라이아쉬 구석기 유물은 종래의 학자들이 구석기인들의 지적 능력을 과소평가해 왔다는 비판을 받게 하고 있다. 확실히 중앙아시아와 동북아시아 일대는 인류 문명의 요람지로서 심상치 않은 징조를 서서히 보이기 시작하고 있다.[6]

　아시아의 요람지에서 인간들이 베링 해협을 건너 남북미 대륙에 건너갔다는 견해에는 대부분의 학자들이 동의하면서도, 그들이 건너간 연대에 대해서는 학자들에 따라 약간의 차이가 있다. 지리학자인 G. F. 카터 박사는 10만 년 전에 인간들이 캘리포니아 주의 샌디에이고에 도착했다고 했고, 고고학자인 J. B. 그리핀 박사는 인간들이 2만 년

5　*UNESCO FREE*(1981년 판 참조. 한국일보), L. A., 1981. 8. 29. 참조.
6　북한 대동강 유역에서는 동아시아의 가장 이른 시기 BCE 31세기-BCE 24세기에 청동기가 시작했음을 알려주고 있다.(신용하, 2010, 139)

내지 3만 년 전에 신세계에 도착했을 것으로 추정했다.[7]

북미 대륙의 원주민이 순수한 아시아인들이었나? 동북아시아에 잠시 머물렀다가 건너온 유럽 사람들이었나? 이주가 계속적으로 이루어졌나? 그렇지 않으면 간헐적으로 이루어졌나?

이러한 질문들에 대한 대답이, 세 대학에서 모인 세 학자들의 공동 연구로 밝혀졌다. 스텐포드 대학의 조셉 H. 그린버그 교수, 애리조나 대학의 스티븐 제구라 교수, 애리조나 주립 대학의 크리스티 G. 터너 교수 팀이 신세계의 선사 역사에 대한 명확한 연구 결과를 다음과 같이 내놓았다.[8]

이 세 대학의 세 학자들은, 언어, 혈액형, 현존하는 그리고 고대 인디언들의 치아 형태 등을 연구한 결과 세 개의 주축을 이루는 이주자들이 아시아에서 신세계로 이주해 들어갔다는 사실을 확인하게 되었다. 이들 세 이주 무리들은 다음과 같다.

1. 15,000년 전에 현 시베리아의 레나 강 계곡(The Rena River Valley)—'아메린드' 혹은 '알곤퀸'

2. 6,000년 전에 현 시베리아의 알단 강 유역(The Aldan River Region)—아타바스칸 혹은 나-데네

3. 4,000년 전에 소련과 중국 사이에 있는 지역에 걸터앉아 있는 아무르 강 분지(The Amur River Basin)—에스키모-알룻

이 세 무리의 인간들이 점차적으로 이주해왔기 때문에, 먼저 온 인

---

7 Robert Wauchope, *Lost Tribes Sunken Continents*(Chicago : The University of Chicago Press, 1962), p. 84.

8 *Los Angeles Times*, 1983. 9. 19.

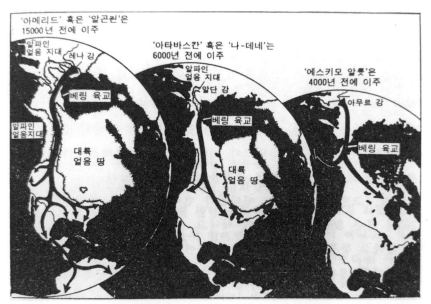

〈그림 I-1〉 아메리칸 인디언의 이동 경로. 언어, 혈액형, 치아 모양을 통해 인디언들이 동북아시아에서 알래스카를 통해 북미주에 이주한 경로를 조사한 지도.

간들은 남미까지 내려갔고, 차례대로 늦게 온 인간들은 알라스카 지역에 머물 수밖에 없었다.

그린버그 교수는 2,000 혹은 그 이상의 인디언 언어들을 세 부류로 분류하였다. 아메린드Amerind가 가장 큰 수를 가지고 있으며, 가장 넓은 지역에 퍼져 있었다. 그리고 그들의 언어는 가장 오래된 언어이기도 했다. 아타바스칸Athabascan 혹은 나-데네Na-dene는 캐나다와 북캘리포니아 주에 국한되어 있었다. 아파치, 나바호도 나-데네를 사용했다. 마지막으로 에스키모-알룻Eskimos and Aleuts)은 북아시아 언어와 매우 유사한 점을 보여주고 있다. 그린버그 교수는 시베리아의 원시 언어 연구를 통하여 시베리아의 원시 언어와 인디언 언어 사이의 유사성을 발견하였다. 그린버그 교수는 언어의 유사성을 통해 인종학적 유사성을 찾아보려고 했다. 인디언들은 이주 연대가 서로 달라도 많은 점에서 유사성을 가지고 있어서, 인디언들이 어떻게 남북 미주 대륙에 모두 정착하게 되었으며, 언어와 풍속과 외관이 서로 다름에도 불구하고 같은 뿌리를 가질 수 있었던가 하는 이유를 밝히게 한다.

언어 인류학자인 그린버그, 인종학자인 제구라 교수, 인류학자인 터너 교수는 같은 문제를 두고 서로 다른 측면에서 연구를 하기 시작하였다. 같은 문제란, 아메리칸 인디언의 유래와 그들의 북미주 이주에 관한 것이었다. 그린버그와 제구라가 먼저 캘리포니아의 툭산에 모여 의견을 나눈 후, 연구 결과를 종합시켜 보았다.

먼저, 그린버그 교수는 인디언의 언어가 종래에 생각했던 것같이 200개 혹은 300개 되는 것이 아니고, 단지 3개의 언어 군들로 좁힐 수 있다고 결론하였다. 1983년 봄에 애리조나 대학에서 강의할 때에, 그는 가장 오래 되고 가장 넓게 사용된 언어가 알곤퀸Algonquian이고, 이는 인디언 언어로는 '아메린드'Amerind에 해당한다고 했다. 두 번째 언어는 아타바스칸Athabascan, 혹은 나-데네Na-dene, 발음은 '나-덴-아이', 그리고 세 번째 언어는 에스키모-알룻Eskimo-Aleut이라 했다. 이 발표에 참석한 제구라 교수는 그린버그의 제자로서 이에 유사한 연구 결과를 발표하였다.

제구라 교수는 인디언의 혈액형을 A, O, B, Rh형으로 나누어 분류하였다. 제구라 교수 역시, 인디언을 크게 세 부족으로 나눌 수 있다고 했다. 그리고 그는 그린버그가 나눈 세 부족에 자기의 혈액형 연구 결과도 맞추어 배정할 수 있다고 했다. 이것은 매우 놀라운 발견이다. 그리고 그는 또한 언어의 분포도 역시 위의 세 지역과 일치한다는 사실을 발견하였다. 강의가 끝난 다음에, 제구라 교수는 그린버그 교수와 의견이 일치함을 말하였다. 이것은, 같은 문제를 놓고 서로 다른 측면에서 연구한 결과가 같은 결론에 도달했음을 시사하는 것이다.

터너 교수는 치아 형태를 분석함으로써 인디언의 유래를 추적하였다. 어금니의 수를 먼저 검토하였다. 예를 들어, 유럽인들은 어금니의 뿌리가 두 개이지만, 세 개이면 아시아인과 인디언들의 것이다. 그래서 치아의 형태는 인종의 유래를 추구하는 데 있어서 매우 중요한 역할을 한다. 터너 교수는 직접 시베리아와 중국에 다녀왔다. 그는 거기에서 8,000년 내지 20,000년 되는 인간의 이빨들을 조사했다. 이 이빨들은 시베리아와 만주 일대에서 발견된 것과 같았다.

터너의 분류, 즉 치아 형태에 의한 분류는 제구라의 분류와도 같고, 그린버그의 언어에 의한 분류와도 일치함을 발견하였다. 그래서 이 세 교수들은 인디언의 유래에 관한 공통된 결론을 내리게 되었다. 위에 지적한 세 부족의 인디언들이 한꺼번에 이주한 것이 아니고, 세 번, 즉 15,000년 전, 6,000년 전, 그리고 4,000년 전에 이주했다는 사실을 발견하였다. 그린버그 교수는 언어의 문법 체계를 연구했는데, 언어에 의한 분류는 터너의 치아 형태에 의한 분류와 신기하게 같았다. 그린버그 교수는 '내가 지난 20년간, 특히 지난 2년간 집중적으로 연구한 것은 아직 남아 있는 인디언의 언어를 체계적으로 분류하는 작업이었다.'라고 했다.[9] 그린버그 교수는 생각했던 것만큼 그렇게 인디언 언어가 많은 것이 아니었다고 했다. 그는 30 내지 40개의 공통 어휘들을 주된 인디언 언어에서 뽑아, 서로 같은 요소들을 다시 찾아보았다. 여기서 그는 매우 중요한 사실을 발견하였다. 수백 개의 인디언 언어들이 한 가지 공통된 단어를 사용하고 있는데, 그것은 제1인칭 대명사, 즉 'I'의 첫 음이 모두 'ㄴ'(N)으로 시작되고, 제2인칭 단수 'you'는 'ㅁ'(M)으로 시작된다는 사실이었다. 부족 간의 약간의 차

---

9 *Los Angeles Times*, 1983. 9. 19.

이는 'ㄴ'이나 'ㅁ'다음에 '나-'(n-ah)나 '노이'(n-oy) 같이 모음이 달라지는 것뿐이었다. 그러나 어간은 어느 부족에게 있어서나 같았다. 그린버그 교수는 "이와 같은 현상은 모든 인디언 언어를 보아도 공통으로 나타나는 현상이다. 어떻게 이런 신기한 현상이 있을 수 있느냐?"고 반문하고 있다. 그래서 그린버그 교수는 주요 단어의 목록을 만들고, 모든 인디언 언어를 세 개의 부류로 분류하였다.

여기서 한 가지, 그린버그 교수가 발견한 놀라운 것은, 인디언 모든 부족 언어에 공통된 한 가지 단어, 즉 제1인칭 대명사 'I'가 바로 그대로 우리 한국어의 '나'(즉 N-ah 혹은 N-oy)와 완전히 같다는 사실이다. 우리는 1836년에 맥킨토슈J. Mackintosh 교수가 매우 열정적으로, 인디언들이 한국에서 건너왔다고 한 사실에 새삼 귀를 기울이지 않을 수 없다. 그는 당시 사람들이, 인디언들이 이스라엘에서 건너왔다고 주장한 데 대하여 이스라엘 기원설을 부정하고 한국 기원설을 주장했었다. 그런데 맥킨토슈는 이동 연대를 너무 후대로 잡은 데에 문제가 있었다. 즉 그는, 진 왕조 때에 거란족이 한국을 쳤는데, 그 때 한국인들이 배를 타고 신세계로 건너왔다고 주장했었다. 그는 더 구체적으로, 한국인들은 9주의 항해 끝에 산티니Santini라는 땅에 도착했는데, 그것이 바로 현재 미국 땅이라 했다. 그래서 그는 한국인Coreans이 미국 땅에 처음 건너온 종족이라고 했다.[10] 맥킨토슈 교수의 '인디언의 한국적 기원'은 위의 세 교수, 특히 그린버그 교수의 언어 연구 결과와 함께 연구해 보아야 할 과제이다.[11]

---

10 Robert Wauchope, *Lost Tribes Sunken Continents*(Chicago : The University of Chicago Press, 1962), p. 90.

11 최근에는 유전자학이 발달하여 미토콘드리아를 통해 인류의 이동과정을 추적할 수 있다. 이홍규 교수는 유전학·고고학·언어학·신화학을 통해 최근 발굴된 요하문명군에서 일군의 인간들이 북미주로 건너갔다고 했다. 그러면서 "요하문명의 흔적은 고

인디언의 문법과 한국어 문법

최근에 헤일Kenneth Hale 박사가 나바호 인디언들의 언어 문법 구조에 관한 연구를 발표하였다.[12] 헤일 박사는 지적하기를, 나바호어 문법의 특징은 주어와 목적어의 도치 현상이라고 했다.

① Lii dzaaneez yiztal.........................나바호어

　　horse mule it-it-kicked...................영어

　　말이 노새를 찼다 ....한국어

여기서, 나바호어와 한국어는 그 어순이 같다. 즉, 주어+목적어+동사의 순서이다. 나바호어는 영어와는 완전히 다르고, 한국어와는 같다. 나바호어의 특징은 동사가 그 어간에 목적어를 접붙여 포함해 사용하고 있다. 위의 문장에서 yi(it)는 목적어 노새mule를 지칭하고 있다. 그런데 한 가지 재미있는 현상은, 목적 대명사 bi(it)를 같은 목적 대명사 yi(it)로 대치하면 문장이 수동형이 되어 버린다는 것이다. 즉,

② Lii dzaaneez biztal

　　horse mule it-it-kicked

는 'The horse was kicked by the mule'(말이 노새에 의해 채었다)로 뜻이

조선의 흔적, 고구려의 흔적, 그리고 동북아시아의 여러 선사시대, 역사시대의 흔적들과 어떤 형태로든 연결된다"(이홍규, 2002, 258-9)고 했다.

12 Kenneth Hale, *A Note on Subject-Object Inversion in Navaho*(Urbana : University of Illinois Press, 1973).

변한다. 우리는 여기서 목적 대명사 yi나 bi를 우리 한국어의 토씨(은, 는, 이, 가, 을, 를)로서 이해할 수 있다는 것이다. 즉, yi와 bi 같은 토씨가 주어, 목적어를 결정하여 주는 영향을 동사에 준다는 것이다. 만약에 띄어 쓰지 않고 '말이노새를찼다'라고 하면, '를찼다'고 할 때, 여기서 '를'은 나바호어의 yi나 bi와 같은 역할을 한다는 것이다. 이것은 수메르어와 한국어에 나타나는 교착 언어agglutinative 현상이라고 할 수 있다. 우리말의 토씨들은 나바호어의 목적 대명사(yi나 bi) 같은 것이 변형된 것이라 볼 수 있다.[13]

주어와 목적어의 도치 현상이, 위의 두 문장의 경우에는 별로 분명하지 않다. 그러나 노새를 사람man으로 바꾸면, 매우 이상한 현상이 나타난다. 즉,

③ Hastiin Lii yiztal

man horse it-it-kicked

'사람이 말을 찼다.'

는 받아들일 수 있어도,

④ Lii hastiin biztal

'The horse was kicked by the man'

'말이 사람에 의해 채었다.'

는 받아들여질 수 없다. 문장 ④는 서툰 문법 정도가 아니고, 나바호

---

13 영어에서도 인칭대명사 주어(I)가 목적어(me)가 되면 변하지만 일반 명사에서는 그렇지 않다.

어 문법에서는 절대로 받아들여질 수 없는 것이다.[14] 그러면 주어와 목적어를 바꾸어 문장을 만들어 보자.

⑤ Hastiin Lii biztal

man horse it-it-kicked

'사람이 말에 의해 채었다.'

나바호어 문법에서 위의 문장은 받아들여질 수 있다. 다시 말과 사람의 순서를 바꾸어 놓으면,

⑥ Lii hastiin yiztal

horse man it-it-kicked

'The horse kicked the man.'

'말이 사람을 찼다.'

와 같다. 문장 ⑤는 받아들여질 수 있어도, 문장 ⑥은 받아들여질 수 없다. 여기에서, 나바호 세계관에 있어서 인간과 자연 간의 특이한 세계관을 보게 된다. 즉, 나바호 세계관으로 볼 때에 말이 사람을 차는 것은 아주 이상한 일이다. 말이 사람을 차는 것이 이상한 원인을 아무리 서양의 세계관에서 판단하려 해도, 그것은 잘 이해되어질 수 없는 문제이다. 여기에 또 예를 들어 보면, 나바호 언어에 나타난 그들의 특이한 세계관을 이해할 수 있게 된다.

---

14 물론 우리말의 경우도 사정은 마찬가지이다.

⑦ Ateed to yoodlaa

　girl water it-it-drank

　'The girl drank the water.'

　'소녀가 물을 마셨다.'

위의 문장은 받아들여질 수 있다. 그러나,

⑧ To ateed boodlaa

　water girl it-it-drank

　'The water was drunk by the girl.'

　'물이 소녀에 의해 마셔졌다.'

는 받아들여질 수 없다.

　여기서 헤일 박사는, 나바호 언어에 어떤 중요한 규칙이 있다는 사실을 발견하였다. 나바호 문장에서는 더 높은 지위에 있는 단어가 낮은 지위에 있는 단어보다 먼저 와야 한다는 규칙이다. 즉, 말에 대해 사람이 높은 지위에 있고, 물에 대해 소녀가 높은 위치에 있다. 그래서 사람이나 소녀가 문장의 앞에 나오는 문장들(예: 문장③, ⑤, ⑦)은 받아들여질 수 있지만, 말이나 물이 문장의 앞에 나오는 문장들(예: ④, ⑥, ⑧)은 받아들여질 수 없다. 이것은 언어학적 문제가 아니고, 나바호 인디언들이 근거해 살고 있는바 깊은 형이상학적 인생관, 우주관에서 기인한 것이라 할 수 있다.[15]

　나바호 언어가 비인격적 목적어를 내세워 주어를 만들어 수동태를

15　Kenneth Hale, A Note on Subject-Object Inversion in Navaho(Urbana : University of Illinois Press, 1973). p. 67.

만들었을 때에 이상하게 느껴지는 현상은, 똑같이 우리 한국어에도 나타난다. '나는 밥을 먹는다' 하면 이상하지 않지만 '밥이 나에게 의해 먹혀진다'는 표현은 우리에게 무언가 이상하고 불편함을 느끼게 한다. 이러한 어색함은 나바호어나 한국어나 마찬가지이다. 그러나 영어에는 이러한 어색함이 없다. 영어의 경우에는 명사의 지위에 상관없이 주어를 마음대로 바꾸어 쓸 수가 있다.

① Wolves rarely attack humans.

늑대는 거의 사람을 공격하지 않는다.

② Humans are rarely attacked by wolves.

인간은 거의 늑대에 의해 공격당하지 않는다.

③ Rare attacks on humans by wolves.

드묾이 인간에 대한 늑대의 공격이다.

④ Attacks by wolves on humans, rare as they are.

늑대에 의한 인간에 대한 공격, 그것은 드물다.

⑤ The rarity of attack on humans by wolves.

인간에 대한 늑대에 의한 공격의 드묾.

위의 다섯 가지 문장들 이외에도, 영어에서는 부사든 동사든 문장소 가운데 그 어느 것을 주어로 만들어 문장을 구성해도 이상할 것이 없다. 영어의 실용성과 영어를 사용하는 사람들의 세계관을 언어를 통해 한눈에 볼 수 있을 것 같다.[16] 그러나 이러한 변통이 나바호어나 한

---

16 John Clifford and Robert F. Waterhouse, *Sentence Combining*(Indianapolis : Bobbs-Merrill Educational Publishing, 1983), pp. 4~15. 이것이 자본주의를 가능하게 만드는 실용주의일지도 모른다.

국어에서는 불가능하다. 문장이 틀려서가 아니라, 이들의 세계관이 이러한 문장 구조를 용납하지 않는다.

헤일 박사가 자기 아내(나바호 인디언인 것 같음)에게 왜 '물이 소녀에 의해 마셔졌다'The water was drunk by the girl.는 표현이 나바호 인들에게는 이상하게 느껴지느냐고 물었다고 한다. 그 때 헤일 박사의 아내는 대답하기를, '그런 표현이 이상하지 않은 것이 이상하다'라고 했다고 한다. 그녀는 다시 말하기를 '물이 생각할 수 없는데, 어떻게 물이 소녀로 하여금 그것을 마시게 할 수 있느냐?'고 대답했다. 헤일 박사는 '물이 행동하고 생각하지는 않지만, 물이 다만 마셔질 수 있다'고 다시 말했다. 헤일 박사는 다시 문장 구조를 바꾸어 아내에게 '소녀가 아니라, 물이 마시게 하는 원인이냐?'고 물어 보았다. 그 때에 아내는, 그와 비슷하다고 대답했다. 헤일 박사는 다시 문장 구조를 바꾸어 '물이 소녀로 하여금 그것을 마시게 하였다'The water caused the girl to drink.고 한 다음, 다른 나바호 인디언들에게 어떠냐고 물으니, 듣기에 많이 어색하지 않다고 대답했다고 한다. 그러나 아직도 듣기에 어색함을 느낀다고 했다.[17] 이런 영어 표현을 보고 우리 한국 사람들이 느끼는 것과 비슷한 어색함을 나바호 인디언들도 느꼈을 것이다. 인간과 물건이 있을 때, 인간이 항상 주격이 되어야 한다. 사람이 물을 마실 수는 있어도, 물이 사람에 의해 마셔진다는 표현은 할 수 없다. 이런 표현이 영어에서는 전혀 이상하지 않지만, 나바호어나 한국어에서는 모두 이상하게 들린다. 그것은, 말을 통해 나타나는 세계관이 서로 다르기 때문이다. 이미 인간은 인간이 사용하는 언어 표현 속에 그들의 사고방식 내지 세계관을 포함하고 있다는 의미이다. 영어를 사용하는 사람들의 편

---

17 John Clifford and Robert F. Waterhouse, *Sentence Combining*(Indianapolis : Bobbs-Merrill Educational Publishing, 1983) pp. 4~15.

의 위주, 실용주의적 사고방식은 이미 영어라는 매체 속에 나타나 있다. 매체media는 이미 실체substance인 것이다. 인디언과 한국인 사이의 유사성은, 몇 개 단어의 같음에서 찾을 것이 아니라, 언어가 가지고 있는 사고방식 내지 우주관을 통해 찾는 것이 더 바람직할 것이다. 이러한 비교 연구는 앞으로 더 계속되어져야 할 것이다. 다시 말해서 생태 환경이 주요시 되는 시점에서 인디언과 우리말이 갖는 의미의 주요한 것은 여기서 아무리 강조해도 차라리 부족하다 할 것이다.

인디언이 남긴 유물과 한국

인디언과 한국인의 비교에 있어서, 언어의 비교보다 더 중요한 비교가 그들의 생활 풍습 내지 종교 신앙의 비교라 할 수 있다. 구석기 시대에 인간들은 돌을 깎아서 연장으로 사용하였다. 예외 없이 인디언들도 이러한 돌도끼를 만들어 사용하였다. 돌도끼는 가장 보편적인 원시 도끼였기 때문에, 돌도끼의 모양이 유사하다고 해서 곧 그것을 사용한 인간들이 같다고 단정할 수는 없을 것이다.

돌도끼 다음으로 가장 넓은 지역에 퍼져 있는 것은 토기이다. 토기의 종류는 크게 빗살무늬가 있는 유문 토기有文土器와 빗살무늬가 없는 무문 토기無文土器로 나눌 수 있다. 시기적으로 유문 토기가 무문 토기를 앞선다.

빗살무늬 토기 혹은 유문토기는 유럽, 근동아시아, 시베리아 일대, 한반도, 일본 등지에 퍼져 있는 토기이다. 김정배 교수는, 이 유문토기의 주인공이 한국에서는 고아시아족Paleo-Asiatics이라고 했다.[18] 토기의

---

18 金貞培, 『韓國民族文化의 起源』 (서울, 고려대학교 출판부, 1976), p. 210. 최근에는 남한강 유역 조동리에서 기원전 4240년경에 사용된 빗살무늬 토기가 밀 보리와 같

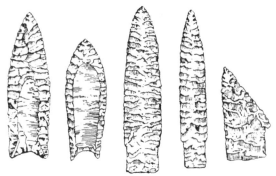

〈그림 I-2〉 초기 인디언들이 사용하던 돌 연장들

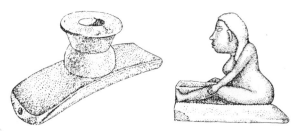

〈그림 I-3〉 인디언의 돌로 만든 담뱃대

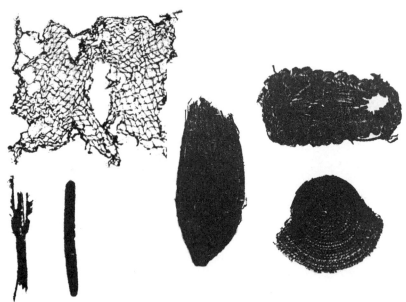

〈그림 I-4〉 인디언의 그물, 짚신, 삼태기 등.

옆면에 빗살무늬가 그려져 있고, 토기의 밑이 넓적하지 않고 뾰족한 토기는, 그 모양에 있어서 요령성 유적에서 발굴된 토기와 비슷하다.

그라함 클락 교수는 『세계 선사 시대』*Word Prehistory*에서, 이러한 유문 토기가, 시베리아에서 뉴욕 주까지는 무려 6,500킬로미터나 떨어져 있는데, 그 모양이 너무나 같다고 경탄하고 있다.[19]

얼마 전 미국 오리건 주 포트 록 동굴Fort Rock Cave에서, BCE 7000년 전의 것으로 추정되는 한국의 조리와 짚신 모양의 인디언들이 사용하던 신발이 발견되었다. 짚신과 함께 인디언이 사용했던 방석, 그물, 삼태기를 소개하면 〈그림 I-4〉와 같다.[20] 짚신의 경우에는 전통적으로 한국인들이 신어 오던 그것과 모양이 일치하고 있다. 바닥을 짚으로 엮은 다음, 양 옆으로 코를 세우고, 코 사이로 새끼를 꼰 줄로 다시 엮고, 뒤꿈치 부근은 터놓는다. 이것이 BCE 7000년, 즉 지금으로부터 약 1만여 년 전에 인디언이 신던 신발이라고 믿을 수 있겠는가?[21]

인디언의 종교와 한국

인디언의 창조 신앙 가운데 가장 보편적으로 나타나는 신화소가 '물'Water과 '어머니 신'Mother God이다. 예를 들어, 푸에블로 인디언들의 최고신인 주니 신Zuni God은 남녀 양성he-she을 다 지니고 있다. 즉,

은 탄화미와 함께 발굴되었다.(신용하, 2010, 88-9)

19 Grahame Clark, *World Prehistory*(New York : Cambridge University Press, 1977), p. 403.

20 G. H. S. Bushnell, *The First Americans*(New York : NcGraw-Hill Book Company, 1978), p. 17.

21 이 밖에도 인디언과 우리 유습과 유품의 유사한 점은 손성태 등에 의하여 조사보고가 숱하게 나오고 있다.(손성태의 '우리민족 대이동' 참고 바람)

신은 남녀 양성을 모두 초월해 존재한다. 케레스 인디언Keres Indians들은 '생각하는 여인'Thinking Woman이라는 수시스티나코Susistinako여신을 창조신으로 본다. 이 여신은 지하 세계에 살고 있다. 호피 인디언Hopi Indians들은 '단단한 존재 여인'Hard Beings Woman인 후루잉 우티Huruing Wuhti를 창조신으로 삼는다. 이 여신은 땅 자체나, 해나 별같이 살 수 있다. 그 여신의 아들이 땅의 곡식 신이 되었다. 오랜 옛날에 세상에는 물밖에 없었다. 후루잉 우티는 매우 작은 땅 탈라쇼모Tala-schomo라는 산 위에서 살았다. 그 여신은 달, 별과 석탄, 조개, 구슬 같은 단단한 물건들을 소유하고 있었다.[22] 아라파호 인디언Arapaho Indians의 창조 신화에 있어서도, 태초에는 땅이 온통 물에 덮여 있었다. 큰 영The Great Sprit이 거북에게 명하여, 바다 밑에 내려가 진흙을 가져오라고 한다. 그러나 거북은 바다 밑까지 도달할 수 없었다. 다음에는 비버(海狸)에게 명하여 진흙을 가져오게 하였다. 비버는 성공적으로 진흙을 가져올 수 있었다. 큰 영은 이 진흙을 사방에 던져 흩뜨렸다. 이 진흙이 바로 우주가 되었다.

인디언의 부족 가운데는 최고신을 믿는 부족들도 있다. 조지아 해협 부근에 살고 있는 콰티쿠트, 누트카, 벨라 쿠라 같은 부족들은 '칼스'Khaals라는 신을 최고 주재 신으로 인정한다. '칼스'라는 말은 '위에 계신 분'He who dwells above이란 뜻이다. 좀 낮은 지위에 있는 신들은 이 칼스 신에게 종속되고 그에게 봉사한다. 단일신관적Henotheistic이다. 이러한 신관은 중국, 한국, 일본 등지에 그 기원을 두고 있다고 조셉 H. 훼리는 그의 책 *The Totem Pole Indians*에서 지적하고 있다.[23] 인

---

22 Hamilton A. Tyler, *Pueblo*(Norman : University of Oklahoma Press, 1984), pp. 81~83.

23 Joseph H. Wherry, *The Totem Pole Indians*(Wew York : Thomas Y. Crowell Company,

디언 신앙 가운데 가장 보편적으로 퍼져 있는 것이 샤머니즘이다. 인디언들은 인간이 정령들과 직접 교접할 수 있다고 믿었으며, 이러한 교접은 자식들에게 대대로 전승되어 내려간다고 믿었다. 즉, 어떤 부모가 병을 고치는 샤먼을 행하면, 그 샤먼이 부모의 자식에게까지 대대로 그대로 전해진다.[24] 어떤 샤먼은 병뿐만 아니라 전쟁과 평화 같은 중요한 사건도 결정한다. 그리고 샤먼들은 방언方言도 한다. 칠캇트Chilkat부족의 샤먼들은 '이크투샤'Iktuh Shah란 말을 할 때마다 부들부들 몸을 떤다. 이러한 입신 정령 숭배 사상入神精靈崇拜思想은 나바호 언어 문법 속에도 나타난다. 나바호 인디언들의 우주관은 사물을 모두 인격화Personalized시켜 생각하였다. 신의 인격화는 근동 아시아 수메르인들에게까지 이어진다. 그들은 모든 사물에 인격성이 부여되어져 있다고 믿는다. 나바호 언어에서는 자동사를 써서 표현하는 것보다는, 타동사를 쓰기를 더 좋아한다. 즉, '나는 배가 고프다'I am hungry.라 하지 않고 '배고픈 영이 나를 죽였다'The Sprit of hunger kills me.라 한다. 또 '내가 물에 빠졌다'I am drown.라 하지 않고 '물의 영이 나를 죽였다' The spirit of water killing me.라 한다. 사물의 영이 '나'(I)보다 더 높은 지위에 있는 단어이다.[25] 그러나 사물은 항상 인간의 아래에 위치한다. 영-나-사물의 순서로서 주어가 결정된다.

인디언 마을을 방문하는 사람들은 누구나 동네 입구에 서 있는 한국의 장승같은 것을 볼 것이다. 인디언들의 이러한 장승들은 토템 숭배에서 연유한 것이다. 까마귀, 곰, 비버, 여우, 독수리, 산양, 상어, 고래 같은 동물들이 토템으로 등장한다. 인디언들은 한국에서와 같

Inc. 1974), p. 53.

24 이는 한반도 남단에 성행한 세습무이고 이들은 무당을 '당골레'라 한다.

25 C. Kluckhohn, *Navaho Philosophy*(New Haven : Yale University Press, 1949), p. 364.

이 까마귀를 영물로 취급한다. 태초에 까마귀가 인간과 모든 것을 만든다. 아직 세계가 혼돈 가운데 있었을 때에, 까마귀가 혼돈에서 우주를 창조한다. 알래스카 웨일 섬에 있는 까마귀 토템 기둥을 소개하면 〈그림 I-5〉와 같다.[26]

인디언 토템 가운데 가장 흔한 것이 곰이다. 트링기트Tlingit 인디언들은 곰을 토템으로 숭배한다. 그들은 곰을 절대로 잡아먹지 않는다. 곰을 잡아먹지 않는 이유는, 곰이 자기들의 조상ancestor이기 때문이

〈그림 I-5〉 알래스카 웨일즈 섬에 있는 토템 기둥. 왼쪽은 곰인데, 머리에 고래를 이고 있고, 오른쪽은 재생한 인간의 어깨에 까마귀를 얹고 있다.

---

26 Joseph H. Wherry, *The Totem Pole Indians*(Wew York : Thomas Y. Crowell Company, Inc.), p. 67.

다. 하이다Haida 인디언들은 곰을 잡아먹기 전에 오랫동안 몸을 깨끗이 정화시켜야 한다. 하이다 가족들은 지금도 그들이 곰 어머니로부터 내려온 후손들이라는 것을 믿고 있다. 알래스카에 연해 있는 인디언들은 회색 곰Grizzly Bear을 자기들의 조상으로 믿고 있으며, 곰 어머니에 관한 신화를 가지고 있다.[27] 이러한 곰 숭배 사상을 우리의 단군 신화와 관계시켜 연구해 보아야 할 것이다.

오랜 옛날에, 사냥꾼들이 신령한 산양들을 죽였기 때문에 살해당하

〈그림 I-6〉 인디언의 회색 곰 토템 기둥.

〈그림 I-7〉 인디언의 고래와 곰 토템 기둥. 왼쪽은 사람 머리 위에 고래를 이고 있고, 오른쪽은 회색 곰이다. 중앙아시아에서 곰 토템을 가지고 가서 고래 토템과 결부된 것이다.

---

27 Joseph H. Wherry, *The Totem Pole Indians*(Wew York : Thomas Y. Crowell Company, Inc.), p. 66.

고 말았다. 살아남은 사냥꾼들이 스키나 강Skeena River으로 돌아왔다. 어느 날, 강에서 낚시를 하고 있는데, 큰 회색 곰이 나타나 어부의 통나무 뗏목을 부숴버렸다. 그러나 곰은 창에 맞아 죽는다. 어부는 이 동물이 곰이라는 것을 안다. 왜냐하면, 이 곰은 사람의 얼굴과 사람의 머리털을 가지고 있었기 때문이다. 어리석게도 어부는 곰의 머리카락을 잘라 버린다. 이것이 화근이 되어, 물의 신들은 대노하여 땅과 산까지 물로 채워 홍수를 일으킨다. 이때부터 인디언들은 곰과 고래를 함께 토템으로 숭배하게 된다.[28]

캘리포니아 인디언 가운데는 곰 의사가 있었다. 곰 의사란, 수호신으로서 곰을 숭배하는 의사들이었다. 이 곰 의사들은 북과 방울을 사용했는데, 정령을 부를 때에는 북을 치고 방울을 흔든다. 북미주 인디언들은 주로 북을 사용하고, 방울은 남북 미주 인디언들이 모두 사용한다.[29] 곰 숭배 예배 의식은 어느 지역에서나 유사성이 있고, 매우 넓은 지역에 퍼져 있다.[30] 짐작하건대, 인디언의 곰 숭배 신앙은 중앙아시아 일대에서 가져온 것이라 보여 진다. 곰과 고래가 같이 붙어 있는 신화는, 대륙의 곰 숭배 신앙이 베링 해협 근처에 있는 바다 동물과 접합되는 데에서 생겨진 현상이라 볼 수 있다.

최근 연구보고에 의하면 곰은 네안데르탈인과 이미 교제한 흔적을 발견할 수 있다. 1917년 알프스 산맥 드라헨로호이란 해발 2천 여 미터 되는 바위산 동굴에서 네안데르탈인과 곰이 함께 생활한 유적을

28 Joseph H. Wherry, *The Totem Pole Indians*(Wew York : Thomas Y. Crowell Company, Inc. 1974), p. 69.

29 Ake Hulkrantz, *The Religions of the American Indians*(Berkeley : University of California Press, 1967), p. 101.

30 곰의 정령을 받은 여인은 요리를 맛있게 하고, 좋은 어머니가 되고, 부지런해진다. 남자가 받을 경우에는 사냥에서 활을 잘 쏘게 된다.

발견하였다. 기원전 12만년-7만 년 전, 아직 현생인류(슬기슬기 인간)가 등장하지 않을 때이다.(신이치, 2012, 71) 이런 고고학적 배경이 단군신화와 곰과 범 토템 기둥이 발견되는 이유일 것이다. 한 동굴 안에서 굴살이를 할 때에 곰과 범이 한 굴 속에 살았다는 신화적 서술은 어쩌면 가장 정확한 역사를 기술하고 있을지도 모른다.

놀이 문화로 본 인디안

인간은 '놀이'하는 동물이다. 인간은 '놀이'에서 출발하여 문명을 창조해 나갔다. 어린 아이들이 가지고 노는 장난감의 연장延長이 곧 문명이라고 할 수 있다. 인류 문명이 시작될 무렵, 인간들이 산이나 들에 모여 살 때, 일을 끝내고 여가 시간을 보내기 위해 놀이를 창안해 내었다. 그 가운데, 우리 한국 어느 곳에서나 널리 알려진, 실을 양손에 걸고 여러 가지 모양을 뜨는 '실뜨기' 놀이를 하는 것은 거의 세계 전역에서 발견할 수 있다. 한국인이라면, 이 놀이를 한 번쯤 해보지 않은 사람은 없을 것이다.[31] 맥팔랜Allan and Paulette Macfarlan이란 학자는 이 놀이가 중국에서 유래했다고 추측하고 있으나,[32] 모든 서양 학자들이 한국의 것을 중국의 것으로 혼동하듯이, 그도 이를 혼동하고 있음이 분명하다. 이 '실뜨기'Web Wearing 놀이는 일본, 필리핀, 오스트레일리아, 뉴기니까지 퍼져 있다. 이 놀이가 우연히 자연발생적으로 여러 곳에서 생겼을 것이라고는 결코 보지 않는다. 인디언들에게 퍼져 있

---

31 실뜨기 놀이는 우리 민족의 이동 경로를 추적하는 데 주요한 단서가 되고 있다. 알류산 열도에서부터 캐나다 서부 해안, 미국 서부 지역을 거쳐 멕시코까지 20세기 초까지도 실뜨기 놀이가 성행했다고 한다.(손성태, 2014, 179)

32 Allan and Paulette Macfarlan, *Handbook of American India GAMES*(New York : Dover Publications, Inc. 1958), p. 189.

는 '실뜨기' 놀이에 대해 소개하고, 그것이 얼마나 한국의 그것과 같은지 알아보기로 한다.

이 '실뜨기' 놀이는, 백인들이 미국 땅에 들어오기 전에 극동아시아에서 인디언들이 가져온 것이다.[33] 이 '실뜨기' 놀이에는 어떤 마술이 깃들여 있다고 누구나 믿고 있으며, 그 속에 나타난 미묘한 실의 예술성에 모두 경탄하게 된다. 실을 손에 걸고 뜨기를 해 나가다 보면 여러 가지 동물 모양을 만들 수 있는데, 병아리 발자국, 고기 창 같은 모양을 만들 수 있다. 5 손가락과 양손이 합쳐 벌리는 실뜨기는 그대로 음양오행의 상생상극을 그대로 연출하는 것과 같다. 실뜨기 놀이를 통해 우주변화를 보았던 것이다.

나바호 인디언들은 이 놀이를 '거미인간들'The Spider People이 가르쳐 준 것이라 했고, 주니 인디언들은 '전쟁의 신들'The War Gods이 고안하여 거미 할머니Grandmother Spider에게 가르쳐 준 것이라 했다.[34] 인디언들은 '실뜨기' 놀이를, 손뿐만 아니라, 이빨, 발가락, 입술 등을 이용, 상대편 없이 혼자 하기도 한다. 이것은 우리 한국의 경우에도 마찬가지이다. 〈그림 I-8〉에서는

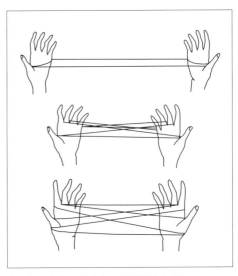

〈그림 I-8〉 인디언들의 '실뜨기' 놀이

---

33 Allan and Paulette Macfarlan, *Handbook of American India GAMES*(New York : Dover Publications, Inc. 1958), p. 189.

34 '거미'와 '곰' 등은 삼신할머니의 원형.

인디언들이 만드는 '실뜨기' 놀이의 여러 가지 모양을 소개한다. 우리의 것과 얼마나 유사한지 비교하여 볼 수 있다.[35]

다음으로 소개할 아메리칸 인디언의 놀이는 '경마놀이'Horserace Game이다. 이것은 한국의 '윷놀이'와 매우 유사하다. 윷판 같은 놀이판을 둥글게 만들어 놓고, 우리나라 윷 길이만한(약 4인치: 1인치는 약 2.5센티미터) 막대기를 던지고, 그 엎어지고 잦혀지는 모양에 따라 윷말을 쓰게 된다. 윷짝은, 우리의 경우 넷인데, 인디언의 경우는 셋이다. 그 모양은 다음과 같다.[36]

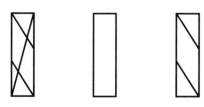

〈그림 I-9〉 인디언들의 '경마놀이' 막대기

뉴멕시코 주의 케레스 족The Keres Indians과 소노로 인디언The Sonoro Indians들은 막대기의 길이가 약간 다르기도 하다. 보통 사용되는 막대기는 길이 4.5~7.5인치, 너비 1~1.5인치, 두께 0.5~0.75인치의 딱딱한 나무로 만들어진다. 위에 그려 놓은 막대기는 뉴멕시코 주의 티구아 족Tigua Indians이 사용하는 것인데, 그려진 무늬는 점수 계산에 이용된다.(〈그림 I-11〉 참조)

윷판은 〈그림 I-10〉과 같다.[37] 우리 한국의 윷판과 아주 유사하다.

35 위의 책, pp. 191~196.
36 위의 책, pp. 265.
37 Allan and Paulette macfarlan, *Handbook of American India GAMES*(New York : Dover Publications, Inc. 1958), p. 266.

동서남북에 뚫어진 곳을 '문들'doors 혹은 '강들'rivers이라 하는데, 이들은 모두 네 방향을 의미한다. 한국의 윷판도 동서남북에 패인 곳이 있다. 한국의 윷판과 다른 점은, 가운데로 횡단하는 길이 없다는 점과, 문과 문 사이의 경우, 한국의 경우는 매듭과 매듭 사이가 5개씩 모두 20개인데, 아메리칸 인디언의 경우는 열 개씩 모두 40개이다.

놀이를 위해 준비해야 할 것은 다음과 같다.

    A. 세 개의 막대기(윷짝)

    B. 직경 6인치 가량의 둥근 돌-큰 돌

    C. 직경 3인치 가량의 둥근 돌-작은 돌

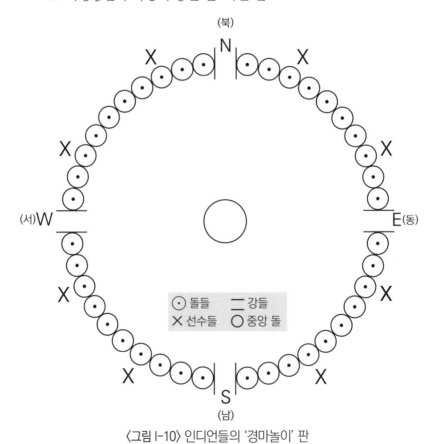

〈그림 I-10〉 인디언들의 '경마놀이' 판

40개의 작은 돌(C)을 윷판 위에 늘어놓는다. '강들'을 제외하고는 이 작은 돌들을 모두 다닥다닥 붙여 놓는다. 가운데는 큰 돌(B)을 놓는다. 그리고 세 개의 막대기를 큰 돌 위에 던져 튀기게 한다. 우리 윷놀이와 같이 인디언들은 둥글게 둘러 앉아, 사람 수의 제한 없이 이 놀이를 할 수 있다. 누구나 먼저 던질 것인가는 윷짝을 던져 결정한다. 먼저 던질 사람이 결정되면, 그는 세 개의 막대기를 손으로 잡고 턱 높이만큼 올렸다가 가운데 큰 돌을 향해 던진다. 그러면 세 개의 막대기는 큰 돌에 맞아 윷판 안으로 튀긴다. 세 막대기가 엎어지고 잦혀지는 모양에 따라 다음과 같이 계산돼 말이 나아간다.[38]

'윷놀이'의 선수는 자기 가까이에 있는 어느 문을 사용해도 좋다. 이 점이 우리의 윷놀이와 좀 다르다. 우리의 윷놀이의 경우에는 모든 선수가 같은 곳에서 출발해야 한다. 그리고 아메리칸 인디언의 경우에는 어느 방향으로 말이 움직여도 좋다. 그러나 우리의 경우에는 한 방향으로만 나아가야 한다. 어떤 선수가 3을 만들면, 말을 셋과 넷 사이에 놓는다. 점수가 5면 말은 다섯 번째와 여섯 번째 사이에 놓는다. 만약 점수가 10이면, 말은 강물에 들어가게 되고, 한 번 더 할 수 있게 된다. 이것은, 우리나라에서 윷이나 모가 나오면 한 번 더 던지게 하는 것과 아주 같다. 우리의 윷놀이와 마찬가지로, 말이 겹쳐질 경우에만 상대편 말을 잡을 수 있고, 그렇지 않을 때에는 뛰어 넘어간다. 인디언의 이 '경마놀이'에는 아주 노련한 기술이 필요하다. 즉, 상대편 말을 잡기 위해서 자유자재로 말의 운동 방향을 조절해야 한다. 더 많은 사람이 함께 할수록 상대편에게 잡힐 위험률이 높아지게 된다. 윷놀이와 마찬가지로 자기가 출발한 강에 돌아와야 승리한다.

---

38 Allan and Paulette Macfarlan, *Handbook of American Indian GAMES*(New York : Dover Publications, Inc. 1958), p. 267.

우리는 여기서, 인디언의 '경마놀이'가 한국의 '윷놀이'와 그 형태에 있어서 매우 같음을 발견하게 된다. 윷짝이 비록 셋과 넷으로 다를지라도, 그 엎어지고 잦혀지는 모양의 조합에 따라 수를 계산하는 것이며, 말이 가는 원리는 그 원칙에 있어서 같다고 할 수 있다. 짐작하건대, 아메리칸 인디언들이 이 놀이를 극동아시아의 자기들이 살던 원주지에서부터 하다가, 북미주에 이주한 후에도 그 형태를 조금씩 변경하여 계속 사용한 것 같다.

이밖에도 인디언들은, 지금도 우리나라의 시골 아이들이 여름에 느티나무 밑 땅바닥에 그림을 그려 놓고 나뭇가지나 돌멩이를 말로 하여 노는 '고누' 같은 놀이도 가지고 있다. 맥팔랜 교수는 그의 책에서

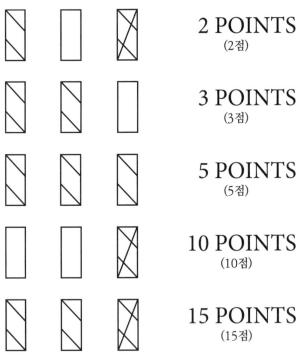

2 POINTS
(2점)

3 POINTS
(3점)

5 POINTS
(5점)

10 POINTS
(10점)

15 POINTS
(15점)

〈그림 I-11〉 '경마놀이' 점수 계산법

150가지의 아메리칸 인디언의 놀이를 소개하여 놓았는데, 이 놀이 하나하나를 우리의 민속 속에서 찾아보는 것도 인류 문명의 기원을 구명하는 데 매우 중요하다고 본다.

최근 수학자들의 손에 의하여 근동의 수메르인들이 유사한 윷놀이를 하고 있었음을 소개하고 있다. 이에 대하여서는 아래 Ⅲ부에서 장을 달리하여 소개하려고 한다. 수메르·한국·인디언으로 연결 시켜 주는 것이 윷놀이와 같은 놀이 문화일지도 모른다. 놀이 문화를 통해 문화의 유대 관계를 연구하는 것은 가장 신빙성을 높여줄 수 있는 방법론 가운데 하나라고 본다.

2

‘중국 문명의 기원’, 그 주인공은 누구인가?

이 글은 1987년 도 팡 디안천Fang Dianchun과 웨이 판Wei Fan의 글을 번역 편집한 것이다.

홍산문화[1]

최근 중국 요령성遼寧省에서 발굴된 고고학적 유적은 중국 역사를 완전히 다시 써야 하거나, 선사 시대에 대한 새로운 정립을 하지 않을 수 없게 만들고 있다. 지금까지 중국 문명은 황하 유역에서 시작된 것으로 믿어 왔으나, 이제 황하 유역의 문명보다 약 1천 년이나 올라가

---

1 숭실대 김정열 교수는 최근 홍산문화에 대하여 “홍산문화가 우리 것인지 아니면 중국의 것인지에 대한 집착과 논쟁은 본디부터 근대 국민국가 성립 이후 이 관점을 선사시대까지 무제한 확장하여 투영하는 가공의 영역을 넘어서지 못한다.”고 한다. 이런 강단 사학자들이 범하는 오류는 인간의 태생 과정에서 볼 때에 어머니 모태에서 1-6주 안의 인간 모습이 성인의 그것과 다르기 때문에 인간이 아니라고 하는 것과 같다 할 수 있다. 이들은 관습과 습관적으로 이런 발상을 하고 있다. 우리 것이 아니라면 그러면 과연 홍산문화가 중국 것인가? 이들이 주장하는 논거대로라면 홍산문화와 중국의 관계는 우리보다 거리가 더 멀고 다르다. 김정열은 재야 사학을 두고 근대 국민국가주의 즉, 민족주의 사관이 범한 오류라는 것이다. 역으로 판단할 때에 김정열 같은 강단 학자들이야 말로 민족주의 사관에 대한 거부감을 홍산문화에 적용하고 있다고 할 수 있다. 이것은 큰 과오이다. 나치 민족주의 거부감이 서양 주류 사관이고 보면, 이를 원용해 우리 민족주의에 적용하고 있는 것은 큰 과오이다. 다윈의 적자생존적 진화론에 대하여 ‘자발적 진화론’이 거론되듯이 우리 민족주의는 나치와 같은 자의적 민족주의가 아니고 ‘자발적 민족주의 spontaneous nationalism’이다. 중국이야 말로 자의적인 민족주의를 홍산문화에 적용하고 있다. 김정열 등은 왜 중국 민족주의는 비판하지 않는가? 이를 혼동한 다음 식민사관과 결탁하고 있는 것이 국내 강단 사학자들의 오류이다. 그 결과 동북아재단을 중심으로 집결해 있는 강단 사학자들은 동북공정을 합리화 시켜주는 데 일조하고 있다.

는, 매우 고도로 발달된 새 문명이 황하 북부 지방에서 발견되었다. 이 새 문명을 홍산 문명Hong-shan culture이라고 하는데, 이 문명은 신석기 농경 사회 문명이었고, 위치는 북경에서 400km 북쪽에 있는 양산 산맥Yangshan mountain에서 요령성, 그리고 내몽고까지 뻗쳐 있는 지역의 문명이다.

발굴된 유물로는, 원형으로 된 예배 처소, 군집된 건물, 묘소 부근의 신상神像을 가지고 있는 성전, 그리고 질서 정연하게 널려져 있는 무덤군 같은 것들이다. 이러한 유적들은 지금까지의 신석기 유적으로는 중국 안에서 찾아볼 수 없는 전혀 새로운 것들이다.

이렇게 큰 규모의 건축은 지방 부족의 힘으로는 이룩할 수 없는 것이다. 이 유적들은 고대 국가 사회의 정치적 활동상을 추적할 만한 것들임이 분명하다. 이러한 견해는 중국 고고학회The Archaeological Society of China 부회장인 수 빙키 Su Binqi의 견해이다. 만약 이것이 사실이라면, 이 고대 국가는 하 왕조夏王朝보다 1천 년이나 앞서는 것이다. 그런데 현대 학자들은 하 왕조가 중국 역사 왕조 출현으로는 제일 처음의 것으로 믿고 있다.[2]

한때는 전설적 왕조였으

〈그림 I-12〉 요령성 유적 여신전에서 나온 향로

---

2 그러면 홍산문명을 지울 것인가 더 발굴할 것인가, 이것이 중국 정부의 고민이다. 2018년 벽두에 1980년대와는 비교가 안 될 규모의 홍산문명 유적들이 발굴되었다. '동북공정' 이것이 중국 정부의 답이다.

나, 지금은 확고하게 실재했던 왕조로 판명된 하 왕조(BCE 2100~BCE 1600)는, 산서성Shanxi Province과 하남성Henan Province 안에 있는 황하 계곡을 따라 우왕이 건설한 왕조이다. 하 왕조에 대한 기록은 없지만, 고고학의 발굴은 하 왕조가 실재했었고, 중국의 양대 신석기 문화 가운데 하나인 용산Longshan '흑도 문화'black pottery에서 발전되어 나온 것으로 확고해졌다. 그러나 전설로는 하 왕조가 기원전 3100년경에 황제黃帝 Yellow Emperor가 이룩한 부락 공동체 정도였을 것으로 추측했었다. 황제는 우임금 이전에 있었던 오제五帝 가운데 하나로 알려졌다.

홍산문화란 1930년대에 내몽고 치펑赤峯에 있는 한 부락에서 처음 발견된 문화이다. 처음에는 이 문화를 BCE 4500~BCE 2500년경 황하 유역에서 매우 번창한 앙소Yangshao 채도 문화painted pottery culture의 후기에 발전된 문화로 보았었다. 초기 홍산문화에서 나온 것은 검게 칠해진 무늬, 붉은 갯 토기, 석기로 된 보습, 곡괭이, 자르는 데 쓰는 예리한 석기 같은 것들이었다. 홍산문화 유적에서 고도로 발달된 농경 기구가 있었다든지, 그것이 농경 문화였다는 흔적은 찾을 수가 없었다. 1979년 이래로 발굴된 몇몇 유적들은 지금까지 발굴된 그것들과는 훨씬 다른 것들이었다.

원형 제단

1979년에 붙여 지어진 건물들의 파괴된 계단이 서쪽 요령성에 있는 카주오(하르킨 주오이) 주의 4km 남동쪽에 있는 동산취Dongshanzui에서 나타났다. 위치는 다링강Daling river을 가로질러 성산 마쟈Majia산에 면해 있는 산 능선에 있었다. 그 제단은 원형으로서, 자리 잡힌 평평한 돌로 만들어져 있었다. 그 안에는 지름이 2.5m 되는 원이 자갈에 박혀 있었다.

제단의 주변에서는 여러 개의 진흙으로 된 토용 조각들이 나타났다. 그 가운데, 가장 잘 보관되어 있으나 머리와 발이 없는 높이 5cm 되는 것과, 그리고 6.8cm 높이의 임신한 여인상이 있었다. 부수어진 조각들을 맞추어, 두 개의 앉아 있는 큰 여인상을 재구성해 내는데 성공했다. 조각을 붙여 놓으니 길이가 50cm였다. 두 여인상 모두가 왼손을 배 부분에 얹고, 양 다리를 가부좌하고 있는 모습이었다. 그 중 하나는 허리띠를 매고 있었다. 이 여인상들은 풍요와 다산을 비는 곡식신에게 바쳐진 토용들이다. 이와 비슷한 토용들은 구석기 시대부터 그 후대에 이르기까지의, 유럽과 그 밖의 여러 지역의 유적에서 흔히 발견되는 것들이다. 이 토용 여인상들은 곡식과 짐승들의 생산을 비는 대지모大地母 Earth-Mother 신앙을 반영하는 태모신Greater mother이다. 이것은 지금까지 중국 어느 곳에서도 발견되지 않던, 생산과 관계되는 여인상이었으며, 소원을 비는 토용 신앙이다. 이 발견은 매우 엄청난 흥분과 추측을 자아내었다. 그 이유는 이것이 이 일대의 강한 모계 중심 사회임을 추측케 하기 때문이다.

〈그림 I-13〉 마쟈산이 뒤에 보이는 동산취 제단 유적

제단의 북쪽에는 석조 건물들의 일군一群이 붕괴돼 있었다. 이 석조 건물들은 남북이 축을 이루고 있는 대칭형으로 지어져 있었고, 남·북쪽 면은 끌로 잘 다듬어진 직사각형의 석조 벽으로 지어져 있었다. 진흙 토용으로 둘러싸여져 있는 또 다른 원형 석조 유물이, 서쪽 요령성 푸시친Fuxin시 근처 후투구Hutougou에서 발견되었다. 한 농부가 무너져가는 절벽에 일부가 나타나 있는 석곽묘stone tomb를 발견했다. 고고학자들이 이 석곽묘 속에서 18개의 비취 보석을 발견했는데, 홍산문화의 유적임이 분명하다. 이것은 매우 중요한 대발견이다. 왜냐하면, 여기서 나온 유물들은 비취로 된 용, 거북, 새, 다른 많은 동물들로서, 이것은 요령성과 내몽고 지방에 살고 있던 동물의 생태를 아는 데 도움을 주기 때문이다. 지금 이 비취들은 하버드 대학 박물관과 오스트레일리아와 프랑스에 있는 박물관에 보관 중인데, 이 유적들을 추정해 볼 만한 자료도, 신빙할 만한 연재도 측정할 수 없는 형편이다.[3]

최초의 용

후투구Hutougou에서 나타난 비취 가운데 매우 작으나 원형圓形을 이루고 있는 부적이라 여겨지는 용龍이 있었다. 이 용은 중국 역사의 매우 초기에 나타난 것으로서, 후대에 왕실을 상징하는 등불이 되었다.

---

3 여신상 발견은 서구 여성학자들에게 알려졌고, 이에 *Chalice and Blade*(『찻잔과 창검』)의 저자 Riane Eisler는 인류문명사를 남성의 창검과 여성의 찻잔 문화로 나누고, 여성 평화주의를 강조했다. 이에 중국 여성학자 Min Jiayin은 *The Chalice and the Brade in Chinese Culture*(1995, China Social Sciences Publishing House)를 통해 홍산문화 유적을 중국 것이라 하면서 Eisler의 책을 뒷받침하고 있다. 그러면 과연 홍산문화가 중국 문화와는 일치하는가? 국내 재야 학자들의 오류는 홍산문화를 역사학적 관점을 넘어서 여성학 등 다양한 시각에서 이를 볼 수 있는 시각이 결여되어 있다.

그 전에도 1971년에 내몽고의 옹뉴이드Ongnuid에서 휘어진 용을 발굴, 큰 선풍을 일으킨 적이 있었다. 단 하나의 조각으로 만들어진 검푸른 색의 이 용은 길이가 27cm였다.

용의 머리는 전면을 향해 있고, 머리털 깃은 뒤로 향해 있다. 한가운데의 잘 다듬어진 부분에 난 구멍은 실을 꿰기 위해 낸 것이다. 이것이 처음 발견되었을 때에는 상 왕조商王朝(기원전 16~11세기)의 것으로 추정했으나, 지금은 이것이 홍산문화 유적이라고 누구나 믿게 되었다.

홍산 유적지에서 나온 용은 돼지같이 네모지고 넓적한 코를 가지고 있는 것이 특징이다. 우리는 이 용을 바라보면서, '도대체 이 용이 홍산문화에서 어떤 역할을 했느냐? 어디에서, 그리고 역사 발전 과정의 어느 위치에서 생겨났느냐?'라는 질문을 할 수밖에 없다. 여신상이며, 용이며, 매우 잘 단장된 예배 처소며, 이 모든 것들이 매우 국적불명의 문화 유적으로만 여겨질 뿐이다. 그러면 도대체 이 문화는 어디서 온 문화이며, 이 문화가 누구에 의해 어떻게 건설되어졌는가? 신용하는 홍산이 백산, 백봉, 적봉 등으로 '밝달'과 '붉다'와 같은 불함문화권에 들어 있는 고조선 영역이라 결론한다. 고인돌 무덤과 팽이형 토기 등이 이를 뒷받침하기에 충분하다고 하였다.(신용하, 2010, 181)[4]

대규모 성전 집단

1981년, 고고학자들은 동산취 서북쪽 20km 지점에 있는 니우헤량 Niuheliang 마을에서 또 다른 무덤군을 발견하였다. 1983년에 발굴을 시도했는데, 거기서 석곽묘石槨墓의 집합처를 발견할 수 있었고, 근처

---

4 『후한서』에서는 오환의 구심점을 '적산赤山'이라 했는데, 이는 홍산과 함께 '밝달'과 백산과 같은 불함요소로 볼 수 있다.(신용하, 2010, 285)

언덕 꼭대기에 있는 성전에서는 또 다른 태모상Greater Mother을 발견할 수 있었다. 니우헤량은 동서로 10km나 뻗쳐 있는 높은 능선 위에 위치해 있다. 이 능선에 올라가기 위해 매우 조심스러운 장치를 하지 않을 수 없었다. 왜냐하면, 흙이 무너져 내려 성전을 파괴할 우려가 있었기 때문이다.

성전은 아직도 발굴되어지지 않은, 성전 군집처로 믿어지는 곳의 바로 중앙에 위치해 있었다. 탄소 측정법으로 조사한 결과, 기원전 2575년의 유적이었다. 그 성전 주변에는 20여 개의 언덕으로 된 석곽묘가 있었는데, 이 묘군은 마치 큰 산과 같았다. 즉, 거룩한 성산聖山의 한 무리같이 보였다. 이렇게 석곽묘가 질서정연하게 무리지어 있었다는 것은, 홍산 인간들이 매우 강하고도 높은 사회생활과 종교적 생활을 하고 있었음을 의미한다.

성전을 덮고 있는 흙을 치워내고 나니, 거기서 매우 귀중한 조각상을 찾을 수 있었다. 다섯 개 혹은 여섯 개의 진흙 토용이 나왔고, 그 가운데 가장 작은 것은 거의 실물 크기life size만 하였다. 성전의 큰 안방에서는 진흙 귀, 코 등 실물 크기의 두 배나 되는 조각상의 부분들을 찾을 수 있었다. 발굴의 가장 큰 소득 가운데 하나는, 푸른빛을 띤 초록 비취로 된 눈동자를 가진, 붉게 칠해진 여신상의 발견이었다. 뺨은 매우 큰 둥그런 형태로 만들어져, 좀 과장된 조각 같은 인상을 주었다. 이 얼굴 모양은, 오늘날 중국 북부에 살고 있는 사람들의 전형적인 얼굴 모습이다. 이는 전형적으로 몽골족의 얼굴 형태를 두고 하는 말이다.

팔, 가슴, 용의 아래 이빨 등 모든 조각들이 매우 숙련된 예술가가 만들었다는 인상을 강하게 풍겨 주고 있다. 예를 들어, 손 부분에서는 주먹을 쥐고 있으며, 엄지손가락은 위로 향해 있고, 다른 손가락은 밖으로 향해 뻗어 있다. 손가락의 모양으로 보아 매우 깨끗한 여인의 손이라는 것을 쉽게 알 수 있었다. 새의 발톱은 불쑥 튀어 나와, 매우 힘찬 모습으로 움켜잡으려는 자세이다. 성전 건물은 불타버려 앙상한 외형만 남았지만, 나무로 엮어져 있는 것을 발견할 수 있었다. 벽의 주름을 펴 보니, 진흙에 그림을 새겨 잘 모양을 내고 있었으며, 색채를 입혀 기하학적인 배려를 잘 하여 만들어진 것이었다. 성전의 길이는 200M나 되었다. 뒤에는 축구장보다 더 큰 평방형으로 된 광장이 있었고, 그 밑에는 아직 발굴되지 않은 궁성이 남아 있을 것으로 보고 있다.[5]

〈그림 I-14〉 요령성 유적의 여신상 발굴

---

5 이것은 1980년 초 발굴 현실을 그대로 두고 한 말이다.

고도로 발달된 예배 형태

한 가지 분명한 사실은, 홍산 유적의 인간들이 동물 숭배Totemism와 정령 숭배Animism, 그 밖의 여러 가지 진보된 종교 형태를 가지고 있었다는 것이다. 그들은 매우 단순한 그리고 평등을 원칙으로 하는 공동체 생활과, 부의 축적에 따라 그 신분이 달라지는 형태의 사회제도를 가지고 있었다. 이러한 사실은 발굴된 무덤의 내부에 의해서 밝혀졌다. 무덤 가운데는, 그 속에 아무것도 없는 것도 있고, 조금밖에 없는 것도 있고, 용 목걸이, 귀고리 등을 포함한 귀중품이 가득 찬 것도 있었다. 이것은, 그 당시 사람들의 사회 신분의 차이를 말해 주는 것이다. 어느 한 무덤은, 그 안방의 크기가 300㎡나 된다. 네 벽으로 둘러싸여 있는데, 그 벽은 모두 큰 돌들이었다. 그리고 무덤 자체는, 큰 무덤을 만들기 위해 큰 돌들을 쌓아 담을 만들어 놓은 것이다. 보통 무덤들은 관 같은 형태를 만들어 그 속에 시체를 넣고, 넓적한 돌들을 쌓아 평평한 평지를 만들고, 그 위에 흙과 돌들로써 작은 무덤을 만들었다.

이와 같이, 대규모의 성전을 짓고 종교 의식을 거행한 문명의 주인공은 과연 누구인가? 이 문화의 주인공들이 삼황오제 같은 전설적 인물들과 관련되는 것인가? 이 홍산문화 유적은 주로 북중국에 집중되어 있다. 거기에는 분명히 아직 더 파야 될 엄청난 유적이 있을 것이다. 그러면 엄청난 중국 역사가 새롭게 재발견되어질 것이다.

이 글은 『China Reconstructs』 vol.XXXV No. 12, December 1986에 실린 중국인 고고학 연구회 팀의 『Excavating a Lost Culture』를 번역한 것임을 밝혀 둔다. 두 학자는 '홍산문화의 주인공이 누구인지 모르겠다. 이 문화 유적은 앞으로 더 많이 발굴되어질 여지가 있다. 이 유적이 모두 발굴되면 중국 역사가 달라질 것이다'라고 결론하고 있다. 중국의 북쪽 요령성은 옛 우리 고조선이 위치했던 곳이다. 국내 학자들이 이 홍산 유적에 대해 어떻게 해석하는지, 그들의 견해를 직접 들어보기로 한다. 이들 두 학자들은 그 때만 해도 중국 것이라 단정하지 않고 있었지만, 지금은 사정이 달라져 중국 것이라 하고는 동북공정으로 이를 합리화 하고 대대적인 선전을 한다. 중국의 역사가 수 천 년이나 올라간다고 중국 사관 자체를 변경하고 있다. 이에 대해 국내학자들의 소리를 들을 차례이다.

요령성 유적에 대한 국내 학자들의 견해[6]

﹥손보기 교수(전 연세대 사학과)의 견해

요즘 흥미 있는 것은, 중공 요령성 지역에서 대규모 선사 유적이 발견되었다는 것인데, 요령성에서는 과거에도 20여만 년 전의 인골이 나온 적이 있으며, 이 지역은 우리 선조들이 거주하던 지역과 아주 가까운 곳이다. 따라서 앞으로 연구가 진행된다면, 우리 민족의 뿌리가 그 쪽으로 이어질 가능성도 커지는 것이다.

예를 들어, 우리 민족의 두개골은 좌우가 넓고 앞뒤가 좁은 몽고 계통의 특징을 가지고 있으면서, 높이는 세계에서 제일 높다. 이 같은 특징에 대해(중국학자들도 위의 글에서 홍산 유적의 주인공의 특징이 이와 같다고 했다.) 1백 년~1천 년 사이에 갑자기 변하는 것이 아니며, 거주환경이 바뀐다고 해서 쉽게 변화하는 것도 아니다. 따라서 체질 인류학 혹은 체질 고고학 분야에 대한 연구가 함께 진행된다면 우리 문화

---

6 이것은 1980년 현재를 두고 하는 말이다.

와의 상관관계도 알아낼 수 있으리라 본다. 결국 우리 민족의 조상은 바이칼호 주변에서 살다가 10만 년 전 빙하기 중간의 간빙기를 이용, 남하하다가 한반도 쪽으로 들어온 것이다.[7]

﹥ 이형구 교수(한국정신문화연구원)의 견해

최근 중공의 인민일보가 발표, 우리 학계에까지 파문을 일으키고 있는 동산취 제사 건축물 유지東山嘴祭祀建築物遺址에서는, 우리나라 고대 문화와 결정적 관계가 있는 석관묘와 적석묘가 발견되었고, 빗살무늬 토기가 출토되었다고 한다.

마침 이 일대는 필자가 1978년 '대능하 유역大凌河流域의 기자조선 실재설箕子朝鮮實在說'을 주장했던 지리적 위치와 일치한다. 신전에서 출토된 유물에 대한 목탄에 의한 탄소 측정 결과, 지금으로부터 5,485년 전이라고 하는 연대 수치가 나왔다. 그래서 이 시기를 중국 고대 전설 왕조인 '삼황오제'三皇五帝와 연결시키고 있다. 그러나 이 지역은, 두말 할 것 없이 중국 정사中國正史에서 동이東夷라고 하는 지역이다. 우리나라 고대 문화는 물론 고대사에 있어서 매우 중요한 지역이다.

발해 연안 북부 대릉하 유역은, 역사적으로는 기원전 11세기경의 기자조선의 초기 강역으로 믿어지고 있는 지역이지만, 문화적으로 중요한 것은, 기원전 4000~3000년경에 대릉하 유역의 이른바 홍산문화 유적에서 우리나라 신석기 시대의 대표적인 문화 유형의 하나인 빗살무늬 토기와, 역시 우리나라 선사 시대의 대표적인 묘제墓制인 석관묘와 적석묘가 발견되고 있다는 점이다.

---

7   한국일보, 1986. 8. 1.

지금까지 우리나라 국정 교과서인 『고교 국가』에서는 '빗살무늬를 쓰던 사람들은 시베리아-몽고 지방의 신석기 문화를 폭넓게 받아들이면서 각지에 문화를 발전시켰다'고 하였다. 그러나 20세기 후반에 들어 중공의 고고학계가 발표한 대릉하 유역의 신석기 시대 유적의 빗살무늬 토기에 대한 새로운 고고학 자료는 '시베리아'의 빗살무늬 토기의 연대보다 훨씬 앞서고 있다.

그리고 동산취 유지東山嘴遺址 일대에서 발굴된 적석묘군과 1973년 대릉하 유적 부신현 호두구阜新縣胡頭溝 유지에서 발견된 석관묘군은 동산취 유지의 연대인 기원전 4000~3000년경의 유적이다. 이 시기는 우리 학계나 일본 학계에서 지금까지 믿고 있던, 기원전 8세기의 시베리아 지방의 석관묘와 기원전 6세기의 파지딕 적석묘가 한반도에 유입되었다고 하는 '시베리아 기원설'보다 수천 년이 앞서는 시기이다. 이와 같은 사실은, 우리나라 고대 문화에 대한 새로운 해석을 불러일으키고 있다.[8]

▶ 윤내현 교수(단국대학)의 견해

대형 제단大型祭壇, 여신묘女神廟, 적석총군積石塚群 등의 유적이 발견된 요령성遼寧省 지역은, 지금은 중공의 영토지만, 한반도로부터 멀지 않은 지역이고, 고대에는 한국 민족의 활동 영역이었다. 따라서 이 유적은, 한국 고대사와 무관하지 않을 것이라는 점에서 필자를 흥분시키고 있다. 먼저, 우리가 알아 두어야 할 것은, 이 유적이 만들어진 시기인 오천 년 전은, 지역에 따라 다소 차이가 있지만, 요령성이나 황하 유역은 대체로 전기 신석기 시대 말기에 속하면, 각 지역이 여러

---

8 조선일보, 1986. 8. 1.

개의 문화권으로 나뉜다는 것이다.

구체적으로 말하면, 요령성 지역에는 소하연小河沿 문화, 황하 중류 유역에서는 앙소仰韶 문화, 황하 하류 유역에서는 대문구大汶口 문화, 장강長江 하류 유역에는 양저良渚 문화 등이 있었다. 요령성 지역과 황하 유역은 전혀 다른 별개의 문화권-정치권이었다. 그러므로 요령성에서 발견된 제단 유적은, 중국 민족의 근간을 이루었다는 화하족華夏族의 유적일 수 없으며, 이것을 삼황오제三皇五帝로까지 연결시키는 것은 지나친 비약이다.

필자는 졸저 『한국고대사신론』韓國古代史新論에서, 요령성이 고대 한국 민족의 활동 중심지였으며, 그 지역에서 고대 한국 민족이 문화적·정치적으로 성장하였음을 상세하게 고증한 바 있다. 그 내용에서 필자는, 한국과 중국의 고대 문헌 및 최근의 고고학적 발굴 결과 등을 근거로 하여, 고조선의 강역이 지금의 하북성河北省에 있는 난하灤河(북경 근처)까지였으며, 요령성이 그 중심지였음을 밝혔다. 따라서 이 지역 내에서 발견되는 선사 시대와 고대의 유적은 고대 한국 민족의 성장 및 그 역사 전개에 밀접한 관계를 갖는 것이다.

고조선의 개시 연대는, 통념에 따를 때에, 지금으로부터 4,319년 전(기원전 2333년)으로 풍하 문화豊下文化시대에 해당된다. 이 시대를 우리는 사회제도의 정돈, 심한 계층 분화, 청동기 문화의 개시 등으로 보아, 고조선과 같은 정치권력의 등장을 상정해 볼 수 있다. 설사 고조선의 건국이나 개시 연대가 이보다 늦었다고 하더라도, 고조선의 강역이 지금의 중국 하북성까지 이고, 요령성은 그 중심부였음이 분명한 이상, 요령성 지역의 선사 문화는 후에 고조선을 구성한 여러 토착 부족들이 남긴 것이 된다. 차제에 한국 고대사 전개의 중심지인 요령성에 눈을 돌려, 그 지역의 유적과 유물을 토대로 하여 한국 고대사

를 재구성하는 학풍이 일어나기를 기대한다.[9]

중공(중국) 학자들이 요령성 유적을 두고 하는 말들을 종합해 보면, 마치 남의 자식을 주워다 놓고 자기 자식으로 만들려 하나, 도저히 그 생김새나 체질이 맞지 않아서 고심하는 것 같은 인상을 주고 있다. 지금까지 황하 유역에서는 나타나지 않던 대형 제단, 여신묘, 적석총군, 자체 임부상, 빗살무늬 토기 등의 유물들이 이번 요령성 유적에서 나타났기 때문에 중공 학자들은 당황해 하고 있다. 그러나 이러한 유물들이 한국 측에서 보면 전혀 새로운 것이 아니라는 것이다. 빗살무늬 토기는 무문 토기 이전에 우리 한반도의 강이나 바닷가 주변에서 흔

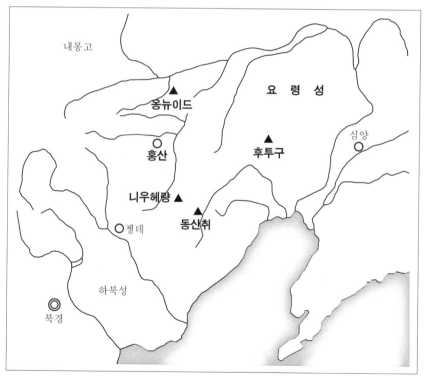

〈그림 I-15〉 요령성 홍산문화 지도

---

9 조선일보, 1986. 8. 1.

히 발견됐다. 적석총은 지금도 만주 일대를 중심으로 남아 있고, 북한 승리산 인간들을 중심으로 한 한국 고대 사회는 강한 모계 중심적 종교 의식을 가지고 있었던 신앙 공동체였다.

중공 학자들은 이 홍산 유적을 전설적인 삼황오제에다 연결시켜 보려 하고 있으나, 그렇게 되자면 거기서 출토된 모든 유적이 그에 상응

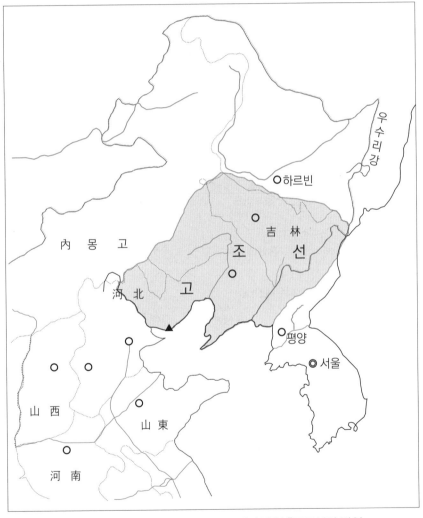

〈그림 I-16〉 윤내현 교수가 『한국 고대사 신론』에서 밝힌 「고조선의 강역」

해야 한다. 그러나 이에는 많은 어려움이 따르는 것이 사실이다. 선사 시대의 발해 연안 요령성 일대에는 중국의 황하 문화권과는 구별되는 또 다른 독특한 문화가 있었으며, 이 문화가 고조선, 기자조선으로 성장 발전하여 한국 문화의 기저를 이루었으리라는 것이 국내 학자들의 견해이다.[10] 이 요령성 유적은, 한반도 문화가 시베리아 일대에서 옮겨 왔다는 종래의 주장도 설득력을 잃게 하고 있다. 과연 이 요령성 유적의 주인공은 누구인가? 이 주인공들이 우리 한민족이라면—그 많은 유적들이 그렇게 이미 보여주고 있는 것과 같이—멀리 수메르의 지구랏의 유래, 모계 사회의 유래, 도시 문명의 유래가 손쉽게 풀려질 것이다. 수메르인들이 기원전 3500년경에 메소포타미아 지역에 정착했다면, 5,000년 전의 유적이 요령성에 나타났다고 해서 아무런 이상할 것이 없을 것이다. 그러나 양자 사이의 관계는 아직 조심스러운 가설로 남겨 두고 더 연구해 보아야 할 것이다.[11]

▸ 홍산문화에 대한 최근 보고(2000년대 전후 하여)

제4 빙하기 이후에 나타난 문명의 기원을 추적함에 있어서, 빗살무늬 토기가 중요한 역할을 하는 것은 의심의 여지가 없다. 빗살무늬 토기는 수메르, 아메리칸 인디언, 모헨조다로 등 오래된 문명권 안에서는 어디서나 나타나는 문명을 잇는 띠와 같다. 중국 신석기 문화를 대변하는 앙소, 용산 두 문화의 빗살무늬 토기가 한국의 빗살무늬 토기

---

10 신용하교수는 남한의 한강문화와 북한의 대동강 문화가 합류하여 만주-요동 일대의 문화가 형성되었다고 본다. 적어도 제 4빙하기 이후 역사는 그렇게 추적할 수밖에 없다는 것이다.

11 이홍규 같은 유전자 인류학 전공 학자들이 요하문명에 주목하면서 여기서 동서로 신문명이 전파된 것으로 본다. 이에는 유전자 인류학자 Gregory Cochran 등이 *The 10,000 Year Explosion*(Basic Books, 2009)에서 동의하고 있다.

와는 상관없는 것으로 여겨져 왔으나, 요령성에서 발굴된 신석기 토기가 한국의 그것과 유사하다는 사실이 밝혀져, 양 지역 간의 비교 연구가 필요해지게 되었다. 임효재(서울대) 교수의 발표[12]를 요약하면 다음과 같다.

주지周知한 바와 같이, 가장 이른 한국 신석기 시대의 단계는 납작밑 토기문화로 대표되어진다. 이러한 토기류는 백두산을 중심으로 우리나라 동북 해안 지역과 중국 동북부 흑룡강 일대, 그리고 요령성 지방에 분포되어 있다. 이러한 토기는 그 기형상器形上에서 평저平底인 점 이외에도, 문양文樣의 모티브, 시문 기술면施文技術面에서의 음각陰刻, 태토胎土에 활석 같은 혼입물混入物을 넣는 점 등, 토기의 유사성에서 뿐만 아니라, 그 연대에 있어서도 일맥상통하는 점을 보이고 있다.

오산리의 경우, BCE 6000~BC 4500년 사이에 C^{14} 연대年代가 집중되어 있고,[13] 흑룡강 신개류新介流의 경우 6080±130년 B.P.,[14]이다. 요령성의 소주산小珠山의 경우 BC 4000년경으로서[15] 연대기상에 있어서도 근사성을 보이고 있다. 물론, 토기 자체에 있어서 세부적인 차이가 적지 않으나, 이렇듯 공통된 특징을 보이는 것은, 적어도 신석기 초기인 BCE 4000년경에 이미 서북방 계통의 납작밑 형 토기 문화가 이 지역 토착 문화로서 존재해 있었고, 그런 이유로 공통된 문화 요소를 지닌 채 그 나름대로 발전을 했던 것으로 생각된다.

---

12 任孝宰,「新石器時代 韓國과 中國 遼寧 地方과의 文化的 關聯性에 관하여」,『韓國上古史의 諸問題』(한국정신문화연구원 상고사 학술회의 1987. 2. 25~26.).

13 任孝宰,「放射線炭素年代에 의한 韓國新石器文化의 編年研究」, 金哲埈 博士 華甲紀念 史學論叢, 1983.

14 中國社會科學院 考古學研究所 編,『新中國 考古友現和研究』, 文物出版社, 1982.

15 遼寧省博物館, 旅順博物館, 長海縣文化館,「長海縣廣鹿島大長山島具遺址」, 考古學報, 1981年 第1期, 科學出版社.

납작밑 토기 문화 다음 단계인 뾰죽밑 토기는 구연부口緣部에 평행밀집단선문平行密集短線文에다가 기복부器腹部에 어골문魚骨文이 시문施文되는 전형적 빗살무늬 토기로서, C^{14} 측정 결과 BCE 4000년에서 BCE 3000년 사이에 집중되어 있다.[16]

그런데 한반도에 있어서 이 토기 분포권土器分布圈은 북쪽 경계선인 청천강을 한계로 하여 그 남쪽에서만 출토되고, 그 이북 및 요령 지방에서는 납작밑 토기가 출토되고 있다. 이런 점에서 서해안 지역과는 토기면에서는 기본적인 상이점相異點이 보이고 있다. 그러나 뾰죽밑 빗살무늬 토기 중에 보이는 곡선 무늬 등은, 비록 단편적인 문화 요소의 일부이긴 하지만, 화북, 요령 지방의 채문 토기彩文土器와의 접촉을 시사하는 것으로 생각되면, 내몽고 임서현林西縣의 여러 유적에서 곡선문曲線文이 보여, 그곳과의 접촉도 시사된다.[17] 또한, 평북 신암리 유적의 심선기하문深線幾何文의 장경호 같은 토기는 요령성 소하연 토기小河沿土器 같은 용산 문화 만기晩期의 주연채도周緣彩陶와의 관련을 암시하고 있다.[18]

요하 지역遼河地域에 있어서 신석기 문화는 신락 하층 홍산문화新樂下層紅山文化와 같이 화북채도華北彩陶의 영향 하에서 생긴 문화 요소도 존재하지만, 지금까지 보아 왔던 납작밑 토기에서 보이는 북방계 신석기 문화 유형도 존재하였음을 알 수 있다. 이 후자의 문화는 흑룡강 일대,[19] 한국의 동해안 신석기 문화와 동일 계통의 문화 소산품文化小

16 任孝宰, 「放射線炭素年代에 의한 韓國新石器文化의 編年硏究」, 金哲埈 博士 華甲紀念 史學論叢, 1983.
17 內蒙古文物工作隊 編, 『新石器時代』, 內蒙古文物資料選輯, 1964.
18 金元龍 『韓國考古學槪說』, 一志社, 1986.
19 A. P. OKLADNIKOV, *The Soviet Far in Antiquity, edited by H. N. Michael*, 1964. University of Toronto Press.

産品으로 보이며, 뾰죽밑 토기 문화 시기에도 곡선문曲線文이나 지그재 그문이 보이는 것으로 보아, 몽고, 장산 열도, 적봉 등과 간헐적인 접촉의 증거가 있다. 더구나 신석기 말기의 신암리, 용연리, 쌍학리에서는 유경호, 굽 달린 잔, 그리고 신암리 3지점에서는 중국 요령제로 생각되는 해문 토기 4점이 출토되어, 그곳과의 교류를 이야기하고 있다. 이와 같이, 중국 요령성에서는 신석기 초기부터 삼족토기三足土器, 채도계彩陶系의 곡선문, 지그재그문과 같은 중국 문화 특유의 요소가 나와, 이것과 한반도와는 문화 계통이 다르나, 그곳의 또 다른 신석기 초기 유형의 하나인 납작밑 토기 문화와는 우리 신석기 토기 문화와 동일계同一系라고 할 수 있다.

신석기 중기 이후, 한반도에서 빗살무늬 토기가 성생된 시기에도 그곳의 채도, 흑도의 영향이 보이긴 하나, 그것은 그렇게 상호간의 커다란 영향을 줄 정도로 큰 것은 아니었던 것으로 생각된다.

> 납작형 토기는 전형적으로 예·맥부족의 것으로서 홍산문화와 우하량 유적
> 에서 발굴되는 토기들이 초기부터 공통적으로 납작밑 토기로서 이것은 한
> 강유역의 '뾰족밑 토기'와 대비가 된다. 이 납작형 토기는 맥족 여성부족의
> 유산으로 보이며, 평북 의주군 '미송리형 토기'와도 맥을 같이 한다.

3

아시아 제민족의 문명과 「한」

육당 최남선은, '밝'(不咸)은 전세계에 퍼져 있는 가장 오래된 개념이라 하면서, 한 나라 한 민족(一土一民) 속에 '밝'의 그 순수한 모습을 그대로 간직하고 있는 나라는 한국뿐이라고 했다.[1] '밝'은 '밝고 환한'으로서, 항상 '환' 혹은 '한'과 더불어 쓰이고 있다. 만약 '한'으로써 세계 문명의 도처에서 그 기원을 찾아보면, '밝'보다 더 선명하게 그 모습이 뚜렷해지리라고 본다. '한'으로 몽고, 버마, 타이, 인도, 인도네시아, 필리핀 등 아시아 국가들을 중심으로 하여 그 기원을 찾아보기로 한다. 아시아 국가들은 한국과 가장 가깝게 접해 있는 만큼, 문명의 기원에 있어서 가장 뚜렷한 관계를 맺고 있다.[2]

몽고 문명과 「한」

몽고의 민속 종교에 있어서, 향불을 피우면서 예배하는 대상, 즉 가장 높은 신적인 존재는 흰 노인the white old man:한국의 산신령 같은, 게세르 칸

---

1   육당은 텡그리와 붉에 집착하여 그것의 구별없이 붉문화가 우리 문화의 시원이고 전부라고 했다. 붉을 문화목록어라 하며 우리 문화는 올·금·둙·붉·흔이란 5개의 문화목록어가 있으며 단절없이 연속적으로 이어져 나중오는 것이 위에 붙여지는 바, '후래거상後來居上' 현상이 생기면서 유기적이고도 종합적인 문명을 창조해 왔다. 그러나 육당은 붉과 텡그리에 국한하여 '불함문화론'을 전개하였다(III부 참고).
2   이 책의 제 IV 부에서는 '텡그리'와 '밝' 그리고 '한'을 연관시키고 있다.

Geser Khan, 징기스 칸Ginggis Khan 등이다. 몽고인들에게 있어서 신 일반의 보편적 이름은 '영원한 푸른 하늘'eternal blue heaven을 의미하는 '텡그리'Tengri이다. 13세기에 씌어진 몽고의 역사 자료 책이라 할 수 있는 『몽고의 비밀 역사』Secret History of the Mongols에도 '영원한 하늘'Eternal Heaven에 관한 기도를 말하고 있다. 징기스 칸 역시 '능력 있는 하늘' Mighty Heaven 즉, 텡그리로부터 사명을 받는다.

징기스 칸은 '나는 능력 있는 하늘로부터 임명을 받았다'고 말한다. 몽고인들은 유형·무형의 모든 존재를 창조한 유일한 한 분 최고신을 믿었다. '영원한 하늘'Eternal Heaven: Möngke Tengri, 혹은 '능력 있는 하늘' Erketü Tengri이 하늘의 최고신이다. 나중에 '영원한 하늘'인 뭥케 텡그리Möngke Tengri에 쾌케Köke가 붙어 '푸른 영원한 하늘'Köke Möngke Tengri이 되고, 다시 '모든 하늘의 존재들보다 가장 높은 존재'the highest of all the heavenly beings가 되어 '칸 영원한 하늘'Khan Eternal Heaven, 혹은 '모든 것 위의 가장 높은 주님'Supreme Lord of Everything이 되었다.[3] '쾌케 뭥케 텡그리', 즉 '칸'은 하늘에 살고 있다. '위로는 나의 푸른 영원한 하늘이 있고, 아래로는 나의 어머니 땅이 있다'고 했다. 그는 모든 것을 지었다. 해와 달도 그에게 복종한다. 그는 하늘의 아버지이다. 칸에 대한 찬송시는 다음과 같다.

> 하늘에 계신 아버지, 저는 당신께 기도합니다.
> 당신은 저의 몸을 지키십니다.
> 저를 칼의 위협에서 지켜 주시고,
> 저를 슬픔과 병의 위험에서 보호해 주소서.

---

3 Walther Heissig, *The Religions of Mongolia*(London : Routledge and Kegan Paul, 1980), pp. 47~48.

하늘에 계신 아버지, 제가 기도합니다.
저를 악령으로부터 보호하여 주시고,
도적의 무리들로부터 보호해 주시어,
저를 사랑하여 주소서.[4]

몽고인들은 아들딸을 점지해달라고 칸에게 간구하기도 한다. '칸 하나님이 너의 왼손 곁에 계시며 지켜 주신다.'[5] 칸은 수호신의 역할을 담당한다. 칸은 스스로 지음 받은 존재이다self-created being. 칸은 다분히 창조주 하나님Creator-God의 자격을 가지고 있다. 칸은 징기스 칸의 아버지를 창조했다. 수호신적 위치에 있는 존재는 바로 게세르 칸Geser Khan이다. 게세르 칸은 전쟁에서 병사들을 보호하는 수호신이다. 사냥할 때는 말을 보호하기도 한다.

오! 게세르여!
세계 방방곡곡에 계신 칸이여,
저는 청결한 희생을 바칩니다.
나쁜 악마를 쳐부수시고,
사냥 때는 저의 소원을 이루시는 칸이여…….

악마와 사귀 위에 군림하는 힘을 가진 자가 게세르 칸이다. 게세르 칸은 통치자, 즉 왕이나 왕자의 행운을 지켜 주는 역할을 하기도 한다. 1945년까지만 해도 말을 타고 있는 게세르 칸의 신상을 모신 성

---

4 Walther Heissig, *The Religions of Mongolia*(London : Routledge and Kegan Paul, 1980), pp. 47~48.

5 위와 같음.

전이 몽고에 있었다.

몽고에서는 숭배의 대상이 되는 산이나 강에도 칸 명칭이 붙여졌다. 그 대표적인 산이 알타이Altai 산이며, 그 외에 칸가이Khangai, 켄테이 Kentei 같은 산도 칸 명칭을 받고, 세렝가Selenga, 오논Onon 같은 강도 칸 명칭을 받아 숭배의 대상이 되었다.

> 오! 나를 보호하고 지키시는 알타이 칸이여,
> 땅과 물의 주님이시여,
> 당신께
> 우리는 익은 첫 열매를 드리나이다.
> 저의 순수한 예물을 알타이 산에 바치나이다.[6]

이상에서 고찰해 본 바와 같이, 칸은 신의 이름뿐만 아니라 영웅, 산, 강 같은 숭배 대상에도 붙여진다. 즉, 신적인 거룩함이 깃들여져 있는 모든 존재에 붙는 하나의 한정사 역할을 하고 있다.

여기서 몽고어의 텡그리는 수메르어의 딩그르Dingir, 몽고어의 칸은 수메르어의 안An과 매우 유사하다. 그리고, 단군은 텡그리에서 한은 칸에서 유래했음은 학계의 정설이다. 수메르어 학자 랜드스버그Benno Landsberger는 수메르어와 터키어를 비교하면서, 수메르어의 Dingir와 터키어의 Tngri의 일치는 결코 우연이 아니라고 했다. 수메르어의 딩 그르는 수메르의 고유한 언어가 아니고, 다른 기층 언어에서 빌려 온 것으로 그는 해석하고 있다. 랜드스버그 교수는 그 기층 언어가 바로

---

6 Walther Heissig, *The Religions of Mongolia*(London : Routledge and Kegan Paul, 1980), pp. 106.

터키어라 보고 있다.[7] 그리고 터키어는 몽고어와 같이 신을 Tngri라 한다. 그렇다면 수메르인들은 중앙아시아 일대에서 이동해 내려갔다는 심증을 더욱 굳힐 수 있게 된다. Dingir와 마찬가지로 '안'An도 칸 Khan에서 유래했다고 볼 수 있다. 국내 학자들은 단군의 원음이라 할 수 있는 '뎅그리' 혹은 '당굴레'가 틀림없이 몽고어의 Tngri에서 유래했다고 보고 있다는 데 의견을 일치하고 있다.[8]

수메르어 Dingir..............................An
몽 고 어 Tengri(혹은 Tngri)................Khan
한 국 어 뎅그리(Dengri)...................한(Han)

아메리칸 인디언 문명과 「한」

마야 인디언들에 있어서도 예외 없이 칸Kan이 신적 존재에 관계되어 사용되고 있다.[9] 옥수수 신Corn-God이 머리 위에 '칸' 상징 부호를 달고 있다. 이것은 옥수수가 가장 높은 신성을 가진 식물이며, 바로 이 옥수수에게 칸의 부호를 붙인 것이라 할 수 있다. 칸이 〈그림 1-17〉과 같이 부호로 그려져 있다. 마야 이름들 가운데 이 부호가 붙어 있으면 거의 신을 의미한다. 그림에서 보는 바와 같이, 아래 여섯 개의 신들은 모두 칸 부호Kan-sign를 손에 들고 있다.[10]

---

7 Benno Landsberger, *Three Essays on the Sumerians*(Los Angeles : Undena Publications, 1974), p. 7.

8 이에 대한 자세한 설명은 Ⅲ부에 이어진다.

9 William Gates, *An Outline Dictionary of Maya Glyphs*(New York : Dover Publications, Inc, 1978), p. 9.

10 William Gates, *An Outline Dictionary of Maya Glyphs*(New York : Dover Publications,

〈그림 I-17〉 마야 인디언들의 옥수수 신

위의 그림을 통해서 우리는, 옥수수가 신으로 숭상되어진 옥수수 숭배 의식the maize-cult을 발견할 수 있다. 이러한 옥수수 숭배 의식은 중미 인디언들 사이에서 흔하게 발견된다. 마야 인디언 언어 가운데 '카안'caan은 (부호) '크다'로 표시되는데, 하늘Sky or Heaven을 의미한다.[11]

호피 인디언들Hopi Indians에게서 발견할 수 있는 것으로 '한야'Hania는 전쟁신Spirit of Warrior이다. 그리고 '카치나'는 생명 속에 있는 보이지 않는 힘의 정신이다. 호피족 가운데 곰 토템족을 '혼얌'Honnyam이라고 한다.[12] 푸에블로 인디언에서 카치나는 카치Kacci에서 유래했으며, '아버지 영, 생명, 정신'spirit of father or life or Spirit을 의미한다. 푸에블로 신앙 가운데 '콴'kwan이란 신앙이 있다. 이 세상에서 해 뜨는 곳으로 인도하는 신이 콴이다. 지금은 이 콴이 해 뜨는 곳의 신앙이 아니고, 죽은 자의 모든 영혼들이 들어가는 길을 인도하는 신앙으로 변했다. 한마을의 추장을 임명할 때에 콴의 사람이 '지금 내가 너를 추장으로 삼노라. 나는 네게 우리를 태양이 있는 곳으로 인도할 임무를 부여하노니, 너는 우리들의 아버지라'[13]라고 한다. 추장은 거의 태양신 같은 최

Inc, 1978), p. 18.

11 위의 책, p. 140.

12 Frank Waters, *Book of Hopi*(New York : Penguin Book, 1977), pp. 340~341.

13 Hamilton A. Tyler, *Pueblo: Gods and Myths*(Norman : University of Oklahoma Press,

고 존재가 된다. 이 최고 존재자는 우리 위에 계시며, 우리의 모든 말 하는 것을 듣는다.[14]

잉카 세계에 있어서 천상 세계the upper world는 한안 파차Hanan Pacha 이다. 이 세계는 모든 부와 승리의 집합소이다.[15] 여기서 '한안'은 '하 늘 세계', 혹은 '높다'의 뜻이다. 잉카의 지명 가운데 한안 쿠즈코Hanan Cuzco는 '높은 지역 쿠즈코'Upper Cuzco라는 뜻이다.[16] 이상에서 고찰한 바에 의하면, 인디언 제 부족들에 있어서는 거의 예외 없이 '한' 혹은 '칸'을 어간으로 하는 말들이 '하늘', '하나님'을 의미하고 있다. 한이 란 신의 명칭들은 한결같이 인격신적임을 볼 수 있다. 그러나 자연신 적인 면이 제거된 것은 아니다. 자연과 인격의 양면성이 특징이다.

여기서는 단지 말의 유사성만을 지적해 두기로 한다. 앞으로 인디언 문명과 한국 문명의 관계를 좀 더 치밀하게 연구하여, 문명의 기원적 차원에서 유기적 관계성을 구명해야 할 것이다.

버마 문명과 「한」

다음은 동남아 일대의 아시아 각국으로 눈을 돌려, 그들의 문명 속 에 숨겨져 있는 '한'의 뿌리를 찾아보기로 한다.[17]

1984). pp. 36~37.

14 위의 책.

15 Burr Cartwright Brundage, *Empire of the Inca*(Norman : University of Oklahoma Press, 1981), p. 182

16 위의 책, p. 33.

17 다음 아시아 각국의 신화는 홍콩에서 개최된 Doing Theology with Asian Religions 에서 발표된 내용이다. 회의는 1986. 6. 1~15 동안 Tao Fong Shan Ecumenical Center에서 개최되었다.

버마의 경우, 나라는 하나이지만 크게 네 부족으로 형성되어 있다. 고구마 모양으로 생긴 버마의 맨 위쪽에 위치해 있는 부족이 친Chin족이고, 그 다음이 카친Kachin족이고, 그 다음이 카린Karen족이다. 제일 남단에 위치해 있는 종족이 현재 버마를 지배하고 있는 버마족이다.

영국이 식민지 통치를 하기 시작한 1896년에, 빅토리아 여왕이 '친'이란 부족 명칭을 주었다. 그 때만 해도 하나의 독립된 부족으로서 '친'을 인정하였었다. 그러나 1959년에 개정된 정관에 따라서 '친' 부족을 버마 연방에 속한 부족으로 만들었으며, '친' 특별 구역Chin Special Division이라 부르게 했으며, 지금은 친 주Chin State라 부르고 있다. 친족은 영원한 하나의 존재Eternal One Being를 믿는 동시에 많은 잡다한 영들도 믿는다. 친족의 조상들은 나무, 언덕, 돌에도 정령이 깃들여 있다고 믿었다. 그리고 이 정령들은 모두 악령들이라고 믿었다. 병, 죽음, 가뭄, 홍수, 폭풍, 사고 같은 것은 모두 악령들이 하는 짓이라고 한다. 친족은 이 악령들을 어떻게 다루고, 이 악령들과 어떻게 싸워 나가느냐에 따라서 온갖 종교적인 생각들을 하게 되었다.

친의 전통에 의하면, 친 부족은 선명한 삼위일체triune 신관을 가지고 있었다. 세계와 우주를 창조한 창조주를 그들은 믿었다. 그러나 창조주 신은 세계와 우주를 떠나 버리고, 세계는 악령들이 지배하도록 버려져 있다. 악령들에게 예배는 하지 않지만, 부단히 희생 제물을 바치면서 악령들을 달랜다. 반면에, 하나님에게는 예배하고, 자기들이 곤경에 처할 때에는 그에게 기도를 한다. 그들이 예배하고 기도하는 세 개의 대상이 되는 신은 다음과 같다.

친족이 부르는 신의 이름은 팟·햔Pat Hian이다. '팟'은 '아버지'란 뜻이고, '햔'은 '하늘'이란 뜻이다. 팟·햔은 세계와 동물들을 창조하였다. 그는 인간들의 운명을 결정하고, 하늘 위에서 땅 위에 살고 있는 인간들을 살피며, 어려울 때 도우시는 신이다. '팟·햔이 굽어 살피신다'는 표현을 자주 쓰는데, 이 말은 세상만사, 모두 실패할 때에 그가 와서 도와준다는 뜻이다. 팟·햔은 특히 남·녀의 쌍을 맺어 주는 신이다. 결혼하고자 할 때에 팟·햔에게 기도를 해야 한다. 팟·햔이 맺어주지 않는 결혼은 모두 실패할 수밖에 없다. 팟·햔이 맺어 주는 결혼을 '팟·햔 삼수이'Patthian Samsuih라 하는데, 자기들의 머리를 팟·햔이 맺어 주었다고 믿는다.

쿼방Khuavang이란 신은 팟·햔 같이 멀리 있는 신이 아니고, 이 세계 안에 임재 해 있는 신이다. 인간사에 가깝게 임재 해 있는 신이다. '쿼방'이란 말의 뜻은 '인간들의 원인과 결과를 다스리는 하나님'이란 뜻이다. 인격신적 특징이 농후한 신이다. 그러면서도 쿼방은 특히 생산을 좌우한다. 아기가 태어날 때에 뒤 엉덩이에 생기는 푸른 반점을 '쿼방 친치햐'Khuavang Chhinchhiah, 즉 '쿼방이 찍은 도장 자국'이라 했다. 쿼방은 삼신할미 같은 수호신적 존재이다. 세 번째 신은 쿼누Khuanu이다. 쿼누는 팟·햔의 시적으로 표현한 이름이다. '자연의 어머니'Mother of Nature로서 사랑의 여신이란 뜻이다.

이상의 친족이 가지고 있는 세 신은, 한국의 단군 신화의 신관과 매우 유사하다. 즉, 팟·햔은 환인, 쿼방은 환웅, 쿼누는 웅녀에 비교할 수 있다는 것이다. 특히, 하늘 혹은 하나님을 '햔'Hian이라고 하고, 이를 최고 존재자로 부른 것은 매우 놀라운 일이다. '햔'은 '한'과 유사음으로 볼 수 있으며, 팟Pat은 '아버지'로 신에게 붙인 인격신적 표현이라 할 수 있다.[18]

친족의 바로 남단에 살고 있는 종족이 카친Khachin이다. 카친족의 창

---

18 Lalpallian, "*How The Triune God Revealed Himself Among The Tribal Animists*" at Theological Seminar-Workshop IV in Tao Fong Shan, Hong Kong in 1986, pp. 1~2.

조 신화는 다음과 같다.

　　태초에 구름이 온 우주를 덮고 있었다. 이 구름 속에서 우주 만
물이 생겨났다. 여기에 창조주 최고 존재자가 있었는데, 이 존재가
모든 만물을 창조하였다. 이 최고 존재자의 이름은 '한 와 닝 상 췌
와 닝 챵'Hpan Wa Ning Chyewa Ning Chyang이었다.

　　여기서도 우리는 '한'Hpan이 신의 이름이라는 것을 발견한다. 이
'한'은 네 단계에 걸쳐 우주를 창조했는데, 마지막 네 번째 단계에서
창조한 것이 인간이다. 큰 알에서 8명의 남자와 8명의 여자가 한꺼번
에 부화되어 나온다. 인간이 불어남에 따라 악이 퍼지게 되었고, 한은
홍수를 내려 세상을 멸망시킨다. 단지, 한의 사랑을 받는 한 쌍의 부
부만이 구원을 받는다. 그들은 늙어서 그들 스스로 생존할 수 없게 되
자, 하늘 위로 들리어 올림을 받는다. 카친의 창조 신화는 신으로부터
출발하지 않고 구름으로부터 시작된다. 최고 존재자 한이 태어나면서
신의 존재가 등장하게 된다.[19]

　'한 와 닝 상'은 문자적으로 창조주를, '췌와 닝 챵'은 전지전능을 의
미한다. 이 둘은 하나이다. 카친족은 유일신적 존재 '한'Hpan이 모든
존재를 임명하는 역할을 한다. 카친족은, 몽고족이 칸을 붙여서 위대
한 인물들의 이름을 짓듯이, 한을 붙여 그렇게 하고 있다. 즉, 카친족
은 자기들의 자손들을 '라무 한'Lamu Hpan이라 하는데, 이 말은 '하늘
로부터 지음받은'heavenly created 피조물임을 의미한다. '뭉 한'Mung Hpan
은 인간들에 의해 임명받았다는 것을 의미한다. 그래서 '한 와 닝 상'

---

19 Jangma Pawju, "*Doing Theology With Religions of Kachin Creation Story*" at Theological
　Seminar-Workshop IV in Tao Fong Shan, Hong Kong in 1986, p. 1.

은 창조주에 의해서 임명받은 자를 의미한다. 그는 자기가 태어나기 이전의 모든 일들을 알고 있는 전지전능한 존재이다. 그는 모든 사물들에게 이름을 주고 의미를 부여한다. 카친족은 철저하게, 자기들이 한에 의해 임명받은 천손족임을 자부한다. 하늘에 의해 임명받지 않은 것은 어떤 존재도 무의미한 존재이다.

'한 와 닝 상'은 모든 피조물에 앞서 있는 존재인 동시에, 창조주에 의해 임명을 받은 자이다. 그는 스스로가 모든 것을 아는 존재라고 할 때에, 그는 '하나님의 지혜'이다. 한은 단순한 신화적 존재가 아니라, 카친족의 현실 생활에 필요한 모든 의미와 규칙을 부여하는 존재이다. 하나님에 의해 보내심을 받은 존재는 '크랑 쿠 와 닝온'Hkrang Hku Wa Nihgawn이다. '그랑 쿠'란 동굴 속에 살던 존재이다. 굴살이를 하다가 '그랑 쿠'란 강으로 이주해 간 후에 카친족이 만난 존재이다. 굴살이에서 들살이로 이주하는 모습을 보여준다. 즉, 그는 카친족에게 집 짓는 법을 가르쳐 주고, 모든 법규를 만들어 주었다. 이것은 카친족의 메시아사상과 직접 관계된다. 카친족의 창조 신화는 단군 신화와 매우 흡사하다. '한 와 닝 상'은 환인과, 그리고 '크랑 쿠 와 닝온'은 환웅과 같다고 할 수 있다. 카친족의 목사들은 후자를 그리스도에 비교하고 있다. 『신사기』神事記를 보면, 홍수 이후 인간이 다 죽고, 동·서에 남녀가 하나씩 떨어져 살다가, 오래 후에 서로 만나 종족이 다시 생겨나기 시작했다고 한다. 이것은, 카친 신화에서 신이 홍수로 세상을 다 멸하자, 남녀 한 쌍이 살아남게 되었다는 것과 유사하다.[20]

버마의 친족의 신화나 카친족의 신화나, 모두 자기들이 천손족이라는 한 것과 '햔', 혹은 '한'을 최고 존재자 창조주로 부르고 있다는 점

---

20 厥始 有一男一女 曰那般 阿曼 在天河東四初不相往來 久而後 遇與之耦

에서 유사하다. 이들은 모두 남부의 버마족과는 다른 몽고와 닿아 있는 북부 산악지대에 있는 몽골족에 가까운 종족들이다. 이들에게서 한이 이렇게 큰 맥을 이루면서 나타나는 것은 앞으로 연구해 볼 만 가치가 있는 주제라고 본다.

인도 문명과 「한」

인도는 아리안족과 드라바디안 족이 판이하게 달라지는 두 문명권을 동시에 지닌다. 드라바디안에 속하는 산탈족은 유목 채취 생활, 즉 기원전 10000년경부터 독자적인 문명을 가지고 있었다고 자처하고 있다. 인도의 원주민이었던 드라바디안으로 추측되는데, 아리안족이 침략했을 당시 아주 깊숙한 산 속에 살고 있어서 생존할 수 있었으며, 현재의 인구는 약 4백만 정도이다. 현재는 앗쌈, 벵갈, 비하르, 우리샤 지역에 살고 있다. 그들의 종교는 구전으로 전해져 내려오고 있으며, 성전도, 어떤 신의 상도, 예배도 없지만, 매우 강한 종교적 신앙을 지금까지 지켜오고 있다. 산탈족의 신화는 L. O. 스크프스루드 목사에 의해 한 세기 전에 편집되어졌다. 그 내용이 *Santal Mission of the Northern Churches*, Benagaria, 1951에 발표되었다. 산탈족의 창조 신화는 다음과 같다.

태초에 물이 온 세계를 뒤덮고 있었다. 타쿠르 지브Thakur Jiv와 다른 유사 신적 존재들이 물 위를 운행했다. 물 아래에는 고기, 게, 거북 같은 괴물들이 있었다. 하늘 존재들이 타쿠르 지브에게 사람을 창조하도록 명했다. 타쿠르 지브는 '마린 부디'Malin Budhi에게 두 인간을 만들도록 위임했다. 마린 부디는 여성이다. 그녀는 진흙

을 빚어서 인간을 만들었는데, '신 사돔'Sin Sadom이 와서 짓밟아 부
쉬 버린다. 마린 부디는 두 번째로 인간을 진흙으로 빚었다. 마린
부디는 타쿠르 지브에게, 이 진흙 속에 생명을 넣어 달라고 요구한
다. 타쿠르 지브는 새의 생명보다 높은 위치에 있는 인간의 생명
을 가져가라고 한다. 그러나 늙은 노파 마린Malin the old lady은 키가
작아서 인간의 생명이 있는 곳까지 손이 닿지를 못한다. 겨우 새
의 생명을 가지고 내려와 진흙 속에 불어 넣었다. 진흙은 새가 되
어 하늘 위로 날아가 버린다. 이 새들의 이름이 '한스와 한신'Hans
and Hansin이다.[21] 새들이 불을 피울 장소도 없고, 먹을 음식도 없어
서, 세상을 창조할 필요가 생기게 되었다. 물 속 괴물의 힘을 빌어
서 땅을 창조하였다. 타쿠르 지브는 온갖 나무, 풀, 잡초들이 자라
게 하였다. 한스와 한신이 와서 카람나무Karam tree에 불을 붙이고,
시롬풀Sitom grass 속에 둥지를 튼다. 여기서 암놈이 두 개의 알을
낳는다. 그러나 라고프 보르Raghop Boar가 와서 먹어 버린다. 또다
시 두 개의 알을 낳는다. 그러나 라고프 보르가 또 먹어 버린다. 한
스와 한신은 타쿠르 지브에게 가서 이 사실을 보고한다. 타쿠르 지
브는 이 사실을 듣고, 알을 지키는 존재를 내려 보낸다. 자헤르 이
라Jaher Era—자헤르 부인Lady of the Jaher—라는 여인을 내려 보낸다.
자헤르가 알을 잘 부화시킬 수 있어서, 암놈 새가 남자와 여자 한
쌍의 인간을 부화시킬 수 있었다. 타쿠르 지브는 새들에게 과일즙
을 짜 먹이게 했다. 과일즙을 먹고 잘 자란 한 쌍의 인간은 필쿠 하
람Pilcu-Haram과 필쿠 부디Pilcu-Budhi라 불리었다. 타쿠르 지브는 마
란 부루Maran Buru에게, 새로 태어난 인간들을 지키는 임무를 주었

---

21 A. Campbell, *Santal Tradition, Indian Evangelical Review*, vol. 19, No. 73, October,
    1982, pp. 1~13.

다. 마란 부루는 필쿠 하람에게 나무 베는 법과 칼 가는 법을 가르쳐 주었다. 시를 뿌려 곡식을 재배하는 법도 가르쳐 주었다. 마란 부루는 의술도 가르쳐 주었다. 술을 빚는 법도 가르쳐 주었다. 필쿠 하람과 필쿠 부디는 술을 마시고 취하자, 자기들이 오누이 관계라는 것도 잊어버리고 함께 잠을 잤다. 그들은 마란 부루에게 가서 사실을 고백했는데, 마란 부루는 두 사람 다 잘못이 없다고 말한다. 그들은 나뭇잎으로 옷을 만들어 입는다. 그들은 7명의 아들과 7명의 딸을 낳는다. 자녀들이 자라자, 다시 술을 마시게 하여 잠을 자게 하고, 부부가 되도록 한다.

산탈족이 가지고 있는 이 창조 신화는, 그 속에 나오는 어휘에 있어서나 내용에 있어서, 우리 한국의 것과 유사성을 보여주고 있다.

산탈족 헴브롬 교수도 지적하고 있는 바이지만, 노파 마린마린 부디은 인간의 생명을 생산해 내는 여신이다. 마린 부디는 산파midwife이다. 이 노파는 한국의 삼신할미와 같은 존재이다. 그리고 『부도지』符都誌에 나오는 '마고'麻姑 Mago와도 그 성격이 같아 보인다. 마고는 하늘의 정(天情)을 받아서 인간을 창조한다. 마고와 마린 부디의 역할은 같다.[22] 헴브롬 교수는, 수메르 창조 신화에 나오는 닌후르삭Ninhursag과도 같다고 지적하고 있다. 즉, '닌후르삭=마린 부디=마고'의 등식이 성립한다. 셋이 모두 여성이고, 인간 생명의 생산역을 담당한다는 점에서 일치한다고 할 수 있다.

이제 우리를 놀라게 하는 것은, 산탈 신화에도 예외 없이 '한'의 명

---

22 Timotheas Hembrom, "*The Creation Narrative of the Santals : A Plobing into Theological Motifs*" at Theological Seminar-Workshop IV in Tao Fong Shan, Hong Kong in 1986, p. 3~7.

칭이 나타난다는 것이다. 즉, 마린 부디가 하늘에서 가지고 내려온 생명이 새의 생명이고, 새의 생명에서 '한스와 한신'이라는 두 새가 깨어나고, 이 새의 알에서 인간이 태어났다는 것이다. 『부도지』에서도 마고가 천정을 받아 낳은 것이 궁희穹姬와 소희巢姬이다. 여기서 '소'巢는 새의 둥지를 의미한다. 그리고 민간 설화에서 새는 항상 영물이어서, 하늘 소식을 땅에 전달하는 역할을 맡는다. 산탈 신화에서도 새는 하늘땅 사이의 매령체이며, 신과 인간의 중간 위치에 있다. 그리고 산탈 신화의 새가 '한'의 이름을 가진 것은 결코 우연이라고 할 수 없는, 그 문명의 기원에 있어서 한국과 일맥상통하는 것이 있다. '한'이 뿌리 깊은 문명을 하나로 묶어 주는 띠와 같다는 것을 알려준다. 수메르 '안'신이 산탈족의 '한'과 연관이 된다고 본다. 수메르 3왕조 멸망 후 일련 부족들이 인도로 들어가 모헨조다로 문명을 창조했다고 볼 수 있기 때문이다.

태초에 두 인간에게 문명의 이기와 삶의 지혜를 가르쳐 준 존재가 마란 부루이다. '부루'라는 명칭은 수메르의 시의 명칭에도 부르 신Bur Sin으로 나타나고, 『단군세기』檀君世紀에는 단군 제2세가 부루扶婁이다. 민간 신앙 가운데 '부루단지'로 알려진 부루는, 그 하는 역할이 산탈족의 마란 부루와 같다. 즉, 부루는 문명을 창시하는 존재이다. 그가 처음 불을 사용하게 했다고 하며, 아직까지 그의 이름을 빌어서 '부싯돌'이라 한다. 하夏나라의 우왕禹王이 치수治水를 할 수 없어서, 부루에게 와서 관개 치수를 배워 갔다고 한다. 『단군세기』에는,

신축 원년(BC 2240) 부루 단제께서는…… 백성과 더불어 함께 산업을 다스리시니, 한 사람도 배고픔과 추위에 시달리는 자가 없었다. …… 여러 왕들의 잘잘못을 살피시고, 상벌을 신중히 하였으

며, 도랑을 파기도 하고 고치기도 하며, 농사짓고 뽕나무 심는 것을 권장하였다. …… 학문을 일으키니 문화가 크게 진보하여, 그 명성이 날로 떨쳐졌다.[23]

부루단지는 업신業神이라고 하며,《규원사화》에서는 다음과 같이 부루단지를 소개하고 있다.

지금 사람의 집에 두는 '부루단지'라는 것도 부루에서 유래한다. 울타리 아래 깨끗한 곳에 흙을 쌓아 단을 모은 후, 토기에 벼를 담아 단 위에 두고, 짚을 엮어서 가린 뒤에, 시월이 되면 반드시 새 곡식을 천신한다. 이를 업주가리라 하는데, 이는 즉, 부루 씨가 물을 다스리고 자리를 정하여 산 것을 치성드린다는 뜻이니, 이에 힘입어 그 땅을 지켜 주는 신이 되었다.

'부루'라는 말의 어원은 수메르어의 '베룸'Belum과 관계되어지는 것 같다. 베룸은 '인'En 호칭과 같이 왕에게 붙여지던 호칭이다. 수메르의 '인'이 아카드·바빌론어에서는 베룸으로 변한다.[24](제III부 1 참조)

길고도 먼 시간과 공간을 단축시켜 수메르, 산탈, 한국의 종교적 유사성과 언어의 동일성을 찾는다는 것은 어려운 작업임이 분명하다. 그러나 우리 앞에, 인류 문명의 원시적 기원이 매우 유사함을 보여주고 있으며, 그 기원의 연대가 올라갈수록 그 유사성이 더욱 분명해진다는 것은 우리에게 매우 고무적인 일이라 아니할 수 없다.

---

23 임승국 역, 『한단고기』, (서울, 정신세계사, 1986), p. 62.

24 George E. Mendenhall and Edward H. Schafer, *Early Mesopotamian Royal Titles*(New Haven : American Oriental Society, 1957), p. 9.

타이 문명과 「한」

타이 사람들은 한국 사람들의 '한'과 매우 유사한 개념을 가지고 있는데, 그것은 '콰한'Khwan이다. '콴'이라 짧게 발음하나, 그 속에 ㅎ(h) 발음이 섞여 있기 때문에 '콰한'이라 부르기로 한다. '탐 콰한' Tham Khan이라고 두 말이 같이 쓰이나, 간단히 주려서 '콰한'이라고도 한다. 그 뜻은 '삶의 본질'Essence of life이나, '콰한'은 무려 32가지의 다양한 의미를 지니고 있다. 마치 한국 사람들에게 있어서 '한'이 22가지 정도의 매우 다양한 의미로 쓰이는 것과 같이, 타이 사람들에게 있어서 '콰한'이 그러하다. '콰한'이 아닌 것은 이 세상에 아무것도 없다. 이것은 에밀 둘케임이 말하는 '종교적 생활의 가장 본질적인 형식'elementary from of religious이다. 타이 사람들의 가장 원시적인 종교의 개념이며, 타이 사람이라면 콰한을 경험해보지 않은 사람은 하나도 없다.

타이에 불교가 들어왔을 때, '콰한'은 불교를 받아들여 타이 것으로 토착화 시키는 데 역할을 한다. 마치 한국의 한이 기독교의 하나님을 토착화 시키는 데 공헌하듯이 말이다. '콰한'은 자연과 인간을 하나로 묶는 개념이며, 너와 나가 조화되어 경험되어지는 개념이다. 그래서 존재하는 것 가운데 콰한이 아닌 것, 그리고 콰한이 들어가 있지 않은 것은 하나도 없다. 그래서 종종 콰한이 샤머니즘적인 것이 아닌지 오해되기도 한다. 그러나 분명히 콰한은 불교 같은 종교, 심지어는 기독교마저 수용할 수 있는 높은 그리고 폭넓은 개념이기도 하다.[25] 이 말이 버마 북부 산악 지방, 라오스, 그리고 타이 북동 지역

---

25 Ruth-INGE Heinze, *Tham Khwan*(Singapore : Singapore University Press, 1982), p. XIII.

사람들에 익숙한 것으로 보아서, 중앙아시아 쪽에서 내려온 개념인 것 같기도 하다.[26]

　루트 하인즈는 이 말을 중국어에서 찾고 있다. 타이 사람들이 오래 전에 중국 황하 유역에서 이주해 왔기 때문에 '콰한'은 중국어의 '혼'魂과 같다고 했다. '혼'은 *houen*(불), *hun*(영)으로 발음되어져, '콰한'과 유사하다는 것이다. 그러나 '콰한'은 몸body과 정신spirit을 다 포괄하는 말이기 때문에, '혼'과 완전히 같다고는 할 수 없다. 혼魂은 백魄에 대칭되는 정신적인 면만을 말하고 있기 때문이다. 하인즈 교수는 '콰한'은 이원론적 용어가 아니라고 했다.[27] 일본어의 타마tama, 즉 '영혼'soul, 혹은 '죽은 자의 정신'spirit of the dead의 뜻과 유사하나, 완전히 같다고는 할 수 없다. '콰한'은 아무런 정신에도 몸에도 붙어 있는 것이다. 히브리어의 '루아하'Ruach와 유사하고, 한국어의 '한얼'과 상당히 유사하다고 할 수 있다. 홍콩 종교 회의에서 파얍 대학교 Payap university의 프라디트Pradit Takerng-rangsarit 교수가 타이의 '콰한' 사상에 관해 발표했고, 필자가 '한'에 관해 발표했는데, 발표 후, 프라디트 교수는 타이의 '콰한'이 한국의 '한'과는 다른 어느 개념보다도 유사하다고 했다.

　'콰한' 개념이 타이 정치에 미치는 영향도 매우 크다고 했다. 북동쪽에 살고 있는 타이인들은 콰한을 자기 내면생활의 조화, 다른 사람과의 일체감unity으로 이해하고 있고, 중부, 즉 방콕 지역에 살고 있는 타이인들은, 불교의 영향을 많이 받고 있기 때문에, 형이상학적 조화 개념으로 이 말을 이해하고 있다고 했다.

　콰한은 전체와 개체를 조화시키고, 양극의 양극화를 극복하고, 중용

---

26 위의 책, p. 34.
27 위의 책, p. 40.

의 길을 가게 하는 사상이다. 쾌한의 경험과 예배 의식 속에서 타이인들은, 어떻게 하면 개인을 전체 속에, 전체를 개인 속에 조화시킬 것인가를 모색하게 된다.[28] 이것이 타이 국민을 하나로 묶는 역할을 한다. 아시아 국가 가운데 2차 대전 전까지 식민지 통치를 받지 않은 국가는 타이뿐이다. 타이인들은 스스로 '쾌한' 정신으로 위기를 극복할 수 있었다고 자부한다. 왜 우리의 한은 그러한 기능을 갖지 못하고 있는지? 구한말 국호를 조선에서 '대한민국'으로 바꾸었지만 한의 정신는 어디서 찾을 수 있을는지?

프라디트 교수는, 타이인들이 기독교를 수용할 때, '쾌한'이 그 통로가 되었다고 한다. '쾌한'은 통전성integrity이며, 가장 가깝게 내재해im-manent 있는 영성이다. 타이 기독교인들에게서 예수의 성육신, 그리고 교회를 통한 성령의 체험이 모두 '쾌한'과 같다고 한다. 그리고 몰지각한 몇몇 선교사들이 '쾌한'을 샤머니즘이라고 배척했지만, 이는 큰 잘못이라고 했다.[29]

추리하건대, '쾌한'이 타이의 북쪽 산악 지역과 버마의 산악 주민 사이에 널리 퍼져 있는 것과 그것이 의미하는 바 내용으로 보아서, 몽고의 '칸'과 한국의 '한'은 역사적으로 밀접한 관계를 갖고 있었던 것 같다. 한국의 '한'이 '하나', '많음', '같음' 등의 의미를 포괄하고 있는 것 같이, '쾌한' 역시 그러한 다양한 의미를 포괄하고 있다. 통전적 세계관을 표시하는 타이인의 삶의 정수리가 되는 것이 바로 쾌한이다.

---

28 Pradit Takemgrangsarit, "*The Essence of Thai-Khwan*" at Theological Seminar-Workshop IV in Tao Fong Shan, Hong Kong in 1986, pp. 3~4.

29 Pradit Takemgrangsarit, "*The Essence of Thai-Khwan*" at Theological Seminar-Workshop IV in Tao Fong Shan, Hong Kong in 1986, pp. 9.

인도네시아 문명과 「한」

인도네시아 사람들은, 우주를 하나의 의미 있는 전체totality로 이해하기 위해 흥미 있는 신화를 하나 가지고 있다. 인도네시아의 최고신은 '커-투-한'Ke-tu-Han이다. '커'는 우리말과 유사하게 '크다'great는 뜻이며, '투-한'은 '주 하나님'Lord God이라는 뜻이다. 예외 없이 신의 이름에 '한'을 포함하고 있다.

옛날 어느 한 때에, 자연의 큰 재앙으로 모든 인간들이 모두 다 죽고, 루미무트Lumimuut와 카레마Karema 두 여인만 살아남는다. 카레마는 여제사장priestess이며, 루미무트는 그의 몸종이다. 루미무트가 생산을 위해 임신하기를 원한다. 카레마는 루미무트에게 남쪽을 향해 기도하라고 한다. 그러나 루미무트는 임신을 하지 못한다. 동쪽 신 센단간Sendangan도 임신시키지 않는다. 북쪽 신 아미안Amian도 임신시키지 않는다. 드디어 서쪽 신 아와아트만이 임신시켜 토르Toar라는 아들을 낳는다. 아들 토르와 어머니 루미무트 사이에서 많은 아들을 낳는다. 이 아들들을 각 지방에 흩어져 살게 한다.

이 신화는 미나하산Minahasan 섬에 전해 내려오는 것이다. 이 신화는 모든 종족이 하나라는 일체감을 강조하고 있으며, 강한 모계사회와 여성 주도권적 원시 사회를 반영하는 신화라고 할 수 있다.

인도네시아 정부는 수많은 섬에 살고 있는 종족을 하나의 정신으로 묶고, 힌두교, 불교, 기독교 같은 외래 종교를 하나의 정신으로 묶기 위해서, 1983년에 '판차실라'Pancasila를 선포하였다. '판차실라'란,

하나의 국가 정신인 동시에 인도네시아인들이면 누구나 승복하지 않을 수 없는 민조 종교이다. '판차'는 '다섯'five을, '실라'는 원칙principle을 의미하는데, ①신, 최고 존재 ②인간애 ③국가적 단합 ④민주주의 ⑤사회 정의이다. 최고 존재자 신은 커-투-한이며, 인간애와 국가적인 단합을 묶는 신화는 루미무트-토르 신화라고 할 수 있다. 파쿨타스 신학교Fakultas Seminary의 리처드 시위Richard A. D. Siwu 박사는 'Opoism : The Inclusive Way of life of Minahasans'란 논문을 통해서, 판차실라 정신은 바로 인도네시아의 원시 신화에서 나왔다고 했다.[30]

시위 교수는 필자와의 대화를 통하여, 한국의 '한' 사상이 인도네시아 신화와 많은 점에서 서로 대화해 볼 필요성이 있음을 발견하게 되었다고 했다. 만약 '마고'를 '카레마'에 비교하고, '커-투-한'을 '하나님'에 비교한다면, 그 음운에 있어서나 뜻에 있어서 거의 일치하고 있음을 발견하게 된다. 인도네시아의 원주민은 인도에서 아리안족에 의해 쫓겨난 드라바디아인이 배를 타고 가 정착했을 것으로 보는 견해가 있다. 그렇다면, 동남아시아 문명을 결코 아시아 대륙 문명과 별개의 것으로 이해할 수는 없다. 난생 신화, 고인돌의 분포, 석상들의 비교, 특히 제주도의 돌하루방과 유사한 것이 남태평양 지역 등지에서도 발견되어지는 것으로 보아서, 문명의 유기적 관계성은 더욱 가깝게만 느껴진다.[31] 한반도에 전세계 고인돌의 대부분이 있다는 사실 하나 만으로도 적어도 4빙하기 이후 형성된 문화의 시원이 어디라는 것을 입증하고도 남음이 있다.

---

30 Richard A. D. Siwu, "Opoism : *The Inclusive Way of life of Minahasan*" at Theological Seminar-Workshop IV in Tao Fong Shan, Hong Kong in 1986, pp. 5~7.

31 金秉模, 『韓國人의 발자취』, (서울, 정음사, 1985), pp. 182~193.

필리핀 문명과 「한」

　필리핀 루손섬 북단에 위치한 산악 지방에 이고로트Igorot 원주민이 있다는 사실은 결코 많이 알려져 있지 않다. 밀려오는 문명 생활을 거부하고, 고산 지대에서 원시적 생활 전통을 그대로 지켜오고 있는 이고로트족은, 스페인 300년 통치에 가장 치열하게 저항해 온 종족이다. 최근에는 마르코스에 대항하여 치열한 투쟁을 했다.[32] 이고로트족의 외형은 아메리칸 인디언과 유사하며, 그들의 예술 작품도 인디언들의 것과 매우 유사하다. 필리핀 사람이 스페인계, 중국계가 주축을 이루고 있는 가운데, 이고로트족은 필리핀의 가장 오래된 원주민으로 여겨진다.

　이고로트 최고신은 '카후니안'Kafunian이다. 카후니안은 아버지father 신으로서 인격신적 존재이다. 이고로트 신관은 유일신관적monotheistic이다.[33] '카후니안'은 쉽게 '카한', 혹은 '칸'으로 줄여질 수 있다고 보며, 반대로 '한' 혹은 '칸'이 '카후니안'으로 불릴 수 있다. 아무튼 '카후니안'은 '칸' 혹은 '한'과 과히 멀지 않은 말임이 분명하다. 유일신적 아버지로서의 카후니안은 칸 혹은 한과 그 성격에 있어서도 유사하다. 종성이 발달되지 않은 남방계 언어적 특징이 여실한 것이 카루니안이다.

　카후니안은 여러 아들을 가지고 있으나, 그 가운데 가장 총애를 받는 아들이 루마위그Lumawig이다. 루마위그는 아버지 신과 거의 동일시될 수 있는 신이다. 루마위그는 지상에 내려와 카라위탄Kalawitan이라는 산 위에 머문다. 그는 자기의 아내가 될 만한 여인을 찾아다니다

32　P. B. Zafarella, IGOROT ART, *Philippines Quaterly*, Sep. 1974, vol. 6, No. 3, p. 4.
33　Ernesto T. Bhagwani, ed., *The Culture of the Bontoc Igorot*(Bontoc : MP, 1980), p. 65.

후칸Fukan이란 여인을 만나서 결혼한다. 루마위그는 여러 가지 기적도 행하고, 농사짓는 법, 가축 기르는 법도 가르친다. 루마위그는 아버지 하나님 카후니안에게,

'아버지시여, 저의 백성들을 보십시오! 제가 그들에게 먹을 것을 많이 주었더니 게을러졌습니다. 제가 그들을 친절히 대해 주었더니, 그들은 저의 친절을 잘못 이용하고 있습니다. 저는 그들에게 한 가지 교훈을 내리겠습니다.[34]

라고 말한다. 그리고 루마위그는 재앙을 쏟는다. 쥐, 메뚜기, 새들이 쏟아져 나와 온갖 식물을 다 먹어 버린다. 백성들의 장로들이 모여 회개하고, 카후니안과 인간을 중매하는 아니토스Anitos라는 영을 인-인나In-Ina를 통해 부른다. 그 때에 아니토스는 사람들에게 흠 없는 젊은 사람을 희생으로 바쳐야 루마위그의 진노를 진정시킬 수 있다고 권한다.

우리는 여기서, 이고로트의 신화를 통해 단군 신화의 일면을 볼 수 있다. 즉, 카후니안을 환인, 루마위그를 환웅, 카라위탄 산을 태백산, 후칸을 웅녀로 비교해 보면, 양자 사이에는 유사성이 있음을 발견하게 된다. 우리의 단군 신화는, 문명이 오래된 전통 속에서는 어디서나 거의 찾아볼 수 있을 만큼 풍부한 신화소神話素를 간직하고 있다고 할 수 있다. 인-인나는 수메르 '인-안나'를 연상케 한다.

이고로트 원주민이 현재 사용하고 있는 언어 속에서 '한'han의 어원을 찾아보면, 더욱 문명의 상호 연관성을 깊이 파악할 수 있다. 이고로트어의 '아마'Ama와 '이나'Ina는 '아버지'와 '어머니'이다. 여기에다

---

34 Ernesto T. Bhagwani, ed., *The Culture of the Bontoc Igorot*(Bontoc : MP, 1980), p. 75.

'한'han을 붙이면, 즉 '아마한'Amahan, '이나한'Inahan이라고 하면 '할아버지'와 '할머니'가 된다. 이것은, 우리말에 '아버지', '어머니'에 '한'을 붙이면 '할아버지'한아버지, '할머니'한어머니가 되는 것과 같다고 할 수 있다. '한'은 '크다'는 뜻이기 때문에 '할아버지'는 '크신 아버지'란 뜻이다. 이고로트어에서도 명사에 '한'을 붙이면 '큰 것'을 의미하게 된다. 같은 예로, '카리붓-한'Kalibut-han 하면 '세계'world라는 뜻이 되고, '카타우-한'Kataw-han 하면 '인류'humanity가 된다. 여기서 '한'은 모두 큰 전체를 의미할 때 붙는 접미사이다. 우리말에 '한'이 '크다'(大), '넓다'(廣)는 뜻이 포함되어져 있는 것이나 마찬가지이다. 예를 들어, '한 길'은 '큰 길', '넓은 길'을 의미한다. '한'은 또한 명사를 집합 명사로 만들 때에도 사용된다. '마누'manu는 '병아리'이고 '마누칸'manukan은 '병아리 무리'group of chicken이며, '바카'Baka는 '소'이고 '바카-한'Baka-han은 '소의 무리'group of cow이며, '카라라크'Kalalak는 '인간', '마라라크-한'Kalalak-han은 '인간들의 무리'를 의미한다. 우리말의 '한'은 '많다'(多)는 뜻도 포함하고 있어, '하도하도'는 '너무 많다'는 뜻이고, '여름하니'는 '열매 많다'는 뜻이다. 이것도 역시 이고로트의 '한'과 같다고 할 수 있다. 이고로트의 '한'은 형용사를 최상급으로 만들 때에도 사용된다. '다쿠'Daku는 '크다'(大)는 뜻인데, '다쿠-한'Daku-han은 '가장 큰'biggest을 의미한다. 몽고나 한국에서 '한', '챤', '칸'은 항상 가장 높은 지위에 있는 사람에 붙여지는 접미사이다. '징기스 칸', '각간', '이벌찬' 등, 모두 최상급적 존재 혹은 신의 이름에나 붙여질 수 있다.

이와 같이 '한'은 필리핀의 원주민 언어 속에서, 현재 우리가 사용하고 있는 '한'과 거의 완벽하게 같은 의미로 그 원형을 보존하면서 쓰이고 있다. '한'은 인류 문명의 그 시원과 같이하는 언어이고, 세계 원시 문명이 남아 있는 곳에서는 어디서나 예외 없이 발견할 수 있다는 확신을 갖게 된다.

결 론

아시아 문명 속에서 '한'의 기원을 찾아보았다. 여기에서 몇 가지 공통된 현상을 발견하였다. '한'이 나타나는 곳은 거의가 고산高山, 그리고 거기에 살고 있는 종족 속에서 이며, 그 종족들이 북동쪽 아시아 문명과 관계되거나 고대 수메르와 관련이 된다는 점이다. 즉, 그들은 몽골계에 매우 가깝다는 것이다.

'한'은 가장 특징적으로 신의 이름들 속에 남아 있다. 왜냐하면, 신의 이름은 가장 오래된 말 가운데 하나이고, 가장 널리 사용되어, 그 변화가 쉽지 않기 때문이다. 그리고 '한'의 문명사적 특징은 모계母系 사회와 일치하고 있다는 점이다. 이 점은 거의 예외가 없다. 홍수flood 등 자연 재앙에 의한 인간의 멸망 같은 신화소도 공통적이다. '한'이 신의 이름으로 불리는 곳에서는 유일신관과 삼위일체적 신관이 공통적이다. 즉, 유일 최고신과 이를 지상에 매개해주는 아들Son이 공통적이다.

위의 '한' 문명적 특징은 후대에 문명이 내려올수록 사라져 간다. 그 대표적인 예가 버마이다. 가장 북쪽 산에 치우쳐져 있는 친Chin족으로부터 그 밑으로 카친Kachin, 카린Karen, 버마Burmese로 내려올수록 '한'의 특징은 사라져 간다. 특히 버마족의 경우는, '한'의 특징이 사라지고 차축 시대車軸時代의 종교인 불교가 나타난 이후부터는 종교적 한류가 불교와 부침승강을 한다. 한 나라 안에서 '한'의 강약 정도를 쉽게 파악할 수 있는 좋은 예가 버마이다.[35] 몽고의 경우는 한문화가 불교

---

35 최근 들어 버마 정부가 산악 고산족을 인간 청소하려는 시도에 세계는 놀라고 있다. 한문화 연대를 만들어 돕지 않을 수 없다.

를 삼켜 라마교로, 만주에서는 불교가 한문화를 삼켜 버린다. 그러나 한국에서는 삼성각 등에서 보는 바와 같이 불교와 한문화가 상생 보존되고 있다.

'한국'에 살고 있는 우리 '한민족'은 '한글'을 사용하고, '한복'을 입고, '한식'을 먹고, '하나님'께 예배하고 사니, 세계 한 문명의 종주국이라 자처해 부족함이 없을 것이다. 한류韓流가 이렇게 파다하게 퍼지는 이유가 결코 우연이 아닐 것이다. 이제 한류가 모든 인류를 하나로 엮는 '한류韓類가 되어야 할 것이다.

II

수메르와
한국 문명(1)

1

수메르 어원에서 본 '한'과 '인'의 유래

이 논문은 『神學과 世界』 제11호에 실린 것을 수정한 것임.

'환인'桓因에 대한 기존 해석

단군신화를 한국 역사 속에서 완전히 소멸시키려 했던 일본 식민지 사학자는 이마니시 류今西龍였다. 그는 경성제국대학의 사학과 교수로 재직하는 동안(1924~1932) 철저하게 단군 설화 말살 운동을 전개했다.[1] 그의 단군신화 연구의 대표작이라 할 수 있는, 『조선고사朝鮮古史의 연구研究』에 수록되어 있는 「단군고檀君考」에서 그는 '단군 신화는 불승佛僧에 의해 날조된 불담佛譚, 또는 참위가讖緯家가 성문成文한 것을 채록한 것에 불과한 것'이라고 했다.[2] 같은 일본 사학자인 오다 쇼오小田省吾도 이에 동조하였다.

단군 설화에 대한 무시 혹은 부인 작업은 단지 일본 사학자들 만에 의해 자행되어진 것은 아니다. 북한의 유물사관적 입장에서 씌어진 『조선전사朝鮮全史』에 의하면, 단군 설화를 두 부분으로 나누어, 즉 '단군 신화의 첫머리 부분은 환인을 주인공으로 하는 첫 부분과 환웅을 주인공으로 하는 다음 부분으로 나눌 수 있다'[3]고 하면서, '환인을 주인공으로 하는 첫 부분은 환웅과 단군 왕검을 환인과 결부시킴으로써

---

1   金聖昊, 『沸流百濟와 日本의 國家起源』, (서울, 知文社, 1982), p. 27.
2   姜貴守, 『檀君神話研究』 참조.
3   조선인민출판소, 『朝鮮全史』2, (평양, 조선인민출판소, 1979), p. 21.

단군 왕검의 계보를 신성화하기 위하여 뒷날에 통치 계급이 덧붙인 것이라고 볼 수 있다'[4]고 했다. 즉,

> ...... 뒷날 통치 계급이 단군 신화의 첫머리에 '환인'에 대한 이
> 야기를 덧붙인 것은, 국가의 최고 통치자인 왕을 신성화함으로써
> 인민들에 대한 착취와 억압을 강화하기 위한 사상적 무기로 이 신
> 화를 이용하려는 그들의 정치적 목적으로부터 나온 것이다. 단군
> 신화의 본래 이야기는 환웅에 대한 이야기부터라고 말할 수 있다.[5]

북한 사학자들은 철저하게 환인과 환웅의 관계를 계급투쟁 과정에서 이해하려 했고, 환웅은 역사적 인물로 인정할 수 있지만 환인은 지배 계급이 자기 계급을 신성화시키기 위해 덧붙인 것으로 보았다. 이뿐만 아니라, 북한 사학자들은 '환인桓因'이란 말이 불교에서 온 이름이라고 단정하고 있다. 즉,

> 환인이란 말을 『삼국유사』의 저자는 '제석帝釋'이라고 주석을 달
> 았으며, 『제왕운기』에서는 '상제 환인上帝桓因'이라고 하였다. '환
> 인'은 불교에서 말하는 하늘의 주재신인 '석가제환 인다라 석제환
> 인'의 준말이다. '석가제환 인다라'라는 말은 범어로서, 그 뜻을 해
> 석하면 '석가는 능하다', '잘 한다'라는 의미이고, '제환'은 '하늘'
> 이라는 뜻이며, '인다라'는 '임금'이라는 뜻으로 '하늘을 주재하는
> 임금(능천제)'이라는 말이다. 이것을 줄여서 '천제'라고도 하면, '제
> 석'이라고도 하는 것이다. 이와 같이 '환인'은 곧 하늘의 주재신인

---

4   조선인민출판소, 『朝鮮全史』2, (평양, 조선인민출판소, 1979), p. 21.
5   조선인민출판소, 『朝鮮全史』2, (평양, 조선인민출판소, 1979), p. 21.

'하느님'에 대한 불교식 이름이다. '상제 환인'은 '하느님'에 대한
불교식 이름과 유교식 이름의 범벅이다.[6]

'환인'이 불교에서 온 이름이라는 것은, 실학實學의 석학인 안정복도
그의 『동사강목東史綱目』에서 '제석환인帝釋桓因 같은 불신佛神에서 우리
의 건국조 단군이 출현했다는 것은 허탄虛誕의 설說을 늘어놓은 데 불
과한 것'이라고 했다.[7]

이밖에 '환인'이 불신의 이름에 지나지 않는다는 것은 불교 학자들
간에 하나의 통설로 되어 있을 뿐만 아니라, 이와 함께 단군 설화의
기록 연대를 훨씬 후대로 잡게까지 되었다. 안계현安啓賢은 『한국불교
사 연구韓國佛敎史硏究』에서 '단군 신화를 하나하나 뜯어 볼 때, 거기에
불교 내지 라마교적 색채가 짙게 감돌고 있음을 보게 됨은, 일연과 이
승휴 두 사람이, 라마교를 깊이 신봉하던 몽고 민족이 고려에 영향을
미치고 있었던 때의 불교도였음에서 당연한 일이라 하겠다. 적어도
그들에게 있어서는 단군 신화를 불교 내지 라마교의 입장에서 이해했
음직하다'[8]고 하면서, '일연과 이승휴 역시 환인을 제석천으로 이해했
다'[9], 또 '환인은 다름 아닌, 불교에서 말하는 '석가제환인다라釋迦提桓
因陀羅' 또는 '제석환인帝釋桓因 Sakra-Devanam-Indra'의 약칭으로서, 보통
인다라因陀羅 또는 제석천帝釋天이라고도 불린다'[10]고 했다. 안계현은
인드라가 마루뚜Maruts나 바유Vayu를 거느리고 바람·비·뇌우를 다스리

---

6 조선인민출판소, 『朝鮮全史』2, (평양, 조선인민출판소, 1979), p. 21.

7 姜貴守, 『檀君神話硏究』. p. 5.

8 安啓賢, 『韓國佛敎史』, (서울, 동화출판사, 1982), p. 55.

9 安啓賢, 『한국불교사』, (서울, 동화출판사, 1982), p. 55.

10 위의 책 p. 57.

는 것이 마치 환인과 환웅의 그것과 같다고 하면서, 단군 신화의 불교적 영향을 강하게 시사하고 있다. 한편 그는, 라마교에도 인드라의 아들 Khun Borem이 세상에 내려오는 기록이 있는데, 이것은 단군 신화의 환인과 환웅의 관계와 같지 않느냐고 했다. 여기서 불교계 학자들은 거의 예외 없이 '환인'을 인드라에 연결시켜 생각하고 있는데, 그 중 원의범의 설명을 들으면 다음과 같다.

> 공계空界에 관한 신들로서 인드라는 뇌운雷雲의 신神인데, 어원적으로는 정복, 낙하 등의 뜻이 있으며, 인도 국민의 수호신격이며, 가장 웅대한 신이다. 리그베다 찬가의 약 4분지 2이상이 인드라 신에 대한 찬가이다. 특히 이 신은 불타佛陀에 귀의한 신이며, 불교의 전적에서는 석제환인Sakra-Devanam-Indra 또는 석제釋帝, 제석帝釋으로 많이 나오며, 리그베다에서는 그 위력에 대하여 '그는 천지 이계天地二界를 한 주먹 안에 움켜쥐고 남음이 있다'[11]라고 했다.

인드라는 인도인의 수호신으로서, 항상 손에 무적의 무기인 금강저 金剛杵 Vajra를 들고 온갖 악마를 물리친다. 원의범도 안계현과 마찬가지로 같은 불교학 학자로서 환인을 석제에 일치시키고 있다. 같은 불교학 학자로서 이기영은 환인桓因, 환웅桓雄, 환검桓儉의 인因, 웅雄, 검儉을 '일연이 기신론起信論에 나오는 체體, 상相, 용用에 일치시켰을 것'으로 추측하고 있다. 즉,

> 인因이 체體에 해당하고, 웅雄이 상相에 해당하고, 검儉이 용用에

---

11 元義範, 「불타의 方法論的 해탈」, 『불교 사상 대관』, (서울, 불교사상사, 1973). p. 134.

해당할 수 있는 것 아니냐. 인因은 원인, 그리고 웅雄은 사람, 역시 하나의 인격적인 그런 표현이고……[12]

이기영의 이러한 착상은 기독교 신학자 윤성범의 그것을 연상케 한다. 윤성범은 환인, 환웅, 환검을 기독교의 삼위일체에 연관시켰다. 즉, 환인은 성부, 환웅은 성자, 환검은 성령이라고 했다. 윤성범은 이러한 관계를 '유비 관계類比關係를 넘어선 차원에서 단군 신화는 직접 기독교의 영향을 받아, 즉 기원후 7세기에 동방에 전교된 경교Nestorian의 영향을 받아 씌어졌다'고까지 보았다. 그래서 그는 단군 설화가 절대로 7세기 이전에 쓰인 것이 아니라고까지 단정했다.[13] 윤성범의 이러한 주장은 기독교 신학계에 강한 논쟁을 가능케 했으며, 박봉랑은 반대론을 제기, 기독교 같은 고등 신관이 어떻게 단군 신화 같은 샤머니즘에 비교될 수 있겠느냐고 했다. 박봉랑의 이런 주장은 단군 신화의 본질을 많이 왜곡한, 기독교 선입관적 주장이다.

이렇게 불교 학자들이나 기독교 신학자들이 쉽게 자기들 편으로 끌어들여 자기들의 말로 해석해버린 것은, 신화가 문화적 국적에 상관없이 보편적인 모티브를 갖고 있기 때문이라고 김열규는 지적하고 있지만,[14] 그들이 토착 신화를 외래 신화에 종속시켜, 전자가 후자의 영향 하에 쓰인 것처럼 시간상의 전후를 뒤바꾸어 버리는 데는 상당한

---

12 이기영, 『한국 철학의 전통적 기조, 한국 사상의 역사성과 방향』, (서울, 정신문화연구원, 1980), p. 70.
13 윤성범, 「桓因, 桓雄, 桓儉은 곧 '하나님'이다」, 『한국 논쟁사』, (서울, 청담문화사, 1976), pp. 390~407.
14 김열규, 『민족 문화의 원류』, 「신화적 측면에서 본 한국 사상의 원류」, (서울, 한국정신문화원, 1980), p. 122.

문제가 있다고 본다.[15]

막상 일연 자신도 '환인'을 '석제'에 완전 일치시키기를 주저했음인지, '석제'를 본문에 넣지 않고 주註로 처리했다. 사실, 신의 속성 면에서 볼 때에 '인드라'와 '환인' 사이에는 많은 차이점이 있는 것이 사실이다. '인드라'는 여러 신들 가운데에서 제1위에 있는 단일신henotheism이다. 그리고 여타 다른 신들도 인드라와 같이 일당백의 힘을 가지고 있다.[16] 인드라 신은 수십만 개의 진주로 만들어진 그물을 가지고 있으며, 그 개개의 보석은 다른 모든 낱낱의 보석들을 반영하고 있어, 이를 '인드라 망'이라고 한다. 이 유추는, 개체는 전체이며, 전체는 개체 속에 존재한다는 사실을 의미한다. 그런데 '환인'은 이러한 '인드라'와는 경우가 다르다. 환인은 유일한 존재이며, 환웅과는 아버지-아들 관계, 즉 인격적 관계를 맺고 있다. 다만, 지고한 그리고 지대한 능력 면에서만 '환인'과 '인드라'는 상통하고 있다. 그래서 일연이 제석을 본문 아닌 주에 넣은 것 같다. 그가 인용한 '고기古記'에는 '환인桓因'으로 되어 있는데, 자기 나름대로 주석을 하여 주로 삽입시킨 것이 아닌가 추측된다.

환인을 일본 식민지 사관, 그리고 다른 종교의 굴레에서 해방시켜, 민족 정통 사관적 입장에서 새로운 학문적 시도로 해석한 분은 최남선崔南善이다. 최남선은 그의 「불함문화론不咸文化論」에서 '단군'이란 말이 몽고어의 '텡그리Tengri'에서 왔다고 하면서, 이 말은 '천天'과 '무巫'를 뜻한다고 했다.[17] 「불함문화론」(1925)에서는 '환인'의 어원에 관

---

15 박봉랑과 윤성범은 공히 기독교 우월주의 내지 중심주의에 사로잡혀 있는 것을 부인할 수 없다.

16 제1위 인드라, 제2위 아쓰윈, 제3위 우야스, 제4위 바아유, 제5위 야마.

17 崔南善, 「不咸文化論」, 『최남선 전집』2, (서울, 현암사), p. 50.

해서 많은 언급이 없지만, 1928년에 씌어진 「단군신전檀君神典의 고의古義」에서는 "상계上界는 '환' 혹은 '한'이라 하여 곧 천국天國이요……, 환국桓國이란 것은 곧 천상天上의 '환'의 대자對字이니, 시방 말의 '한울'은 곧 이 '환'의 유어類語 혹 전어轉語입니다"[18]라고 하여, '환'을 순수한 민족 고유어인 '한'과 비슷한 유類의 말, 혹은 한자로 옮겨진 말로 보았던 것이다. 최남선 자신도 "허다한 자음字音 중에서 특히 '환'桓 자를 골라 쓴 것은 혹시 불교적 필자의 손에서 나왔을는지 모를 것이다"라고 하면서도, "외국 학자 중에는 이러한 자구字句를 붙들어 가지고, 단군 설화가 고전古傳이 아니라, 후대의 불자佛者가 불전佛典을 남본藍本으로 하여 창작한 것이라는 설을 세우는 이가 있으되, 이것을 전체로 보아서 아무런 인도색 불교 냄새가 발견되는 것이 없으며, 이것을 부분으로 보아서 '위제석야'謂帝釋也 같은 어구도 본문本文의 일부가 아니라, 분명히 할주割註로 넣었음이 도리어 찬자撰者의 원문 존중原文尊重의 성誠을 나타내며……, 그것이 설사 역사적 문헌은 아닐지라도, 민속적 특히 종교적으로 귀중한 일대一大 고문헌임을 앙탈할 길 없습니다"[19]라고 하여, '환인'과 '제석'의 관계는 본문本文과 할주割註의 관계이기 때문에, 비록 일연이 불교적인 색채와 냄새를 가미시키기는 했어도 원문에는 전혀 손상을 주지 않고 있다고 최남선은 지적하고 있다.

이제 최남선과 일치되는 민족 정통 사관적 입장에서 본 설을 소개해보면 다음과 같다. 조선 중엽에 쓰여진 《규원사화揆園史話》에 의하면 "'환桓'이란 광명, 곧 환하게 빛나는 것으로 그 형체를 말함이요, '인因'이란 본원, 곧 근본으로, 만물이 이로 말미암아 나는 것을 뜻함이

18 崔南善〈「檀君神典의 古義」, 『최남선 전집』2, (서울, 현암사), p. 191.
19 崔南善〈「檀君神典의 古義」, 『최남선 전집』2, (서울, 현암사), p. 191.

라"[20] 하였다. 이병도는 "단군 설화를 후인의 날조라 하여 말살·부인하려 함은 경솔하고 무모하고 또 비과학적인 태도"라고 하고,[21] 단군 신화를 "제단 중심 '신자神子' 지배였던 고대 아사달阿斯達 사회로부터의 발달 과정이었다"[22]고 설명하면서, "천제환인天帝桓因의 명자名字는 불전佛典에서 차래借來한 제석신명帝釋神名이나, 이는 후래 불교도의 윤색한 바일 것이므로, 원명은 '하느님' 혹은 '수릿님高登神'이엇을 것이다. 그리고 환웅桓雄=해모수解慕漱를 천제자天帝子라 혹은 천왕天王 혹은 천왕랑天王郞이라 한 것은 다른 태양 숭배의 제 민족 사회諸民族社會에서 군장君長을 '천자天子' 혹은 '일자日子'(太陽의 子) 혹은 천왕天王, 천황天皇이라 함과 같이, 군장君長의 계통系統을 천天에 붙이고 지상地上의 국가國家를 천상 국가天上國家의 일연장一延長으로 관념하여, 군장은 천제를 대표하여 지상 국가에 군림한다는 것이다"[23]라고 했다.

1954년에 김정학金廷鶴에 의해 재론된 단군 신화는, 신학계에서 '환인桓因'은 '하나님'의 차음借音이라는 데 귀착되어졌으며, 1973년 한국신문협회가 주관한 한국사연구회에서 발표된 글에서 이기백은, 환인은 '하느님'의 한문 표기라는 점을 지적하면서, 제정일치 시대의 통치 형태인 고조선 시대의 역사적 현실의 반영으로 파악하고, 국가의 발생은 청동기 시대 이후의 일이므로 그 상한을 기원전 7~8세기, 또는 12세기까지로 잡을 수 있는, 평양 부근을 중심으로 한 부족 국가였던 것으로 설명하였다.[24] 1947년 김재원金載元 교수가 발표한 『단군

---

20 北崖子著·申學均 譯, 『揆園史話』, (서울, 명지대학 출판부, 1978), p. 18.
21 이병도, 『한국 고대사 연구』, (서울, 박문사, 1979), p. 27.
22 姜貴守, 『檀君神話硏究』. p. 11.
23 이병도, 『한국 고대사 연구』, (서울, 박문사, 1979), p. 31.
24 姜貴守, 『檀君神話硏究』. p. 6.

설화의 신연구』는, 단군 신화는 우리 민족에게만 있는 것이 아니고, 중국의 산동성 가상현山東省嘉祥縣에 있는 무씨 사당 석실武氏祠堂石室의 화상석畫像石에 새겨진 그림이 단군 신화와 거의 일치되는 것으로 보아, 설화의 역사적 배경이 선진 시대先秦時代(서기 221년까지)부터 있었던 민간 신앙을 흡수한 도교 사상에, 다시 북방 민족계의 샤먼교 영향에서 나온 것으로 추단하고 불교 영향설을 배격하였다.[25] (Ⅲ부에서 재론됨)

지금까지 단군신화의 기원 문제와 '환인桓因'의 어원을 함께 다루어 보았다. 그 결과를 종합시켜 보면, 단군 설화는 ①불교 영향설, ②도교 사상과 샤머니즘의 영향설, ③민족 고유 종교(특히 제정일치 시대)설 등이라 할 수 있다. 이에 첨가한다면 기독교 영향설도 빼놓을 수 없겠다. 단군 설화가 이와 같이 다양한 요소를 포함하고 있기 때문에, 그 연구 역시 쉬운 작업이 아니다. 단군 신화 속에는 불교, 도교, 샤머니즘, 기독교 등 여러 측면이 신화소로서 내포되어 있기 때문에, 보는 측면에 따라서 아전인수 격으로 자기들의 신화 밑에 예속시켜 왔던 것이다.

필자는 이 논고에서, '환인桓因'이란 말 하나라도 그 어원을 수메르어와 관계하여 밝힘으로써 단군 신화의 기원과 아울러 한민족의 역사 상한선을 문명의 기원과 연관시켜 연구해야 될 필요성과, 역사 기원이란 입장에서 기독교와의 상관관계를 간접적으로 연관시켜 보려고 한다.

---

25 姜貴守, 『檀君神話研究』. p. 6.

수메르 어원에서 본 「한」

① '한'의 유래

국내 학자들이 모두, '환'桓이 순수한 우리말인 '한'의 한자 차음漢子借音이라는 데는 의견을 거의 일치하고 있다. 안호상은 '한'의 22가지나 되는 의미를 지적했고,[26] 김경탁은 '한'이 구석기 시대의 '감', 신석기 시대의 '닥', 청동기 시대의 '박'에서 발전하여 '박닥감'으로 합쳐져 철기 시대에 들어와 '한'으로 종합되어졌다고 했다.[27] 여기서 음운 발전사적 측면에서 '한'의 기원을 말한 분이 김선기이다. 김선기는 알타이어 가운데 '한'은 원래 한 음절이 아닌 네 음절, 즉 '가다나간' gadanagan이었다고 하였다.[28] 즉,

> …… 우리나라 말에, 하나라고 하는 말끄트머리에 /ㄴ/이 달려
> 있는데, 그것은 '간'이라고 하는 형태적 요소formative element의 첫째
> 것이 다른 데는 다 없어지고 우리나라 말에만 남은 것입니다. 그래
> 서 이제 비교 연구를 통해 볼 때, '하나'라고 하는 것이 본래 '가다
> 나간'인데, 네 실러블이 한 실러블로 줄기까지 세월이 얼마나 걸렸
> 느냐, 이게 앞으로의 연구거리입니다.[29]

라고 지적하고 있다. 김선기는 스와데시Swadesh 교수의 말을 인용, 공통의 단어가 있다가 천 년이 지나면 그 공통의 요소가 20%씩 준다고

---

26 안호상, 『국민윤리』, (서울, 배영출판사, 1977), pp. 147~150.
27 김경탁, 「하느님 개념 발전사」, 『한국 문화사 대계』Ⅵ, (서울, 고려대학 출판부, 1979), pp. 121~122.
28 김선기, 『한민족, 그 불사조인 이유』, (서울, 성화사, 1980). p. 122.
29 위와 같음.

했다. 만약 이 원리에 적용시킨다면, '가다나간'의 한 음절이 주는 데 약 천 년이 걸렸다면, 4천 년을 거슬러 올라가서 네 음절을 재건할 수 있게 되며, 또한 한 음절이 없어지는 데에 2천 년이 걸린다면, 한의 기원은 8천 년까지 거슬러 올라가서 생각해 볼 수 있다는 결론이 나오게 된다. 김선기는 언어만큼 보수적인 것이 없으며, 언어는 자기 보존의 본능이 너무 강해서, 지금 동경에서 콘스탄티노플까지 퍼져 있는 알타이어를 연구해 보면, 그처럼 서로 가까울 수 없다고 했다.[30] 이러한 지적은 일단 우리로 하여금 하나의 언어에 대한 기원을 밝히려는 데 있어서 안정감을 준다. 왜냐하면, 언어의 변화가 빠르고, 그리고 사용된 지역이 제한되어 있으면, 그 기원을 캐는 데도 난삽해지기 때문이다.[31]

필자는 '한'이란 말이 보통 말과 달리 그 쓰인 영역이 넓고, 그 기원에 있어서 오래된 것이라는 전제를 세우고, 서양에서 가장 오래된 언어라 할 수 있는 수메르어에서 그 연원을 찾아보고, 지금까지 논란되어 온 '환인'의 어원을 수메르어를 통해 규명해 보려고 한다. 이러한 작업은, 다른 한편, 수메르의 기원을 찾는 데도 도움이 된다고 할 수 있다. 여기서, 수메르와 한민족의 종족적 기원을 찾는 문제는 또 하나의 중대한 작업임을 제쳐놓고, 가장 중요한, 그리고 가장 널리 쓰인 말에서부터 같은 근원을 찾아보려고 한다.

수메르인들은 BCE 3500년경에 메소포타미아 지역에 정착하면서, 그들이 가지고 내려온 설형 문자Cuneiform를 사용했을 뿐만 아니라, 인류 최초의 법전을 만들었다. 그들은 메소포타미아의 원주민이

---

30 김선기, 『한민족, 그 불사조인 이유』, (서울, 성화사, 1980). p. 123.
31 동남아와 인디언 등에 한이 넓게 퍼져 확산돼 있는 것이 언어의 보수성을 증명한 것이라 할 수 있다.

아닌 것은 분명한데, 어디서 그들이 내려왔는지, 누구도 아직 결론을 내리지 못하고 있다. 이를 '수메르 문제'라고까지 한다. 수메르어는 우랄알타이어에 가까운 교착밀어agglutinative language[32]이며—현재 존재하는 교착 밀어는 한국어와 일본어 등이다—발성發聲에 있어서 알타이어에 가깝기는 하나, 완전히 동일하지는 않다. 이는 마치, 한국어가 우랄알타이어에 가까우나 우랄알타이어와는 다르며, 그 근원을 찾을 수 없는 것과 비슷한 현상이라 할 수 있다.[33] 보통 어원을 알 수 없는 경우는 그 언어가 시초이거나 시원이어서 거기로부터 발원되었기 때문이다. 즉, 전체 자체이면서 국지적이기 때문이란 논리적인 이유 때문이다.

'한'은 우랄알타이계 언어에서 '간', '칸', '찬' 등으로 표현되었다.[34] 이들은 주로 '큰', '하늘', '전체', '넓은' 등의 의미를 가지고, 최고 통치자나 나라의 이름 등에 붙여 사용되어졌다. 그런데 수메르어의 '간' GAN 역시 '전체'totality, '많음'many, '들'field, '생산'produce 등의 의미를 가지고 있다. GAN에서 '안'AN, '안나'ANNA, '아나'ANA 등이 나왔으며, 그 의미는 '높다'high, '높은 평원'a hight level or plan, '사막의 구릉'the plateau of the desert, '꼭대기의 정상'top, summit, peak, '하늘'sky, heaven, '들려 높은 곳'the height or that which is lift up or raised on high 등과 같다.[35] 우리가 여기서 쉽게 발견할 수 있는 사실은, 우랄알타이어계의 '한'과 수메르어의 '간' 혹은 '안'은 그 음과 의미가 동시에 같다는 사실이다.

---

32 Samuel Noah Kramer, *The Sumerians*(Chicago : The University of Chicago Press, 1963), p. 302.

33 위와 같음.

34 Stephen Langdon, *A Sumerian Grammar*(Paris : Libraivie Paul Geuthner, 1911), p. 214.

35 C. J. Ball, *Chinese and Sumerian*(London : Oxford University Press, 1913), p. 39.

'AN'은 수메르의 신들 가운데 최고의 높은 신이다. 수메르인들에게는 100여 명의 신들이 있는데, 하늘 신인 '안'AN, 바람 신인 '엔릴'EN-LIL, 물의 신인 '엔키'ENKI,[36] 큰어머니 신인 '닌후르삭'NINHURSAG이 대표적이다.[37] 하늘과 땅은 원래 하나로 붙어 있었다. 하늘과 땅이 둘로 나뉘면서 하늘은 '안'이, 땅은 '엔릴'이 맡아 주관하게 되었으며, '엔릴'은 '안'의 아들 격이다.[38]

지금까가지 해독된 자료들에 의하면, '안'은 적어도 BCE 2500년 이전까지는 수메르 신정 정치의 최고 통치자였으며, 그 이후부터 그의 아들 '엔릴'이 신전의 최고 존재자가 된다.[39] '안'이 예배의 대상으로 있을 당시의 도시국가 이름은 '우루크'Uruk—성서에서는 에레크Erech—였다. 세계 제2차 대전 직전에 독일 학자들이 '우루크'에서 수백 개의 자료를 발견하여 해독한 결과, 그 모두가 문자가 발견된 지 얼마 안 되어 쓰인 것으로서, 그 연대는 BCE 3000년경의 것들이었다. 이 자료들에 의해서 '안'은 '엔릴'이 등장하기 수천 년 이전에 지배해 온 최고 통치자 혹은 신이었다는 사실이 알려졌다. '안'이 뒷전으로 사라지기 시작한 연대는 BCE 2500년경부터이며, 그 이후부터 '우루크'는 '엔릴'의 아들, 즉 달의 신인 '신'SIN 혹은 '난나'NANNA의 딸이며 사랑의 신인 '인안나'INANNA였다.[40]

---

36 엔키는 하늘 신인 동시에 땅의 신이다.

37 Samuel Noah Kramer, *The Sumerians*(Chicago : The University of Chicago Press, 1963), p. 118.

38 Samuel Noah Kramer, *Sumerian Mythology*(Chicago : The University of Chicago Press, 1963), p. 38.

39 Samuel Noah Kramer, *History Begins at Sumer*(Philadelphia : The University of Pensylvania Press, 1981), p. 88.

40 아브라함의 아버지 데라가 메소포타미아 지역에서 숭배했던 신이 달의 신이고 태음력을 사용했다.

한민족의 최고신인 '하느님' 혹은 '하나님'이 '한'에서 나왔음은 하나의 정설이다. '한'과 '안'은 초성이 같은 후음인 'ㅎ'과 'ㅇ'의 차이뿐, 중성과 종성이 모두 'ㅏ'와 'ㄴ'으로서 같다. 그런데 초성인 'ㅎ'과 'ㅇ'은 다 같이 후음에 속하여, 언제든지 서로 바뀌거나 하나가 다른 것에 대치되어 사용되어진다. 동양에서는 이들을 오행五行 가운데 수水에 분류하고, 음音으로는 우음羽音으로 취급한다. 'ㅎ'과 'ㅇ'이 쉽게 바뀔 수 있음은 가까운 예로서도 증명될 수 있다. 라틴어의 '알렐루야'Alleluia가 '할렐루야'Halleluia가 되고, 'hour'가 '아우어'로 발음되는 경우를 들 수 있다.

김경탁은, 'ㅎ'은 고대인들이 곰의 숨소리에서, 혹은 곰이 고통받을 때 본능적으로 내는 소리에서 인간들이 배웠을 것이라고 한다. 그런즉, 인간이 원시 시대에 가장 쉽게 생리적으로 발성할 수 있는 음이 'ㅎ'과 'ㅇ'이라고 보고 있다. 그래서 가장 기본적인 말들인 '해', '흙', '하늘', '하나', '아버지', '어머니' 등이 모두 후음 'ㅎ'과 'ㅇ'으로 시작된다고 했다.[41] 우리의 신의 명칭이 후음에서 시작하여 아음-설음-치음-설음의 구강 위치 순서대로 발전된다. 즉, 올-감-돍-붉-흔과 같다. 이러한 순서는 후대 신관 결정에 주요한 역할을 한다.

'한'과 '안'이 지역에 따라, 민족에 따라 각각 다르게 발전되어 내려오면서 '칸', '찬', '간', '한' 등으로 표기되었다고 본다. 이와 같은 결론에서 '한'은 불교나 도교나 기독교의 어떤 영향도 받지 않은, BCE 4000~3000년경부터 사용되어 내려온 순수한 우리말이다. 이러한 점에서 유추한다면 차축 시대Axial age(BCE 2~8세기)에 생긴 불교, 유교, 그리고 그 후대에 발생한 기독교가 도리어 '한'이나 '안'에서 최고

---

41 김경탁, 「하느님 개념 발전사」, 『한국 문화사 대계』Ⅵ, (서울, 고려대학 출판부, 1979), p. 121.

신 개념 영향을 받았을 가능성이 높다.[42] 이것은 또 하나의 연구 과제이다. 여기서는 우선 '한'과 '안'의 유사성을 지적해 두려 한다. 후래한 것이 전대의 것과 어떤 관계를 유지하는가 하는, 소위 '후래거상' 문제는 매우 주요하다.

② '인'의 유래

수메르는 여러 도시국가들이 서로 연맹 관계를 맺고 있었는데, 이를 켄기르(혹은 수메르) 동맹Kengir League[43]이라 부른다. BCE 2700~BC 2500년을 초기 왕국 시대의 제2기, 혹은 영웅들의 시대The Heroic Age 라 한다. 이때의 중심 되는 도시국가는 우루크Uruk이다. 성서에서는 에레크Ereck라 부른다.[44] 우루크는 정치 지도자나 혹은 군사 지도자가 다스리지 않고 종교 지도자가 다스렸는데, 이 종교 지도자들은 성전 안에 살고 있던 제사장들이었다. 수메르 문헌은 이러한 통치 형태를 '인'격En-ship이라 부르고 있다. 이는 대제사장The High Priesthood이란 뜻이다.[45] 이 제사장들은 정치적인 왕들이 등장하기 이전의 군장君長들이었다.

우루크에는 에안나Eanna[46] 혹은 '하늘의 집'House of Heaven이 있었는데, 이는 우루크 도시의 중심 되는 성전이었다. 이 에안나에는 안An, 즉 '하늘의 남신'과 인안나Imamma, 즉 '하늘의 여신'Lady of Heaven이 살

---

42 이에 대해서는 III부 참고.

43 'Kengir'는 수메르어의 땅 이름.

44 창세기 10:10.

45 William W. Hallo, *The Ancient Near East*(New York : Harcourt Brace Jovanovich, In, 1973), p. 44.

46 'E'(에)는 '집'이란 뜻으로서, C. J. Ball은 한자의 屋(옥)과 같다고 했다. 즉 '안'의 집이란 뜻이다.

고 있었다. '인안나'는 '안'과 거의 같은 위치에 올라가게 되었다. 수메르 신화에서는 남신과 여신이 항상 동격의 대우를 받았는데, 양쪽 모두 '인'격, 즉 '주님'Lordship의 격을 가졌다. 여기서 먼저, 사전에 나타난 '인'의 의미를 살펴보고, 다시 우루크로 돌아와, 이를 역대 왕들의 명칭에 연관시켜 생각해 보기로 한다.

랭돈의 *Sumerian Grammar*에 의하면, 'en'은 'A'의 어근, 즉 An=√en이라고 했다.[47] 그 의미는 '높다'high이며, 형용사가 될 때에는 '사쿠'Aāku이다.[48] 그리고 명사일 때는 enu=Samū, 즉 '하늘'이란 뜻으로 변한다고 한다. '제석환인'과의 관계는 이 어원에서부터 시작한다.

표준 아카드어 사전들은 제사장 혹은 여제사장을 지칭하는 30개 이상의 명칭들을 수록하고 있다. 그러나 엄격하게 말해서 단지 '상구' Sanguū와 '엔투'ēntu(여성)와 상기투Sangitu, 그리고 '에누'ēnu(남성)만이 자기들의 경전 속에서 제사장으로 지칭된다. 그리고 이 아카디안 언어들은 모두 수메르어의 '상가'Sanga와 '인'en에서 나온 것으로서, 남자 사제와 여자 사제에 동등하게 사용되고 있다. 다른 명칭들은 대개가 성전 안에서 불리는 직업 명칭이지, 사제나 성직을 지칭하는 것은 아니다.[49]

다음으로, '인'이 수메르의 왕실 칭호Royal Title로는 어떻게 사용되고 있는지 살펴보기로 한다. 윌리암 할로William W. Hallo는 그의 책 『초기 메소포타미아의 왕실 칭호 : 그 어원적, 그리고 역사적 분석』(*Early Mesopotamian Royal Titles : A Philologic and Historic Analysis*)에서, 수메르

---

47 Stephen Langdon, *A Sumerian Grammar*(Paris : Libraivie Paul Geuthner, 1911), p. 203.

48 위와 같음.

49 William W. Hallo, *The Ancient Near East*(New York : Harcourt Brace Jovanovich, In, 1973), p. 172.

초기 왕조[50]의 12개 왕실 칭호를 역사적, 그리고 어원적으로 분석하고 있다. 할로에 의하면, 그 가장 최초에 등장하는 호칭이 바로 '인'이라는 것이다. 이 호칭은 우루크에서 발견된 설형 문자 가운데 가장 오래된 것 속에 나타난다. 이 명칭이 사람 이름이 아니고 직명도 아닌 것은 분명하다. 우르에서 발견된 명칭 가운데 '인 쿨-아브'en Kul-ab가 있는데, 이것도 우루크와 관계된 명칭이 확실한 것은, 쿨아브Kullab가 역시 우루크의 한 부분이었던 것으로 증명된다.[51]

정치적인 인물로서 '인'을 자기 칭호로 붙인 왕은 '인-사쿠사나'En-Sakusänna이다. 니푸르Nippur와 우루크Uruk에서 발견된 비문에 의하면, 이 정치 지도자는 자신을 또 다른 명칭으로 '키-인-기 루갈 칼람-마' ki-en-gi lugal kalam-ma라 불렀다. '인-사쿠사나'는 자기를 '우루크의 인' en of Uruk, 또는 '우르의 루갈'lugal of Ur, 즉 '우르의 왕'이라고도 불렀다. 이 기간 동안에 우르와 우루크는 서로 밀접하게 연관되어 있어서,[52] 보통 한 왕이 두 칭호를 동시에 가지고 있었다. 우루크에서는 '인'en으로, 우르에서는 '칼람-마'kalam-ma로 나타난다.[53] 예를 들면, '인-사쿠

---

50 초기 왕조(Early Dynasty or ED)는 다음과 같다.
  ED Ⅰ 2900~2700
  ED Ⅱ 2700~2500
  ED Ⅲ 2500~2300

51 위의 책, p. 3.

52 William W. Hallo, *The Ancient Near East*(New York : Harcourt Brace Jovanovich, In, 1973), p. 4.

53

통치자	제1칭호	제2칭호
1. En-Sakusänna	en- ki-engi	lugal kalamma
	uruga-ham-en	Urima Nam-lugal
2. Lugal-Kinišeduben	lugal Uruga(Ke)	lugal Urima(Ke)
3. Lugal-Kisalsilugal	Uruga(Ke)	lugal Urima(Ke)
4. a. Lugal-Zagesi	lugal-Uruga	lugal kalamma

사나'가 그 첫 칭호로서는 '인 키-엔기'en Ki-engi이고, 둘째 칭호는 '루갈 칼람마'lugal Kalamma이다. 전자, 즉 '인'en 칭호가 붙는 것은 우루크에서, 그리고 후자, 즉 '칼람-마'Kalam-ma 칭호가 붙는 것은 우르에서 사용되어졌다. 또한 우리가 여기서 알 수 있는 사실은 '인'과 '루갈'이 동격으로 사용되어지고 있다는 것이다. 즉, 같은 왕인데도 그 명칭이 '루갈 우루가'luagl Uruga로도 '인 키-우루그'en Ki-Urug로도 사용되어지고 있는 것으로 보아서, '인'과 '루갈'은 결국 같은 칭호이다. 루갈 혹은 왕은 자기 자신이 '인' 제사장으로 행세한다. '인' 제사장은 왕과 같은 통치자의 자질을 결정하는 책임을 지고 있다.[54] '인' 호칭이 바빌론에서는 가장 높은 지위에 있는 사람에게 붙여졌다. '인'이 바빌론에서는 '부인'Lady 혹은 '주'Lord 등의 의미를 지닌다.[55] 이와 같이 '인'은 고대 메소포타미아에서는 제사장Priest 혹은 여제사장Priestess에게 붙여지는 호칭이고, 나중에는 왕 혹은 성전의 최고 책임자에게 붙는 호칭이기도 했다. 이는 모계 중심에서 완전히 부계로 변하는 과정을 그대로 보여준다.

살곤 왕 시대(BCE 2300~2230)에 와서는 '인' 호칭이 약간 혼란을 가져왔다. 즉, 나람-신Narâm-sin 비문에 의하면, '인'이 우루크뿐만 아니라, 약간 다른 지역에 있는 정치 지도자들에게도 사용된다. 그 한 예가 '마니움'Manium인데, 이 말은 '마-니-움'Ma-Ni-U[M]의 합성어로서, 마간Magan의 '인'이란 뜻이다. 마간은 분명히 메소포타미아 지역이 아닌 카스피아해 부근에 있었던 어떤 지명이다.[56] 후기 '나람-신'

---

b. Lugal-Zagesi   en Ki-Urug   lugal Ki-urim
5. Sargon   Pašeš Anna   lugal Kalamma

54 Savina J. Teubal, *Sarah The Priestess*(Chicago : Swallow press, 1984), p. 110.
55 위의 책, p. 85.
56 추측컨대, 한국의 '마한'이 '마간'이 아닌가 한다. 신채호의 『조선상고사』에 의하면,

문헌에 의하면, 이 통치자를 샤룸ᐧSarrum(Ma-nu-um LUGAL Má-gan-na^{ki})라고도 했다. 또 다른 나람-신 문헌에는 '인 인 알리아팀 우 파·테·시·파·테·시 수부루'EN EN aliàtim U PA·TE·SI·PA·TE·SI ŠUBUR란 명칭이 있는데, 이 말의 뜻은 '도시들 안의 모든 인의 것, 그리고 수부루의 모든 엔시의 것'이란 의미이다.

우루크의 '인' 호칭은, 우르의 우르-남무UR-Nammu의 등장(BCE 2100~2000)과 함께 다시 부활하기 시작했다.[57] 우르-남무가 갑자기 우루크 시대에 사용하던 '인' 칭호를 부활시켜 사용했음이, 그가 세운 지구랏의 북서쪽 벽면 벽돌 속에 나타나 있다.

수메르어의 '인'에 해당하는 아카드어는 '베룸'Belum임을 위에서 지적했거니와, 'en DN'은 종교적 명칭이고, 'en GN'은 정치적 명칭이다. 우르-남무는 저 자신을 우루크의 '인'(혹은 '베룸')이라고 했으며, 자기의 아들은 우루크에 있는 '인닌'Innin의 '인'en of Innin이라고 했다.

'인'을 항상 자기의 고유한 명칭으로 사용한 신은 '우르의 난나' Nanna of UR였다. '인안나'는 항상 두 말이 합쳐 이루어져 있었는데, 그 목록을 열거하면 다음과 같다.[58]

1. 인-헤두안나(En-Heduanna)
2. 인-메안나(En-Meanna)
3. 인-안니파다(En-Annipadda)

'말조선' 혹은 '마한'은 동북아시아 일대에 가장 큰 영역을 차지하고 있었던 삼한 가운데 하나였다고 한다.

57 우르-남무는 쇠퇴해 가는 수메르를 재부흥시킨 왕으로서, 그의 우르-남무 법전으로 유명해지기 시작했다.

58 William W. Hallo, *The Ancient Near East*(New York : Harcourt Brace Jovanovich, In, 1973), p. 10.

4. 인-니르갈안나(En-Nirgalanna)

5. 인-마갈안나(En-Mahgalanna)

6. 인-툰지안나(En-Tunzianna)

7. 인-안나툼마(En-Annatumma)

8. 인-사키아그-난나(En-Sakiag-Nanna)

9. 인-안(니)에두(En-An(ni)(edu))

　고증하기 힘든 신화의 시대에 속하는 홍수 이전의 문화적인 영웅들, 그리고 왕들의 이름 7개(혹은 8개)에도 '인' 호칭이 사용되고 있다. 그 명칭을 열거하면 다음과 같다.[59]

홍수 이전의 문화적 영웅들	홍수 이전의 왕들
우안나-아다파(Uanna-Adapa)	알루림(Alulim)
우안두가(U'anduga)	아랄가르(Alalgar)
인-메두가(En-Meduga)	인-멘루안나(En-Menluanna)
인-메가람마(En-Megalamma)	인-메가란나(En-Megalanna)
안-엔리다(An-Enlida)	목자 두무즈(Dumuz the shepherd)
우투-아브주(Utu-Abzu)	인-멘두란키(En-Menduranki)
인-메루두가(En-Meluduga)	인-시파지안나(En-Sipazianna)

이상에서 우리는 '인'이 수메르어에서 제사를 맡은 종교적인 직분

59　William W. Hallo, *The Ancient Near East*(New York : Harcourt Brace Jovanovich, In, 1973), p. 10.

명칭으로서 아카드어의 '베룸'[60]과 같이 '주님'Lordship을 의미한다는 것을 일차적으로 지적할 수 있다. 그리고 우루크에서 발견된 초기 왕실에서는 왕을 호칭하는 명칭으로 사용되어졌으며, 우르-남무까지 이르는 실로 장기간 동안 사용되어진 왕실 명칭도 있었다.

수메르어의 '인'과 '환인'

위에서는, 국내외 학자들 간의 '환인' 논쟁, 그리고 그 어원을 수메르어에서 찾아보는 시도와, 수메르어의 '안'과 '인' 개념이 발전되어 내려온 유래에 대해서 고찰해 보았다. 우리는 여기에서, 한 가지 새로운 시도로서 불교의 석가제환인다라釋迦提桓因陀羅, 즉 'Sakra-Devanna-Indra'도 수메르어에서 그 어원을 찾아보려 한다. 인도의 드라비디안Dravidian들이 수메르와 연관이 있다고 증명된 만큼 이러한 시도가 무모하지는 않다고 본다.

우루크에서 '인' 호칭을 제일 처음 사용한 왕은 '인-사쿠사나'En-Sakusanna이다. 우리는 여기서 위의 산스크리트어 어간에서 발견되는 'sak', 'an', 'in' 같은 것과 서로 일치되는 어간을 발견한다. 수메르어에서 '인'이 형용사로 될 때에는 '사쿠'saku라면, '인'과 '사쿠'는 서로 같은 의미를 내포하고 있는 말임을 의미한다. 이러한 현상은 인더스 문명과 메소포타미아 문명 사이에 서로 교섭한 흔적에서 찾을 수 있다. 즉, 인도의 아리안족이 원주민인 드라비디안을 정복하기 이전에, 이 원주민들은 인더스강 유역에서 인더스 문명을 건설했는데, 이 인더스 문명은 1920년경부터 세상에 알려지기 시작했다. 고고학의 발

---

60 '베룸'은 '부루'와 같이 왕, 높은 자, 신성한 자를 의미한다.

굴 결과에 의하면, BCE 2500년경에 인더스강 유역에는 로마 시대에 못지않은 문명된 도시가 있었는데, 그 도시의 이름은 '모헨조다로'Mo-henjodaro였다.[61] 이 인더스 문명은 메소포타미아 문명과 이미 그 당시에 교류하고 있었음이 바빌론 고문헌에 의하여 고증되고 있다. 이 인더스 문명은 BCE 1500년경 아리안족의 침입에 의해 무력으로 파괴되고 말았다.[62] 이 모든 고고학적 사실들은 최근까지만 하더라도 우리에게 알려지지 않았었다.

인드라Indra신은 원래 불교의 신이 아닌 힌두의 신이었는데, 불교에 귀의한 신인만큼, 인도 문명 깊숙한 곳에 자리 잡고 있었다. 만약 인더스 문명과 수메르-메소포타미아 문명이 교류한 것이 확실하다면, 그들의 종교관에 있어서도 서로 상호 교류하고 있었음을 부인할 수 없을 것이다. 그리고 이 두 문명 간에 어느 것이 먼저냐고 할 때에, 수메르가 먼저이고, 수메르가 인더스에 영향을 주었지, 그 반대는 아니라고 했다.[63]

인더스와 수메르의 연관성에 관해서는 앞으로 더 살펴보아야할 과제이다. 불교의 'Sakra-Devanna-Indra'와 수메르어의 'En-Sakusan-na' 사이에는 그 형성 어간에 있어서 많은 유사성을 우리에게 보여주고 있다. 양자 모두 그 의미가 '최고 높은 주님'Lordship을 뜻하고 있다. 그리고 한 가지 지적해 둘 사실은, 석가모니 자신이 그 종족적 배경에 있어서 수메르인일지도 모른다는 것이다.[64] 불교학계에서는 정설로

---

61 원의범, 「불타의 방법론의 해탈」, 『불교 사상 대관』⑥, (서울, 불교사상사, 1973), p. 130.

62 ガブリエル, マソテル, 『幻のインタス文明』, (東京, 大陸書房, 昭和 51) 참조.

63 Albert A. Trever, *History of Ancient Civilization*(New York : Harcourt Brace and Company, 1936), p. 20.

64 Junjiro Takakusu, *The Essentials of Buddhist Philosophy*(Connec ticut : Greenwood

인정하기도 한다.

만약 우리의 전제들을 사실로 인정한다면, 적어도 '환인'이 불교에서 유래한 말이 아니라, 순수한 우리말이 한자로 전음된 것이라 할 수 있다. 순수한 우리말로 재구성한다면 '환'桓은 '한'으로 '높은 하늘'을 의미하고, '인'因은 '주님'Lordship을 의미하여, 즉 '하늘님' 혹은 '하느님'이 된다. 이러한 결론은 수메르어에서 구성된 '안'An='한'Han, 그리고 '인'EN='님'에서 찾아질 수가 있다는 것이다. 수메르어의 '닌'Nin도 우리말의 '님'과 같다.

그렇다면 불교 영향설, 계급 투쟁설을 극복하고 우리 단군 신화의 언어소는 순수한 우리말로 구성시킬 수 있고, 다만 불교의 제석 환인釋帝桓因이 소개된 후에 그것이 우리 고유한 '하느님' 개념과 유사하여 그렇게 한자로 표기되어진 것에 불과하다고 할 수 있다. 즉, 불교가 들어와서 '하느님'桓因 개념이 생겨난 것이 아니고, 본래 고유하게 있던 개념에 불교의 것이 상합되어진 것에 불과하다고 할 수 있겠다. 이러한 이유 때문에, 『삼국유사』를 쓴 일연이 '제석' 혹은 '석제'를 본문에 넣기를 주저하고, 구태여 그것을 주註로 처리했던 것 같다.

수메르어에서 그러했던 바와 같이, '인' 호칭은 한국 고대 상고 사회에서도 왕 혹은 신의 권한을 대행하는 인물에 붙여졌다. 신라의 박제상朴堤上이 저술했다고 전해지는 『부도지』符都誌에 의하면, 환인의 바로 위의 대代가 유인有因이라 했다.[65] 여기서도 '인' 호칭이 발견된다. '유인'과 '환인' 양대에 걸쳐 발견되는 '인' 호칭으로 보아, 한국 고대 역사가 수메르의 그것과 연관된 것이 의심된다. '임검'에서도 '검'이

Press, 1976), p. 26.

65 朴堤上, 『符都誌』, (서울, 가나출판사, 1986), p. 37.

란 '거룩' 혹은 '신'을 의미하고, '임'은 '인'의 변음이라고 보아야 옳을 것이다. '임금'은, 즉 '거룩하고 신령한 님'이란 뜻이다. 즉, 옛날에는 '인' 호칭이 왕이나 왕의 직분을 수행하는 사람만이 가질 수 있는 호칭이었던 같다. 그러다 나중에는 통속화되어 일반적인 존칭어로 변해버린 것이다. 백제의 학자로서 일본에 건너간 왕인王仁의 경우도 '인'은 '환인'의 '인'과 결국 같은 동급의 호칭이라고 볼 수 있다. '인' 호칭이 한자로 '因'으로도 '仁'으로도 전음되어졌다고 할 수 있다.

『환단고기』「태백일사」의 '환국본기'桓國本紀 제2에,

> 감군監群을 인仁이라 한다.
> 인仁은 말하자면 임任이다.
> 홍익제인弘益濟人하고 광명이세光明理世하는 것은, 말하건대 임任
> 이요, 그것은 반드시 인仁이다.

라는 기록이 있다. 이 기록에 의하면, 인(仁 혹은 因)은 임任과 같고, 임은 큰 우두머리, 장, 혹은 감군을 의미한다. 그래서 환인桓仁은 '광명제국의 장'光明帝國之長이다.[66] 이와 같이 생각할 때에, 수메르어의 인 EN과 닌NIN과 한국어의 인(因, 仁)은 그 음에 있어서나 의미에 있어서 같다고 결론할 수 있다. 박혁거세, 불구내, 해모수, 해부루 등은 모두 '한'(밝음)에 관계되는 말이고, 단군의 아들 '부루'는 수메르어의 '인'의 다른 명칭 '베룸'과 일치하고 있다.

---

66 金東春,『天符經과 檀君史話』, (서울, 가나출판사, 1986), p. 92.

맺는 말

수메르어와 고대 한국어는 여러 가지 면에 있어서 유사성을 보여주고 있다. 그 가운데 최고 높은 지위에 있는 왕이나 제사장 등에 붙이는 호칭일수록 같다. 왜냐하면, 그러한 호칭은 누구에게나 알려진 보편적인 것이기 때문이다. 수메르어에서는 남자나 여자를 막론한 왕이나 왕의 아내, 딸, 혹은 성전의 제사장에게 '인'En 호칭을 붙여 사용했다. 단군 설화에 나오는 '환인'의 '인', 『부도지』에 나오는 '유인'의 '인'은 모두 수메르의 '인'과 같은 관계를 가지고 있는 호칭일 것으로 본다. '인'이 통속화되어 존경을 표시하는 모든 대상에 붙여져 '님' 혹은 '임'으로 전음 또는 변음되기도 한다. 수메르어에서도 NIN과 EN은 부인LADY으로도 쓰인다. 이 말은 신이 여신 혹은 태모였다는 것을 의미한다. 이밖에 수메르 신의 이름들과 왕의 이름들이 『환단고기』나 『부도지』에 나오는 그것들과 유사성을 보여주고 있다. '환국'의 12분국 가운데 '수밀이'와 '우루'를 '수메르'와 '우르'로 동일시하는 분들도 있다. 그러나 이 분야의 연구는 조심스럽게 접근되어져야 하고, 더 많은 고증을 통해 논해져야 할 것이다. '예루살렘'Jerusalem은 '우루살렘'Urusalem에서 영어로 전음된 것이다. 에덴EDEN은 '딩그르의 집'이다. 이스라엘은 이스라-엘이도 엘은 딩그르와 같은 신이다. 수메르의 딩그르는 단군과 그리고 안은 한과 연관된다. 어원으로 본 이러한 일치는 수메르와 이스라엘 뿌리 자체가 우리와 연관된다고 볼 수 있다. III 부에서 이에 대한 설명을 더 할 것이다.

2
수메르어와 한국어의 수사비교數詞比較

알타이어의 수사 문제

우리가 영어, 불어, 독일어를 배울 때, 이들 인도·유럽어계 언어 사이에는 거의 완벽하게 수사數詞가 일치하는 현상을 발견할 수 있다. 그러나 우랄·알타이어계에 들어와 보면 상황이 달라진다. 놀라울 정도로 후자에 속하는 언어들 사이에는 수사가 서로 일치하지 않고 있다. 이러한 수사의 불일치가 우랄·알타이어계의 계통을 연구하는 학자들을 당혹시키고 있다. 어느 두 언어가 같은 계통에 속하는가를 아는 중요한 단서가 바로 수사이다. 인도·유럽계 언어들 사이에서는 1에서 10까지의 수사가 일치하고 있고, 언어 간의 친근성을 증명하기 위해서 수사의 일치성을 중요시하는 것은 이들 인도·유럽계 언어에서 비롯된다고 할 수 있다.[1]

1에서 10까지의 수사에 나타나는 일치성을, 인도·유럽계에서 나타난다고 해서, 같은 현상이 곧 우랄·알타이계에 속하는 언어에서도 나타나리라고 생각할 수는 없다. 김승곤 교수는 알타이계에 속하는 여러 언어들 사이의 수사를 다음 페이지의 도표와 같이 비교시켜 놓았다.[2] 이 도표에 대하여 김승곤 교수는 "필자가 보기에는, 고대 츄르크

1　金芳漢, 『韓國語의 系統』, (서울, 民音社, 1983), p. 82.
2　김승곤, 『한국어의 기원』, (서울, 건국대학교 출판부, 1984), p. 256.

어와 츄바쉬어의 수사는 서로 친근성이 있는 것 같고, 몽고 문어와 타타르어도 친근성이 있으며, 원시 퉁그스어와 만주어도 서로 친근성이 있어 보이나, 일본어와 한국어는 이들 알타이 제어와는 상당히 먼 것 같이 느껴진다"고 말했다.[3]

	고대 츄르크어 (오르혼 비문)	츄바쉬어	몽고문어	타타르어	원시 퉁구스어	만주어	고대 일본어	중세 한국어
1	bir	pĕr	niken> nigen	neke	ämün	eme	Fitö-tu	hana (hɔnah)
2	iki(eki)	ikĕ	qoyar	hoire	ǯör	ǯuwe	Futa-tu	tul(tulh)
3	üč	viśĕ	̥vurban	guarebe	ïlan	ilan	mi-tu	sëy(s)~ sëk(sëyh)
4	tört	tăvată	dörben	durube	dügün	duin	yö-tu	ney(s)~ nëk(nëyh)
5	biš	pilĕk	tabun	taau	tuñga	sunǯa	itu-tu	tas(ës) (tasɔs)
6	altï	ultă	ǯir ̥vu-̥van	jireuoo	ñöŋün	niggun	mu-tu	yës(ës) (yësïs)
7	yiti (yeti)	śičĕ	dolov ̥an	doloo	nadan	nadan	nana-tu	ilkop (nilkup)
8	säkiz	sakăr	nayman	naime	ǯapkun	ǯakûn	ya-tu	yëtëlp (yëtïlp)
9	toquz	tăxăr	yisün	ise	xüjägün	uyun	kökönö-tu	ahop(ahop)
10	on	vună	arban	harebe	ǯuwan	ǯuwan	töwo (*töwö?)	yël(yëlh)

알타이어 수사 대비

---

3 김승곤, 『한국어의 기원』, (서울, 건국대학교 출판부, 1984), p. 257.

알타이계 여러 언어들 사이에는 서로 한두 개 언어는 서로 같을지라도, 인도·유럽계 언어들같이 그렇게 공통으로 비슷하거나 같지는 않다. 특히 한국어와 다른 알타이계 언어는 그 수사에 있어서 서로 생소함을 느끼게 한다. 아마도 국내외 언어학자들이 이러한 수사에 있어서의 생소함 때문에 한국어를 알타이계로 보기를 주저하고 있는 것 같다.

한국어에는 그 수사에 있어서 지금 우리가 사용하고 있는 수사들(예 : 하나, 둘, 셋, 넷,……) 외에 고대어로 된 수사가 따로 있다는 사실이다. 주로 『삼국사기』에 나타나 있는 4개의 수사들(3, 5, 7, 10)은 그 발음에 있어 지금 우리가 사용하고 있는 그것들과 다르다. 왜 이러한 두 개의 언어가 있었는가? 이들 사이에 어떤 연관이 있는 것일까? 아니면, 전혀 다른 두 언어 층이 있었던가? 이러한 질문들에 대해서 국내 언어학자들 사이에 아직 의견의 일치를 보지 못하고 있다.

한국어의 수사에 관하여 처음으로 언급한 학자는 람스테드이다.[4] 람스테드는 "알타이어에서 수사의 불일치는 문화사적인 근거와 사회적인 근거로 설명될 수 있을 것이다. 서로 다른 민족들은 사로 다른 물건들을 계산해야만 했고, 사고 팔 때 될 수 있는 대로 은어와 암호를 사용했음에 틀림없다"[5]고 하면서, 사람들이 손가락으로 수를 헤아리는 데 착안하여, 한국어의 수사를 이에서 그 어원을 도출해 내려고 했다. 예를 들면, 그는 한국어의 열(10)은 '열다'to open에서 발달해 왔는데, 그 뜻은 '연 손, 즉 손을 열었다'에서 왔다는 것이다.[6]

이러한 현상은 만주어와 몽고어에도 나타나는데, 만주어 zuan(10)이나 몽고어의 arban(10)은 모두 '쭉 펴지다, 위쪽으로 잡아당기다'에

---

4   G. J. 람스테드, 『알타이어 형태론 개설』, (서울, 民音社, 1985), pp. 69~74.

5   위의 책, p. 69.

6   김승곤, 『한국어의 기원』, (서울, 건국대학교 출판부, 1984), p. 255.

서 온 말이라고 한다. 이와 같이 하여, 한국어의 '다섯'(5)도 손가락이 '다 섰다'를 의미한다고 했다. 이와 같은 방법으로 람스테드는 6, 7, 8, 9의 수사를 모두 손가락의 펴고 오므리는 어원에서 찾으려고 했다. 이에 대해서는 김승곤 교수가 지적하고 있는 바와 같이, 현재로서는 받아들이기가 어렵다. 즉, 손의 여닫음 관계에서 수사를 풀이한다면, 하나, 둘, 셋, 넷, 여섯은 어디서 그 어원을 찾을 것이며, 람스테드가 여섯을 헤아릴 때 닫았던 손가락 중 엄지손가락을 먼저 편다고 하였지만, 한국인은 절대로 그렇게 하지 않고, 새끼손가락을 펴면서 여섯을 헤아린다.[7] 람스테드의 업적은 우리에게 한국어 수사의 어원에 대한 하나의 호기심을 주기는 했을지 몰라도, 학문적으로는 거의 무시해도 좋다고 본다.

수메르어 수사와 한국어 수사

한국어의 어원 문제와 함께 한국어의 수사도 그 기원을 알 수 없는 영원한 수수께끼로 남겨져 버릴 것인가, 아니면 새로운 해결의 단서를 찾을 것인가? 한국어의 어원 문제도 그렇지만, 이제 수사 문제도 한국어와 알타이 여러 언어들과의 관계 안에서는 해결될 수 없는 상태로 남겨질 수밖에 없게 되었다. 왜냐하면, 한국어와 알타이 제어들이 긴 시간을 지나는 동안 어휘의 많은 변천을 거쳐 왔기 때문에, 현재 살아 있는 언어들 사이에는 서로 같은 말도 있지만, 서로 변화되어 그 어원이 전혀 달라진 것도 많기 때문이다.

여기에 우리는 수메르어를 등장시키지 않을 수 없다. 수메르어는

---

7 김승곤, 『한국어의 기원』, (서울, 건국대학교 출판부, 1984), p. 255.

기원전 3500년경에 쓰인 토판에 그 문자적인 흔적을 남겼다. 기원전 1750년경에 제3 우르 왕조가 멸망당한 후부터 점차로 문자가 없어지거나 아카드어와 바빌론어로 흡수되고 만다. 그러다가 기원 전후하여 사라져 버린다.[8] 한국어의 계통 문제에 있어서 김방한 교수의 두 개 다른 계층 언어 계통 문제, 그리고 두 개의 다른 종류의 수사 문제는 수메르어를 통해서 그 실마리가 풀리지 않을까 사려된다.

수메르어에서 본 한국의 수사 1~10까지의 수메르어 수사는 다음과 같다.

1 : diš, dili, aš .... 디쉬, 딜리, 아쉬

2 : min .... 민

3 : eš .... 에쉬

4 : limmu .... 림무

5 : iá .... 이아

6 : àš⟨iá+aš(5+1)⟩ .... 야쉬

7 : imin⟨iá+min(5+2)⟩ .... 이민

8 : nssu⟨iá+eš(5+3)⟩ .... 우수

9 : ilimmu⟨iá+limmu(5+4)⟩ .... 일리무

10: u .... 우

위의 표에서 우리가 쉽게 발견할 수 있는 현상은, 수메르어의 수사는 기본 단위가 1~5이다. 6~9까지는 6=5+1, 7=5+2, 8=5+3, 9=5+4가 되는 등, 1부터 5까지만 알면 나머지 수는 5에다 더해가는

---

8 Marie-Louis Thomsen, *The Sumerian Language*(Copenhagen : Akademisk Forlag, 1984), p. 82.

방법으로 수사의 구조가 결정된다.

수메르어 수사의 발음은 특별히 주어진 것이 없다. 초기 사르곤 에브라Sargon Ebla부터 있어 온 수메르 사전 목록에 의하면, 수사 2~10이 다음과 같이 기록되어 있다.(괄호 안은 발음)

2 : menu(minu)

3 : Iš-să-am(iš 혹은 eš)

4 : li-mu(limmu)

5 : I(ya)

6 : a-šu(yâšu)

7 : ù-me-nu(Uminu)

8 : u-sa-am(ussa)

9 : i-li-mu(ilimmu)

10: u-pl-mu(haw⟨a⟩mu 혹은 haw⟨u⟩mu)

수메르어의 수사는 형용사와 마찬가지로 명사 다음에 위치한다. 그러나 수메르의 경제 문서에서는 수사가 매우 실용적인 목적 때문에 명사의 앞에 놓인다. 즉, 수메르어 수사의 위치는 자유롭다. 명사의 뒤에 놓일 수도 있고, 우리말같이 앞에 놓일 수도 있다.

수메르어 수사는 지금 우리가 사용하고 있는 수사와 『삼국사기』에 나타난 고대어의 수사를 비교함으로 서로 보완되어 그 면모가 뚜렷해질 것 같다.

1 : 현대 한국어MK로는 '하나'hana이다. 그러나 이것은 알타이 여러 언어와도 맞지 않는다. 차라리 희랍어의 '헨'hen에 더 가까워 보이나,

어원 관계는 확실치 않다. 우리말에 무엇을 시작한다는 말이 '비로소' pilosu가 있다. 혹시 이 말이 '처음'을 의미하는 일본어의 fitö-나 고대 츄르어의 수사 bir와 일맥 상통할지도 모른다. 이렇게 우리말의 수사는 '1' 부터 세계 어느 언어와도 확실하게 연관시키기가 어렵다.

우리는 한국어의 수사를 연구함에 있어서 현대 한국어와 고구려어를 함께 고려해야 하고, 수메르어까지 연관시켜야만 겨우 그 윤곽을 잡을 수 있다. 수사 1의 경우가 그 대표적인 예라 할 수 있다. 수사 1에 해당하는 '아쉬'^{aš}는 다른 수사와는 달리 개수_{number}를 의미할 수도 있지만, 그것은 '처음'at the first time, '시작'beginning, '새것'new thing, '젊은'young 같은 것도 의미한다. 위의 예에서 본 바와 같이 '비로소'가 bir나 fitö-와 같다면, 1이 결코 개수를 나타내는 것이 아닌, '처음 시작'도 의미하게 된다. 즉, '처음'(初), '시작'(始), '새것'(新)을 합하여 이해하면 아마도 1의 어원이 구성되지 않을까 한다.

수메르어의 수사 1은 그 모양이 다음과 같이 발전하였다.

I. 고대 수메르어(archaic Sumerian).......(기원전 3100년 이전) ▼
II. 고전 수메르어(classic Sumerian)........(기원전 2800년) ―
III. 고대 바빌론어(ancient Babylonian) ....(기원전 2500년) ➤
IV. 중세 바빌론어(middle babylonian).....(기원전 1800년) ➤
V. 현대 바빌론어(recent Babylonian)......(기원전 700년) ➤

1을 막대기 하나로 긋는 점에서는 예나 지금이나 같다. 다만, 고대 수메르어에서는 내리 긋는 데 반하여, 고전 수메르어부터는 가로 긋게 된다. 아메리칸 인디언들은 점(.)으로 하나를 표시했고, 우리나라 고대 문자인 산가지 글자도 가로 긋는 것으로(―) 1을 표시했다. 한자

漢子도 가로 긋는다. 가로 긋는 것이나 내리 긋는 것이나, 고대인들이 공통으로 하나를 표시했다는 점에 대해서는 별 특별한 의미가 없는 것 같다. 여기서 문제시되는 것은, 수메르어 수사 1의 모양이 아니라 그 소리이다. 즉, 아쉬Aš, 디쉬Diš, 디리Dili가 1에 대한 소리이다. 우리는 먼저 아쉬에 관심을 기울이지 않을 수 없다. 우리 한국 고대 언어 가운데 '아시'라는 말이 있는데, 이 말은 처음(初), 일찍(早), 먼저(先) 등을 의미한다. 그리고 이 말은 아싀~아시~아이로 변천되었다.[9] 안호상 박사에 의하면, 이러한 의미를 가진 아시라는 말이 아직도 경상도 지방에서는 쓰이고 있다고 한다.

> 논이나 밭의 두 벌째 갈이는 '두벌갈이' 혹은 재경再耕이요, 초벌 初回갈이는 '아시갈이'이며, 그것들을 첫 번初回 매는 것은 아시매기, 또는 아시논매기와 아시밭매기이며……[10]

아시논매기, 아시닦이, 아시깎이, 아시찧기, 아시빨기, 아시빨래, 아시설겆이 등은 모두 처음을 의미한다고 한다. 단군 설화에 나오는 아사달阿斯達도 다름 아닌 '처음 땅'('달'이 '음달', '양달'에서와 같이 '땅'을 의미함) 혹은 시초 땅, 먼저 땅을 의미한다고 한다. 그리고 '아시아'Asia 와 '앗시리아'Assyria는 Aszu아스주-아수-아주에서 유래된 말로서, Aszu는 해 뜸을 의미한다. 앗시리아어가 수메르어에서 발전되어 나온 것이라 면, 수메르어의 1은 '처음' 혹은 '시작'의 뜻으로, '해 뜨는' 곳과 관계되어 생겨난 말이라 추측된다.

---

9   안호상, 『단군과 화랑의 역사와 철학』, (서울, 사림원, 1979), p. 274.
10 안호상, 『단군과 화랑의 역사와 철학』, (서울, 사림원, 1979), p. 274.

2 : 고전 수메르어에 2가 ○○ 혹은 ◁◁로 표시되어 있고, 바빌론, 앗시리아어로는 고, 중, 현대에 걸쳐 모두 ◀◀로 되어 있다. 그리고 소리는 '민'MIN이다. 수메르어의 MIN은 고구려어의 3을 의미하는 '밀'密 MIL과 유사하다. 수메르어의 MIN은 혹은 MAN으로서, '형제'brother, '동료'companion , '친구'friend를 의미한다. C. J. 볼은 중국어의 반伴 혹은 붕朋은 MAN은 같다고 했다. 즉, MAN=BAN(伴)이 일치한다는 것이다.[11]

2가 '짝'pair 혹은 '같이 가는 벗', '동료' 같은 것을 의미한다. 이와 같이 수메르어의 수사 어원은 현대 한국어의 '둘'과 유사하다. 이남덕 교수는 '하나'나 '둘'은 모두 '가르다' 계통의 언어로서 '하나'를 가르면 '둘'이 되기 때문에 '하나'나 '둘'은 동근원同根源이며, '둘'에서 '친구', '동료', '짝'의 말이 생겼다고 했다. 즉, 이남덕 교수는 '둘'은 '가르다' 계통의 언어로서 우리말의 '더불다'(伴)가 뜻을 같이한다고 했다.[12]

몽고어: dabholaho 겹치다, 쌓다

　　　　dabhŏca　　① 對 ② 二倍

　　　　dabhor　　　① 二倍, 二重, 二列 ② 밟음, 臺

일본어: tömö(友) tömö-nafu(同伴하다) tömö-ni(함께),

　　　　tömö-dömö(複數人)

한국어: 더블다(伴), 더욱(益), 더으다(加), 다ᄆ살이(더부살이)

이남덕 교수는, '둘ㅎ'은 tub-+l-h로 분석되며, -+l, -h는 다 접미부

---

11 C. J. Ball, *Chinese and Sumerian Language*(Copenhagen : Akademisk Forlag, 1984), p. 104.

12 李南德, 『韓國語 語源研究』 I , (서울, 이화여대 출판부, 1985), pp. 149~150.

이고, '둘'이란 수 개념은 '하나'의 대칭어이자 같은 뿌리를 가진 말이라 했다. '하나'와 '둘'은 모두 같은 동근어同根語로서 '가르다'가 그 원형이다.

사물을 갈라 놓으면 두 개의 '대우'對偶가 생기고, 그 중의 '하나'는 '편片, 반半, 단單'의 개념이 된다. 딱匹과 쪽片은 동근어이다.[13]

이 교수는 또 알타이 제어에서는 '가르다'와 '반半·일一'의 개념은 동근이고, '다르다'와 '가르다'에서 나온 말이기 때문에, '같다'와 '다르다'도 같은 '가르다'에서 나왔다고 했다.

우리는 이남덕 교수의 이러한 계통 분류법으로 한국어 수사를 분류해놓은 데서 수메르어의 수사를 이해할 수 있고, 그것을 한국어의 수사와 연관시킬 수 있다. '하나'와 '둘'은 같은 어원이라는 것과, 수메르어의 MIN(2)은 한국어의 '둘'과 같이 '반半', '우'友를 의미한다는 것을 지적해둔다. 그래서 수메르어가 Aš도 1을 의미하고 dili도 1을 의미한 것은, 1과 2가 엄격하게 나뉠 수 있으면서도 나뉠 수 없기 때문이다. 사물을 갈라서 두 조각이 났을 때, 갈라진 한 조각을 '반'半이라고도 할 수 있고, 둘 중의 '하나'라고도 할수 있다. 그래서 수메르어에서 dili(혹은 dele)는 '하나'를 의미하기도 하고 '둘'을 의미하기도 했다고 보인다.

'둘'에 해당하는 원시 알타이어는, '하나'를 나타내는 'bir'와 나란히

---

13 李南德, 『韓國語 語源研究 I』, (서울, 이화여대 출판부, 1985), p. 258.

'dir'가 있었다고 본다. 김승곤 교수는 '이것이 그대로 dir>dur>tur>tul 로 되었을 가능성이 있다'[14]라고 지적한다. 이를 뒷받침하는 예로서 'dir'가 근세조선 시대의 한국어에서 보면 쌍雙의 뜻이 있다.[15]

예를 들면,

ㄱ. 幽人이 貞正호믈 둘흘 오올에 호믈 붓그리노라(幽貞愧雙全)
(두해 6:37)

ㄴ. 큰 것과 저근 것괘 반ᄃ기 둘콜ᄂ놋다(大小必雙翔)(두해 8:68)

이상의 예를 참고해 볼 때에 "한국어의 둘이란, 옛날 한 쌍이 되어 있는 사물을 나타내는 말에 '둘'이라는 말이 있었는데, 이것을 그대로 수사 '둘'에 가져와서 사용한 것 같다"[16]는 김승곤 교수의 결론은 수메르어의 MAN(혹은 MIN)이 갖는 의미와 같다고 할 수 있다. 즉, 2는 본래 '짝', '쌍', '친구' 같은 개념이었는데, 이것이 그대로 수사 '2'로 대치된 것이라 추측된다. 수메르어 수사 1에 해당하는 'dele'(혹은 dili)가 수사 2로 내려와 둘(dur 혹은 dir)이 되고, 자연히 MIN은 수사 3으로 올라갔다고 본다.

3 : 고구려어.....................................mil(密)
    현대 한국어 ....set(셋)
    수메르어....................................eš(에쉬)

---

14 김승곤, 『한국어의 기원』, (서울, 건국대학교 출판부, 1984), p. 258.
15 김승곤, 『한국어의 기원』, (서울, 건국대학교 출판부, 1984), p. 259.
16 위의 책, p 259.

수메르어로 3은 '에쉬eš'이며, 고전 수메르어로는 𒐜로, 앗시리아어로는 𒐈, ⁓, ⁓로, 바빌론어로는 𒐈로 표기되어 있다. 고구려어로는 '밀密'이며, 현대 한국어로는 '셋' 혹은 '서이Seyh'라고도 한다. 람스테드는,

한국어 se, set(셋)은 만주어 sertei(삼지창), 몽고어 serege, serige, serije(삼지창, 포오크), 텔레우트어 särä(작살) 등에 나타난다.[17]

라고 하여, 몽고어와 만주어 등에 일치시키고 있다. 김방한 교수는 우리 수사를 알타이 제어와 일치시키기를 반대하고, 3, 5, 7, 10 등 고구려 수사를 고아시아족이 사용하던 한반도 기층 언어라 보았다.

'3'을 의미하는 수사가 공교롭게도 다른 지역의 지명에는 나타나지 않는다. 다시 말하면, 남부南部의 다른 지역에 미르mir라는 수사가 없었다고 단정할 수 없다. 그리하여, 남부의 가야 지역에 미르가 나타나는 사실은 한반도의 중부中部의 지명에 나타나는 mir을 위시한 5, 7, 10의 수사가 중부 및 남부 전역에 걸쳐 존재했을 가능성을 시사하는 것이 된다.[18]

그런데 수메르어의 MIN(2)이 바로 고구려어의 MIR(3)와 유사성을 보여 주고 있다는 것이다. 이것은 하나의 인접한 수사끼리의 도치 현상이라고 볼 수 있다. 수사가 때때로 차용되기도 하고, 또, 수사 체계가 도치되는 경우까지도 생긴다. 그리고 우리 한국어에서는 서로 인

---

17 G. J. 람스테드, 『알타이어 형태론 개설』, (서울, 民音社, 1985), p. 71.
18 金芳漢, 『한국어의 기원』, (서울, 건국대학교 출판부, 1984), p. 142.

접한 수사끼리는 한 덩어리로 붙여서 사용하기도 한다. 즉, '한두 개', '두서너 개', '네댓 개' 등, 수와 수 사이를 정확하게 분절시키지 않는다. 이렇게 연결시켜 수사를 사용하는 기간이 길어지자, 붙어 있던 수사를 갈라놓을 필요를 느끼게 된다. 그러면 수사끼리 앞뒤가 바뀌고, 또는 다른 말이 차용·대치·도치 되는 현상이 생긴다. 그래서 수메르어의 MIN(2)과 고구려어의 MIR(3) 사이는 인접 수사끼리 생긴 도치현상이라 봄이 옳다.

일본말에 3은 '미'mi인데, 이것은 고구려어 'mil'과 대응되고 있는바, 일본말의 'mi, mitu'도 바로 고구려어의 'mil'과 같다고 볼 수 있다. 이 'mi'는 고구려어뿐만 아니라 신라어에도 있다.[19] 아직 확실히 증명되어진 것은 아니지만, 일본의 무라야마 시찌로村山七郎는 수사 3이 오스트로네시아(오스트레일리아-포르네시아) 언어라 보고 그것을 증명해 보려고 했다.[20]

이와 같이 세계 각국의 언어는 어느 면에서 서로 유사성을 보여 주고 있다. 그러나 어떤 언어들끼리는 그 계통 관계가 확실하지만, 그렇지 못한 것들도 있다. 언어들 간의 계통적 유기성을 증명하기 위해서는 아직 많은 연구 작업이 있어야 한다.

4 : 수사 '네'는 nər>nəi>ne의 변화로 볼 수 있다. 『계림유사』鷄林遺事에는 '내'迺로 되어 있다.(四日迺) 여기에서 내迺는 '내'乃와도 통하며, 일본어 'nyö<yö'가 여기서 생겼을 지도 모른다. 수메르어로 4는 'Limmu'이다. 고전 수메르어에는 𒐉로, 앗시리아와 바빌론어에는 𒐼와 𒐺로 각각 표시된다. 고구려로 4가 무엇인지는 『삼국유사』가

19 김승곤, 『한국어의 기원』, (서울, 건국대학교 출판부, 1984), p. 259.
20 金芳漢, 『한국어의 기원』, (서울, 건국대학교 출판부, 1984), p. 246.

우리에게 알리지 않고 있다. 만약 우리가 수메르어를 통해 구성해 본다면, 고구려어도 'limmu'에 가까운 언어였을 것으로 추정된다.

> 5: 수메르어...................................... ia
> 고구려어...干次
> 고대 일본어....................................itu
> 현대 일본어....................................icucu
> 현대 한국어................................다섯(tasəs)

고전 수메르어에는 𒐉로, 앗시리아어와 바빌론에는 𒐊와 𒐋로 각각 표시되어 있다. 이남덕 교수는, 현대어 '다섯'은 일본어 itu〉icu(五)와는 대응 불가능한 것 같은 어형語形으로 보이나, 알타이 제어와는 비교 가능한 말이라고 했다. 고구려어 üc(干次)와는 그대로 대응되는 것이라 했다.[21] '다섯'(어근 Tas-)과 일본어 itu의 비교에 있어서 어두 i-가 접두어接頭語라는 견해이다. 이남덕 교수의 설을 소개하면 다음과 같다.

> 나까다長田夏樹교수는 itu(五)의 성립을 I-tobu〉i-tuwu〉i〉tu설說을 취하고 있다. 그 근거는 만주어·여진어女眞語 기타 퉁구스 계어系語가 s-, t-의 어두음語頭音을 가지고 있기 때문이라고 설명한다.[22]

S와 T는 서로 교체할 수 있는 음音이다. 우리말 '다섯'의, t가 '쉰'의 S로 되는 경우가 이에 속한다고 할 수 있다. 이런 S와 T의 교체 현상

---

21 李南德, 『韓國語 語源研究 I』, (서울, 이화여대 출판부, 1985), p. 42.
22 李南德, 『韓國語 語源研究 I』, (서울, 이화여대 출판부, 1985), p. 42.

은 만주어, 퉁구스어, 여진어 속에 일반적으로 나타나는 현상이다.

> 만주어 šunja(5)
> 여진어 šun-dža(5)
> 몽고어 tabun(5)

위의 표에서 보면 퉁구스 제어의 어근형語根形은 sun-, tun-, tong-이며, 몽고어는 tab-으로, 이들은 s와 t의 교체음의 같은 형이라 할 수 있다. itu의 어근 설명에 관해서는 t의 탈락설과 i의 첨가설을 주장할 수 있는데, 전자前者가 옳다고 본다. 그 이유는, 모음 i의 기능이 이 말에서 상당히 중요하기 때문이다. 다시 말해서, '오십'五十을 i-so라 할 때에 i는 '오'五를 의미하고, -so는 '십'十을 의미하므로, i는 '오'五를 실질적으로 의미하고 있기 때문이다. 그러면 '다섯'Tas을 어떻게 i에 연결시킬 것인가? 이에 대해 이남덕 교수는 우리말 tas-~tat-(교체형 tat-)의 어근형에서 어두 자음語頭子音 t가 탈락된 형이 tut->ut->it-를 형성하기 때문이라고 설명하고 있다.[23]

만약 이와 같이 i를 '오'五의 어근으로 여긴다면, 이것은 수메르어 ia(五)와 거의 같다고 해도 상관없을 것이다. 즉, '수메르어의 ia(五)=고구려어'의 등식은 '우차于次=현대 한국어 '다섯'Tas=고대 일본어 itu' 사이의 등식이 성립된다는 것을 의미한다.

이상에서 우리는 삼국사기에 등장하는 1, 2, 3, 5의 수사가 한국어와 수메르어 사이에 일치하는 것을 발견하는데, 4는 아직 정확하게 무엇이라고 말할 수 없다. 수메르어에서 나머지 6~10의 수사는 5와

---

23 李南德, 『韓國語 語源研究 I』, (서울, 이화여대 출판부, 1985), p. 43.

다른 수사 1,2,3,4,5 의 배합으로 다음과 같이 만들어진다. 이는 고대 마야인들의 셈법과 같다.

6 : àš⟨iá+aš(5+1)⟩

7 : imin⟨iá+min(5+2)⟩

8 : ussu⟨iá+eš(5+3)⟩

9 : ilimmu⟨iá+limmu(5+4)⟩

10: u

　우리 한국어의 수사에서 6~10은 모두 모음母音으로 시작되고, 수메르어 수사에서도 6~10은 모두 모음으로 시작된다. 그 이유는, 모음으로 시작되는 ia(五)가 항상 먼저 발음되어지기 때문이다.

　수메르어와 한국어 6~10을 비교해보면 다음과 같다.

	한국어	수메르어
6 :	yës(ës)	àš
7 :	ilkop	imin
8 :	yəsïs⟨yəsh-is	ussu
9 :	Ahop	ilimuu
10:	yərh	u

3
한국어로 본 수메르의 악기 이름

Marcelle Duchesne-Guillemin, PUKKU AND MEKKU, IRAQ, Spring, 1983, pp. 151~156.에서 번역, 편집한 것임.

대서사시와 악기

수메르의 대 서사시인 길가메쉬의 서사시를 읽는 사람들은, 서사시에 나오는 '북쿠'와 '멕쿠'라는 두 말이 무엇을 의미하는지 의아해하지 않을 수 없을 것이다. 전문가들이 이 두 말을 해독하려고 했지만, 아직까지 잘 풀리지 않는 수수께끼 같은 말로 남겨져 있다. 이 두 말은 항상 같이 따라다니는 말이다. 이 두 말의 기능과 의미를 완전히 이해하기 위해서는 역시 우리 한국말의 도움이 필요할 것 같다. 먼저, 여기서는 길가메쉬 서사시 가운데 이 두 말이 나오는 부분을 소개한 후에, 이 두 말에 대한 여러 해석을 소개하고, 한국어와 관계시켜 해석해 보려고 한다.(여기서 행수는 토판의 행수이다.)

-149행-

자신을 위해 그는 나무 밑둥치로 '북쿠'를 만들었다.

나무 가지로는 '멕쿠'를 만들었다.

그는 북쿠를 가지고 놀며,

큰 광장으로 그것을 가지고 나갔다.

그 도시의 젊은이들이

북쿠를 가지고 놀았다.

과부들의 아이들이

"오, 나의 목이여, 오, 나의 허리여."라고 탄식했다.

어머니를 가진 아이에게는

어머니가 빵을 가져다주었다.

여동생이 있는 아이에게는

여동생이 물을 부었다.

저녁이 왔을 때,

그는 북쿠가 있던 곳에 표를 그렸다.

-160행-

북쿠를 밤에 자기 집에 가지고 갔다가,

새벽이 되자 표를 그렸다.

과부들의 규탄 소리,

어린 소녀들의 아우성 소리,

그의 북쿠와 멕쿠는 지하에 떨어졌도다.

……

그는 그의 손을 사용해서 집으려 했다.

그러나 거기에 닿을 수가 없었다.

그는 그의 발을 사용해서 집으려 했다.

그러나 거기에는 닿을 수가 없었다.

……

길가메쉬는 눈물을 흘렸다. 심히 소리쳤다.

"오 나의 북쿠여, 오 나의 멕쿠여!"

-170행-

나의 북쿠여! 누구의 사랑에도 만족치 않으리.

나는 그 목수의 집에서 나의 북쿠를

아직 가지고 있었더라면,

나는 나의 놀이의 충만을 맛보지 않았으리.

이 서사시가 전체적으로 무엇을 의미하는지 모호하고, 더욱이 그 속에서 '북쿠'와 '멕쿠'라는 말이 의미하는 바도 애매하다. 랜드스버그는 '북쿠'를 '북'drum이라고 해석했다가, 두 번째에는 놀이 도구인 '환대'環帶 hoop라 했다. 그리고 일 년 후, 세 번째 번역에는 북쿠를 '나무로 만들어진 공'으로 해석한다. 그리고 '멕쿠'는 '북 치는 막대기'drum-stick라 했다. 고대 메소포타미아 지역에는 여러 종류의 북이 있었던 것이 사실이다. 팀브렐이나 탬브린 같이 좁고 작은 것도 있었고, 혁대에 찰 수 있는 통같이 생긴 원추형 북도 있었고, 땅에 놓고 칠 수 있는 큰 북도 있었지만, 그 어느 것도 막대기를 가지고 쳤다는 흔적은 없다. 대형 북마저 손으로 쳤으며, 막대기로 치지는 않았다. 북 치는 막대기를 제일 처음 사용한 곳은 중앙아시아이며, 기원전 2세기경에 고대 인도에 나타나고, 서양에 처음 나타난 것은 훨씬 후에 속한다.

유명한 수메르 연구 학자인 제콥슨Thorkild Jacobsen은 『어두움의 보화』(Treasures of Darkness, Chicago, 1976, p. 212)에서 랜드스버그의 설을 따라 '하키의 한 종류'a sort of hockey라고 했다. 수메르 음악 연구가인 킬머Aun Kilmer 역시 이 설에 동의하여, 근동 아시아에서 결혼식 때에 막대기로 하는 하키 경기가 유행했다고 했다. 그러나 듀센-퀄러민 Marcelle Duchesne-Guillemin은 지적하기를, 영국에서 하키 경기가 수입되기도 전에 이 지역에 하키 경기가 있었다고 하는 것은 어불성설이라 했다.

여기에 마지막으로 퀼러민의 설을 소개하면 다음과 같다. 퀼러민은 7년 전 테헤란 박물관에서 선사 시대에 속하는 잘 분간하기 어려운 독특한 악기를 하나 발견했다. 이 악기는 가락(멜로디)은 없으면서 장단(리듬)만 있는 악기로서, 소리를 내기 위해서는 채로 긁어야 했다. 이런 종류의 악기가 여러 개 있었는데, 매우 다양하여 예배 의식에 사용했음이 분명하다고 퀼러민은 지적하고 있다. 원래 원시 악기는 모두 모양이 큰 것이 특징인데, 나중에는 그 모양이 작아져 장난감 정도로 변하고 말았다. 어떤 경우는 너무 작아서 7~8센티미터 밖에 되지 않은 것도 있었다. 이런 악기는 신석기 시대와 청동기 시대에 속한 것으로서, 작은 포유동물의 어깨뼈로 만들어졌다. 퀼러민은 이 악기를 '긁개' Scraper라 했다. 긁개가 바로 길가메쉬 신화에 나오는 '북쿠'라고 했다.

길가메쉬가 북쿠를 가지고 놀다가 그것을 광장에 놓아두었다. 젊은이들이 그것을 가지고 놀기 시작했다. 연주하는 데 특별한 재능이 필요한 것 같지는 않다. 이것은 아마도, 매우 단순한 소리를 내는 악기였음을 의미한다. 길가메쉬가 젊은이들을 괴롭히자, 아이들이 탄식소리를 내기 시작했다. 이 악기를 두드리면 어떤 종교적 신비에 빠지게 되었고, 이 악기는 신비에 몰입시키기 위한 수단으로 사용되어진 것 같다. 아이들이 지쳐 있었음에

〈그림 1〉 수메르의 수금

도 불구하고, 길가메쉬는 저녁 늦게까지 연주를 했다. 길가메쉬는 북쿠가 서 있던 곳에 표를 해놓고는, 다음날에 다시 계속하고자 했다. 그는 북쿠를 집으로 가지고 가서 집에 보관했다가, 새벽이 되자 어제 서 있던 그곳에 북쿠를 다시 가지고 나왔다.

과부들이 나와서 길가메쉬를 향해, 자기들의 아이들을 신비 경지에 몰입시키는 일을 반복한다고 규탄한다. 소녀 아이들의 울부짖는 소리가 나자, 그는 북쿠와 멕쿠를 지하 세계에 놓쳐버리는 벌을 받게 된다. 그는 손과 발로 끄집어 내려고 한다. '닭개'는 속이 비어 있고 휘어져 있다. 그래서 발로 집어 올릴 수가 있었다.

우리는 길가메쉬 서사시에서, 북쿠와 멕쿠가 매우 흔한 악기였다는 것과, 군중들에게 매우 강한 열정을 불어 넣어 주는 마술적 힘을 가지고 있는 악기였다는 사실을 알게 되었다. 이러한 추리로 보아서, 북쿠가 하키 경기 같은 데 사용된 어떤 운동 도구라는 설은 이해가 되지 않는다. 퀼러민은, 북쿠와 멕쿠는 '닭개'와 그 '막대기'로 풀이함이 합당하다고 결론하고 있다.

필자는 '북쿠'를 한국의 '북'이라 본다. 북은 리듬만 있는 악기로서, 지금도 무당이 의식에 사용하고 있다. 이런 악기가 서양 사람들에게는 매우 낯설게 여겨졌던 것 같다. '멕쿠'는 북 치는 '막'대기 같은 것이라 본다. 지금도 '북'을 치는 것을 '맥인다' 고 한다. 인류 최초의 악기는 수메르의 '북쿠'이며, 한국의 '북'이다. 한국의 북은 손으로도 치지만 막대기로도 친다. 이 점에 있어서 수메르와 같다. 북을 칠 때에 맥이는 것이 없으면 안 되고 이 둘을 항상 같이 따라 다녀야 한다. 수메르어 북쿠와 멕쿠가 한국어에 의해 복원될 수 있다면 하는 기대를 하면서 이와 연관된 신화를 소개한다.

북쿠와 멕쿠의 신화

옛날 옛적에, 아마도 버드나무라고 생각되는 훌루푸나무Huluppu tree 가 있었다. 이 나무는 유프라테스 강변에 심어져 있었는데, 유프라테스의 강물을 먹고 자랐다. 그런데 남풍이 그 나무를 꺾어 버리고, 유프라테스 강의 홍수가 못살게 굴었다. 하늘의 여왕인 '인안나'가 거닐다가 자기의 손 안에 있는 나무 하나를 취해 에레크Erech, 즉 자기의 주 좌석이 있는 곳으로 가지고 와서, 자기의 거룩한 정원에다 심었다. 인안나는 가장 세심하게 이 나무를 돌보아 길렀다. 이 나무의 키가 자라자, 그녀는 이 나무를 베어 자기의 의자와 침상 같은 것을 만들려고 했다.

해가 지나감에 따라 나무는 자라 크게 성장했다. 그러나 인안나는 그 나무를 벨 수 없다는 사실을 알게 되었다. 그 나무 밑에 '어떤 이름도 모르는' 뱀이 집을 짓고 있었다. 나무 꼭대기에는 이따금씩 나쁜 짓을 저지르는 신화적인 주Zu라는 새가 새끼를 치고 있었다. 나무의 중간에는 황량함의 시녀인 리리스Lilith가 집을 짓고 있었다. 마음이 약하고 늘 상냥한 인안나는 눈물을 흘리기 시작했다. 새벽이 되어 그녀의 오빠인 해의 신 우투Utu가 잠자리에서 일어나자, 그녀의 훌루푸 나무가 넘어져 가는 딱한 사정을 인안나는 우투에게 말했다.

수메르의 영웅 신이며 희랍의 헤라클레스의 전신前身이라 할 수 있는, 에레크에 살고 있던 길가메쉬가 인안나의 슬퍼 불만에 찬 울음소리를 듣고서, 그녀를 구제하기 위해 그녀가 있는 곳으로 달려갔다. 길가메쉬는 50파운드나 되는 갑옷을 입고, 손에는 '길의 도끼'ax of the road라는 400파운드가 넘는 도끼를 들고, 나무 밑에서 '아름다움을 알지 못하는' 뱀을 죽였다. 이것을 보고 '주'라는 새는 자기 새끼를 데리고 산으로 날아가 버렸고, 리리스는 자기 집을 허물고는 황야로 날아가 버렸다. 거기서 다시 둥지를 틀고 살았다. 길가메쉬와 동반했던 사나이는 그 나무를 베어서 의자와 침상을 만들어 인안나에게 증정했다.

인안나는 무엇을 하였는가? 그녀는 훌루푸나무 밑둥치를 베어 북쿠Pukku(아마도 북)라는 물건을 만들었다. 그리고 나무 꼭대기를 베어서는 멕쿠Mekku(아마도 북 치는 막대기)라는 물건을 만들었다. 그리고 길가메쉬에게 수고의 대가로서 이것들을 선물로 주었다. 우리가 알기로는, 북쿠와 멕쿠가 어떤 의미인지 자세히는 알지 못하지만, 그 모양은 거의 자세하게 묘사되어 있다.

한 젊은 처녀의 울음소리 때문에 북쿠와 멕쿠는 저승 세계에 떨어져 땅 속에 있는 구멍 속으로 흘러 들어갔다. 길가메쉬는 그것을 다시 끄집어내려고 손을 넣었다. 그러나 도저히 그것을 붙잡을 수가 없었다. 그는 또 발을 구멍 속에 집어넣었다. 그래도 성공할 수가 없었다. 그래서 그는 땅 밑 저승 세계의 문간에 앉아 머리를 숙이고 울기 시작했다.

"나의 북쿠야, 누가 당 밑 저승 세계에서 그것을 끌어 올려주랴!
나의 멕쿠야, 누가 당 밑 저승 세계의 '표면'face에서 그것을 집어 올려주랴!"

길가메쉬의 종인 엔키두Enkidu는 그의 동반자로서 주인의 울음소리를 듣고 주인에게 말했다.

나의 주인님! 왜 당신은 우십니까?
왜 당신의 마음이 그렇게 아프십니까?
당신의 북쿠, 제가 그것을 땅 밑 저승 세계에서 가져다 드리겠습니다.

당신의 멕쿠, 제가 땅 밑 저승 세계의 '표면'에서 집어다 드리리라.

길가메쉬는 그의 종 엔키두에게, 땅 밑으로 내려가려는 위험을 경고
해주었다. 길이 좁고 험한 곳이라고 알려주었다. 즉, 길가메쉬가 엔키
두에게 말하기를,

"만약 네가 땅 밑 세계로 내려가려 한다면,
내가 한 마디 말을 하겠다. 내 말을 들어라.
내가 한 충고를 하겠다. 그 충고를 들어라.

깨끗한 옷을 입지 말라.
죽은 영혼들이 적들같이 달려들지 모른다.
절대로 병 속의 좋은 향유를 몸에 바르지 말라.
너의 주위에 어떤 향기도 나지 못하게 하라.

던지는 막대기 같은 것을 땅 밑 세계 속에 던지지 말아라.
막대기에 맞은 자들이 너를 포위하리라.

발에는 신발을 신지 말아라.
땅 밑 세계에서는 울어서는 안 된다.
사랑하는 아내에게 키스하지 말아라.
사랑하는 아들에게도 키스하지 말아라.
너의 미운 아내를 때리지도 말아라.
너의 미운 아들도 때리지 말아라.

땅 속에서 네가 우는 울음이 너를 사로잡지 않기를 빌어아.

누워 있는 그 여자를 위해 울어라.

누워 있는 그 여자를 위해 울어라.

누워 있는 여자는 니나주Ninazu 어머니이다.

그녀의 거룩한 몸은 옷을 입고 있지 않다.

그녀의 거룩한 가슴은 아무것도 감싸고 있지 않다.

그러나 엔키두는 주인의 충고에 별 주의를 기울이지 않았다. 도리어 엔키두는 주인이 시킨 주의사항과는 정반대되는 행위만 저질렀다. 그래서 그는 지하 저승세계에서 사로잡히게 되어, 지상에 다시는 올라올 수 없게 되었다. 그래서 입장이 난처해진 길가메쉬는 니푸르Nippur로 달려갔다. 그리고 위대한 바람 신 엔릴Enlil 앞에서 울었다. 엔릴은 기원전 3000년경에 수메르의 신전을 이끌던 신이었다.

아버지 엔릴이시여, 저의 북쿠가 땅 밑 세계에 떨어졌나이다.

저의 멕쿠가 땅 밑 세계에 떨어졌나이다.

저는 엔키두를 보내어 그것을 저에게 집어오도록 하였나이다.

땅 밑 세계가 그를 사로잡았나이다.

남타르Namtar(악마)가 그를 사로잡았나이다.

아샥Ashak(악마)이 그를 사로잡았나이다.

땅 밑 세계가 그를 사로잡았나이다.

인정사정 보지 않는 매복자 네르갈Nergal이

그를 사로잡은 것이 아니라,

당 밑 세계가 그를 사로잡았나이다.

영웅들이 날뛰는 전장 속에 그가 빠진 것이 아니라,

땅 밑 세계가 그를 사로잡았나이다.

그러나 엔릴은 길가메쉬의 말 듣기를 거부했다. 그래서 길가메쉬는 에리두로 가서, 물의 신이며 '지혜의 신'God of Wisdom인 엔키 앞에서 같은 호소를 되풀이했다. 엔키는 태양신인 우투Utu에게 지하 세계의 구멍을 열게 하여, 엔키두의 그림자를 땅 위로 떠올라오게 만들었다. 태양신인 우투는 명령을 받아, 엔키두의 그림자가 길가메쉬에게 나타나도록 해 주었다.

북을 치며 메기는 것이 어쩌면 신을 지하에서 구출하기 위한 구원 행위일지 모른다. 치고 메기는 행위 없이는 하늘과 땅이 조화될 수 없고 삶과 죽음이 하나될 수 없다는 것이 이 신화 속에 들어 있는 의미인 것 같다.

4

피라밋의 유래와 고산 숭배 사상

피라밋의 유래

오래된 문명일수록 높은 산이 그 배경을 이루고 있음은 하나의 공통된 특징이다. 지금까지 조사된 바로는, '한'에 관계된 문명은 거의 예외 없이 고산高山이 그 배경으로 등장하고 있다. 서양인들이 가장 오래된 문명이라고 하는 수메르 문명, 즉 메소포타미아 문명을 창조해낸 수메르인들의 유래를 추적함에 있어서도, 그들의 고산 숭배 사상이 가장 유력한 단서가 되고 있다. A. A. 트레버는 『고대 문명의 역사』(History of Ancient Civilization)에서, 수메르 초기 문명의 특징으로 보아 수메르인들이 중앙아시아의 어느 고원 지대에서 내려온 고산족ᵃ highland people의 것과 같다고 했다.[1]

수메르 연구 학자인 S. N. 크래머도 The Sumerians에서, 수메르의 서사시 등을 살펴볼 때에, 수메르족은 "본향이 어디인지 정확히 알 수 없기는 하지만, 그들이 높은 산꼭대기에서 그들의 신들에게 예배한 것으로 보아, 그들이 산악 고원 지대에서 내려온 것 같다"[2]고 했다. 크

---

1 Albert A. Trever, *History of Ancient Civilization*(New York : Harcourt, Brace and Company, 1936), p. 20.

2 Samuel N. Kramer, *The Sumerians*(Chicago and London : The University of Chicago Press, 1963), p. 42.

래머는 대략 카스피안해 근처에 있는, 아라타로 알려진 도시국가에서 내려온 것 같다고 했다. L. 올리 경도 수메르의 신들이 항상 높은 산 위에 내리는 것으로 보아, 수메르족이 그들의 본 고장에서는 그들의 신들을 '높은 장소, 혹은 높은 고원'on high places and on every high hill에서 예배했음이 분명하다고 하면서,[3] 그들의 고향은 산이 많은 곳이라 결론하고 있다.[4]

수메르에서 신들이 모여 회의하는 장소를 '에쿠르'Ekur라 하는데, 이 말은 '산의 집'house of the mountain이란 뜻이다.[5] 신전의 전체 영역을 두르-안-키Dur-an-Ki라 했는데, 의미는 '하늘an과 땅ki의 둘레dur'bond of heaven and earth이다. 높은 산은 신과 인간을 하나로 묶는 접촉점이다.[6] 어떤 신에게는 '산'이란 명칭을 붙여 주었는데, 엔릴Enlil이 그 예라 할 수 있다. 앗시리아의 신인 아슈르Ashur도 '큰 산'the great mountain이란 뜻이다. 아슈르의 성전을 '큰 산의 집'house of the great mountain이라 했다.[7]

이와 같이 수메르인들은 메소포타미아의 티그리스, 유프라테스강 유역의 충적 평야로 기원전 3500년경에 내려오기 이전에 고산 지대에서 오랫동안 살았기 때문에, 평야 지대에 내려와서도 그들의 고산 숭배 신앙을 쉽게 버릴 수 없었던 것이다. 수메르인들은 홍수가 한 번 지나가면 강 연안에 쌓인 진흙을 빚어서 그것을 구워 인조 산artificial

---

3 C. Leonard Woolley, *The Sumerians*(New York : W. W. Norton and Company, 1965), p. 141.

4 위의 책, p. 7.

5 '쿠르'는 '구릉'과 같은 고원지대로서 고구려의 '구려'와도 상관된다.

6 Foster R. McCurley, *Ancient Myths and Biblical Faith*(Philadelphia : Fortress Press, 1983), p. 130.

7 위의 책, p. 131.

mountain을 만들었는데, 이를 지구랏Ziggurat이라 한다. 그리고 이것은 '언덕 성전'hill-temple을 의미한다. 이 지구랏을 '하나님의 산'the mountain of God, 혹은 '하늘 언덕'the hill of heaven이라 불렀다.[8] 지구랏의 모든 부분, 그리고 모든 선들은 정교하게 장식되어, 하나하나 의미를 지니고 있으며, 수메르인들의 종교의 신은 고산 숭배 신앙을 상징화하고 있다. 지구랏은 태고의 언덕primeval hill이며, 이를 G. E. 케언즈는 '파르스 프로토토', 즉 부분이 전체를 나타내는 신앙이라고 했다. 전체가 하나이고 하나가 전체라는 것이다. 지구랏이 그 역할을 했다.

지구랏의 밑면은 정사각형 혹은 직사각형이었다. 이점에서는 피라밋의 구조와 완전 일치한다. 지구랏 둘이 합쳐지면 정8면체가 된다. 그러나 양자는 서로 다른 점도 많다. 지구랏이 세워지기 시작한 연대는 기원전 3000년으로 볼 수 있으며, '창세기'에 기록된 바벨탑The Tower of Babel은 바로 지구랏을 두고 하는 말이다.(창세기 11장) 지금 우르에 있는 지구랏은 밑넓이가 205피트×140피트이며, 높이가 70피트이다. 수메르의 지구랏이 과연 이집트인들의 피라밋pyramid과 같으냐고 할 때에, G. C. 볼드윈은 그렇다고 대답하면서, 지구랏은 세계에서 가장 오래된 피라밋이라고 했다.[9] 이집트인들이 처음으로 피라밋을 세운 것은 기원전 2700년경이다. 이때는 이미 이집트인들이 수메르로부터 문자, 원기둥 건물 양식, 다른 문화적 영향을 강하게 받은 이후라 할 수 있다. 이집트인들이 수메르인들로부터 피라밋을 건축하

---

8 C. Leonard Woolley, *The Sumerians*(New York : W. W. Norton and Company, 1965), p. 142.

9 Gordon C. Baldwin, *Pyramids of New World*(New York : G. P. Putnam's sons, 1971), p. 11. 'pyramid'의 PYR은 그리스어 PYRO에서 파생된 말로서, 불, 열을 의미한다. 우리말의 불(PUR)과 유사하다. 'AMID' 역시 그리스어 MESOS에서 나온 말로서 중심이란 말이며, '중심에서 타는 불'을 의미한다.

는 기술을 배워갔음은 분명한 사실이다.

이집트인들은 피라밋을 '마스타바스'mastabas라고 했으며, 즉 '의자'bench란 뜻이다. 피라밋을 제일 처음 세운 이집트의 왕은 조서Zoser이며, 그 연대는 기원전 2650년이다. 조서 왕의 역대기에서 우리는 피라밋을 제일 처음 건축한 기사가 임호텝Imhotep이며, 그가 수메르로부터 건축 기술을 배워갔음을 쉽게 추측할 수 있다.[10] 가장 큰 피라밋을 건축한 사람은 쿠푸Khufu인데, 그 피라밋은 밑넓이가 13에이크(756× 756피트)나 되며, 높이가 500피트나 된다. 벽돌이 무려 230만 장이나 된다. 피라밋이 지구랏의 영향을 받아서 만들어졌음에도 불구하고 양자가 그 목적이나 모양에 있어서 완전히 같다고는 할 수 없다.

수메르의 지구랏이 살아있는 사람들의 예배 의식용으로 만들어졌다면, 피라밋은 죽은 자를 묻기 위해 만들어졌다. 아직도 그 용도가 확실하지는 않으나, 왕의 시신이 그 속에 있는 것으로 보아서 그렇게 추리할 수 있다. 그러나 그밖에 천체 관측, 그리고 공동 집회소로서도 쓰였다. 그 모양에 있어서도 피라밋과 지구랏은 상당히 다르다. 피라밋은 완전 삼각뿔이다. 그리고 옆면이 밋밋하다. 그러나 지구랏은 위가 평평하여 발코니 모양으로 되어 있으며, 옆면은 밑에서 위까지 오르내리도록 층계가 만들어져 있다. 이점은, 양자가 서로 같은 관계 속에서 만들어졌음에도 불구하고, 그 외양에 있어서 보인 차이점이라 할 수 있다. 그것은 두 민족의 용도가 달랐기 때문이라 할 수 있겠으나, 필자가 생각하기로는, 두 가지 용도가 모두 고산 신앙에서 보면 같다고 판단된다. 즉, 빙하기 이후 굴살이를 할 때의 원시인들에게 있어서 산은 집회 장소요, 천체 관측소요, 죽으면 가 묻히는 곳이기도

---

10 Gordon C. Baldwin, *Pyramids of New World*(New York : G. P. Putnam's sons, 1971), p. 13.

하다. 그래서 피라밋이나 지구랏은 고산 신앙에서 그 목적이 일치한 다고 결론할 수 있다는 것이다.

피라밋과 지구랏

이와 같이 이집트의 피라밋과 수메르의 지구랏은 실질적으로 깊은 연관 속에서 만들어졌음이 확실하다. 그런데 수메르의 지구랏과 그 모양이 매우 비슷한 것이 남북 아메리카의 인디언들의 세계, 즉 마야 잉카 문명권 속에서도 나타난다. 이 소위 신세계에 나타난 피라밋은 수백 개 정도가 아니고 수천 개를 헤아려, 실로 그 수효가 엄청나다.

이집트의 피라밋과 인디언의 그것은 서로 역사적인 상관성 속에 서 만들어진 것인가? 아니면, 우연의 일치로 비슷한 것인가? 이집트 의 피라밋이 최종적으로 만들어진 것은 기원전 16세기의 아모세 Ⅰ세 Amose Ⅰ 때이다. 그런데, 그 때에 아메리카 신세계에는 아직 피라밋이

〈그림 3〉 이집트 쿠푸 시에 있는 피라밋

없었다. 심지어는 느붓카넷살 II세가 바벨탑을 세운 기원전 600년경에는 아직 대부분의 인디언들은 피라밋을 모르고 있었다.

멕시코와 중앙아시아 일대에 흩어져 있는 피라밋과 이집트의 피라밋은 어떤 상관이 있는가? 두 문명 사이에는 어떤 유사성이 있는 것일까? 이집트인들과 아즈텍과 마야인들은 모두 상형문자를 사용하고 있지 않은가? 양쪽 모두 무덤 앞에 비석을 세우고, 거기에 이름과 글을 새기지 않는가? 양쪽 모두 조각 예술에 뛰어나지 않았던가? 양자는 모두 5를 셈의 기수법의 기본 단위로 보았다. 양자 사이에는 역사적으로 어떤 영향을 서로 주고받았음을 추측해 볼 수 있지 않은가?

G. C. 볼드윈은 서로 간의 영향을 부정하고, 아메리카 인디언들의 피라밋은 그들의 종교 관념에서 자연발생적으로 생겨난 것이라 결론하고 있다.[11] 볼드윈은, 양자 사이는 둘 다 '피라밋'이란 이름밖에는

〈그림-4〉 우르의 지구랏. 성전의 남은 유적이 지구랏 밑에 있다.

---

11 Gordon C. Baldwin, *Pyramids of New World*(New York : G. P. Putnam's sons, 1971), p. 23.

같은 점이 없다고 한다. 이집트의 피라밋은 밑이 정사각형이고, 바깥 벽에 층계가 없고, 발코니도 없고, 꼭대기에 방도 없다. 그리고 이집트의 피라밋은 왕들의 무덤용으로 쓰였다. 그러나 중앙아메리카 일대에 퍼져 있는 피라밋은 무덤용이 아니라 건물용으로 만들어져, 성전이나 궁전같이 쓰였다. 꼭대기로 올라가는 층계가 있고, 꼭대기 위에는 발코니가 있다. 그래서 아메리카의 피라밋은 수메르와 바빌론의 지구랏과 그 모양과 기능이 많은 점에서 같다.[12] 그러나 지구랏과도 차이가 있다. 지구랏이 성전용으로 하나의 높은 공간, 즉 산 같은 것으로 건축되어졌다면, 중앙아메리카의 피라밋은 성전용으로서뿐만 아니라 공공 건물용으로 건축되어졌다는 것이다. 그래서 지구랏과는 아무 상관없다고 결론하고 있다.

〈그림-5〉 마야 인디언이 남긴 피라밋. 지구랏처럼 올라가는 층계가 있다.

---

12 위와 같음.

D. 아담손도 어떤 역사적 관계성을 강하게 부정한다. 인디언들이 지구랏과 이집트의 피라밋을 보고 자기들의 피라밋을 세웠다고는 할 수 없다고 하면서, 다만 신비스러운 물체인 해와 별 같은 천체에 더 가까이 접근하려는 호기심의 발로에서 세워졌다고 한다.[13]

볼드윈이나 아담손의 결론은 모두 그 타당성이 정확하지 않다. 만약 이들 서양학자들이 아메리카 인디언들과 수메르·이집트를 매개시켜 주는 극동아시아 문명을 알았더라면, 훨씬 자연스러운 결론에 도달할 수 있었을 것이다. 메소포타미아와 남북미 대륙은 수천 마일이 상거해 있다. 이 두 대륙 사이를 직접 상관시키거나 어느 하나가 다른 하나에 직접적인 영향을 미쳤다고 말하는 것은 무리가 있다. 그런데 이 두 문명권을 새의 날개라고 상상한다면, 좌우 날개를 폈을 때, 그 새의 머리 되는 부분이 한반도와 그 북쪽에 있는 만주-요동, 그리고 시베리아 일대이다. 이 부분을 바로 좌·우 문명이 퍼져 나간 중심부라고 상정할 때에, 그리고 이 중심부가 양대 문명을 매개시켜 주는 점이라고 상정하면, 엉클어진 실이 풀리듯이 쉽게 풀려질 수 있다. 다시 말해서 고산지대는 거주지 주택이요, 무덤이요, 집회소이고 별을 관측하는 천문대이다. 이런 제 기능을 나누어 가지고 있는 것이 두 지역 피라밋의 특징이라 할 수 있다.

고산 숭배로 본 피라밋

헬포드 맥킨더Helford V. Mackinder(1861~1974)는 영국의 지리학자로서, 1904년 그의 유명한 '심장 지역 이론'을 발표하였다. 즉, 바다로

---

13 David Adamson, *The Ruins of Time*(New York : Praeger Publishers, Inc, 1975), p. 114.

부터 고립되어 있는 유라시아 대륙의 내부 지역을 '심장 지역'Heart Land이라 부르고, 대서양, 지중해, 인도양, 태평양을 따라 바다에 접하는 지역을 '해안 지역'Maritime Land이라고 구분하였다.

그리고 헬포드 맥킨더는 '…심장 지역을 지배하는 사람이 유라시아를 지배한다'라고 했다. 적어도, 제4 빙하기 이후에 지금과 같은 땅의 모양이 나타나기 시작하면서, 심장 지역에서부터 인류가 여러 곳으로 퍼져 나갔다고 볼 수 있다. 현재 남북극의 얼음이 완전히 녹으면 해면은 지금보다 약 70m 정도까지 높아진다. 해면이 20~30m 정도 높아지면서 아빙기가 온다.[14] 빙하기 이전에는 거의 지면이 물에 덮여 있어서, 인간들은 고산 지대에 모여 살 수밖에 없었고, 지구상의 가장 높은 지역은 맥킨더의 심장 지역에 해당된다. 시베리아 앙가라강을 중심한 지역을 '앙가라 대륙'이라 할 수 있고, 앙가라 대륙을 중심하여 다시 만주를 작은 중심으로 한 동북아시아의 해륙 분포나 산맥, 강줄기 같은 것이 결정되었다고 볼 수 있다. 인간들은 이 산악·하천 줄기를 따라 퍼져 나갔다고 추리할 수 있다. 빙하기 이후 문명은 산악에서 굴살이에서부터 시작하여 들살이 그리고 벌살이로 이어져 지금까지 왔다고 할 수 있다. 이에 대하여 최남선은,

중앙아시아의 파미르 고지는 세계의 용마름이라고 할 수 있다. 이 파미르 고지에서 보면, 손가락을 편 것처럼 산맥이 사방으로 찢겨 나간 가운데에, 웅대하고 기찬 것은 그 동방에 갈라진 가지이니, 북쪽으로 치우쳐 나간 것은 천산계요, 남에 치우친 것은 히말라야산계요, 그 중간에 타고 나간 것은 곤륜산계요, 여기서 다시

---

14 千寬宇 편, 『한국상고사의 쟁점』, (서울, 一潮閣, 1978), p. 56.

허다한 산맥이 곁가지로 찢겨 나갔다.[15]

라고 했다.

그리고 인류를 세 부류로 나누었는데, 황인이라고 부르는 몽고계, 백인리라고 부르는 코카서스계, 흑인이라고 부르는 아프리카계가 그 것이다. 그 가운데 특히 황인종인 몽고계는 지금부터 한 일만 년 전까지 심장 지대인 파미르 고원을 중심한 중앙아시아를 중심하여 사방의 골짜기, 혹은 냇가에 각각 무리지어 살았다고 한다. 같은 근원에서 나와서 같은 경로를 따랐다 하더라도, 이주 시대의 선후와, 문화 발달의 높낮음에 따라 인종 분포가 다르게 이루어졌다. 이러한 분포 현상의 차이는 각 인종들이 사용하는 언어의 분포에도 그대로 나타나 있다.

고대 페르시아어가 바빌론어, 엘람어가 합쳐져서 되어졌다는 사실에서, 즉 이집트, 메소포타미아, 수메르, 바빌론, 페니키아, 아람, 히브리 등…, 이들이 원래에는 하나의 산맥에서 시작하여, 산맥의 가지가 여러 개로 갈라지면서 흩어지고, 그래서 언어가 서로 다르게 되었다는 것을 알 수 있다. 그런즉, 이들 민족들 간에는 빙하기쯤 하여 공통 언어가 있었는데, 산줄기에 따라 이동하다 보니 우랄 알타이계, 이집트·셈어계, 인도·아리안계, 그 후 인도·유럽어계로 나뉘어졌을 것으로 본다.

산맥의 흐름과 언어학의 관계에서 볼 때에, 수메르족은 천산계 쪽으로 붙어 나간 동북아시아의 몽고 정통인 것 같다. 그러나 그들도 고대 이집트족이나 바빌론족, 페니키아족, 아랍족, 히브리족… 등등과 모두 처음에는 우랄·알타이어족이 살던 이란 지역이나 어느 곳에 흩어져 살다가, 중앙아 쪽으로 올라갔다가, 그 후 다시 후퇴하여 카스피

---

15 최남선, 「아시조선」, 『최남선 전집』 2, (서울, 현암사), p. 157.

해 서쪽에 이르렀던 것이다. 그래서 이들은 빙하기 때 언어로 우랄알타이어계, 그 후에 다시 이집트·셈어계, 인도·아리아어계, 그 후 다시 인도·유럽어계로 분리된다. 그리고 그 이전의 원시 공통 잡어를 가지고 있었던 것 같다.[16] 이렇게 볼 때에 수메르족은 아득한 빙하 시대에는 카스피해 부근에서 힌두쿠시 산맥을 넘어 중앙아 고원으로 들어섰던 원시 중근동 잡종의 하나로 좌회진—남진의 후퇴를 한 종족이라고 이정기 교수는 결론하고 있다.[17] 다음과 같이 이정기 교수는 다시 헌팅턴의 말을 빌어 그의 논증을 굳히고 있다.

몇 번이고 몇 번이고, 이 중앙아의 유목민들이 건조한 저지대의 초원에서 메소포타미아의 동북쪽 높은 장벽을 형성하는 (자그로스) 산맥 속으로 밀려들어왔다. 대로로는 티그리스와 유프라테스 강안의 평원까지 꿰뚫고 들어왔다. …중앙아시아에서 부족인들 사이에 심한 소동이 벌어질 때마다, 파도처럼 그들은 메소포타미아로 밀고 들어섰다. 게다가, 페르시아 서쪽 대 자그로스 산계는 너무도 높아서, 가장 좋은 목초지가 있으면서도 그 고대의 들은 눈에 덮여 고통을 주었다. 그래서 … 반유목민들은 산으로부터 쫓겨나야 했다.
이러한 조건으로 메소포타미아는……유목민이 침해해 들어오는 것에서 옴쭉달싹을 할 수가 없었다. …BCE 3000년경엔 …메르족 문명이 …이룩되었다. 다음, BCE 2500년경엔 서쪽 사막지대로부터 셈족의 유목민이……아카드의 사르곤Sargon 왕 아래 그 세력의

---

16 이정기, 「으리ᄅ 原形文化와 檀君神話」, 『民族正統思想의 研究』, (서울, 주간시민사, 1978), p. 46.
17 이정기, 「으리ᄅ 原形文化와 檀君神話」, 『民族正統思想의 研究』, (서울, 주간시민사, 1978), p. 50.

절정에 이르렀다. BCE 2370년경은 자그로스 산맥에서 북서쪽으로 구티Guti 유목족이 내려와… 1세기 가량 티그리스와 유프라테스 하류의 비옥한 땅을 지배했다가, 다시 수메르족의 새 왕조에 의하여 격퇴당했다.[18]

이러한 결론을 종합하여 볼 때에, C. J. 볼은 수메르가 혈통적으로나 언어적으로 고산 지대에서 온 듯한 특징이 많다고 했다. 더 나아가 C. J. 볼은, 수메르인은 중국인이라고 『중국어와 수메르어』(Chinese and Sumerian)에서 결론하고 있다.[19] 여기서 볼이 지적하고 있는 중국은, 중국이 아니고 동이족東夷族의 문명이었으며, 그의 중국어와 수메르어의 비교는 재검토되어져야 한다. 왜냐하면, 수메르어는 접착어인데, 중국어는 접착어가 아니고, 어순이 중국어와는 다르고, 우리 한국어와 같기 때문이다. 이 점에 대해서는 따로 논하기로 한다.《규원사화》의 북애자 같이 강만 건너 면 벌써 남의 땅이 되었으니 어디 가서 이 딱한 사정을 글로 말할 데가 있겠는가?

산맥이 갈라진 흐름, 그리고 산맥에 따라 분포된 언어의 갈래로 살펴볼 때에, 인류 문명의 기원은 중앙아시아 고원 지대에서 찾는 것이 합리적이라 할 수 있다. 북·남미주의 경우에도 문화가 고원 지대에서 저지대로 옮겨간 것을 발견할 수 있다. 안데스 고원에서 정치가 전 지역을 통치하는 기능을 갖게 되었고, 저지대로 퍼져 나간 것을 발견할 수 있다.[20] 이들이 고산 지대에 오래 살다가 저지대로 내려왔기 때문

---

18 이정기, 「우리ㄹ 原形文化와 檀君神話」, 『民族正統思想의 研究』, (서울, 주간시민사, 1978), p. 51.

19 C. J. Ball, *Chinese and Sumerian*(London : Oxford University Press, 1913), p. 5.

20 崔夢龍, 『人類文化의 發生과 展開』, (서울, 東星社, 1985), p. 90.

에, 그들의 피라밋 건축 연대가 뒤로 늦어진 것 같다.

이와 같이, 문명이 오래된 지역은 예외 없이 고산 지대이며, 이에 따라 고산 숭배 신앙이 생겨났으며, 피라밋이 생겨난 것이다. 따라서 몽고 문명, 수메르·이집트 지역, 즉 근동아시아 문명과 북·남미, 즉, 신세계[21]의 문명은 피라밋이란 공통분모를 가지고 있고, 이 공통분모는 다름 아닌 중앙아시아의 고산 숭배에서 유래했고, 양쪽 문명이 모두 중앙아시아에서 기원했다고 말할 수 있게 된다. 이러한 결론은, 산과 산이 갈라져 나간 맥과, 이에 따라 분포된 언어를 통해서도 같은 결론에 도달하게 된다. 그러나 이러한 결론을 뒷받침할 만한 더 많은 연구 결과가 나와야 함은 물론이다. 이제 한국을 중심한 고산 숭배 사상을 더 자세하게 검토해 보기로 한다.

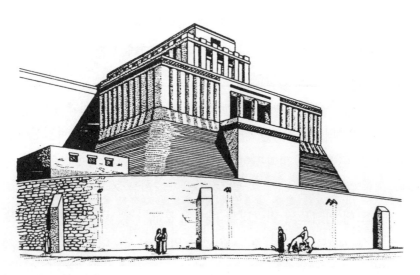

〈그림-6〉 수메르의 에리두에 있는 성전. 지구랏의 모양을 따서 지었다. 아브라함이 살던 하란의 남쪽 마리에서도 지구랏이 발굴되었다.

---

21 '신세계'란 말 자체는 백인들이 만들어 놓은 말이다. 그들에게 신세계이지, 인디언들에게 그 말이 해당될 수는 없다.

한국의 '밝'산 사상

'환웅이 무리 삼천을 이끌고 삼위 태백산 위에 내렸다'라는 짧은 단군 신화의 한 구절에서, 인류 문명의 기원을 캐는 데 있어서 단서가 되는 고산 숭배 사상을 발견할 수 있다. 이집트의 피라밋이 수메르의 지구랏에서 결정적인 영향을 받았고, 수메르인들이 중앙아시아 고산 지대의 고산 숭배 사상을 그대로 메소포타미아 유역에 가지고 와서 지구랏을 통해 전파했다면, 우리의 단군 신화는 인류 문명사적 관점에서 재조명해 보아야 한다.

종교는 그 생겨난 생태학적Ecological 관점에서 볼 때, 사막을 배경으로 한 종교와 숲을 배경으로 한 종교로 대별할 수 있다. 유대교, 기독교, 이슬람교는 전자에 속하고, 대부분의 동양 종교, 즉 불교, 도교, 힌두교 등은 후자에 속한다. 우리 '한' 문명 혹은 텡그리 문명의 종교는 양쪽을 다 포함하고 있으나, 후자에 더 가깝다고 할 수 있다.

단군 신화는 고산, 그리고 숲을 배경으로 하고 있다. 인류 문명의 기원이라는 맥락에서 볼 때에, 단군 신화의 고산 숭배 사상은 큰 의미를 가진다. 문명의 기원이 동에서 서로 산맥을 따라 흩어져 나갔음에도 불구하고, 이집트의 피라밋이 지구랏, 그리고 고산으로 그 순서가 올라감에도 불구하고, 이 순서를 거꾸로 생각하는 경우도 있다는 것이다. 즉, 고대 이집트의 피라밋과 비슷한 분묘가 옛 고구려의 도읍지인 만주의 통구에도 있으며, 만주 집안에 있는 광개토대왕 묘는 그 자체가 피라밋이고 작은 산이다. 남한에서는 경남 함양에 가락국 마지막 왕의 분묘로 알려져 있는 구형 왕릉이 있다. 이 왕릉은 일반 무덤과는 달리 층단을 이룬 네모진 돌무덤이다. 돌이 네모진 절석이 아니고, 일

반 자연석을 모아서 쌓은 것이다.[22]

그런데, "...이와 같은 돌로 이루어진 분묘는, 어쩌면 먼 곳에 있는 이집트 피라밋의 영향이 미친 결과일지도 모른다"[23]고 추측하는 것은, 선후가 바뀌어진 판단이라 할 수 있다. 한국의 피라밋은 그 위에 제단을 가지고 있다는 점에서 지구랏과 유사하다. 그러면, 왜 한국에서는 피라밋과 같이 거대하게 발달하지 않았느냐가 의문이다. 이은봉 교수는 이를 고산 숭배의 퇴화退化라고 한다.[24] 서낭당의 돌무덤 같은 것도 고산 신앙의 퇴화라고 본다. 퇴화의 원인은, 한국의 경우에는 고산이 이미 있는 곳이기 때문에 구태여 피라밋이나 지구랏 같은 인조 산을 따로 만들 필요가 없기 때문이다. 강화도의 마니산의 경우는 산 전체가 하나의 피라밋이며, 올라가는 층계는 지구랏의 제단과 같다.

마니산 위의 제단은 하나의 축소된 인조산이다. 산자체가 피라밋이란 말이다. 산 위의 산이라 할 수 있다. 산 전체가 하나의 지구랏이기 때문에, 산꼭대기에 상징적인 제단을 만들어, 그곳을 특별히 신이 강림하는 곳으로 만들 필요성을 느꼈던 것이다. 이러한 산을 중심으로 하여 생각하면, 수메르의 지구랏, 이집트의 피라밋, 그리고 인디언의 그것이 모두 종합된 제단, 무덤, 별 관측소, 집합소의 성격을 종합적으로 산에서 찾을 수 있다. 이러한 산의 종합적 의미가 각 지역에 가서 어느 한 부분적 의미만을 나누어 갖게 되었다는 것이다.

즉, 지구랏의 제단적 성격, 이집트 피라밋의 분묘적 성격이 그것이다. 이와 같이 고산 신앙이 지구랏, 그리고 피라밋 순서로 발전되어 나갔는데, 그 역으로 이집트 피라밋의 영향으로 우리의 장군총 같은

---

22 朴杓,『超古代 文明에의 招待』, (서울, 드라이브사, 1983), p. 146.
23 위와 같음.
24 李恩奉,『韓國古代宗教思想』, (서울, 集文堂, 1984), p. 120.

〈그림-7〉 강화도 마니산의 참성단

〈그림-8〉 미국 오하이오 주에 있는 인디언 무덤. 한국의 무덤과 유사하다.

〈그림-9〉 만주 퉁구의 고구려 유적 장군총. 계단식 피라밋형이다.

피라밋형 무덤이 만들어졌다고 함은, 선후가 바뀌어진 생각이라 할
수 있다. 실로 조선에 있어서의 고산 신앙은 남달리 뚜렷하며, 문명의
거의 전부가 산과 관계되어 이루어졌음은 이론의 여지가 없다. 이은
봉 교수에 의하면, 한국의 고산 신앙은 ① 산의 인격화 ② 신神의 거주
처居住處 ③ 사령死靈이 가는 곳 ④ 산신당山神堂 ⑤ 산신제山神祭 ⑥ 여산
신女山神 등의 여섯 가지 의미가 있다고 했다. 여기서 보는 바와 같이
산은 이집트의 피라밋 같이 분묘적 성격도 있고, 수메르의 지구랏이
나 인디언의 피라밋 같이 제단적 성격도 있다.

여기서 한 가지 주목할 만한 사실은, 여산신女山神 신앙이다. 이은봉
교수는 "한국의 민속에서는 가끔 산신의 모습이 백발노인으로 나타나
고 있으나, 그것은 후대적인 관념이고, 원래는 여성이었다고 보아야
할 것이다"[25]라고 했다. 우리나라의 산들의 명칭을 대체로 훑어보면,

25 李恩奉, 『韓國古代宗敎思想』, (서울, 集文堂, 1984), p. 111.

남성보다는 여성이나 모성母性의 명칭을 띠고 나타나는 것이 많다. 그 예를 들면, 대모산大母山(경기도 광주), 대모성산大母城山(강화도), 모산母山(이천), 모악산母岳山(金溝縣), 모후산母后山(순천), 불모산佛母山(창원), 여귀산女貴山(진도군), 오모산吾母山(홍양군) 등이 그것이다.[26]

'마고' 할머니가 세상에서 제일 높은 곳에 살았다는 『부도지符都誌』의 기록은 재조명되어져야 할 것이다. 『부도지』만큼 신화소가 풍부한 자료도 드물다. 수메르의 에덴동산의 원형인 딜문Dilmun의 주신은 닌후르삭Ninhursag이라는 여신이다. 이와 같이, 문명이 오래된 곳은 산과 여신이 상관되어져 나타난다. 고대 원시 사회에 고산과 모계는 하나의 관계로 나타나는 것이 특징이다.[27]

육당 최남선은 일찍이 한국 문명을 고산 숭배, 즉 밝산白山 숭배 사상을 중심하여 인류 문명사적 관점에서 고찰하고, 「불함문화론」不咸文化論[28]을 1925년에 발표했다. 그의 연구 방법에 문제점이 없는 것은 아니지만, 그의 착안은 탁월했다고 할 수 있다.[29]

최남선은 세계의 인류를 세 부류로 나누고, 황인이라 부르는 몽고계, 백인이라 부르는 코카서스계, 흑인이라 부르는 아프리카계가 그것이라 했다. 그 가운데 특히 황인종인 몽고계는 지금부터 한 1만 년 전까지 심장 지대인 파미르 고원이 있는 중앙아시아를 중심하여, 그 사방의 골짜기 혹은 냇가에 각각 무리지어 살았다 한다. 그런데 이 몽

---

26 위의 책, p. 112.

27 문화목록어로 볼 때에 닭층의 뚜렷한 유산이라 볼 수 있다. 아래 III 부에서 다시 거론한다.

28 '불함'은 '밝'의 한자음 표기. 중국 문헌에 그렇게 표기되어 있다.

29 최근 구 소련연방이 무너지면서 연방 안에 들어 있던 국가들이 텡그리로 띠를 만들어 이를 '텡그리즘'이라고 하는데, 육당이 이 말을 사용하지는 않지만 그의 불함문화론은 텡그리즘의 일환으로 이해될 수 있다.

고계 안에는 한 가지 공통된 현상으로 고산 숭배 사상이 있어서, 산악과 하늘은 둘이 아닌 하나인 관계에 있으며, 하늘과 인간이 왕래하는 곳이 산이었다. 즉,

"그네들은 일찍부터 하늘을 무서워하여 섬기고, 날마다 한 바퀴씩 하늘을 막질러 건너가는 해를 세계의 임자로 믿고, 고산의 꼭대기는 하늘을 통해 다니는 발판인 동시에 하나님이 인간세계에 내려와 계시는 대궐로 생각하여, 하늘과 해와 고산을 한 끝에 꿰매는 듯 한 굳은 신앙을 가졌었다. 넓은 하늘과 빛나는 해와 높은 멧부리를 우러러보고는, 지극히 크고 먼 기상을 기르는 사람의 씨앗이었다."[30]

그리고 이 몽고계 안에 있는 산악에는, 이름에 있어서 한 가지 공통된 점이 있었는데, 산의 이름들이 거의 '박'(白) 자로 돼 있다는 것이다. 심장 지역의 용마름 되는 파미르를 중심하여 동북쪽으로 퍼져 나가 '우랄·알타이'족이 사는 모든 지역에는 반드시 하늘과 조상을 배합하는 신산神山이 있어서 그것을 '박'산이라 했다.[31] 이들 '박'산으로 연결되어지는 아시아 북계의 문화를 한자로 불함문화不咸文化('불함'은 '박'의 한자적 적음)라 불렀다. 최남선의 불함문화론을 중심하여 살펴본 수메르 문화와 한국 문화의 관계를 고산 숭배 관점에서 살펴보면 다음과 같다.[32] 물론, 최남선이 불함문화를 쓸 당시에 수메르를 다룬 것은 아니다. 그런데 양자는 우연의 일치라기에는 같은 점을 많이 내

---

30 최남선, 「아시조선」, 『최남선 전집』 2, (서울, 현암사), p. 156.
31 최남선, 「不咸文化論」, 『최남선 전집』 2, (서울, 현암사), p. 48.
32 III 부 1장에서 다시 상론한다.

포하고 있다.

우선, 최남선은 불함문화 계통이 인류의 가장 오래된 것임을 다음과
같이 쓰고 있다.

불함문화는…인류는 영아기의 모습을 보유함으로써 그 아득
한 기원을 짐작케 한다. 원시 인류가 아직 극히 협소한 지역 내에
거주하고, 습속, 칭위 등의 나뉘어짐이 다 왕성하지 않았을 때에
중요한 유물인 듯한 것을 불함문화 안에서 찾을 수 있다.[33]

고대 원시 인류 시대에 수메르와 조선족은 '박 문화'라고 하는 공동
문화권 속에서 살다가 갈라졌음을 가정해 본다. 지금까지 동·서 문화
는 별개의 것이요, 서양 문화 가운데서도 히브리와 헬라는 별개의 것
이라고 여겼는데, 박 문화를 통하여 동서 문화가 교감하는 인류 생활
의 원시적 세계성에 도달케 하는 데에 수메르 문화는 그 문화적 가치
성을 지니게 되는 것이다.

불함문화는 인류의 가장 오래된 문화일 뿐만 아니라, 그 발달 계통
으로 볼 때에 가장 넓은 지역에 분포되어 있는 문화라는 것이다. 불함
문화 지역은 카스피해와 흑해 부근, 조선과 자매 관계에 있는 일본 및
동부지나는 물론이요, 면악을 위시하여 구바·고보우·구보우 등의 신
앙이 있는 유구를 남극으로 하여 장백산의 만주·몽고·중앙아시아로,
서쪽으로 그 연결을 명백하게 찾을 수 있어서, 적어도 발칸 산의 발칸
반도까지는 모두 그 분포 범위로 상정할 수 있다.[34]

"그런데 이렇게 넓고 오래된 지역에 분포되어 있는 불함문화에는

---

33 위의 책, p. 63.
34 최남선, 「不咸文化論」, 『최남선 전집』 2, (서울, 현암사), p. 62.

그 특징으로서 신산·신읍을 가지고 있다는 점이다. 위에서 지적한 대로 불함은 '붉'의 한역이니, 하늘과, 신과, 천도天道와, 신정神政을 의미하는 것이 이 이 말 가운데 들어 있어서, 이 문화 계통의 관념 및 사실 전체가 흠뻑 포함되어 있다."[35] 최남선은 말하기를, 이 불함문화는 아득한 옛날부터 일관해 전승해 내려온, 세계에서 가장 오래 지속된 문화 계통이 분명하다 하면서, 그 분포의 구역이 아시아의 북방 심장 지대를 차지하여 세계 최대의 문화권을 이루었다고 한다. 그런데 한 가지 중요한 사실은, 이 문화의 정통이요 중심이요, 또 전형인 자者는 실로 조선 문화라는 것이다.[36] 조선 문화는 불함 문화계 안에서도 가장 오랜 일토일민一土一民의 역사를 가진 자이며, 동방에 있어서 이 문화의 중심지가 된다. 지역에 따라 텡그리즘이 사라지거나 흔적이 불분명하지만 일토일민 속에 지금까지 지속되고 있는 곳은 조선이다.

그러면 지금부터 주로 한국을 중심하여 발전되어 내려온 고산 신앙에 대해 살펴보기로 한다. 고산 신앙은 널리 몽고계 인종, 특히 그 북계 종족들 사이에 행해진 신앙이지만, 그 중에서 조선 지파는 특히 천제의 아들로 뽑혀서 인간을 다스리는 자가 되어 내려왔다고 믿음으로써, 스스로 일컫기를 '알', '감', '닥', '박', '한' 등이라고 스스로 일컫게 되었다. 그러므로 이네들은 나라를 대개 높고 큰 산에 의지하여 배치하고, 그네들의 생활은 이 산을 천으로 숭봉하는 제사로써 중심을 삼아서 자기들이 있는 곳이면 반드시 저절로 천국인 줄로 알았었다. 그러므로 자기들이 개척하는 땅에는 흔히 '발'이라는 이름을 붙이니, '발'은 '밝'의 약칭이요, '밝'은 신명神明의 원 뜻으로부터 옮겨진 광명의 뜻을 가지게 된 말이며, 후에 한자로 번역하여 맥貊, 발發, 부리夫里

---

35 최남선, 「아시조선」, 『최남선 전집』 2, (서울, 현암사), p. 172.
36 최남선, 「아시조선」, 『최남선 전집』 2, (서울, 현암사), p. 172.

II. 수메르와 한국 문명(1) 177

등으로 지어졌고, 다시 요약되어 번番, 방方, 부여夫餘 등으로 부르게 된 것이다.[37]

'한', '닥', '밝', '감'은, 이들이 점차로 남쪽으로 이동, 산동 지역으로 들어감에 따라서 그 한 개의 단어로 축약, 그것이 '한'이라 하였다. 그 씨계는 '닥'이라 하고, 그 족의 이름은 '박'이라고 부르게 되었다. 이 모든 말들의 의미는 천국에서 나온 천제의 무리라는 것을 내포하게 되었다. '한'은 나중에 한자로 '환'桓 혹은 '한'韓이라 쓰고, '닥'은 '대'大 혹은 '이'夷(고음 닥)라 쓰고, '박'은 '백'白 혹은 '박'朴(원음 박)이라고 쓰게 된 것이며, 자기들이 사는 지역을 통틀어 '붉'라 일컫고, 그 중에서 동쪽으로 치우치는 지방을 별로 '순' 혹은 '신'이라고 부르니, '붉'는 후에 한자로 '발해'로 번역하게 되었고, '신'은 '선'鮮, '진'震, '전'展 등으로 해석하게 되었다.[38]

진역에 있어서 가장 높은 산은 백두산이니, 산맥과 그 주봉은 일찍부터 높은 산을 하늘로 여겨 이 민족의 사는 곳에는 반드시 자기네를 호위하고 보육해주는 신산神山이 있어서, 여러 작은 신산을 거느리는 으뜸되는 산을 'ᄃᆞᆯ밝은'이라 부르게 되니, 백두산은 이 민족의 '신산'이라 할 수 있다.

박산은 무릇 조선 계통의 문화와 민부가 있는 곳에는 반드시 이 신앙에 인하는 천의 표상인 산악이 있어서…….

모든 백산이 부족의 단합과…… 통일로 인하여 나중에는 일국토 일민족—國土—民族의 안에 동성질·동지위의 백산이 우글우글하게

37 위의 책, p. 158.
38 이들 제 문화목록어의 발달 순서는 구강 안에서 후음, 아음, 설음, 치음, 순음의 순서와 일치한다. 그리고 이는 굴살이, 들살이, 벌살이의 전개 순서와 일치한다.

되고, 그리하여…… 그 사이에 배경과 유래와 내재적 다른 이유로 인하여 그 사이에 대소 존비와 종류간 계급 관계가 생기니, 태백이니 하는 대소의 차이가 이래서 생겼다.[39]

그러면, 우리에게 있어서 고산 숭배가 갖는 의미는 무엇인지 알아보기로 한다. 고산 숭배는 우리의 옛 신앙에 있어서, 고산과 천계는 둘이 아니요 하나라는 철저한 신앙 위에 근거해 있다. 하늘이 인간 속에 내려오는 곳이 산악이요, 산이 최대한으로 된 것이 곧 천天이다. 산악은 천에의 관문이요, 인천人天의 만남 점, 연락점인 것이며, 인간에 있는 '천적 최고 실재'天的最高實在가 산악이다. 그래서 산山과 천天은 동일한 '밝'으로써 칭호되니, '밝'이란 이름을 통하여 산과 천은 동일한 관념의 대상이 되어 있다. 그래서 밝산山이란 천산天山이란 말과 같다. 이 관념이 기본이 되어서 원시적 우주관 내지 인생관이 형성되어 신앙으로 발전되고, 그것이 종교에서는 경전, 역사에서는 건국 신화로 나타나게 되었다. 그런데 이러한 '밝'산은, 조선 계통의 문화 속에는 천天의 표상인 산악이 있어서, 다 각각 '밝'으로 일컬어지게 되었다.[40] 최남선은 산과 천을 하나로 하는 데 다음과 같은 세 가지 의미가 있다고 했다. 즉,

① 고대에 있어서 신神을 접하는 행사가 산山을 영지靈地로 하여 발생함.
② 제사를 지내기 위해 신직자神職者 등이 주로 산 위에 올라가서 모인다.

---

39 최남선, 「檀君神典의 古意」, 『최남선 전집』 2, (서울, 현암사), p. 196.
40 위와 같음.

③ 이러한 종교적 회합이 모든 사회적·민족적 대사를 결정하는 기회가 되었다.[41]

천天은 막연한 추상적인 것이 아닌, 태양이란 구상적인 존재로서 천을 대표하게 만들었다. 신산은 태양이 나타나는, 곧 다시 말해서 하늘이 구상화되어지는 곳이다. 그래서 '조선에 있어서 신산'이란 결코 타에 있어서와 같은 통례의 고산 숭배가 아니라, 천계의 인간적 존재, 또는 태양의 나타남, 혹은 태양의 궁거宮居와 같은 곳이다. 그와 같은 의미에서 신체神體로서 산이 Park-Parkan(-ai)으로서 호칭되었으니, 이 말은 '신인 산'이란 의미이다. 이 경우에 있어서 Park은 단순히 신을 의미하게 된다.[42] 그래서 산은 '전체 즉 부분'이란 의미를 갖는다.

옛날부터 조선에서는 해 뜨는 동방을 향하여 정성스럽게 예배했다. 동방은 생명의 근원, 진인震人의 고향이었으며, 특수한 명절에는 전 민족이 모여 동방과 태양에 예배하는 처소가 부족마다 있었으니, 이러한 고대의 신산 중에는 산의 이름 글자가 '밝' 대신 '살' 혹은 '술'로 전하여, 이것이 '선' 혹은 '성'이 되었다.(예 : 평양의 대성산, 개성의 성거산 등, 선, 성, 송, 운이 들어가는 산은 모두 이에 속함)

산꼭대기에는 신읍을 두고, 그 안에 신단을 만들고, 준기한 석봉이나 직립한 암석을 신체神體로 하여 경사傾斜의 도度를 펴니, 이것을 신시라 하고, 이 자리를 소도라고 했다.[43] 이 일을 맡은 이를 '당굴'이라고 했다. '당굴'이 다름 아닌 텡그리이다. 여기서 신시는, 번역하면 영역領域이란 뜻이니, 대개 고산의 꼭대기를 에워서 일종의 석위石位를

---

41 최남선, 「檀君神典의 古意」, 『최남선 전집』 2, (서울, 현암사), p. 216.
42 최남선, 「不咸文化論」, 『최남선 전집』 2, (서울, 현암사), p. 45.
43 최남선, 「아시조선」, 『최남선 전집』 2, (서울, 현암사), p. 177.

베푼 것이요, 뒤에 많이 산성하고 섞이게 된 것이며, 소도는 높은 축을 의미하며, 번역하면 신단이니, 높은 산꼭대기의 자연 직립석이다. 평지에서는 지면에 단을 모으고, 그 위에 긴 뾰족한 석주를 얹었으니, 뒤에 돌무더기 조탑造塔이라 부르게 되었다. 이렇게 신단이 있는 곳에 그 단을 봉위封位하는 신목이 있으니, 이것을 신단수, 나중에는 당산나무라 했고, 신시가 있는 산이 곧 '밝'산, '순'산이 되었다.

이와 같이 하여 조선 민족은, 천은 광명의 세계요, 그 주재자는 태양이요, 자기는 천국의 민이요, 천신의 아들로서 이 지계로 내려왔다고 믿게 되었다. 그들은 해 뜨는 곳을 거룩하게 보았으며, 동방을 흠모하는 풍습이 그들 사이에 생겨나게 되었다.[44]

최남선은 여기서, 고산 숭배는 동이조선東夷朝鮮에서 시작되었으며, 그것이 중국의 것과는 다르다고 했다. 중국인의 태산 숭배·본선本仙이나 동악대제東岳大帝가 중국인의 고유의 것이 아니라, 태산을 중심으로 예로부터 그 주위에 분포되어 있던 동이의 유풍을 계승 또는 삽입한 것이요, 그것은 곧 '밝'에 제사하는 한 형식에 불과하다.[45] 중국의 중요한 의식은 천자의 제천이요, 민간 신앙 중에서 가장 융성한 것은 고산 숭배라 할 수 있다. 이 양자는 모두 본래 태산 숭배가 양분되어 나타난 것이다. 최남선은, 제천의 풍속이 지나의 것과 같은 줄로 아나, 그 근본에 있어서 다르다고 다음과 같이 지적하고 있다.

① 제 일은 오직 하늘을 시배是拜하고 제신諸神을 배配치 아니함이요,

② 지나에서처럼 왕이 독행하는 것이 아니라, 나라 전체가 같이

---

44 위의 책, p. 183.
45 최남선, 「不咸文化論」, 『최남선 전집』 2, (서울, 현암사), p. 51.

함이요,

　③ 국조 혹은 국토 진혼신國土鎭魂神과 뭇 제祭가 다 한 몸임을 믿음으로써 고유한 신앙임을 알 수 있다.[46]

　고산 숭배 사상은 중국의 문명과 한국의 문명을 구별하는 표상이 되기도 한다. 중국은 고산 숭배 신앙을 가지고 있지 않고 들에서 제사 지내는 효제效祭가 있었다. 최남선은, 그들에게 남아 있는 태산 숭배는 동이족의 흔적이 중국에 남아 있는 결과일 뿐이라고 하면서, 밝산白山 숭배 사상이 아직까지 한 나라 한 민족—土—民 속에 그 순수한 모습대로 남아 있는 곳은 조선뿐이라는 했다.

'山'의 고대 어휘들

　여기서, 산을 의미하는 언어의 기원을 문명 기원사적 입장에서 살펴보기로 한다. '산악山嶽'이 거란어契丹語로는 '타끼'이고, 이 말은 몽고어에서 왔다. 수메르어는 산을 '쿠르'kur라 했는데, 한자로는 '구루'句婁로 표기되었고, '구려'는 '구르'에서 기원했다고 본다. '구르'는 지금까지도 '구릉'hill, 즉 '언덕진 땅'으로 쓰어지고 있다. 수메르어에서 산을 의미하는 '쿠르'는 상형문자로 다음과 같이 표기되어 있다.[47]

　수메르어 .... ∧∧
　아카드 문자 .... ▷▷

---

46 최남선, 「不咸文化論」, 『최남선 전집』 2, (서울, 현암사), p. 51.

47 川崎眞治, 「'契丹神話'와 '잃어버린 十部族'의 함수」, 『自由』, 1981. 1. (서울, 自由社), p. 113.

바빌론 문자.....................................⩕

앗시리아 문자.................................⩕

은나라 갑골문..............................⩕

   인류 초고대 언어 가운데 위의 다섯 언어는 모두 산이란 글자를 매우 유사하게 표시하고 있다. 이러한 공통성은 과거 어느 때 인류는 어느 고산 지대에서 같이 굴살이를 했음을 의미한다. 수메르어의 '쿠르'는 '땅'land을 의미하기도 하여, '수메르' 자신을 '쿠르갈'Kur-gal이라 하여 '큰 땅'great land을 의미한다.[48] '쿠르'는 이와 같이 수메르가 스스로 산의 종족이라는 것을 밝히는 말이라 할 수 있다. 쿠르는 동시에 '굴'을 의미하기도 한다. 고구려의 구려가 '구르'를 어근으로 한다. 볼은 수메르 GUR에 각별한 관심을 갖는다. 빙하기 때에 산악지대에서 굴살이 할 때에 GUR(굴)은 생존을 위한 매우 주요한 장소였기 때문이다. 수메르어는 점 세 개로 굴을 표시해 이를 GUR이라 했다.[49] 점 세 개(∴)로 표시되는 굴은 '산' 그리고 '시골' 그리고 '집'을 의미한다.

   그리고 '쿠르'는 수메르 신화에서 매우 중요한 역할을 한다. '쿠르'는 종종 땅과 바다 사이에 있는 빈 공간, 즉 한국의 '용왕 세계'와 매우 유사하다. 인안나Inanna 여신이 바다 밑 세계로 내려갔을 때 바로 '쿠르'에 갔다. 이것은 용왕 세계로 우리에게 알려진 세계이다. '쿠르'는 바빌론 신화에 나오는 티아맛Tiamat과 같다. 우주는 곧 티아맛의 몸 자체이다.[50] 이런 점에서 거란어의 '구르'가 수메르어의 'Kur'와 일치

---

48 S. N. Kramer, *Sumerian Mythology*(Chicago : The University of Chicago Press, 1953), p. 76.

49 C.J. Ball, 같은 책, ix쪽.

50 S. N. Kramer, *Sumerian Mythology*(Chicago : The University of Chicago Press, 1953), p. 76.

하고, '타끼'가 '다강'과 일치하고 있는 것은 매우 기이한 일이다. 일본어로는 '미다께'みたけ로, 거란의 '다께'와 형제어라 할 수 있다. 중국어의 '가꾸'(嶽)도 상관없다 할 수 없다. 중국어 음인 '산'山은 쿠르에서 전음, 즉 Kur>Cur>Char>Chan>Shan>San>……Shen>Sen으로 변했다고 한다.[51]

한국에서 산을 이야기할 때에 삼산三山 혹은 삼신산三神山이라고 '산'山과 '삼'三을 항상 붙여 사용하는데, 이를 박용숙 교수는 '산山과 천川은 만물의 시원을 뜻한다고 했다.[52] 그리고 삼三은 세 개의 산이란 뜻이 아니고, 하나의 산이 세 뿔을 가졌다는 것을 뜻한다'고 했다. 삼각산三角山, 삼신산三神山, 삼소三蘇는 모두 '세뿔뫼'란 뜻이다. 이는 수메르어가 산을 세 개의 점이나 뿔모양으로 표시하는 것은 흥미롭다 할 수 있다.

피라밋이야말로 산의 본래의 의미가 삼각추三角錐임을 알게 해주는 확실한 증거가 되는 것이다. 이집트인들은 이러한 피라밋이 그들의 최고의 신神인 일신日神 오시리스Osiris, 월신月神인 이시스Isis, 성신星神인 호루스Horus의 삼신三神이 사는 집으로 알고 있다. 물론 이런 풍경은 이집트에서만 볼 수 있는 것이 아니다. 중앙아시아나 인도의 우주산宇宙山으로 알려진 '슈멜'도 모두 피라밋형으로 되어 있으며……어쨌든, 피라밋이 사막 지대에 사는 이집트인들의 산임이 분명하다.[53]

---

51 川崎眞治, 「'契丹神話'와 '잃어버린 十部族'의 함수」, 『自由』, 1981. 1. (서울, 自由社, 1981), p. 115.
52 朴容淑, 『韓國古代美術文化史論』, (서울, 一志社, 1978), p. 109.
53 朴容淑, 『韓國古代美術文化史論』, (서울, 一志社, 1978), p. 111.

박용숙 교수는 '수경주'水經注의 말을 인용, 산은 분묘(무덤), 구구(둔덕), 묘묘, 능陵이라고 하여, 위에서 지적한 피라밋과 지구랏이 겸해진 의미가 모두 산에 포함돼 있다고 했다.[54]

한국과 이스라엘의 '山'

근동아시아 문명권의 고산 혹은 거룩한 산 숭배에 관한 이야기는, 창세기 11:1~9에 기록된 바벨탑The Tower of Babel에 관한 것이라 할 수 있다. 창세기 11:4의 신나르Shinar 광야는 수메르를 지칭한다. 학자들은 '신나르'와 '수메르'가 어원이 같다고 본다. 그리고 바벨탑은 두말할 나위 없이 지구랏이다.[55] '바벨'이란 말이 언어를 '혼잡'confused시켰다고, 즉 '바랄'balal에서 유래했다고 하나, 사실은 '하늘의 문'the gate of the Gods이란 뜻이다. 하늘의 문은 바벨의 본뜻이고, 이는 지구랏이며, 산을 지칭한다.

야곱의 베델Beth-El에서의 환상도 가나안 의식을 반영한다.(창세기 28:10~17) 자기 아버지의 노함을 피하여 야곱이 외삼촌 라반의 집으로 가는 도중, 밤에 꿈 가운데서 본 '땅에서 하늘에 닿는 층계'and the top of it reached to heaven(1절) 역시 지구랏의 층계이다. '그 층계를 하나님의 천사들이 오르락내리락 했다'는 것으로도 분명해진다. 야곱은 '이 얼마나 두려운 곳인가. 여기가 바로 하나님의 집이요, 하늘의 문이로구나'(17절) 하고 감탄했다. 이것은 수메르 엔릴 영웅이 '왕위가 하늘에서 내려온 후에'라고 한 것과 같다. 이는 자기의 왕권이 지구랏

---

54 위의 책, p. 112.
55 Foster R. McCurley, *Ancient Myths and Biblical Faith*(Philadelphia : Fortress Press, 1983), p. 139.

제단을 통해 받은 것이라고 한 고백과 상통하고 있다. '층계' 혹은 '사다리'ladder라는 '술람'sullam이라는 말은, 지구랏의 층계이다. 수메르와 구약의 상관성은 '베델'이라는 말에서 더욱 뚜렷해진다. 이 말은 '엘El의 집Beth'이란 뜻이다. '엘'은 가나안 종교의 신이다. 여기서 우리는, 메소포타미아 종교의 영향이 고산 숭배 사상을 통해 직접적으로 구약에 관련되었음을 발견하게 된다.[56]

구약 속의 고산 신앙은, 시내산에 와서 그 뚜렷한 모습으로 더욱 선명해진다. 이스라엘 민족이 시나이 광야에서 나온 후, 모세는 시내산에 올라갔다. 산에 오른 지 셋째 날 아침, "천둥소리와 함께 번개가 치고, 시내산 위에 짙은 구름이 덮이며, 나팔 소리가 크게 울려 퍼지자, 진지에 있던 백성이 모두 떨었다.…시내산은 연기가 자욱하였다. 야훼께서 불 속에서 내려오셨던 것이다.……야훼께서 시내산 봉우리에 내려오셔서, 모세에게 산봉우리에 오르라고 하시자, 모세가 올랐다." (출애굽기 19:16~19)

야훼가 그의 하늘 집에서 내려와 산 위에 머무셨다. 산은 그가 세상과 만나는 접촉점이다. 수메르의 지구랏이 바로 이런 목적으로 세워졌고, 우리 한국의 거의 모든 산들은 하나님이 세상에 내려오는 하늘 문이요, 그 만남의 접촉지였다. 환웅이 내려온 태백산, 김수로왕이 내려온 구지봉龜旨峯이 바로 하늘의 관문 역할을 한다. 일본에 있어서도 카미kami(神)는 신들에 적용되는 말이지만, 큰 힘을 가지고 있는 산들에 적용되는 것이기도 하다.[57]

성거산聖居山의 경우,

---

56 Foster R. McCurley, *Ancient Myths and Biblical Faith*(Philadelphia : Fortress Press, 1983), p. 140.

57 李恩奉, 『韓國古代宗敎思想』, (서울, 集文堂, 1984), p. 101.

고려 태조가 일찍이 고을 서쪽 수혈원에 거동했다가 동쪽을 바라보니, 산 위에 오색구름이 있는지라, 이는 신神이 있는 것이라 하여 제사지내고, 드디어 성거산聖居山이라 일컬었다.(新增東國輿地勝覽 卷16)[58]

이와 동일한 예로,

오산군의 남쪽 2리에 진산鎭山이 있다. 동쪽에 한 골짜기가 있어 고사동高沙洞이라 하는데, 하늘에서 장차 바람이나 비가 오려면 먼저 알려서 운다. 구름 기운이 솟아서 구름이 골짜기 안으로 들어가면 비가 오고, 구름이 골짜기 밖으로 나오면 바람이 불며, 크게 울면 그 날로 효험이 있고, 작게 울면 2, 3일 사이에 효험이 있다.(같은 책 卷26)[59]

구름이 만들어지는 곳도, 천둥이 만들어지는 곳도, 비가 만들어지는 곳도 모두 산이다. 위 오산의 경우는 그 울음소리로 바람과 구름, 비를 예고했다는 것이다. 이러한 한국인의 고산 경험, 모세의 시내산 경험은 많은 점에서 유사하며, 비교 연구의 대상이 되고 있다. 시내산 위에서의 모세의 경험인 '천둥소리와 함께 번개가 치고, 시내산 위에 짙은 구름이 덮이며'(출애굽기 19:16)라는 표현은 결코 한국 사람들에게 생소한 것이 아니다.

모세가 소명을 받은 산은 호렙Horeb 산이다. 여기에 하나님의 천사가 나타난다. 이 천사는 모세에게 가부장적 선언을 한다. "나는 네 선

---

58 위와 같음.
59 李恩奉, 『韓國古代宗敎思想』, (서울, 集文堂, 1984), p. 102.

조들의 하느님이다. 아브라함의 하느님, 이사악의 하느님, 야곱의 하느님이다"(출애굽기 3:6)라고. 한국의 산이 어머니상과 연관되어 있는 것과는 대조적이며, 수메르의 그것과도 대조적이다. 이미 이때는 산이 남성신의 거주지로 바뀌어진 다음이다. 한국에서도 후대에는 산신령이 남성적인 존재로 바뀐다. 삼신할머니가 삼신산에 살았는데, 후에 가부장 제도로 탈색되어, 산신령이 나이 많은 노인으로 변한다. 모세가 10계명을 받는 데서 시내산은 그 절정에 이르게 된다.

시편 기자가 "…사랑하시는 시온산이었다. 거기에 당신께서 머물 거룩한 집을, 땅처럼 영원히 흔들리지 않는 터 이에, 하늘처럼 드높이 세우셨다"(시편 78:68~69)고 할 때에, 시온산이란 영상은 분명히 수메르의 지구랏을 그대로 반영한 것이라 할 수 있다.[60] 시온산은 적을 방어하는 산성이며(시편 48), 신이 나타나는 곳이며(열왕기하 8:10~11), 신들이 모여 회의하는 곳이며(이사야 6:1~2), 왕이 왕관을 받는 곳이다.(시편 2, 110) 시온산은 또한 마지막 종말의 때에 그 이상향이 성취

〈그림-11〉 예수께서 변화하신 다보르 산. 지금은 꼭대기에 성전이 세워져 있다.

---

60 Foster R. McCurley, *Ancient Myths and Biblical Faith*(Philadelphia : Fortress Press, 1983), p. 151.

되는 곳이다.(이사야 25:6~8) 이 모든 성격은 한국의 산이 가지고 있는 성격과 다른 것이 하나도 없다. 이스라엘 민족이, 살기는 광야에 살면서도, 그들의 종교 신앙은 산악신앙이었다. 이 모든 산의 속성들을 수메르의 지구랏이 포함하고 있었다.

시내산과 시온산은 야훼의 거주처이며, 야훼가 하늘로부터 내려와 머문 곳이다. 모세에게 자기의 이름과 자기의 정체를 밝힌 곳이며, 토라(율법)를 선포한 곳이며, 심판과 구원을 알린 곳이며, 왕들에게 사명을 맡긴 곳이기도 하다. 이러한 산의 기능은 신약성서에도 그대로 계승되어진다. 예수께서 '산'에서 행하신 기능은 야훼가 행하신 것과 같다. 신약에서는 '산'이 희랍어의 'to oros'로 번역되었는데, 이것은 단순히 '언덕'a hill을 의미한다. 예수가 시험을 받으실 때 마귀는 '매우 높은 산'a very high mountain으로 예수를 이끌고 올라갔다.(마태복음 4:8) 산은 예수가 군중들을 잠시 피하여 기도하던 곳이다. '산에 오르사 기도했다'(마가복음 6:46)고 했다. 예수는 제자들에게 사명을 줄 때에도 산에 올라가서 했다.(마가복음 3:13~17) 이것은 야훼가 호렙산에서 모세를 불러 사명을 부여하는 장면과 같다. 이러한 거룩한 임무를 부여하는 처소로 산을 택한 것은, 수메르와 구약성서의 전통을 예수가 그대로 물려받았기 때문이라고 할 수 있다.[61] 예수가, 자기가 하나님의 아들이라는 정체성Identity을 밝힌 곳도 산이다.(마가복음 9:2~9, 마태복음 17:1~8, 누가복음 9:28~36) 베드로, 요한, 야곱, 세 제자들과 변화산상에 올라가, 자기가 하나님의 아들임을 밝힌 곳이 바로 산이다. 이 장면은 출애굽기 24장에 모세와 아론, 그리고 70인 장로가 산 위에 올라가 이스라엘의 하나님을 보고나서, 모세의 얼굴이 변화 받는 장면

---

61 Foster R. McCurley, *Ancient Myths and Biblical Faith*(Philadelphia : Fortress Press, 1983), p. 168.

과 비교가 된다. 신약과 구약의 양자는 모두,

　① 두 사건이 모두 산에서 일어났고,
　② 신은 구름 가운데 나타나 거기에 있던 사람을 휩쌌으며,
　③ 신의 음성이 구름 가운데서 들려왔고,
　④ 산 위에 있던 사람들이 함께 변화를 받는다.

　마지막으로 신약성서의 산은 종말론적 왕국이 이룩되는 곳이다. 구약에서도 이미 시온산은 '주님의 날'에 모든 나라들이 모여들어, 주님의 토라를 배우고 무기를 바꾸어 보습을 만드는 곳이다. 시온산은 만국의 백성들이 모두 하나님의 진노로부터 구원받는 곳이다. 샤롬(평화)이 이루어지는 곳이다. 요한계시록에는, 예수의 마지막 사역이 성취되는 곳이 산으로 묘사되어 있다. 요한은 묵시 가운데 한 천사가 자기를 '한 크고 높은 산으로'to a great high mountain 인도했다고 기록하고 있다.(계시록 21:9) 시온산에는 어린 양의 생명책에 기록된 자만이 들어갈 수 있다.(계시록 21:27) 이러한 환상은 에스겔(47장)이나 스가랴(14장)가 경험한 것과 유사하다. 즉, 구약과 신약의 전체 내용 속에 흐르고 있는 산의 영상은 율법과 복음의 처음이요 마지막이라 할 수 있다.

　우주와 역사는 산으로부터 시작하여 산으로 끝난다. 산은 인간과 신의 약속이 이루어지는 곳인 동시에 성취되는 곳이다. 우리 한국에서도 태백산은 신이 내려와 인간과 역사를 시작하는 곳이요, 계룡산은 역사의 종말이 이루어지는 곳이다. 이스라엘 민족이 사막에 살았음에도 불구하고, 이와 같은 산악신앙을 가지게 된 것은 두말할 것 없이 메소포타미아 수메르 문명과의 관계에서 이루어졌다 할 수 있고,

수메르의 고산 숭배 사상은 중앙아시아 일대에서 형성된 종교 신앙을 떠나서 이해될 수는 없을 것이다.

기독교가 한국에 들어와 이렇게 번창일로에 있는 것도 신·구약성서 속에 나타난, 그 처음과 마지막을 이루고 있는 산악신앙을 떠나서는 이해될 수 없을 것이다. 아마도, 기독교를 한국에 접목시키고 토착화 시키는 데에 결정적인 영향을 한 것이 바로 산일 것이다. 한국 크리스 챤들은 산에 가야 하나님을 만난다고 생각하는지, 유달리 산 기도를 좋아하고, 산을 찾아 명상하기를 즐기는데, 이것은 이스라엘 민족이 그러했던 것과 유사하다. 이와 같이 종교사적으로 중요한 역할을 한 산에 대한 연구를 새삼 하여야 할 것이고, 인류 문명 기원사적으로 재 검토되어져야 할 것이다. 성서에 나타난 산의 의미를 새삼 음미하고 나면, 한국 크리스챤들이 한국 종교와 단군 설화를 이해하는 눈도 달라질 것이다.

이러한 사실은 몽고에 있는 피라밋들에 의해 더욱 분명해진다. 우리 는 아직까지 몽고에 피라밋이 있다는 사실을 잘 모르고 있다. 그 연대 가 약 6,000년 전 것으로 추측되는, 이집트 피라밋의 약 두 배가 되는 1,000피트 높이, 1,500평방피트 넓이의 피라밋이 몽고 쉔시Shensi에 서 발견되었다.[62] 그야말로 산을 방불케 하는 이 몽고 피라밋은 쉔시 에 약 8개 가량이 있다. 이집트의 피라밋과는 달리 꼭대기가 지구랏 같이 평평하다. 몽고 피라밋은 흙을 이겨서 만들었다. 외관상으로 보 면 산 같다.

추측컨대, 몽고의 피라밋은 중앙아시아의 고산 숭배 사상이 수메르 의 지구랏으로 전해지는 중간 지대에서 만들어진 것이다. 그 모양이

---

62 Fred Meyer Schroder, '*Pyramids of Shensi*' *The Man's Magazine*(Downey, California : MM, 1985), p. 89.

지구랏과 피라밋을 복합한 것과 같다. 즉, 지구랏같이 위는 평평하게 넓고, 옆은 피라밋 같이 아무런 장식 없이 경사져 있다.

〈그림-12〉 몽고의 피라밋

5

문명의 기원으로 본 모계 사회의 비교

한국 고대의 모계 사회

고산 숭배, 홍수 설화, 모계 사회는 인류 문명의 기원을 구명하는 3대 요소들이라 할 수 있다. 어떤 문명이 얼마나 오래 되었는가 아닌가, 그리고 그 문명이 문명의 기원과 어떤 관계를 맺고 있자면 위의 3대 요소를 지니고 있어야 한다. 우리 한국 고대 문명도 예외 없이 위의 3대 요소를 다 지니고 있다. 환단고기, 부도지, 규원사화 등 사서가 위서 논쟁에 시달리고 있지만 위 3대 요소들이 모두 들어가 있는 문헌들은 이들이 대종을 이룬다.

여기서는 한국 고대 사회 문명의 기원과 함께 시작된 모계 사회를 중심한 일면을 소개하기로 한다. 얼마 전 만주 요령성에서 발굴된 홍산문화의 유적에서 많은 여신상들이 쏟아져 나왔다. 그 사회는 부계 중심 사회가 아니고 모계 중심 사회였으며, 여성 신이 예배의 대상이 되었다. 이러한 모계 중심 사회 흔적은 우리 고대 사회와 완전히 일치하고 있다. 이에 발맞추어 서양과 중국 여성 학자들은 남성 문화는 창검Blade의 전쟁 문화였고, 여성 문화는 찻잔Chalice의 평화 문화라고 대비시킨다.[63]

---

63 Jiayin, Min, *The Chalice and The Blade In the Chinese Culture*, (China: China Social Sciences Publishing House, 1995. 참고.

1972년 북한에서 발견된 '승리산 사람' 유적은 강한 모계 사회 흔적을 우리에게 보여주고 있다. '승리산 사람'은 턱불루기가 있는 것이 특징인데, 이들은 사람으로서의 몸 구조가 완성된 인간들로서, 유절음有節音과 같은 인간의 기초 언어를 사용했던 것으로 추측된다. 그런데 인간이 같은 씨족끼리 함께 모여 사는 시기는 '승리산 사람'보다 먼저 있었던 고인들 사이에 이미 형성되었을 것으로 본다. 즉, 구석기 시대 중기부터 씨족 공동체가 생겼을 것으로 본다. 그러나 정확하게는 구석기 후기부터가 씨족 혈연 사회의 시작으로 볼 수 있다. 그리고 이러한 씨족 사회는 원시 사회의 전 기간을 통해 나타난다.[64]

정표		승리산 사람	우리나라 옛 사람
너비	각너비	114.0	110.8
	앞너비	49.8	55.4
높이	맞물린 부위	37.0	28.0~33.6
	턱구멍부	38.6	32.9
	M_1, M_2 부위	32.5	
두께	턱구멍부	16.0	11.4~14.5
	M_1과 M_2 사이	20.2	15.3~17.2
	M_3 뒤	19.0	15.7~18.0

승리산 사람 아래턱뼈의 크기

원시 씨족 사회는 강한 모계 중심 사회였다. 그리고 이때부터 이미 같은 씨족 간의 결혼을 엄격하게 금하였으며, 서로 결혼할 수 있는 씨족끼리는 큰 집단을 이루고 있었다. 구석기 시대 후기부터 여성들은

---

64 조선인민출판소, 『조선 전사』 I, (평양, 조선인민출판소, 1979), p. 43.

살림을 꾸려 나가는 주인이었다. 그리고 혈연관계는 어머니 편으로만 따질 수 있었다. 한 씨족의 남자들은 다른 씨족의 여자들하고만 결혼할 수 있었기 때문에, 어린이의 편에서 본다면 아버지는 항상 남의 씨족에 속하는 '손님'격이었다. 그러므로 씨족은 어머니 편으로 퍼진 자손들로 이루어진 혈연적 집단이었다. 승리산 사람들을 비롯한 구석기 후기에 속하는 인간(역포 인간과 덕천 인간)들은 모두 모계 씨족 공동체를 이루고 살았었다.[65]

모계 씨족 제도의 씨족 성원들은 하나의 공동체적 생활을 영위했으며, 같이 일을 하여 소유는 공동으로 나누어 가졌고, 하나의 취락에서 집단생활을 했다. 이러한 모계 씨족 집단은 원시 무리와 다른 '사회적 집단'이었다. 모계 중심 사회에서 주 경제 산업을 경영해 나간 주인공은 여성들이었다. 여성들이 처음 시작한 농업 도구는 '괭이'라고 할 수 있다. 여성들은 질그릇도 만들었고, 수공업도 담당했었다. 이렇게 여자가 경제적으로 지위가 남자보다 우월했기 때문에, 혼인 제도에 있어서도 남자가 혼인을 맺되 각기 어머니 쪽 가족에서 생활을 하거나 남자가 여자의 집에 가서 살았으며, 부부가 독자적인 생활 단위를 이루지는 못하였다. 이를 '처방거주혼妻方居住婚' 제도라 한다. 그러므로 생활의 기본 단위는 어머니 편으로 이루어질 수밖에 없었다. 아버지는 항상 손님 대우밖에 받지 못하였다. 남자는 자기 어머니 편 가족에서 생활과 재산에 대하여 간섭할 권한을 가지고 있었다. 그리고 어머니 재산의 상속자는 어머니의 아들이 아니라 딸의 자식들이었다.

모계 사회에서 씨족의 생활을 지도하는 우두머리를 선택하는 방법은 한층 흥미가 있다. 우두머리를 정함에 있어서 모계에 가깝고 먼 관

---

65 조선인민출판소, 『조선 전사』 I, (평양, 조선인민출판소, 1979), p. 48.

계가 철저하여, 모계 가족의 가장이 여자인 경우에 그 가장의 오빠나 아들은 그 가장의 직계이기 때문에 우두머리가 될 수 있었으나, 이 우두머리가 남자인 경우, 그의 아들들은 다음 우두머리가 될 수 없었다. 왜냐하면, 이 아들의 어머니는 이미 다른 모계에 속해 있기 때문이다. 다만, 전쟁 시에만 예외가 적용되어, 군사를 지휘하는 우두머리는, 씨족의 성원이 아니더라도, 씨족의 모든 남녀 성원이 자유선거에 의해 민주적인 방법으로 선출했다.[66]

우리는 이러한 강한 모계 중심 사회와 강한 여성 지도력이 화랑도를 통해 그 흔적이 신라 때까지 계속되었음을 알 수 있다. 즉, 화랑이 원래 남자가 아니고 여자로 조직되었다는 것은 그만큼 여권이 강했다는 것을 의미하며, 그 이유는 구석기 중기부터 있어 온 모계 중심 사회의 흐름 대문이다. 아직도 이러한 흐름은 계속되고 있다. 적어도 한국 사회에서 여자가 늙어 할머니·시어머니만 되면 모든 결정권을 행사하는 강한 힘을 갖게 된다.

신석기 시대가 모계 씨족 사회였다는 것은 그 당시 발족된 집 자리 모양에서도 나타난다. 즉, 신석기 시대의 집 자리들은 30㎡ 미만인 것이 많으며, 원시 사회 한 사람이 집에서 차지하는 평균 면적을 3㎡로 치면 5~6명 정도가 한 집에서 살았을 것으로 보인다. 이러한 단위의 집들이 약 20채 모이면, 한 마을 인구는 100명 정도 되었을 것이다. 이 정도를 모계 씨족 사회의 기본 마을 단위로 볼 수 있다. 이렇게 집 구조가 5~6명 정도로 소규모였다는 것은, 남자는 항상 남으로서 가족의 성원이 될 수도 있고 안 될 수도 있었다는 것을 의미한다. 이러

---

66 조선조 초중기 때까지만 하더라도 '마누라'는 촌장村長을 의미했다. 이는 옛 고대 사회가 모두 여자들이 우두머리로 마을 공동체를 다스려 나갔음을 의미한다.

한 집 구조는 신석기 말 청동기 초기까지 계속된다.[67]

한국에서의 부계 사회는, 농사가 모계 사회의 '괭이 농사'에서 '보습 농사'로 바뀌는 신석기 말~청동기 초기부터 시작된다. 이때가 BCE 2000년경이다. BCE 2000년경에 만들어진 무덤 속에서는 돌로 된 가족신家族神이 나오는데, 모두 남자들이다. 물론 그 이전에는 여자였다. 이것은 가신家神이 남성이며, 조상신祖上神이 남성으로 변모했음을 의미한다. 청동기 시대 이후부터의 무덤 가운데는 부부가 같이 묻히는 것이 유행한다. 모계 사회에서는 오직 어머니만 중심이 될 뿐, 아버지는 사실상 떠돌이였다. 그러나 청동기 시대에는 남자를 중심한 부부 가족 중심 제도가 생겨, 합장 제도가 생겨났다.

경제 구조에 있어서도 괭이에 의한 소규모 생산에서 보습에 의한 대규모 생산으로 변함에 따라 잉여 생산물이 생겨났으므로, 모계 사회의 생산 구조와는 차이가 생겼다. 그러면, 이 잉여 생산물을 맡을 주인공이 누구냐 할 때, 당연히 여자가 아닌 남자였고, 생산물의 소유 여하에 따라 남자의 지위·신분이 결정되었다. 남·녀 관계는 주종 종속 관계로 변하고 말았다. 청동기 시대에 들어와 드디어 합금술도 발달하여, 신석기 시대와는 비교도 안 될 경제적 변화를 가져왔다. 청동기와 가부장제의 등장, 이를 두고 '에누마 엘리쉬'라 한다. 남성 하늘의 신이 땅으로 대거 쏟아져 내려오는 것을 두고 하는 말이다.

수메르·이스라엘의 모계

여기서 우리는 근동아시아의 모계를 우리의 것과 비교하여 생각해

---

67 조선인민출판소, 『조선 전사』I, (평양, 조선인민출판소, 1979), p. 160.

봄으로 수메르와 한국과의 관계를 먼 거리 조명을 해 보기로 한다. 우리는 구약성서 창세기에서 아브라함과 그의 아내 사라와의 사이에서 묘한 관계를 발견하게 된다. 사라는 젊어 아기를 낳을 수 없어, 자기의 몸종 하갈을 통해 이쉬마엘이라는 아들을 낳게 한다. 그리고 아브라함은 애굽에서 자기의 생명을 부지하기 위해, 사라가 자기 아내가 아니라 누이라고 속여 위기를 모면한다. 그리고 사라가 늦게 아들 이삭을 얻자, 하갈과 이쉬마엘을 추방하고 자기가 계승권을 가진다.

여기서 몇 가지 의문점은, 아브라함이 아무리 위험한 순간이라 하더라도 그렇게 쉽게 사라를 아내가 아니라 누이라고 속일 수 있었는가 하는 것과, 어떻게 사라는 아브라함과 상의도 없이 하갈을 쫓아내고 계승권을 확립하며, 아브라함은 본의 아니게 이 사실을 받아들일 수밖에 없었는가 하는 것이다. 그리고 이삭의 아내 리브가는 두 아들 가운데 야곱을 자기 오빠 라반의 집에다 보내고, 야곱은 외삼촌 집에서 아내를 얻기 위해 봉사를 한다. 이러한 창세기에 나오는 이야기는 청동기 시대 이전의 우리 모계 씨족 중심 사회를 떠나서는 이해하기가 어렵다. 모권이 지대하였다는 것을 의미한다. 우리의 과거 모계 씨족 중심 사회의 견지에서 볼 때 위의 창세기 기사는 차라리 자연스럽다.

아브라함이 어릴 적 아버지와 살던 하란의 남쪽 도시 마리Mari에서 발굴된 유적과 유물에 의하면 강한 여권이 행사되던 것으로 알려져 있다. 이에 대한 연구 자료는 Bernard Frank Batto, *Studies on Women at Mari*, (Batimore: Johns Hopkins University Press,1974)이다. 이 자료는 구약성서 창세기 안에서 전개되고 있는 가족관계와 여권의 위상을 심도있게 파악케 한다. 당시 여성들은 여왕이기도 하고 대 여제사장이기도 했었다. 바라암타라와 샤그-샤그란 여성은 강한 경제력을 가지고 있는 대여제사장이었다. 특히 쉽투Siptu라는 여성은 왕이 없는 동안 대신 왕노릇을 할 정도였다.[68] 쉽투의 역할을 보면 아브라함과 사라의 관계, 나아가 다른 족장들과 아내의 관계도 이해할 수 있다.

최근 요하 문명권에서 발굴되는 유적들에는 대형 원형 제단과 여신상들이 주종을 이루고 있다. 마리에서 발굴되는 자료들은 지구상 다른 곳에서 동일한 여신상과 여권의 위상이 마리와 같은 곳이 어디 따로 어디에 있었던가를 찾게 한다. 아브라함과 그 후예들은 메소포타미아 즉, 수메르 지역을 떠나 이집트로 들어갔다 다시 회귀하는 역사를 반복한다. 그러나 그들의 본향은 언제나 메소포타미아였다.

이스라엘의 신 야훼는 다른 지역의 신들과는 갈등과 충돌을 하지만 수메르의 엘-딩그르와는 잘 조화를 이룬다. 즉, 번역 성서의 '주 하나님'Lord Elohim에서 엘로힘과 야훼는 잘 조화를 이룬다. 한국에 들어 온 기독교가 '야훼 하나님'으로 궁합이 잘 맞는 것은 결코 우연이 아니다. 강한 모계 전통과 신관의 동질성 때문이라고 본다. 그런 의미에서 구한 말 등장한 민족 종교 특히 동학-증산계열에서 한결 같이 여권을 강조한 것도 결코 우연이 아니다.

아브라함의 아내 사라, 이삭의 아내 리브가, 야곱의 아내 라헬은 모두 장자 상속권이라는 가장 중요한 일에 결정적인 역할을 한다. 남자들은 여자들이 결정하는 일에 속수무책이었고, 그냥 따라가는 태도이다. 이스라엘 공동체 속에 남아 있는 이런 강한 모계 사회의 전통이 엿보인다. 사라가 하갈을 싫어한 원인은, 하갈이 이집트의 부계 사회의 영향을 받아 할례를 행했기 때문이고, 그 영향이 자기 아들 이삭에게 미칠 것을 우려했기 때문이다. 다시 말해서 모계 전통을 지키기 위한 것이지 인종 차별도 계급 차별도 아니다. 이삭은 야곱에게 가나안

---

68 Batto, 1974, 14.

의 여인을 택하지 말고 파탐아람으로 가서 베두엘 집에서 라반(리브가의 오빠)의 딸을 아내로 택하라고 한다. 파탐 아람은 하란 부근이고 마리도 그 아래 있는 수메르 문명의 본거지와 같은 곳이다. 이런 일련의 구약 기사 속에서 이스라엘의 본거지는 수메르이고 거기로 회귀하려는 듯 한 인상을 강하게 주고 있다. 리브가는 자기 고향의 전통, 즉 모계 전통을 지켜 나가려고 했었다. 야곱은 처방혼인妻方婚姻 제도, 즉 데릴사위로 자기 외삼촌 집에 들어가 살다가 처자식을 데리고 나온다.[69]

Savina J. 튜발의 저서 『여제사장 사라』(Sarah The Priestess)에 의하면, 아브라함은 모계 중심 사회에서 부계 중심 사회로 넘어오는 과도기에 살았다. 그리고 아브라함과 사라, 특히 사라의 본 고향은 메소포타미아, 즉 수메르의 우르였다고 본다. 적어도 아브라함의 아버지 데라는, 수메르의 영향권을 떠나서는 이해할 수 없다. 그리고 수메르에서는 각 시의 수호신이 대부분 여성이었다. 대표적인 여제사장이 인안나Inanna였다. 인안나의 여제사장격은 매우 강했으며, 사라 역시 수메르의 모계 중심적 도시 우르의 영향을 그대로 가지고 아브라함과 결혼했다.

'인안나'는 안AN, 즉 '하늘'의 여성형 '아나'ANA에 '인'EN 혹은 '님'NIM, EN 호칭이 붙은 것으로, '하늘님'이란 뜻이다. 이것은 안=한, 인=님을 붙여 만든 말로, 우리말과 같다. 인안나는 셈족에게 이쉬타르Ishtar로 알려져 있으며, 아스타르Astarte로도 불리었다. 가나안에서는 아나트Anath라 했다. 인안나는 수메르 신들 가운데 가장 연민의 정과 애정을 많이 가지고 있는 여신으로, 두무즈 신과의 사랑은 유명하다. 인안나는 근동아시아 신화에 나오는 하나의 이상적인 여신상이 되었다.

라헬이 자기 오빠의 집에서 들고 나온 테라빔Teraphim도 여신상으로

---

69 Savina J. Teubal, *Sarah The Priestess*(Chicago : Swallow Press, 1984), p. 42.

서, 바로 인안나 혹은 이쉬타르 상이었다. 이와 같이, 강한 모계 사회의 영향을 그대로 가지고 우르를 떠난 아브라함 일가는 오랫동안 모계 전통을 이어갔으며, 그것은 주로 가문의 여성들에 의해 강하게 전승되었다. 그러나 모계 전통은 점차적으로 부계 사회 속에서 그 힘을 잃기 시작했으며, 바빌론 포로 이후부터 여성은 완전히 악마화Demonization되기 시작했다. 그 후, 서양 역사 속에서 여성은 미화Beautify, 상품화Commercialization되어 내려왔다.

아브라함과 사라는 같은 아버지에 다른 두 어머니에게서 난 이복 오누이 사이였다. 우리 고대 사회에서 볼 때, 아브라함과 사라는 완전히 다른 씨족에게서 태어난 것이나 마찬가지다. 모계 중심 사회에서는 어머니만이 표준이 되기 때문에, 이미 아버지가 같다 하더라도 아브라함과 사라는 어머니가 달라서 남이나 마찬가지였고, 그래서 그 당시로 보아서는 결혼이 가능했다. 그리고 아브라함이 사라를 누이라고 한 것은 속인 것이 아니고 사실이다. 왜냐하면, 아버지 편에서 볼 때에는 배다른 오누이이기 때문이다. 모계 중심 사회에서는 아버지가 비록 같다고 하더라도 어머니가 다르면 남이기 때문에, 경우에 따라서는 서로 남으로서 결혼도 가능하기도 오누이 관계가 유지되기도 한다. 이러한 양면 관계가 묘한 아브라함과 사라의 관계였다. 이것은 또한 모계 사회에서 부계 사회로 넘어오는 과도기에 생긴 현상이라 할 수 있다. 이러한 결혼 현상을 모르간 엥겔스는 '반혈연혼半血緣婚 가족 제도'라 했다.

반혈연혼에 있어서는, 한편으로 같은 어머니로부터 출생한 처자매와 같은 모계의 친척 자매 및 그의 자식들이 있고, 또 다른 한편에는 다른 어머니로부터 출생한 형제 및 모계의 친척 형제가 있

다. 그 두 집단의 결혼은 허용되어도, 동일 모계의 형제와 자매의 결혼은 허용되지 않는다.[70]

즉, 아브라함이 사라와 결혼한 것은 반혈연혼 가족제도에서 볼 때 자연스럽다고 할 수 있다. 그리고 야곱이 외삼촌의 집에 가서 처를 취해 오는 것은 처방거주혼妻方居住婚 제도를 통해서만 이해할 수 있다. 이러한 양 결혼 제도는, 우리 고대 모계 사회에서는 흔히 찾아볼 수 있고, 이로쿠오이족 등 남양 아시아 군도의 원시부족과 아메리칸 인

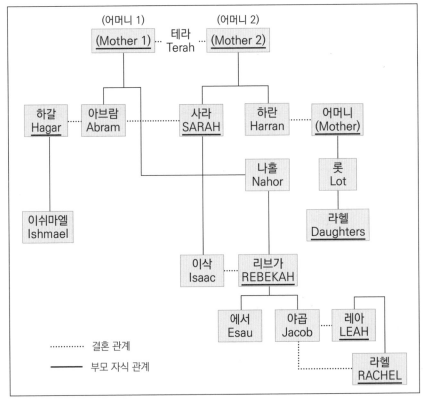

〈그림-14〉 아브람의 가계 도표

70 玉城肇 저, 김동회 역, 『세계 여성사』, (서울, 백산서당, 1986), p. 37.

디언의 결혼 풍습에서도 나타난다.

하와이 토인의 풍습에 따르면, 친자매 및 아주 먼 친척 되는 자매(즉 제1, 제2 친척 및 친척의 종자매)들로 된 한 집단은 공동의 남편과 공동의 처로 구성된다. 그렇다고 해도, 그녀들의 친형제는 그 공동의 남편 속에 포함되지 않는다. 그와 동일한 형태로 친형제 및 먼 친척의 형제들은 친자매를 제외한 여성들과만 결혼했다.[71]

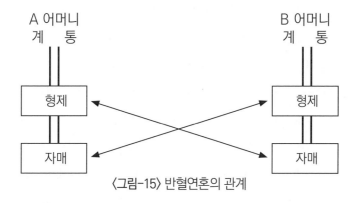

〈그림-15〉 반혈연혼의 관계

이와 같은 결혼 형태에서 형은 아우의 자식을, 아우는 형의 자식을 모두 '아들'이라 불렀지만, 형제는 자기 자매의 자식을 아들이라 부르지 않고 '생질'이라 불렀으며, 자매도 자기 형제의 자식을 '생질'이라 불렀다.[72]

이렇게 한국의 고대 사회, 메소포타미아의 고대 사회, 하와이 토인들의 원시 사회는 모계 중심 사회였다는 점에서 매우 유사한 형태를 보여주고 있다. 제4 빙하기 이후, 인류는 고산 지대에서 굴살이를 할

---

71 玉城肇 저, 김동회 역, 『세계 여성사』, (서울, 백산서당, 1986), p. 29.
72 위의 책, p. 30.

때에 공동의 강한 모계 중심 사회 형태 속에서 살다가 사방으로 퍼져 나간 것이 분명하다.

여성 해방의 한국적 이해

남자가 여자 집에 들어가는 결혼 풍습, 즉 처방혼인 제도는 중국이나 일본에는 없는, 한국에만 있는 풍습이다. 중국이나 일본 문명은 가부장 제도가 이루어진 이후부터의 문명이라 할 수 있고, 모계는 부계보다 앞선 문명이기 때문이다.

어머니 편에 따라 혈연이 계속된 증거는, 한자漢子의 '성姓'이 '녀女'가 '생生'하는, 즉 여자가 자식을 낳는 데 따라서 성姓이 정해졌음을 의미한다. 이러한 강한 모계 중심 사회가 아직도 버마, 타이, 인도 같은 산악 민족 속에 남아 있다. 예를 들어, 아카 종족의 경우, 여자가 결혼하기 전에는 마을의 모든 결혼 안 한 남자들과 성 관계를 한다. 그러다가 일단 임신이 되면 어느 한 남자를 배우자로 선택해야 한다. 지금의 남성 위주의 결혼 제도가 아니라, 철저한 모계 중심 사회의 결혼 풍습이 지금까지 남아 있는 예라 할 수 있다. 즉, 아카 종족의 결혼 풍속은 옛 동북아시아 일대에 계속되어 내려오던 모계 중심 사회가 현존하고 있는 흔적이라고 볼 수 있다.

우리나라의 고대 모계 사회는 이와 같이 인류 문명의 여명기에 존재했던 모든 모계 사회와 그 형태에 있어서 매우 유사한 점을 보여주고 있다. 부계 사회에서 볼 때에는 모계 사회의 풍습이 마치 미개한 야만적인 것 같지만, 모계 사회의 가치 기준으로 보면 부계 사회의 결혼 제도·가족 풍습이 야만적으로 보일 것이다. 문명인이냐 야만인이냐의 시각상의 차이는 상대적일 뿐이다. 우리 고대 사회에, 승리산 사람에게서 보는 바와 같은 모계 사회가 있었다는 것은, 우리 역사의 유구성을 증명하는 민속자료가 되는 동시에, 인류 문명의 기원에 닿을 수 있는 문명을 가지고 있었다는 사실을 입증한다.

이렇게 생각할 때, 동학, 증산도 같은 민족의 뿌리 사상을 발굴해 낸 종교가 한결같이 여성의 인권과 지위를 회복시킨 것은 결코 우연한 일이 아니다. 강증산이 원시반본原始返本, 즉 민족의 원시적 근본으로 되돌아가야 한다고 한다. 그리고 '大丈夫大丈婦'(남자도 대장부, 여자도 대장부)라 하면서 수천 년간 남자에 짓밟힌 여자의 한을 풀어야 한다고 한 것은, 청동기 이전의 모계 사회 때 누리던 여자의 지위를 다시 회복시키자는 차원에서 이해되어져야 할 것이다.

유교·불교·기독교 같은 차축 시대(BCE 8~2세기) 이후의 종교들이 한결같이 가부장 제도적인 데 대해, 그 이전의 종교는 또한 예외없이 거의 모계 씨족 중심 사회적이었다. 마땅히 여자가 역사의 무대에서 주도권적 주인 의식을 되찾으려는 현재의 여성 해방 운동은 문명사적 근거가 있는 것이다.

태곳적 웅녀가 보여 준 적극성과 강인한 지구력을 비롯하여, 부모 허락 없이 해모수와 통정하여 임신하고도 금와金蛙의 왕비가 된 유화柳花의 기백, 그러고서도 아들을 건국의 시조로 키워 낸 입지, 부왕의 허락은 고사하고 타국의 왕 주몽에게 달려가 구혼한 해부루족의 두 공주들, 이들의 적극적인 기질을 물려받아, 고구려의 여성들은 말을 타고 활을 쏘며 크고 넓은 기상을 키웠고, 신라에서는 명산 경개를 유람하는 여화랑의 활달한 기량을 키웠다.[73]

---

73 유안진, 『오해받는 우리의 옛 여인상』, (서울, 범양사, 1985), p. 32.

동·서양의 여성 해방론은 제고되어져야 할 것이다. 서양의 여성은 악마화, 미화, 상품화의 3단계를 철저히 밟으면서 완전히 '제2의 성 The Second Sex'으로 전락하고 말았다.[74] 그러나 적어도 동양, 특히 한국의 전통 속에서는 이런 일들이 없었다. 한국의 고등 교육, 즉 서양 교육을 많이 받은 여성일수록 더 자기 의식이 낮은 원인은 충분히 이해되고도 남음이 있다.

마가렛 미드 여사가 지적한 대로, 한국 여성은 인류 문명사적 입장에서 이해되어져야 할, 이해할 수 없는 강한 자의식을 가지고 살아왔는데, 그것은 한국 고대 사회의 모계 전통 때문이라고 본다. 한국을 포함한 아시아 문명권 전체가 서양보다는 훨씬 여성 권리 신장이 빠른 원인은 문명사적 입장에서 이해되어야지, 결코 정치적으로는 이해되어질 수 없다. 최초의 여성 수상과 대통령이 나온 곳도 모두 스리랑카, 인도, 이스라엘, 필리핀 같은 아시아 국가이지, 서방 국가들이 아니라는 사실을 우리는 이상하게 생각할 아무런 이유가 없다. 모두 수메르 문명권의 아류들이라는 점에서 같다.

---

74 제2의 성이란 시몬느 베이유의 말로서 남성 제1성의 부수성이란 뜻이다.

III

수메르와
한국 문명(2)

1

불함문화론과 수메르: 텡그리즘과 한니즘

머리말

    고대 수메르어의 기원에 관하여 끊임없이 문제가 되는 이유는 그것이 인류 초고대 언어이기 때문이다. 그래서 세계 각국 언어학자들은 경쟁이나 하듯이 자기 모국어와 수메르어를 연관시키려 한다. 1913년에 중국을 방문한 볼 C. J. Ball, *Chinese and Sumerian*(1913)에 이어 일본에서도 R. Yoshiwara, *Sumerian and Japanese* (1991)이 출간되었다. 필자는 1983년부터 한국어와 수메르어를 비교하여 『인류문명의 기원과 한』(1987)에서 몇 편의 글을 발표한 바 있다.

    수메르어의 기원을 밝히는 데 있어서 딩기르dingir 만큼 확실한 근거를 제시하는 것도 없을 것이다. 수메르어 연구학자들이 이견의 여지없이 일치하는 한 가지 견해가 있는데, 그것은 수메르의 '딩기르'가 몽고어의 'tengri'와 같을 것이라는 점이다. 이 말은 다른 말과 달리 수메르어의 기원을 밝히는 열쇠를 쥐고 있다고 해도 좋다. 왜냐하면 이 말이 구소련이 붕궤 되면서 소연방에서 분리되어 나온 나라들이 하나의 띠로 연결을 결속시키기 위해 2005년도 대선 과정에서 키르흐키스탄Kyrgyzstan의 국무장관 사르규로브Dastan Sarygulov가 '텡그리즘tengrism'을 선거구호로 제창했다. 텡그리를 신의 이름으로 사용하는 여러 나라들을 엮는 이념으로 사용하는 것을 두고 '텡그리즘'이라고 하자는 것이다. 마치 인도네시아가 제 민족을 하나로 엮는 이념으로 판차실라panchasilla를 선언한 것과 같다고 할 수 있다.

텡그리는 그 사용 범위가 우리나라를 비롯한 일본 중국 그리고 아시아 전역은 물론 유럽까지 미치고 있어 광대하다 아니할 수 없다. 텡그리즘은 공산주의 이후 중앙아시아 샤머니즘의 재 흥기를 의미하는 것이라고도 한다. 2005년 선거 기간 중에 키르흐키스탄 대선에서 제기된 이 말은 이념 전쟁의 대체될 유감이 있기는 하지만 아무튼 그 사용 범위가 타의 추종을 불허하고 그 위력마저 대단하다. 마르크스의 유물사관의 대체용으로 텡그리즘이 사용될 우려를 불식하면서 필자는 이 말을 우리 민족 문화 전통 속에서 먼저 찾은 다음 그것을 수메르어와 연관시킨다. 그리고 이 말의 전체맥락을 파악한 다음 텡그리즘과 평행하여 한니즘hanism을 제시하려 한다. 텡그리가 유라시아 지역의 북쪽에서 한은 남쪽에서 널리 사용된다. 1부 3장에서 이를 확인했다.

세계가 교통수단을 통해 서로 가까워지면서 중앙아시아와 구라파 그리고 전 지구촌을 문 앞같이 드나들면서 최근에는 국내에서도 텡그리 연구소까지 생겨www.tengriinstitute.com 현장에서의 직접적인 답사 결과가 보고되고 있다. 이에 우리는 이미 1925년 육당 최남선이 『불함문화론』을 통해 텡그리를 붉과 연관하여 심층 연구를 해 놓은 선행 연구를 통해 텡그리 연구에 접근하는 것이 순서일 것이다. 육당은 문화인류학에서 어느 민족문화를 대표하는 어휘, 즉 문화목록어inventory로 우리의 고유의 것이 붉이라고 하여 이를 '불함문화'라고 했다. 그는 붉을 텡그리와 연관하여 중국, 일본 그리고 전 지구촌으로 이를 확장하여 샅샅이 찾아 그 원조와 본거지는 바로 한국이라고 했다.

육당의 방법론은 텡그리-붉을 양대 고리로 하여 그것을 산의 이름-보통 명사-인명의 순서로 찾아 나간다. 그 범위는 한·중·일과 중앙아시아, 나아가 전 지구촌으로 확대된다. 그는 1925년 12월 27일에 불함문화론을 탈고 하였다고 적고 있다. 그가 친일 행위를 하기 시작한 것은 중일전쟁(1937년) 전후인 것을 고려한다면 그가 불함문화론을 쓴 것은 그것보다 훨씬 이르다. 그가 내선일체를 합리화하기 위해 글을 썼다고 하기에는 적어도 불함문화론을 두고는 무리한 주장이라고 본다. 육당 자신이 분명히 당시의 '범아시아주의' 즉, 아시아 황인종이 단결하여 백인 제국주의에 대항해야 한다는 논리를 배격하고 있으며, 이런 주장을 하고 있는 자들 역시 정신적 지주가 과연 무엇인지를 알아나 보라고 일갈하고 있다(197-8).[1] 정신적 지주란 바로 텡그리-붉으로서 이를 '불함소'라고 했다. 그는 텡그리-붉소의 종주국은 조선이고 다른 문명은 모두 조선에서 파생된 것이라고 본다. 그는 군이 중국을 '지나支那'로 지칭할 정도로 중국은 조선의 파생 문화임을 강조한다. 적어도 텡그리-붉의 고리로 보았을 때에는 그러하다는 것이다.

육당은 조선을 종주국으로 텡그리-붉의 고리는 한중일은 물론 중앙아시아와 북유럽 일대를 하나로 연결시키는 데 이를 '한연쇄고리One Chain'라고 했다. 이러한 육당의 주장은 텡그리즘과 함께 최근 학자들의 연구로 힘을 받고 있다. 그러나 국내 일부 학자들을 일본의 대동아공영권에 그가 이바지 했다고 폄훼하고 있는 것도 사실이다. 필자는 이에 한연쇄고리에 수메르를 첨가한다. 그리고 육당의 한연쇄고리가 하드라면, 소프트에 해당하는 한연쇄고리도 있다고 보아 이를 알-곰-돍-붉-흔이라고 한다.

소프트 한연쇄고리에 의하면 육당은 텡그리와 붉이 문화목록어 가운데 가장 최근의 한 고리에 불과하다는 것을 간과했다. 다시 말해서

---

1 숫자는 새판 『불함문화론』 쪽수이다.

붉은 기원전 2000년 청동기와 함께 등장한 문화목록어일 뿐, 그 이전의 구석기에는 '올'과 '곰'이고 신석기에는 '닭'이고 철기에는 '훈'이다. 우리 민족문화 전통속에는 올·곰·닭·붉이 순서대로 우리의 의식층과 역사 문화 층에 가지런히 놓여 있다. 필자는 이 네 단계를 신화와 의식의 변화층이라고 보아 노이만E. Neumann의 우로보로스(알), 타이폰(감), 닭(태모), 붉(태양화)라고 하여 『인류문명의 기원과 한』(1987)에서 밝힌 바 있다. 육당이 이 점을 간과한 약점을 제외하고 그가 문화목록어를 최초로 단행본으로 연구를 해놓았다는 것은 후대의 구감이 되고도 남음이 있다.

육당 연구의 또 다른 한 약점은 그의 연구 방법론의 한계에 있다. 그가 수메르에 대해서는 언급하지 않고 있다는 점이다. 육당이 붉을 그 활동형으로서 붉안parkan과 붉아네parkanai로 분화시키면서 그것을 '대가리taigari'와 연관하여 그것이 몽고어 tengri와 일치시킨 것은 탁견이라 할 수 있다. 일단 여기서는 수메르어에서 텡그리가 최고의 신 안 AN(HAN)과 어떻게 연관이 되는지를 밝히는 데 주력할 것이다.

(1) 동이 안에서 본 붉과 텡그리

육당은 불함소를 텡그리-붉의 고리에서 찾아 그것을 문헌적, 자연의 산천, 인명, 종교와 민속 등에 그것을 걸어보는 방법을 취한다. '불함不咸'이란 말을 진대(기원전 221-207)의 《산해경》에서 찾아 그것이 '대인'이나 '백민'과 같이 쓰이는 것에 불함문화론을 착안한다. 《한서》에서는 백산을 두고 '분려산分黎山'이라 했으며, 《위서》에서는 '적산赤山'이라 했다. 처음 두 경우는 명칭의 소리가 불함소에 해당하고 위서의 경우는 '赤'의 뜻인 '붉음'에 해당한다고 본다. 이렇게 소리와 뜻을 함께 망라한 불함소가 동이지역에서 수다하게 나타나지만 중국의 남방으로 내려가면 드물거나 사라진다.

그 무엇보다 우리 민족의 국조 단군이 본래 음이 텡그리이고, 이것이 한자음로 전사돼 단군檀君이 되었고, 텡그리도 엘·엘룐도 호남 지역에서는 '당골레'라고 사용되고 있다. 그러나 텡그리즘을 연구하는 학자들이 한국만은 빼놓고 개밥의 도토리 같이 빼놓고 이 말을 적용하고 있다. 한편 돌이켜 볼 때에 1925년 육당 최남선은 텡그리에 관하여 그의 『불함문화론』에서 상세하게 언급해 놓았다. 물론 육당이 수메르어의 그것과는 전혀 말하고 있지 않지만, 오늘날 텡그리즘에 해당하는 전역에 걸쳐서는 이 말을 찾아 다루어 놓았다.

육당은 붉 하나 만으로는 자기 불함문화론을 입증하는 데 무리가 있다고 보아서인지 붉을 '대갈'과 연관을 시켜 한국, 중국, 일본은 물론 전방위적으로 이 말이 동시에 나타난다고 주장함으로써 자기의 주장을 객관화 시키려 한다. 그래서 육당은 붉을 대가리에 연관하여 동시에 다루고 있다. 차라리 '불함문화론'이라기보다는 '텡글리즘'이라고 하는 것이 더 편할 정도이다. 그런데 육당에게 단군과 텡그리가 같은 어원에서 나왔다는 것을 처음 알린 자는 일본인 시라토리 구라키치白鳥庫吉이다.《한국인의 기원》의 저자 이홍규에 의하면 최남선은 구라키치의 설을 일견 수용하면서도 단군에 대한 다른 주장에는 거부했다.(이홍규, 2012, 230)[2] 필자는 육당의 주장에 대하여 상당 부분 수용하면서 붉과 텡그리를 모두 수메르어에서 확인하기로 한다. 그래서 육당 연구의 문제점과 한계를 수메르와 연관시킴으로 극복하고 불함문화론 연구의 새로운 차원을 전개하려 한다.

2　《최남선의 역사학》(이영화, 경일출판사, 2003). 시라토리 구라키치는 악질 일본 국수주의 학자로서 일본의 순혈통주의를 주장한 동양의 나치주의의 본보기라 할 수 있다.

수메르어 딩그르와 '안'은 동격으로 그리고 동질의 것으로 여겨지고 있다. 그래서 '안'을 우리말의 '한'과 연관을 시켜 생각할 때에 환인, 환웅, 그리고 단군을 삼위일체 관계로 볼 때에 수메르어의 딩그르는 우리말의 뎅그리와 전체 맥락에서, 그 어원과 의미 그리고 사용된 용도에 있어서 같다고 할 수 있을 것이다. 그래서 아래 글에서 수메르와의 관계에서 이 말을 고찰하기 위해서 1. 최남선을 중심으로 한 선행연구들, 2. 텡그리즘과의 관계, 3. 수메르어와 단군의 관계, 4. 텡그리즘에서 한니즘으로 관계 등을 순서대로 다루어 보려 한다.

육당 최남선은 『불함문화론』(1925)(이 책에 나오는 쪽수는 최근 정재승과 이주현의 역주 '불함문화론'(2008)의 것임.)에서 텡그리를 '단군'과 '대가리' 그리고 '밝'과 일치시킨다. 이러한 그의 목적은 결코 어휘나 어원 연구에 있는 것이 아니고, 단군의 실존이 의심받고 있는 현실에 대한 도전이라고 한다. 즉, 불함문화론의 서두에서 그는 오늘날에도 여전히 그러한 바와 같이 단군을 차나 마시면서 여담으로 하는 한갓 논쟁거리로 여기거나, 아니면 민족 감정의 발로인냥 왜곡하고 있는 현실을 개탄하면서 글을 쓰게 되었다고 한다. 90여 년이 지난 지금은 육당 시대보다 더 개탄스런 현실이라 아니할 수 없다. 그러나 그의 불함문화론은 위에서 언급한 텡그리즘과 함께 재조명되어야 마땅하고 나아가 수메르와 연관하여 연구를 이어 나갈 때에 그의 연구 업적은 불후의 것으로 인정받게 될 것이다.

육당은 단군의 역사적 실존성을 문헌이나 심지어는 금석문에도 기대지 않고 산과 강 같은 자연에서 찾고 있다. 다시 말해서 왜 나라 안 강역의 산山 이름들에 '백白' 자가 다수인 것인가 하는 것이다.[3] 나라의

---

3   장백, 조백, 태백, 소백, 이백, 기백, 부백, 백운, 백암, 백마, 백학, 백화 등.

고산준령들에 한결같이 한자 '백白' 자가 많은 이유는 우리말 '밝'이 전주轉注, 가차假借, 이두吏讀화 되었기 때문이고, 나아가 밝과 단군은 뗄 수 없는 어원적 연관성이 있기 때문이다. 그래서 '단군은 실존했던 민족의 조국자肇國者이다'라는 것이 육당이 글을 쓴 변이다(35-36).

육당이 붉을 산과 연관시킨 것은 소위 수메르의 유래와 기원을 연구하는 '수메르적 문제성Sumerian Problem'을 유관하여 의의를 갖는다. 다시 말해서 수메르인들이 어디서 왔는가의 유래와 기원을 규명하는 데 단서가 된다는 것이다. 수메르인들이 메소포타미아 양강 평야지대로 오기까지 이들이 산악지대에 살았던 것은 그들이 만든 지구라트ziggu-rat가 입증한다. 지구라트는 성경에서 바벨탑으로 알려졌지만 셈족들의 왜곡된 해석이며 원래는 천문관측, 집회장소, 그리고 무덤의 제 기능들을 가지고 있으며, 이는 이집트 피라미드의 제 기능들과 같다. 이들 기능들은 동북아 일대의 동이족들이 산에 대해서 가지고 있는 제 개념들과 같다고 육당은 지적하고 있다(62).

가까운 지나족만 해도 산과는 거리가 멀다. 이들은 '효사效祀'라고 하여 들판에서 제사를 지냈다. 태산 숭배는 동이족들이 살던 지역에 있으며 지나족 고유의 것이 아니다. 이는 수메르와 지나와 연관 시키려는 시도에 있어서 결정적인 결함이라 아니할 수 없다. 우리와 수메르인들에게서 산은 신에게 제사지내기 위한 수단으로서의 산이 아니고 산 자체가 신으로서 '산신山神'이라고 한다. 육당은 "...통례의 산악 숭배가 아니라, 천계의 인간적 존재 또는 태양의 권현(화신) 혹은 궁거로서의 산이다. 그래서 산은 신의 신체神體로서 붉, 붉안, 붉안애로 호칭되었다"(42)고 한다. 지나족과는 달리 우리에게는 마을과 고을마다 작고 큰 산을 상징으로 가지고 있으며 이를 '진산鎭山'이라고 했다. 성황당은 진산 안에서 신에게 제사 지내던 곳이다. 육당은 붉이 대갈 혹은 대가리와 동형이체임을 한국, 중국, 일본 속에서 찾은 다음, 전방위적으로 그 범위를 넓히고 있다.

먼저 그가 한국 안에서 어떻게 찾고 있는가를 보기로 한다. 가장 대표적인 예가 금강산이다. 금강산은 한꺼번에 대갈과 붉을 확인할 수 있는 산이다. '금강산'은 금을 의미하는 범어 '바즈라vajra'에서 유래했다고 하면서 이는 흔히 알려진 범어 챠크라와 같으며《능음경》3권에 이 말이 보인다고 했다. 금강산을 바즈라에서 붉을 확인할 수 있지만 '대가리'가 더 유력하다고 한다. 금강산은 동이족 신산의 조건을 다 갖추고 있기 때문에 대가리가 되기에 충분하다. '금강'이란 말이 '작가라斫迦羅'의 역어이고, 이 말의 또 다른 별칭은 기달怾怛, 개골皆骨 등으로서 이는 대갈에 근접한다고 한다(67). 대갈이 인격화 한 것이 후대의 '대감大監Taigam'[4]이다. 신라의 토함산과 금강산은 모두 동해바다 해 뜨는 것을 마주보고 있는 산이다. 토함산의 이름도 '대감'에서 유래했으며 토함산 '불국사'란 이름 역시 붉에서 유래했다.

동이의 '대갈大人'은 곧 '대갈'이며 수메르의 '루갈'과 연관시킬 수 있다.[5] 태산 일대의 산들은 '대인'을 의미하고 있으며 이는 대갈족의 산들임을 의미한다(79). 이·대·태가 모두 그 소리에 있어서나 뜻에 있어 같으며 산동반도 일대에 있는 산들이 거의 모두 박산, 백산, 복산 등의 산악들과 박평, 박흥, 박현 등의 현읍들 마저도 붉과 인연이 있다.

붉의 이중종성에서 k(ㄱ)음이 탈락되면서 '불市'이 대타로 채택되었고, r(ㄹ)음이 탈락되면서 대타로 '복福'음이 채택되었다. '서불'은 이

---

4 대감은 유교의 관직 이름 같지만 실상은 신라시대 무속에서부터 유래했다. 무속에서 대감 신은 '용궁대감', '터주대감', '신주대감', '부군대감', '도당대감', '부마대감', '천신대감', '업대감' 등에서 찾을 수 있다(68)
5 '루갈'의 '갈'은 사람이고, '루'는 '큼'이란 뜻이다.

에 연유하며 '서울'도 결국 붉에서 연유된다고 할 수 있다. 그래서 박, 발, 불은 모두 붉의 전자형(변하여 늘어남)이다. 육당의 이러한 분석은 그가 다루지는 않았지만 닭에서도 'ㄹ'과 'ㄱ'이 결국 같은 과정으로 변한다고 할 수 있다. 필자의 견해에 의하면 '대가리'는 닭의 전자형이라 볼 수 있다.

북부여의 '부여'란 이름 자체가 붉에서 연유하며 시조 '해모수'의 '해모'는 곰 혹은 굼을 의미하고, 그의 아들을 '부루'라고 했으니 이는 붉의 전형이다. 고구려의 '고주몽'의 '高'와 '朱蒙'은 모두 볼-대갈소素를 지닌다. 주몽은 '하백'의 손이며 '백'은 붉의 전음이다. 해, 주몽, 백은 모두 소리에 있어서는 붉이며 뜻은 텡그리의 의미를 지닌다. '백제'는 붉을 그대로 한자화 한 것이다. 도읍인 '부여'도 마찬가지이다. 신라의 '박혁거세'와 '불구내' 등이 모두 붉 계통에 어원을 두고 있다. 이와같이 삼국 모두 텡그리-붉소를 그 안에 개국의 처음부터 타고 났다고 할 수 있다. 이는 앞으로 남북 통일을 앞두고 주요한 시사점을 던져준다.

종교적으로 보아도 붉도道가 점차로 국가적 차원의 색채를 띄는 것을 발견할 수 있다. 신라에서는 개국 초부터 '박'이란 제사 계급이 있었고 제사 자체를 '발칸Parkan'이라 했다. 그 제사를 주관하는 사제는 '박수'라고 했다. 박수(복사)를 거서한, 차차웅, 이사금, 마립간이라 했으며, 특히 마립간은 '마리' 혹은 '머리'라고 했다. 머리는 대갈과 결국 같다. 차차 종교가 정치에서 분리되자 그것이 변한 것이 '풍류風流'(불) 혹은 나을(날 柰乙)이다. 여기서 화랑의 원형인 원화가 생겨났다.

여기서 우리는 대가리(마리)가 풍류(붉)와 분리되는 현상을 발견하게 된다. 그런 의미에서 텡그리와 붉은 그 속한 층이 다름이 밝혀진다. 필자는 대갈은 붉층 이전의 닭층에 속함을 밝힐 것이다. 불교의 유입과 함께 붉은이 '팔관회' 습합된다. 붉산은 점차로 '가람'으로 변하고 가람은 절과 같은 의미이다. 고려조에서는 이를 경계하여 왕의 명령으로 이런 습합을 경계할 정도였다. 팔관회와 연등회 등은 고려 그리고 훈요십조 등에서 보는 바와 같이 고려 왕실이 얼마나 치열하게 붉도를 지키려 했는가를 발견할 수 있다. 고려 왕건의 조상을 '호경'이라 했으며 이는 '법경'의 다른 호칭이고 이 말 역시 붉에서 유래한다. 조선조의 유교정책은 붉사상의 최대 위기를 맞는다. 붉도는 그 명맥 자체를 유지하기 어렵게 되었고 태조는 붉도에 관련된 서적들을 모두 불태우게 하여 절멸의 위기에 처한다. 그러나 조선조에서도 '부군' 혹은 '부군굿'의 이름으로 그 명맥만은 유지하게 되었다.

붉도는 '정감의 서'와 함께 남조선 사상[6]으로 붉도는 민족종교의 모습으로 재탄생하기 시작한다. 동학과 천도교, 훔치교, 태을교 등은 모두 붉도에 그 근거를 두고 다시 나타난 것이다. 육당은 말하기를 그들의 교주나 교리가 우수해서가 아니라 예로부터 민중들의 마음 깊숙한 곳에 스며 전해져 내려온 조선 민족의 전통적 정신 곧 붉도 때문이라 했다. "실로 붉도는 조선에 있어서 죽어 없어진 형태가 아니라 현재 살아 있고 또한 활동하고 있는 일대 현실인 것이다."(112)

신단수의 유래를 통해 '단'에 대하여 알아보면 아래와 같다. '신단수'를 일연은 '神壇樹'라 했고 이승휴는 '神檀樹'라고 했다. 전자는 하늘에 제사 지내는 것을, 후자는 하늘에서 신이 내리는 것을 상징한다. 그러나 양자 모두 '단丹'을 사용하고 있다. '단'은 '붉음'을 의미하는 동시에 텡그리의 전음이다. 신라의 '김알지' 속에는 굶(김)과 올(알)를 모두 포함하고 있으며 '박혁거세'는 의문의 여지 없는 '붉'층의 목록

---

6 동학, 서학, 북학에 대해 정역을 중심하여 전개된 사상이다.

어이다. 김알지가 흉노 휴도왕의 태자인 김일제金日磾라고 한다면, 흉노는 자기들의 조상을 '선우'(혹은 '찬우')라고 불렀으며 선우는 '텡그리고두선우'의 준말이다. '텡그리'는 하늘이고, '고두'는 아들이고, 선우는 '땅의 주인'이란 뜻이다. 그래서 '땅의 주인인 하늘의 아들'이란 뜻이다. 그래서 '텡그리고두선우'를 풀면 撑君(탱군)-壇君 혹은 檀君(단군)이 된다.

신용하는 흉노족 두만의 아들 모돈冒頓(목특 혹은 목돌)이 기원전 3세기경에 부족들을 연합하여 흉노 제국을 건국하고, 제위에 올라 '탕리고도선우'를 선언했다고 한다(신용하, 2011, 292). 여기서 '단우'를 중국식으로는 '선우'로 읽는다. 단單은 흉노족 성씨로서 단檀과 같다. '우'는 '왕' 혹은 '제왕'을 의미하는 고조선 용어이다. '단'은 밝달족으로 천을 의미하기도 한다. '텡그리'는 '천', '고도'는 '아들'로서 합성어는 '천자'를 의미한다. 이에 신채호는 흉노가 고조선과 동일한 문화와 언어를 가졌다고 했다. 흉노족은 서쪽으로 이동하여 구라파에 '훈Hun족으로 알려져 구라파 민족 대이동을 야기한 종족으로서 서양의 동양인에 대한 공포가 여기서 유래할 정도이다. 한 고조는 흉노에게 스스로 신하라고 칭할 정도였다. 그런데 우리는 역사에서 흉노족을 가장 미개한 야만족 '오랑캐'라고 배워 왔다.

문화목록어 상으로 볼 때에 북방의 어느 족속보다 동호 혹은 흉노가 우리와 가장 밀접하게 연관이 된다아니할 수 없다. 동호계의 인물들 중에는 '단'자가 들어가는 자들이 많다. 단檀, 단석괴檀石槐, 대단大檀, 녹단傉檀 등이 그 좋은 예들이다.(정소문, 2012, 50-51) 실로 수메르와 우리를 연결하는 확고한 고리는 동호족이다. 이에 신채호가 지적한 흉노와 우리가 동일한 문화를 가지고 있었던 9가지 특징을 여기에 열거하면 아래와 같다.

(1) 3성의 귀족이 있었음이 신라와 같고, (2) 좌우현왕이 있음이 고려, 백제와 같고, (3) 5월의 제천이 마한과 같고, (4) 천간지지 가운데 무戊일과 기리일을 숭상함이 고려와 같고, (5) 왕공을 '한汗'이라 함이 삼국의 '간'과 같고, (6) 관명의 끝 자에 '치 치'라는 음이 있음이 고조선과 같고, (7) 왕후를 '알씨'라고 하는 것이 '아씨'의 번역인 점이 같고, (8) 사람과 가축을 회계하는 곳을 '담림儋林', '도림屠林'이라 함이 '살림'과 같고, (9) '휴도'는 삼한의 '소도'와 같다.(신용하, 2011, 292) 우리 언어의 뿌리는 이남덕이 지적한 대로 퉁구스어에 가장 근접한다. 퉁구스란 '동호'의 별칭이며 동호의 주류가 흉노였다. 동호족과 그 언어는 우리말과 수메르어를 연관시키는 교량이 될 것이다.

다음은 지나 안에서 붉과 대갈의 관계를 확인할 차례이다. 대갈taigar은 붉과 동체이명, 즉 이름만 다를 뿐이라고 한다. 예를 들어서 중국의 '태산泰山'은 대갈이고, 태산의 주신인 '부군府君Pukun'은 붉이라고 하여 결국 대갈과 붉은 동체이명이라는 것이다(76). '부군'은 우리나라에서도 서울 경기 지역에서 마을을 지키는 신령이다. 산 자체를 신체로 부르는 것은 지나에서는 볼 수 없는 현상이기 때문에 대갈Taigar과 아울러 붉park의 어형도 동이족의 것이라고 육당은 강변한다. 심지어는 동이東夷의 옛 고음이 '티ti' 혹은 '태tai'이기 때문에 이夷, 태泰, 대垈, 태太가 모두 대갈과 연관이 있다고 한다. 한편 '이夷'의 파자는 대궁大弓 혹은 '대인大人'이기 때문에 이는 '대가리'로서 동이는 태산 주변에 살던 사람들에 붙여진 이름이다. 이·태·대가 결국 같으며 산동반도 일대의 산들도 박산, 백산, 복산 등이며 심지어는 소읍들마저도 박평, 박흥, 박현 등으로서 모두 붉에서 유래한다(79). 한편 태산을 '개구亼丘', '고리高里'라고 하고 금강산을 '개골', '개재', '구점'이라 한 것 등은 두 산이 모두 대갈과 붉 두 어의를 지니고 있다는 것을 의미한다.

붉에서 ㄱ음이 탈락하면 '발' 혹은 '불市'이 되고, ㄹ음이 탈락하면 '박' 혹은 '복'이 되기 때문에 박, 복, 북, 발, 불이 모두 붉에서 파생된 것이다(84). 금강산, 태산, 그리고 토함산은 모두 바다를 향하고 있다는 점에서 같다. 태산은 '발해'를 금강산과 토함산은 '벽해'를 면하고 있다. 이들을 파자로 보면 세 산들이 모두 붉과 대갈의 의미를 지닌다. 경주를 '서불'이라 하고 여기서 '서울'이 유래했다고 보면 붉은 사라진 언어가 아니고 지금까지 그 효력을 지니고 있다.

(2) 중국 안에서 텡그리와 붉

육당은 지나 안에 있는 동이 요소를 '동이소'라 하고 불함 요소를 '불함소'라 하면서 이번에는 인명을 통해서 두 요소를 찾고 있다. 막상 육당이 붉 대신에 '불함不咸'이란 말을 사용하기 시작한 것은 그의 책 14장부터이다. 중국 고문헌 속에서 이들 요소들을 찾고 있는 것이 특징이다. 《이아》 석고 제 1장에서 임금을 나타낼 때에 사용되는 말들은 임林, 증烝, 천天, 제帝, 황皇, 왕王, 후后, 벽辟, 공公, 후侯인데, 《설문》, 《시경》, 《서경》, 《독단》 등 문헌에서 이를 확인하고 있다. 특히 서경에는 '천자', '천하군', '천자', '왕군' '봉천' '제' 등을 확인할 수 있다. 그런데 중국이 가장 문자가 앞선 나라 같지만 막상 설화적인 요소들을 기록한 문헌이 빈약한 곳이라고 지적한다(149). 반면에 이러한 어휘들이 많이 나타나는 것은 동이 관련 문헌들이라는 것이다.

중국에서 '천'이 갖는 의의가 지대함에도 불구하고 막상 그 유래는 모두가 불함문화의 유산이라는 것이다. 불함문화권에서 유래되어 중국에서는 '티엔' 혹은 '탄'으로, 불리야트에서는 아타-울란-텡게리

Tengeri로, 흉노어로는 '탱려撑犁'로 몽고와 터기어로는 '탕그리'와 '텡게레' 등이다.

《한서》에 보이는 흉노의 '撑犁孤屠'는 하늘의 아들 천자를 의미하고 '탁리橐離'가 모두 대갈의 전음이다. 특히 탁리는 왕충의 《논형》에도 나오는 말로서 동명성왕을 탁리국의 성군으로 묘사하고 있는 점은 고구려가 대갈국임을 암시하고 있다. 논형은 나아가 동명이 송화강 중류 평원 지대인 부여국에 도읍하여 부여국왕이 되는 것으로 묘사하고 있다. 이는 대갈(탁리)과 붉(부여)가 절묘하게 조화되는 묘사라 할 수 있다(118). 육당은 '태일太一'(회남자), '천국'(한서), '태일泰一'(한서), '천황'(장형), '대가大家 혹은 천가天家'(독단) 등을 하나하나 문헌을 통해 확인하면서 이들이 후대의 도가에서는 '대라' '단구' '천구' '혁현' 등으로 부른다고 한다. 이들 말들의 원형은 모두 불함소인 탕그리와 텡그리에서 유래한다(156).

불함문화론의 14장에 이어 15장에서는 '복희'와 '제 요순'이 모두 불함소와 동이소를 지닌 말들임을 아래와 같이 지적하고 있다. 육당은 텡그리-붉의 고리를 복희에게 적용할 때에 그것이 다름 아닌 태호太昊-복희伏羲가 이 고리에 해당한다고 한다. 《한서》율려지에 "태호제역에 이르기를 포희가 천하의 왕이다"라고 씌여 있다는 것이 증거이다. 이는 텡그리-붉의 일치를 보여주는 것이라고 하면서 부수적으로 복희의 성이 풍風인 것은 고리를 더욱 든든하게 한다고 한다. 풍은 '바람'이기 때문이다(158).

순임금에 관한 기록 "이름은 중화이고 자는 '도군'이며... 처음 '부허'에 이사하기 시작하여 '돈구'에서 장사지냈으며, '부허'에서 빛을 졌고,...명조에서 졸했으며 '창허'에서 장사지냈다"(맹자)를 보면 텡그리-붉의 고리가 관계 안 되는 것이 없다는 것이다. 즉, "오로지 탕그리적인 것뿐이다"(159)라고 한다. '중화重華'를 고문에서 보면 글자 모양이 "불을 거듭 낸다"로서 이는 붉 그 자체를 의미한다고 한다. '순舜'이란 말의 의의도 독단, 사기 오제본기 등을 통해 보면 그 의미가 어질고 '밝음'을 의미한다는 것이다.

순 이전의 중국 창세 신화에 나오는 '반고' 역시 붉에서 유래한다. 반고신화의 신화소는 물론 어휘들이 인도의 '푸르샤' 북유럽의 '오딘'이지만 그 모든 것의 기원은 '발' 혹은 '붉안'이다. 반고가 중국 한족의 것만이 아니고 불함문화의 한 지류의 것임을 증명하는 것이《후한서》가 전하는 바 남만와 서남이 신화에서는 '반호槃瓠'라 하고, 남해 가운데 있는 곳의 전설에도 '반고'가 등장한다.

'복희황제'라고 할 때에 황과 제가 모두 텡그리와 어원을 같이 한다. 이에 관해서는 최근 텡그리 연구에서도 텡그리가 '제帝'와 연관이 있다는 것에는 동의한다. 이에 대해서는 아래에서 다시 논하기로 한다. 《독단》에 보면 '황皇' 역시 '빛날 황'으로 비추지 않는 곳이 없음을 의미한다고 했다. '황'은 복희와 신농에 붙인 것이고 '제'는 요와 순에 붙인 것이다. '제'는 진리를 의미하는 '체諦'로서 하늘의 도를 행하고 그것을 섬기로 우주의 진리를 살핀다는 것을 의미한다. 이 모두가 텡그리와 그 어원을 같이 한다. 《회남자》에서도 '체'란 '태일'로서 하늘의 '별'을 본 받는 것이라 했다.

육당은 텡그리-붉 고리를 음의 유사성에서 먼저 찾은 다음 그렇지 못할 경우에는 그 말의 의의에서 찾는다. 예를 들어서 신농씨의 경우는 '염제炎帝'라 함으로서 그 의미에 있어서 붉과 상통한다. '요堯'의 경우 그 글자 모양이 높고 먼 것을 나타내기 때문에 고리에 걸릴 수 있다고 한다. 《설문》에서는 요를 '방훈方爋'이라 했는데 이는 '붉'의 요소가 되기에 손색이 없다. 《대대례》에서 요를 두고 태양과 같고 높다고 함으로서 불함소가 되기에 손색이 없다. 요순을 '제'라고 할 때에 이 말은 천과 상통해 텡그리의 요소가 된다. 육당의 말을 직접 인용해 본다.

제帝의 자의 천天, 더욱이 동이어東夷語 천을 의미하는 말이 텡그리Tengri와 대갈Taigal과 계속된 인연임은 그 형形과 음音과 의義의 어느 방면으로도 췌마揣摩[7]할 수 있다.(167)

'제帝'의 글자 모양을 아래위로 분리하면 윗부분은 지극히 높은 지고무상을 그리고 아래 부분은 '테' 혹은 '텍'의 발음이 나온다. 한자어에서 두 글자가 합성돼 새 글자를 만들 경우 하나는 소리를 다른 한 글자는 뜻을 나타내는 것을 해성적諧聲的이라 하는데 그 대표적인 예가 제帝이다.[8]

만약에 이러한 해성적 특징이 사실이라면 그것은 반드시 동이어와 관련 없이는 불가능했다는 것이다. "만약에 제帝 자에 '탁'의 옛 발음이 있는 것이 사실이라면 그것은 한자가 동이어의 교섭이 없을 수 없음을 알 수 있고, 조선의 고어에 천天을 '대갈'이라 하여 지금은 머리나 위를 의미하지만 수메르의 엘·엘룬도 높은 것, 뛰어난 모양을 '탁' 혹은 '툭'이라 함으로써 대갈이 천天의 고형과 고의인 것을 추측할 수 있다"(168)

육당은 이어서 천자 개념을 난생설화와 연관을 시킨다. 은나라 대모신, 요임금의 간적簡狄설화, 서나라의 언왕설화 등은 모두 알계통의

---

7 '췌마'란 자기 마음으로 남의 마음을 헤아리는 것을 의미한다.

8 '帝'를 해석적으로 풀어 보면 다음과 같다. 卓:높음, 뛰어남, 逴:요원함, 綽:너그러움, 偉:큼, 暐:발고 환함, 炸:늘어남, 濯:씻음, 趯:뛰어남, 偶:올림, 德:큼 혹은 덕, 督:살핌...등등.(167-8)

신화이다. 텡그리와 붉 그리고 난생설화를 모두 분간 없이 엮으면서 드디어 "우선 이것을 제왕의 칭호에 대해 생각해 보면 천과 제 등이 텡그리:단군, 황皇은 환桓, 환웅桓雄과 관련하고 왕王은 '어른', 군君은 쿤kun 등 모두 탕그리에서 유래한 것이라고 한다.

지금 여기서 육당은 난생신화의 '알', '텡그리', '붉' 그리고 심지어는 '환'까지 모두 텡그리-붉 고리에 걸어 한 덩어리로 만들어 놓았다. 그리고 궁극적으로는 이들이 모두 높다, 밝다, 크다는 제와 천 즉, 텡그리-붉으로 통한다고 주장한다. 결론적으로 육당은 텡그리-붉이란 문화목록어 하나로 이들을 모두 하나의 묶음으로 처리하고 있다고 할 수 있다. 그러나 육당의 불함문화에 대한 불굴의 노력에 대한 후대의 우리들은 그의 탁견을 빌미로 그가 해 놓은 연구를 더욱 천착 발전시킬 필요가 있다. 이에 대해서는 이어지는 다음 장에서 다루기로 한다. 그러나 이러한 붉의 고리는 소위 '태양화시기'라는 하나의 고리일 뿐이란 사실을 육당은 간과했다. 하늘의 광명이 나타나는 시기로 노이만은 이를 'solar age'라 했다.

(3) 일본 안에서 본 붉과 대갈

육당은 한국과 중국 속을 샅샅이 들추면서 대갈과 붉은 동체이형임을 입증한 후에 일본으로 넘어간다. 일본의 경우는 중국보다 정보가 더 많다. 육당은 책의 8-9 두 장에 걸쳐 일본과의 관계를 다루고 있고 그 양도 중국의 두 배나 될 정도이다. 무엇 보다 먼저 '악嶽'을 '다케タケ' 혹은 '다카タカ'라 한다는 것으로 대갈과의 연관을 찾는다. '다케'가 대갈에서 왔음은 의문의 여지가 없다는 것이다. 일본의 역사가 시작되는 산을 '고천원高天原'이라 하는데 이를 '다카마노하라'라 부른다.

이 말은 대갈의 의미 '높다'와 '하늘'을 다 포함하고 있다. 이는 산과 하늘을 같은 신체로 보는 것과 일치한다. 일본 신화의 고향인 출운出雲의 양대사 가운데 하나인 '웅야熊野구마노'의 주사인 천구산天狗山에 다케 호칭이 붙는 것은 놀라움을 자아내기에 충분하다. 일본에서 '천구'라고 칭하는 것이 텡그리의 일본어형인 다카, 다카마의 유어인 것임은 가장 믿음직스러움이며, 예로부터 고산, 심산, 신산이 거의 많이 '천구'란 명칭이 붙어 있었다(88).

육당은 '천구'라는 말에 근거하여 이에 연관된 일본의 산들을 열거한다. 히코산(언산), 부소산(후지산), 비량산(히라산), 갈성산(가쓰라기산), 비학산(히에이산), 고웅산(다카오산) 등 대개가 붉과 대갈과 어원을 같이 한다. 이러한 일본의 산 이름이 조선에서는 '장군將軍'으로 바뀌었다. 이는 '대갈'을 의역한 것이라 할 수 있다. 대가리가 의역하여 장군이 되었다고 본다. 이는 앞으로 수메르어에서 왕을 '루갈LUGAL'이라고 한 것과 연관하여 생각해 볼 문제이다. '고천-다카마는 불교《화엄경》에서 보살이 살고 있는 곳으로 그것이 '갈성葛城' 혹은 '금강'으로 변했다. 그래서 일본 역사의 시원이라 할 수 있는 고천원이 금강산과 태산과 그 맥락을 대갈이라는 점에서는 같이하고 있다(91). 심지어는 일본 민족의 시원이라 할 이세신궁의 신사도 높은 곳에 있기 때문에 '다카'라 했다. 이세신궁 가운데 외궁에 속하는 '다가모구'신사와 '다카무쿠' 신사도 모두 대갈의 파생에 지나지 않는다. "그리하여 조선의 민간신앙에서 최고의 대신大神인 대감이 이들과 같은 뿌리임도 이론이 없을 것이다."(102)라고 육당은 결론하고 있다. 지금까지 다룬 일본내 대갈의 본거지들을 약도로 나타내면 다음 지도와 같다.

육당은 8장에 이어 9장에서는 붉의 근거지를 일본 안에서 찾고 있다. 부여의 왕 해부루의 '부루'나 일본 신화의 '히루코ヒルコ' 역시 붉의

근거지에 해당하고 태양신 '히코나'도 모두 붉 계통이다. 이는 신라의 불구내, 즉 박혁거세와도 근원이 같다. '히루코'와 '히코'가 모두 붉의 일본어 형태이다. 일본어 '히루메'와 '히메'는 여신을 표시하는데 이 말은 조선 말 '할미'와 어원을 같이 한다.

'해부루'와 히코나가 남성인데 비해, '할미'와 '히루메'가 여성인 것은 모계와 부계, 즉 신석기에서 청동기로 변하면서 여성신이 남성신으로 변하는 과정을 보여준다. 육당은 이 점을 간과하고 있다. 필자는 전자를 '닭층'이라 하고, 후자를 '붉층'이라 분리한다. 두 층 사이가 인도 유럽 문명권에서는 첨예하게 균열적dissociation 이지만 동양, 특히 한국에서는 화합적association이다. 그래서 대갈은 닭층으로 붉층과 분리해 생각해 다루어져야 한다. 그러나 육당은 두 층의 구별을 거의 무시하고 있다. 밝층인 태양화시기의 등장과 함께 고천원에 관련된 신

일본 내 '대갈' 분포도(92)

들 가운데 다카, 다키, 다케와 관련이 없는 것은 없을 정도라고 육당은 다음과 같이 그 예들을 일별하고 있다. 팔백만신의 우두머리인 다카미를 비롯하여 다하대신, 대기귀신, 그리고 그의 왕비인 다카쓰히과 그의 아들 다카데루, 대국주신의 아들 아지스키 타카히코, 그의 누이 다카히메, 신무천황의 신하 다카구라, 천조대신의 동생 스사노우노미코토와 그의 아들 이소 카케루노미코토, 외신인 다케미카, 대국구신의 아들 다케미나 등이 모두 다카, 다키, 다케와 그 어간과 어미등에 있어서 일치한다. 그리고 이들 어휘들이 모두 대갈에서 파생된 것임을 육당은 주장하고 있다.

(4) 몽고와 중앙 아시아 안의 텡그리와 붉

몽고신화와 텡그리즘

몽골의 건국 신화에 의하면 '천명'을 받은 '창랑倉狼'(푸른 이리)과 그의 아내인 '백빈록白牝鹿'(하얀 암사슴)이 함께 불아함산不兒咸山에 살다가 시조를 탄생했다. 여기에 나오는 동물과 인간 산의 이름들이 모두 그 소리와 뜻에 있어서 불함소를 지니고 있다. 몽골의 '오보(악박顎博)', 일본의 '우부ウブ', 조선의 '업業'은 모두 같은 어원을 가지고 있다. 오보는 '돌무더기'인데 '조탑'이라고도 한다. 조탑은 유독 조선에서 많이 나타나는데 그것을 '당산堂山'이라고도 한다. 민간에서는 '업'으로 더 알려져 있다. 업은 그 기능에 있어서 몽고의 오보와 완전 일치한다. 업은 오보를 일본의 우부와 자연히 연결된다. 일본에서 우부는 토지와 관련 생산을 좌우하는 산신産神이 된다. 한국에서는 産神 외에 山神이 있는데, 이는 텡그리의 기능과 붉의 기능 간의 묘한 관계를 나타낸다고 본다. 일본에선 산신産神을 '우부스나노카미'라고도 하는데 이는 씨족의 신이기도 하다. 오보와 우부의 중간 고리로서 업이 있으며 이는 업이 당연히 이들 간의 중심축에 있다. 몽골어에서 신불神佛을 모두 '부르한' 혹은 '부르칸'이라 한다.

만주의 창생신화에서도 '장백산'의 동쪽 포고리산布庫喱山 아래에 있는 포륵호지리의 주과(붉은사과)에서 시조 탄생을 말하고 있는데, 이들 명칭 역시 불함소에서 예외는 아니다. 몽골어의 '당자'라는 곳은 업에 해당하는 산신産神을 제사하는 곳이다. 당자의 내부에 '신간神杆'이란 것의 만주어 발음은 '색막간索莫杆'이라 하며 이를 시베리아어로는 '세르게'이다. 이에 대해선 따로 논하기로 한다. 신간에 관한 기록이 《위지》 동이전에 나오는 '소도'이다. 솟대-훗대-수막이대-색막간-세르게로 이어지는 것이 모두 만주어의 신간과 연관된다. 육당은 신간의 관련어들을 두고 고대 불함문화계에서 발견되는 신령스런 표지인 영표靈標라 했다.(181)

오로켄족이라고 하는 악륜춘인들은 집집마다 '팔납한八拉罕'이란 신단을 설치해 놓고 있으며 이는 다름 아닌 '부르한'이다. 색륜인들은 가정 안에 '보로한'을 모셔 놓았으며 길리악인들은 산신을 '바드'라 불렀다. 조선에서는 이를 '부군'이라 했고, 유구인들은 해를 '피' 혹은 '히'라고 한다.(196-7) 이들 동북아 일대의 불함소들의 원조는 조선이고 지금까지 한땅 한겨레[一土一民] 안에 그 명맥이 지속적으로 유지되는 동시에 살아서 생동하는 곳이 바로 조선이다.

게세르 신화와 텡그리즘

게세르Geser 신화는 알타이에서부터 티베트와 몽골 초원을 거쳐 만주와 한반도에까지 이르는 넓은 지역에서 발견되는 영웅서사시의 제목이자 이야기 주인공의 이름이다. 이 신화는 육당이 단군신화와 일란성쌍둥이 같다고 했으며 최근 《바이칼의 게사르신화》(일리야 N. 마다손, 솔출판사, 2009)의 출간과 함께 육당의 혜안은 더욱 돋보이게 되었다. 단군신화에서는 환웅이 하늘에서 하강하기 전 천상에서 있었던 일, 그리고 지상에서 벌어지는 일들에 관한 기사가 너무 간략하지만 게사르신화에서는 그 외연의 폭이 매우 다양하다. 태초 하늘세계에는 '사간 하르모스 텡그리'라는 신이 있었다. 게사르신화에 의하면 서쪽 하늘의 주신 '한 히르마스 텡그리'와 동쪽 하늘의 주신 '한 아타이 울란 텡그리'가 이끄는 각각 55명과 44명의 신들이 있었는데, 동서 두 하늘에서는 신들 간에 전쟁이 벌어져 동쪽 하늘이 신들이 대패하여 원한을 품고 땅으로 내려 와 지상의 인간들은 온갖 병화로 괴롭힌다. 즉, 패배한 동쪽 하늘의 신들은 지상에 버려져 세상을 어지럽히는 사악한 마법사들로 환생하였다. 이들이 평화롭던 인간 세상에 기근과 질병의 고통을 주게 되자 하늘 세계에서는 문제 해결을 위해 하늘 신의 둘째 아들 '벨리그테'를 보내기로 결정한다. 이 벨리그테가 땅에서 다시 환생하는데 그가 바로 게세르이다.

'한 히르마스 텡그리'가 환인이라면 '벨리그테'는 환웅이라는 것을 쉽게 대비시킬 수 있다. '서자환웅'도 둘째 아들이라는 것으로 대비가 되나 환웅의 아들 단군의 경우 자리 매김이 복잡하다. 지상의 인간 세계 투게쉰이란 고산에는 또 다른 하늘에서 하강한 세 칸(족장들) 혹은 단군신화의 삼사三師에 해당하는 샤르갈, 하라 소톤, 센겔렌이 지상을 평화롭게 다스리고 있었다. 이들을 단군신화의 삼사, 즉 풍사, 우사, 운사에 비견할 수 있을 것이다. 이들 세 신들은 형제간들이며 인간을 교화내지 치화하는 일들을 하고 있었다. 그런데 지상에는 동쪽에서 내려 온 신들의 악행으로 온갖 병화와 가뭄으로 인간들이 거의 멸종의 위기에 처한다. 그러자 '한 히르마스 텡그리'는 하늘의 삼신 할머니와 같은 '만잔 구르메'에게 자문을 구한다. 만잔은 가뭄의 원인이 동쪽 하늘 신들의 악행이 원인인 것을 알고는 한 히르마스 텡그리에게 벨리그테를 내려 보내도록 권한다.

이에 벨리그테는 한 히르마스 텡그리의 분부를 받아 드리는 조건으로 천상에서 가장 아름다운 여인 '나란 고혼'과 함께 하강하기를 제의하자 아버지 한 히르마스 텡그리(환인)는 아들의 청을 수용한다. 이 장면은 환웅이 환인에게 여러 차례 땅에 내려가기를 청하는 장면과 맥락을 같이 한다. 그런데 웅녀에 해당하는 나란 고혼은 종달새로 변해 지상에 같이 나타난다. 즉, 위에서 말한 투게쉰 고산에 살던 세 칸들 가운데 맏형인 사르갈이 둘째 아우인 하라 소톤을 시켜 종달새가 나란 고혼으로 변하게 한다. 그러나 셋째 아우인 셴겔렌과 나란 고혼이 결혼하도록 한다. 여기서 미모 때문에 인간들의 시샘을 받은 나란 고혼은 돌에 맞아 만신창이가 된다. 이는 마치 곰이 여인이 되기 위해 받는 고행에 비유된다. 나란 고혼과 결혼한 셴겔렌은 10개월 후에 한 히르마스 텡그리의 큰 아들 '자사 메르겐'과 세명의 딸들과 게세르를 낳는다. 이렇게 하여 '벨리그테 게세르'가 지상에 나타난다. 이 게세르를 '아바이 게세르Abai Gesher'라고도 한다.[9] 게세르가 단군인 것은 자연스런 대비라 할 수 있다.

게샤르 신화와 유사한 신화는 알타이의 '마아다이 카라', 칼묵의 '장

---

9 '아바이'는 부리야트 언어에서 흔히 나타나는 단어이다. 함경도 방언의 '아바이'와 마찬가지로 선조나 아저씨, 혹은 아버지라는 뜻을 가진 높임말이라고 한다. 바이칼 호수에서 알타이 산맥에 이르는 지역에 분포하는 알타이어계 사람들에게 '아바이'는 오늘날에도 남성 연장자의 이름 앞에 붙이는 일반적인 존칭으로 쓰인다.

가르', 티베트의 '게세르', 몽골의 '게세르', 부랴트의 '게세르 신화', 그리고 한반도의 '단군신화'에 이르기까지 공통적으로 나타난다. 동아시아의 보편가치로 나타난 인간주의는 우리에게 홍익인간이라는 이념으로 친숙하다. 그러나 여기서 무엇 보다 주요한 것은 게샤르 신화에 등장하는 신의 이름들이다. '텡그리'를 비롯하여 '한' 그리고 게샤르 신화에 등장하는 다른 신들의 이름들인 '부르한Burk Han'에 그 어원을 두고 있는 '부르칸', '불칸' 등이다. 이들은 우리 문화목록어 가운데 대부분을 공유하고 있다.

　게세르 신화의 판본은 티베트 판본(1630년), 몽골계의 베이징 판본(1716년), 브리야트계의 페트로프 판본(1941년) 등이 있다. 흥미로운 것은 일찍이 육당六堂 최남선崔南善이 단군신화와 관련, 게세르 신화의 가치에 대해 주목했다는 점이다. 양민종 교수는 단군신화가 실린 일연一然의 『삼국유사三國遺事』를 게세르 신화에 대한 가장 이른 저본이라고 주장한다. 게샤르 신화는 샤머니즘적 세계관을 보여주고 있다. 게샤르 신화는 국내의 무속 연구뿐만 아니라 우리 문화의 기원과 본질 탐구에 대해서도 시사 하는바가 크다. 둘째, 이 신화를 통해 샤머니즘과 이야기 문화 등 동아시아 문화에 대한 연대의식을 높일 수 있을 것이다. 흔히 서양신화에만 관심이 쏠리는 분위기에서 신화에 대한 우리의 시야를 넓혀줄 소중한 기초자료를 제공했다는 점도 나름 큰 의미가 있다. 바이칼 호수 인근에서 채록된 판본만 해도 100개가 넘고, 티베트나 몽골 것까지 합치면 수를 헤아리기 어렵다. 일연은 이 판본들의 고본들을 '고기'라고 했던가.

　이홍규는 유전학적 상상력을 발휘하여 게세르의 아버지 센겔렌은 Y염색체를 가진 현생인류라 하면서 그와 결혼한 나란 고혼(웅녀)는 네안데르탈인이라 상정한다. 최근 지브롤터에서 발굴된 네안데르탈인들은 백색 얼굴에 브라운 머리털로서 그 모습을 복원한 결과 게샤르 신화에서 등장하는 나란 고혼의 미모를 짐작할 수 있다고 한다. 그러면 아바이 게세르(단군)는 어머니 나란 고혼으로부터 네안데르탈 유전자를 받아 갖고 있지만, 그와 결혼한 여인들은 네안데르탈인이 아니기 때문에 유전자는 모계로만 이어진다고 볼 때에 지금의 우리에게는 네안데르탈 유전인자가 사라졌다고 할 수 있다고 한다.(이홍규, 2010, 201-202)

(5) 최근 텡그리즘 연구와 불함문화론

최근 들어 텡그리즘의 부흥과 함께 텡그리 연구가 국내외학자들에 의해 활발해지고 있다. 그러나 그 방법이나 목적에 있어서 육당과는 많이 다르다. 육당이 1920년대 민족의 정신적 지주를 찾기 위해 텡그리를 연구했다면, 최근 연구들은 1991년 구소련 연방의 붕궤와 함께 새로운 이념 정립과 연방국가들 간의 연맹을 강조하기 위해 연구되고 있다. 그리고 이들 최근 연구들은 육당이 그러했던 바와 같이 텡그리-붉 고리에서 보려 하지 않고 텡그리 자체 연구에 머물고 있다. 육당의 불함소 한연쇄고리는 그 범위가 아시아 전역에 걸쳐 구라파까지 이른다. 최근 연구들은 텡그리의 본고장을 몽골이라 보지만, 육당은 중국 안의 불함문화는 방계 정도가 아니라, 안타깝게도 옹색, 학갈(목마름), 구하상(오랜 하천의 밑바닥)의 남은 흔적 즉, 여흔 정도로 본다고 하나, 만주-몽고-일본-유구의 연결 띠 안에는 그 내용이 풍부하지만 조선으로 눈을 돌리면 텡그리-붉의 정파리(유리같이 투명함)와 같다고 한다(176).

텡그리즘과 텡그리연방

육당은 마지막 18장에서 지금까지 언급한 내용들을 총 망라하여 불함문화 계통이 한중일과 만주와 몽고를 넘어 흑해에서 카스피아를 거쳐 파미르의 갈래인 천산산맥으로 사얀산맥으로, 야블로노이산맥으로 이어지다 다시 남쪽으로 흥안령산맥과 대행산맥의 동쪽 땅인 조선, 일본, 유구로 달린다. 육당은 이를 '한연쇄고리一連鎖One Chain'라 한다.(199) 이를 다음 페이지에 지도로 나타냈다. 불함 한연쇄고리의 다른 말이 '텡그리즘'이고 '텡그리연방'이다.

육당은 언어적으로 동형이체임을 통해서 뿐만 아니라, 종교적으로도 한국의 풍류도와 일본의 수험도가 그 맥락을 같이한다고 한다. 혹자들은 육당의 불함문화론이 일본의 내선일체를 합리화 시켜준다고 하지만 그는 한중일 뿐만 아니라 실로 그 영역이 중앙아시아와 구라파까지 미치고 있으며 붉 문화의 기원과 본고장은 분명히 조선임을 강조하고 있다.

오늘날 텡그리연구는 머리말에서 이미 말한 바와 같이 구 소련 연방의 붕괴와 함께 주변 연방국가들이 텡그리즘으로 2005년부터 연맹체를 만들고 있다. 이를 '텡그리연방Tengri Federism'이라고 한다. 이 연방에 조선이 들어있다고 하여 국내에서도 시민단체 중심으로 텡그리연구소가 있다. 답사 중심의 현장보고 형식의 연구가 활발해 다행이라 할 수 있다. 그러나 현금 텡그리 연구 가운데 한 가지 주요 특징은 국내의 경우를 제외하고 외국에서는 종주국이 몽고와 터키 중심이지 한국은 연방체에 참여조차도 없는 것으로 돼 있다. 다른 한 가지 특징은 텡그리를 붉과는 상관없는 것으로 다루고 있다는 점이다.

그러나 이것은 육당이 1920년 대 이미 불함문화론을 통해 텡그리를 다룬 방법론과는 사뭇 다르다 할 수 있다. 육당은 텡그리-붉의 문화소의 본고장인 동시에 종주국은 당연히 한국(조선)이다. 육당은 한중일 중심으로 한 다량의 연구 자료를 제시하고 있으나, 차라리 몽고에 대해서 비교적 작은 언급을 하고 있고, 몽고를 텡그리의 종주국이라고 여기지도 않고 있다.

먼저 여기서는 텡그리 연방체들 안에서 텡그리를 어떻게 부르고 있는 지 그 목록을 소개하기로 한다. 고대 터키인은 탱그리, 예르숩, 우마이, 엘리크, 지구, 물, 불, 해, 달, 별, 공기, 구름, 바람, 폭풍, 번개와 우레, 비와 무지개 등 우주를 다스린다는 18신을 믿었다. 몽골사람은 99 텡그리 신들이 우주를 다스린다 믿었다. 터키, 몽골, 중국, 비잔틴, 아라비아, 페르시아의 중세 문헌에 쓰여진 원문을 보면, 명백하게

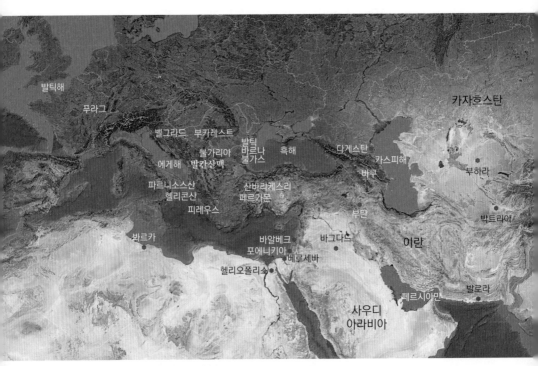

점들로 연결되는 불함소 한연쇄고리 지도

투르크와 몽골의 신성은 텡그리에 속한다. 투르크 민족들은 하느님을 부를 때 타타르족은 탱그리, 알타이족은 탱그리, 탱게리, 터키족은 탄리, 하카스 공화국 사람은 티기르, 추바시 공화국 사람은 튜라, 야쿠트족은 탕가라, 시베리아의 카라카이족과 발카족은 테이리, 다게스탄 공화국의 쿠미크족은 탱기리, 몽골에선 텐게리 등등 대부분 비슷하다.www.tengriinstitute.com[10]

---

10 최근 언어학자 디미트로프 보지다르는 불가리아의 기원을 연구하는 과정에서 'Bulgaria'란 어원과 의의가 "해가 뜨는 동쪽에서 온 사람들"로 인식, 몽골 등 동아시아 지역에서 유래했다고 한다. 신용하는 이에 부응 『다시 보는 한국사』(지북스, 2003, 89~93쪽)에서 부여족 내왕설을 주장했다.

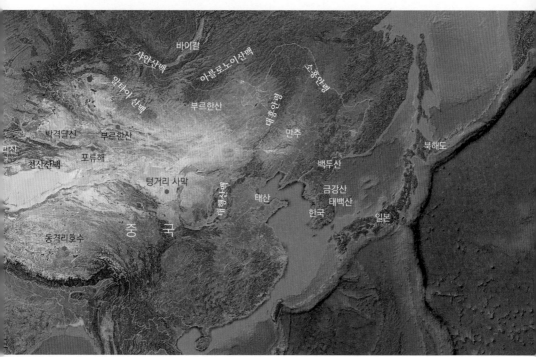

지역	한글표기	영문표기
한국	단군	Dangun
몽골 & 중앙아시아	튼리	Teŋri
몽골 & 만주	탁리橐離	Tuoli
만주 & 퉁구스	탕구르	Tangur
티베트	탕라 & 샴바라	Thang-La & Shambhala
중국	티엔즈(天子)	Tianzi
중앙아시아 & 몽골	탕그리 & 탱그리	Tangri & Tengri
카자흐스탄	텡으르	Tengir(Təңiр)
동유럽(불가리아)	탕그라	Tangra
수메르	딘그르	Dingr

튀르크족 '텡그리Tengri'의 의미

위의 글들은 김효정의 〈튀르크족의 기록에 나타난 '텡그리Tengri'의 의미〉[11]의 글을 필자의 관점에서 요약 정리한 것이다. 육당이 철저한 민족주의 입장에서 불함문화론을 쓴 것과는 달리 후대의 연구들은 이를 비판하거나 상관없는 것으로 글을 쓰는 것이 특징이고 김효정의 글 역시 예외는 아니다. 그러나 육당의 텡그리 연구가 재점화돼 간다는 점에서는 의의가 있다고 할 수 있다. 필자는 한국과 수메르의 중간 고리로서 튀르크족의 텡그리가 의미 있다고 판단해 여기서 다루려 한다.

---

11 韓國中東學會論叢 第28-1號 韓國中東學會, 2007, 387~406

튀르크족은 중앙아시아 일대에서 차지하고 있는 광대한 영역이 갖는 의의을 넘어서 튀르크족의 텡그리 신앙은 소프트 한연쇄고리 알-곰-닭-붉을 규명하는 데도 큰 의의가 있다. 육당은 텡그리-붉 고리에서 한 연쇄고리를 찾았지만 텡그리와 붉은 층을 달리하고 있다는 것이 필자의 주장이고 보면 필자의 이러한 주장을 뒷받침 해 주는 것이 튀르크족의 텡그리 연구이다. 다시 말해서 곰층과 붉층의 구별을 뚜렷이 해주는 것이 튀르크족의 텡그리 개념이다. 전자를 융의 여성원리female principle로, 후자를 남성원리male principle로 보았을 때에 튀르크족의 텡그리의 개념은 융이론에 적합하다.

튀르크족은 현재 비록 독자적인 국가는 없지만 몽골, 만주-퉁구스족과 더불어 알타이족 가운데 하나로 유라시아에 가장 많은 나라를 형성하고 있으며 가장 넓은 지역에 분포되어 있다. 카자흐스탄, 우즈베키스탄, 키르기즈스탄, 투르크메니스탄, 아제리바이잔, 터키 등이 튀르크족의 나라로 이들은 언어와 역사와 문화를 공유하는 계통적으로 같은 민족이다. 유라시아에는 중국 최대의 소수민족인 우이구르족을 비롯하여 러시아에 야쿠트족, 타타르족, 바쉬코르트족, 하카스족, 투바족, 알타이족 등 약 40여개의 튀르크 종족이 존재하며 인구는 1억 8천 정도이다.[12](김효정, 388) 중국 신강성의 우이구르 자치주에서부터 아시아 대륙이 끝나고 유럽이 시작되는 아나돌루반도를 지나 동부 유럽에 이르기까지 튀르크족은 지리적 연속성을 가지고 분포되어 있다. 이는 육당이 말하는 한연쇄고리를 그대로 웅변적으로 말해 주고 있다.

튀르크족들은 고유 원시신앙 형태로서 텡그리신앙(천신신앙)을 가지

---

12 http://www.turkiye.net/sota/sota.html(2007.07.29)

고 있다. 《전한서》의 흉노족 기록 가운데 '선우'는 '탱리고도선우撐犁
孤塗單于의 약자며[13] 그 의미는 '하늘의 아들 선우'란 뜻이다. 이 어휘는
'탱리'와 '고도' 및 '선우'로 이루어진 명사구로서, 여기서 '탱리撐犁'는
바로 '텡그리'의 음역이며 고도孤塗와 쿠트kut는 '그의 권위'로 그 뜻은
'신성한(거룩한) 폐하(하늘로부터 권위를 위임받은 자)인 선우'이다. '신
성한 존재, 폐하'라는 의미의 '텡그리 쿳tengri kut'은 우이구르어 이디
쿳idikut('신성한(거룩한)(존재, 폐하')으로 사용되었다. 이것은 탱리고도
('신성한 거룩한 폐하')라는 명사구가 튀르크족의 어휘임을 증명하는 것
이다. 흉노가 튀르크족이라고 생각되는 또 하나의 증거는 흉노의 지
도자를 일컫는 '선우'는 오우즈 튀르크족의 지도자 '얍구yabgu'의 고어
형태라는 것이다. 중국문헌에서 '하늘의 아들'이라고 설명한 것은 중
국 '천자天子'의 개념에서 비롯되었다고 생각된다.(김효정, 389) '텡그
리'라는 어휘가 거의 모든 튀르크족에 유사하게 존재하며 언어별 음
운변화 규칙에 따라 동일하게 변화되어 존재한다는 것은 '텡그리'는
튀르크족 고유의 어휘이며 그 개념과 기원역사도 튀르크족의 기원과
함께 오래된 것임을 나타내는 것이다.(김효정, 391)

　텡그리와 연계하여 등장하는 신 가운데 '카간'과 '우마이'가 있다.
전자는 남성적이고 후자는 여성적이다. 여기서 우리의 관심사는 텡
그리와 카간과의 관계이다. 텡그리가 돌궐족에게 '카간'이란 신을 주
었지만 돌궐족이 이를 버렸기 때문에 벌을 받는다는 장면이다. 카간
을 버리고 중국에 예속돼 텡그리가 망하도록 내버려 두었다는 것이
다. 텡그리는 역사에도 직접 관여할 만큼 인격적 존재이다. 텡그리는

---

13 '탱리고도선우'의 음운변화과정은 다음과 같다: 탱리(撐犁 Hung. ç'en-gli<*t'eng-
　li<ET tengri),고도(孤塗 Hung. ku-t'u<*kuo-du'o<ET kut-i), 선우(單于 Hung. ṣn-yü
　<*dian-giwo<*d'abgu, cabgu < ETyabgu). (김효정, 389의 주4 참고)

돌궐족의 역사와 개인의 삶의 현장에서 뛰어 들어 관여한다. 여기서 '간' 혹은 '칸'은 우리말 '한'과 어원이 같다고 본다. 그렇다면 한은 텡그리와는 다른 층에 속하는 말이라 할 수 있다. 그렇다면 간과 칸, 텡그리, 붉 그리고 한이 어떤 관계인지 그 선후가 어떤지가 궁금하다. 소프트 한연쇄고리에 의하면 간과 칸은 텡그리(돍) 이전의 磊층에 해당하고, 텡그리와 한 사이에 들어 있는 것이 붉이다. 텡그리와 붉을 구별해야 될 이유는 뒤르크족 전통에 의하면 텡그리가 태모신과 연관이 돼 있기 때문이다.

필자의 지론에 의하면 '태모太母Greater Mother'와 '여신女神Goddess'은 구별된다는 점이다. 전자는 생산과 토지에 관련된 태모胎母로서 물질적 존재이지만, 후자는 도덕적 가치를 갖춘 정신적 존재이다. 그런 의미에서 여기서 말하는 텡그리는 태모이지 여신은 아니라는 것이다. 텡그리는 뛰르크족에서 '우마이'로서 우리말의 '어마'와 같고 이로서 삼신할머니에 해당한다고 본다. 뛰르크족에서 텡그리와 우마이와의 관계가 어떠한가를 보는 것은 돍과 붉의 층을 구별하는 데도 도움이 된다. 김효정은 "툰유쿡 비문에는 하늘의 절대신 텡그리와 같은 개념으로 '텡그리 우마이Tengri Umay'라는 표현이 있다. 우마이 여신에 대한 신앙은 유라시아 곳곳의 뛰르크족에게 여전히 존재하고 있음을 볼 수 있다. 알타이족에게 우마이Umay는 어린이와 가축을 보호하는 여신이며 야쿠트족의 '오고 으므타Ogo Umita'는 우마이와 어근이 같다"(김효정, 394)라고 한다. 김효정은 '여신'이라고 하는데 엄연히 우마이는 생산과 다산을 좌우하는 태모이다. 뛰르크족의 구비문학에 의하면 "우리 조상 월켄으로부터 우리가 창조되었을 때에 두 그루의 박달나무와 우마이가 함께 하늘로부터 내려왔다"고 한다. 이는 단군신화소와 많은 점에서 유사성을 갖는다. 비문에 의하면 텡그리와 우마이가 함께 묘사되어 있는데 "텡그리 우마이와 거룩한 땅과 물의 신도 우리를 도왔다"(김효정, 2007, 394) 우마이는 '태반'의 의미를 지니는 것으로서 태모적 성격을 나타낸다. 그렇다면 텡그리 역시 태모이며 그런 의미에서 붉이전 둙층에 속한다고 확신하게 된다. 둙과 붉의 관계에 대해서는 다음 장에서 다시 논하기로 한다.

터키의 아나돌루에서도 갓 태어난 아기의 태반을 사람이 밟지 않은 땅에 파묻고 경의를 표한다. 이러한 태반을 묻는 의식은 '우마이(태반)'가 아기와 어머니를 보호하는 여신Umay에 대한 관념을 나타내는 것과 관련이 있다. 우마이는 어린이뿐 아니라 모든 갓 태어난 생물을 보호하는 존재로 항상 어린이들과 함께 한다고 믿는다. 우마이를 텡그리와 연관을 시키면 텡그리가 둙층의 태모와 연관이 되는 것을 발견한다.

알타이족의 천지창조신화에서도 천상의 17층에 거하는 절대신 '텡그리, 텡게레 카이라 칸Tengere Kayra Kan'은 천상의 모든 신 가운데 가장 우선되며 으뜸이 되는 신이며, 탄르월겐은 천상의 16층에 거하여 기후와 풍요 및 재생산을 담당하는 신으로서 절대신 텡그리의 권한으로 창조신이 되어 인간의 모든 기원을 받는 대상이자 제물을 받는 신이다.(김효정, 2007, 400) 라들로프의 천지창조신화에서는 절대신 텡그리, 텡게레 카이라 칸Tengere Kayra Kan이 직접 인간을 만든다. 텡그리는 모든 신 가운데 가장 위대하고 모든 존재의 시작이며 인류의 부모가 되는 존재로 우선 자신의 모습과 비슷한 한 피조물을 만들고 그 이름을 키쉬Kishi라 한다. 텡그리는 키쉬에게 바다 밑에서 흙을 가져와 땅을 만들도록 명령한다.(김효정, 2007, 400) 인류의 조상인 탄르 카라한Tanr Karahan이 최초에 자신의 모습과 비슷한 한 피조물을 만들어 그 이름을 키쉬Kishi라 하였다. '키쉬'는 수메르 신화의 엔키와 매우 같은 기능과 양상을 가지고 있어서 다음 장에서 논하기로 한다.

튀르크 샤먼의 기도문 속에서 텡그리는 인격화 돼 튀르크족들은 '텡그리'를 '하늘의 신' 개념으로 사용하고 있지만 각 지역마다 텡그리의 기능은 다양하게 변하여 텡그리가 고유명사가 아닌 일반명사로 변해 버린다. 이는 수메르에서도 나타나는 현상으로서 거기서 단군도 예외는 아니다. 제반 다른 텡그리의 기능을 보면, 알타이 샤먼은 우리의 조상 칸 텡 게레, 피조물을 창조한 텡게레, 별들로 세상을 장식한 텡게레라고 부르고, 야쿠트 튀르크족은 모든 신과 죽은 자들 및 우상에게도 '탕가라'라고 부른다. 한편 투바 샤먼은 기도할 때 자신이 텡그리의 심부름꾼이라고 말하고 있다.(김효정, 2007, 401) 이슬람 종교와 습합 돼 텡그리가 알라Allah의 개념과 혼동돼 '알라 텡그리Allah Tengri'로 묘사되기도 한다. 마치 기독교의 야훼가 엘(하나님)과 습합돼 한국 기독교인들이 '야훼 하나님'이라 하는 것과 같다. 텡그리가 이와 같이 인격화 되고 남성원리로 변할 것을 돎과 구별하여 붉이라고 한다.

(6) 육당의 텡그리-붉 고리와 한연쇄 고리

김경탁의 곰-돎-붉-훈의 고리

최근 구글에서 발견된 자료에 의하면 "최남선의 '불함문화론'은 사회에 대한 인식이 결여된 채 문화만을 가지고 접근하여 정신으로서 이 모두를 포섭하려는 관념적 문화주의에 머물러, 결국에는 일제말기에는 변조되어 우리의 민족적 역량에 대해서 회의적이고 우리 민족성의 결함만을 찾으려 함으로써 패배적 민족주의로 치우치게까지 가게 되었다는 비판이 있다."와 같다. 육당 이후 50여 년이 지난 1970년에 고려대학교의 김경탁은 불함문화론에 대한 일체 언급 없이 금, 둙, 붉, 훈을 문화목록어로 제시하면서 이를 시대별로 구석기 시대-금, 신석기 시대-둙, 도토기 및 청동기 시대-붉, 철기시대-훈으로 구분하였다.[14]

김경탁도 육당과 같이 언어비교와 민족이동설과 발생설에 그 방법론적 근거를 두고 있다는 점에서는 같다. 지금의 '하느님'(한)이 형성되기까지는 적어도 기백만년 전부터 유동적으로 시대마다 발성기관의 변화에 따라 변해왔다는 것이다(김경탁, 1979, 111). 육당이 공간적으로 붉을 추리했다면, 김경탁은 시간적으로 그렇게 하고 있다. 그는 육당의 불함문화론에 대해서는 아무런 언급도 하지 않고 그의 독자적인 방법론으로 문화목록어를 나열한다. 그에게서 문화목록어란 신의 명칭인 동시에 종족의 명칭이고 그 명칭을 사용하던 종족들이 살던 장소의 명칭이다. 즉, 그는 시대별로 1. 종족의 주거 환경의 변화와 이동과 도구의 변화, 2. 문화목록어 발성 기관의 변천과 언어발달 과정, 3. 신명과 종족명의 변화 등에 응용된 예들을 들어 설명하는 것으로 그의 이론을 전개하고 있다. 이에 필자는 육당과 김경탁의 방법론과 그 내용을 여기에 비교 소개한 후 필자의 입장을 피력하기로 한다.

김경탁은 제 4빙하기 이후 백만년 전부터 인간들이(원인原人) 동쪽으로 이동하여 백두산 일대 고산지대에서 수렵을 주로 하는 '굴살이'를 한다. 즉, 약 백만년 전에 아시아 대륙 북방에 거주하고 있던 원인原人 Pekin-man이 동쪽으로 이동했는데 이들이 금족이다. 금족들은 백두산을 근거지로 하여 만주와 한반도 일대에서 수렵생활를 하였다. 이들은 굴속에서 생활했으며 남녀혼교, 모계, 그리고 토템으로는 곰이었

---

14 김경탁, 〈한국원시종교사〉 2,《韓國文化史大系 11》, 서울: 고려대학교민족문화연구소, 1979.

다. 이 때에 인간들은 타제석기를 사용하는 소위 구석기시대에로 돌입하는데, 이때의 종족은 곰족이고 신은 곰신이다. 융 심리학에서는 이 시기를 '타이폰 기Typhon period'이라 한다. 그리스 신화에서 타이폰은 카오스의 자녀로서 반인반수적 존재이다. 뭍이 물에 빠지자 인간들이 평원(들)으로 내려와 이 때부터 '들살이'를 시작한다. 평원은 산과 평야(벌)의 중간 지대로서 산에서 수렵과 평야에서 농사를 겸할 수 있다. 마제 석기를 사용한 소위 신석기 시대가 이 때부터 시작된다. 이 때에 종족은 닭족이라 하고 신은 닭신이라 한다. 닭신은 최초로 인간의 모습을 한 신이고 그것은 남성이 아닌 여성으로 이를 두고 '태모太母'라 한다. 이는 '여신女神'과는 다른 생산과 다산을 좌우하는 엄격한 의미의 '태모胎母'이다. 융 심리학에서는 이 시기를 '태모기Greater Mother period'라 한다.

평원에서 들살이를 한 다음 기원전 13세기경부터 평야지대로 내려와 '벌살이'를 시작한다. 도토기陶土器와 함께 청동기를 함께 사용한다. 이 때의 종족을 붉족이라 하고 신을 붉신이라고 한다. 청동기와 도토기를 사용한 도구의 발달이 과거와는 비교가 안 될 정도로 달라졌다. 진정한 의미의 역사란 이 때부터 시작된다. 고조선의 여명기가 이 때부터이고 '단군조선'이란 바로 이 때부터 시작된다. 이 시기의 연장이 현재까지 이어지고 있다. '벌살이'에서 작은 도시 개념이 생겨났으며, 이를 신시神市라고 했다. 여기서 '시'란 저잣거리 정도의 개념이다. 그라나 벌살이가 '서라벌'이 되고 그것이 '서울'로 되는 것으로 보아 도시polis가 붉과 함께 태동된다. 융 심리학에서는 이 시기를 '태양화 시기Solarization period'라 한다. 신도 여성에서 남성으로 변하는 시기로서 이를 두고 '에누마 엘리쉬enuma ellish'라 한다. 이전 시기에서 볼 수 없었던 격변의 시기이다. 고인돌이 이 시기의 상징물로 남아 있다.

철기 시대는 중국의 한대(기원전 4세기)부터 시작되었고, 한국의 삼국시대(기원전 57년-기원후916년)가 철기 문화 시대라 할 수 있다. 그리고 오늘날 모든 건축물과 전선에 이르기까지 철이 없이는 모든 것이 불가능할 정도로 철기 문화는 지금도 지속되고 있다. 이 철기 시대부터 등장한 종족을 흔족이라 할 수 있고, 신은 흔이고 이 때부터 인격화 돼 '하나님' 혹은 '하느님'이 된다. 하느님 신앙은 북부여에서 고구려를 거쳐 고려 그리고 조선조에서 지금까지 중단 없이 이어져 내려오고 있다. 그러나 우리가 알아야 할 사실은 흔이 결코 독자적인 것도 유일한 것도 아니란 점이다. 그 이전의 곰 닭 붉을 전제하고서야 흔이 바로 이해될 수 있다는 점이다. 필자는 곰 이전의 올을 추가하여 이를 '문화목록어'라 한다.

다음은 문화목록어인 동시에 종족의 이름과 신의 이름들이 인간의 구강 안에서 어떻게 형성되는지 그 순서를 볼 차례이다. 눈에 보이는 종족의 이동과 변화라는 하드의 변화에 나란히 병행하면서 소프트의 변화가 동시에 진행된다. 김경탁은 인간의 구강내 발성기관의 변화가 문화목록어의 변화 과정과 대응이 된다고 다음과 같이 보고 있다.

발성기관으로 본 문화목록어

입 안에서 인간의 발성 기관으로 내는 소리의 순서는 인간의 언어 발달의 순서와 나아가 의식의 변화층과 일치한다. 즉, 5음의 발달 순서는 후·아·설·치·순음의 순서이다. 세종대왕이 훈민정음을 창제할 때에 아래와 같은 역의 음양오행의 구조와 순서에 따랐다. 여기에 올, 곱, 닭, 붉, 삶, 흔의 초성을 대응을 시키면 다음과 같다.

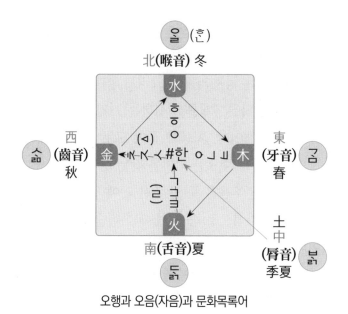

오행과 오음(자음)과 문화목록어

인간은 인간의 내부 안에서 자생적으로 음을 낼 수 있는 것이 아니고, 외부에서 들려오는 소리를 듣지 않고는 발성을 할 수 없다. 농아들이 발성기관에는 문제가 없지만 말을 하지 못하는 이유는 외부에서 들려오는 소리를 들을 수 없기 때문이다. 그렇다면 백 만년 전 구석기 시대에 인간이 외부로부터 들을 수 있는 첫 번째 소리는 가장 가까이 있는 동물이 내는 소리이고, 아시아대륙 북방에 거주하던 원인들이 들을 수 있었던 그 첫 번째, 그리고 가장 빈번히 들을 수 있었던 동물의 소리는 다름 아닌 곰이 내는 목구멍 소리들 즉, 후음들 'ㆆ', 'ㅎ', 'ㆅ', 'ㅇ'의 4가지이다. 이들이 모음들과 조절하여 해, 흙, 한 같은 소리들을 처음 내었을 것이다. 이들 음들을 오행에서는 수水라고 한다. 모든 생명이 물속의 올에서 나오듯이 모든 음은 후음에서 시작한다. 오행의 운행순서는 보통 목화토금수 순으로 상생을 한다. 수는 목을 낳는 모태인 동시에 오행의 순환이 끝나는 종점이다. 모태일 때를 올이라 하고 끝날 때를 흔이라고 한다. 그래서 후음은 모든 음의 시작을 가능하게 하는 동시에 모든 음이 수렴되게도 한다. 이들 음들이 '올'과 '흔'으로서 한자로는 영英 과 양壤 그리고 환桓, 환치, 한韓 등으로 한자로 전음된다. 알은 다른 4개를 형성하는 기저와 같은 것이다. 흔도 끝인 동시에 전체 자체이다. 처음과 끝이 모두 후음 속에 들어 있다. 이는 수학적으로도 매우 주요한 의미를 갖는 것이다.[15]

위 도표에서 볼 때에 후음은 목 안 깊은 곳에 위치해 있으며 다른 음들과는 달리 자기 독자적으로 숨을 쉴 때와 한숨을 쉴 때에 저절로 나오는 소리이다. 목구멍 다음에 위치한 것이 어금니로서 여기서 나는 소리를 '아음'이라고 한다. 수생목에 의하여 아음을 '목'이라고 한다. 아음에 해당하는 것이 ㄱ. ㅋ. ㄲ. (ㅇ)이다. 어금니는 목구멍과 가장 가까이 있어서 지금 현대인들도 후음와 아음은 방언에 따라 가장 많이 혼동된다. '해'를 '개'라 하고 '감'을 '해모'로 '아해'를 '아기'로 발음하는 것이 그 예이다. 이렇게 후음과 아음이 혼동되어 한자음으로 전음 된 경우가 '韓', '干', '解', '駕', '蓋', '高', '金', '今' 등이다.

발생 기관의 순서로 보았을 때에 당연히 후·아·설·치·순이어야겠지만 훈민정음 〈해례본〉에서는 아·설·순·치·후의 순서이다. 이는 중국

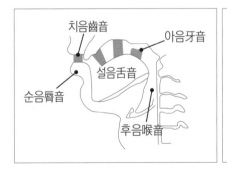
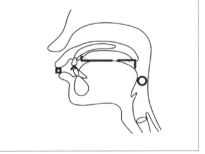

---

15 멱집합에서 집합 전체 자체는 자기 자신의 부분이 된다.

의 음운학 순서와 오행의 순서를 그대로 따랐기 때문이다. 생리적으로 폐에 가까운 소리부터 발음하기 위함이다. 해례본에서도 "오음 중에서 어금니 소리와 설음이 으뜸이다"라고 했다. 그러나 만약에 후음을 무시하고 편의상 아와 설음부터 문자 제작을 하려 했더라면 제작 자체가 불가능했을 것이다. 신의 명칭에 있어서도 마찬가지이다. 곰(아음)과 둙(설음) 이전의 자리인 후음에서 나오는 ㅇ나 · 가 없었더라면 소리 자체를 만들 수조차 없었을 것이다. 후음은 입을 벌릴 때에 자연스럽게 나오는 소리로서 동물도 자연스럽게 낼 수 있는 소리이다.

인체상으로 볼 때에 어금니 다음은 혓바닥 소리 즉, 설음이다. '목생화'에 의하여 설음은 오행으로 화이고, 'ㄷ', 'ㅌ', 'ㄴ'(ㄹ)이 이에 해당한다. 이 설음에서 문화목록어 둙이 나온다. 혀 다음에 있는 것이 이빨과 입술이다. 이빨에서 나는 소리를 치음이라 하고 입술에서 나는 소리를 순음이라고 한다. '화생토'에 의하면 순음 'ㅁ', 'ㅂ', 'ㅍ'이 생겨나 여기서 문화목록어 붉이 나온다. 다음은 '토생금'에 의하여 순음 다음에 치음 ㅊ, ㅈ, ㅅ이 나온다. 금에서 '숡'(사람)이 나온다. 다음은 '금생수'에 의하여 다시 처음으로 되돌아 온 자리에서 흔이 나온다. 수에서 올과 흔이 함께 나온다. 음의 발생순서에 순차 번호를 붙여보면 아래와 같다.

ㅣ	·	ㅡ
1	2	3
ㄱㅋ	ㄴㄹ	ㄷㅌ
4	5	6
ㅂㅍ	ㅅㅎ	ㅈㅊ
7	8	9
	ㅇ	
	10	

木	아음牙音, 어금닛소리	ㄱ, ㅋ
火	설음舌音, 혓소리	ㄴ, ㄹ, ㄷ, ㅌ
土	순음脣音, 입술소리	ㅁ, ㅂ, ㅍ
金	치음齒音, 잇소리	ㅅ, ㅈ, ㅊ
水	후음喉音, 목구멍소리	ㅇ, ㅎ

오행과 우리말소리

위의 분류는 발음 기관에 의한 분류지만 소리의 성질에 의해서도 다음과 같이 분류할 수 있다. 도표는 한글도 일종의 상형 문자로 본다면 발음기관 상형(ㅇ, ㅁ, ㅅ)과 발음 작용 상형(ㄱ, ㄴ)으로 나눌 수 있음을 잘 보여주고 있다. 분명히 ㅇ, ㅁ, ㅅ는 발성기관을 상형한 것이고, ㄱ, ㄴ은 발음 작용을 상형한 것이다.[16] 1867년 벨A.M.Bell은 가장 이상적인 문자는 소리나는 기관과 작용을 모방한 것이라고 했다. 그의 예언은 이 500여년 전에 한글에서 실현돼 있었다.(김슬옹, 《28자로 이룬 문자혁명》, 서울: 아이세움, 2007, 151쪽)

발음 기관에 이어 발음 성질 즉, 청(맑음)과 탁(흐림)의 정도에 따라서 음을 분류하면 전청(아주맑음소리), 차청(버금맑음소리), 불청불탁(안 맑안흐림소리), 전탁(아주흐림소리)과 같다. 흥미로운 사실은 아래 도표에서 보는 바와 같이 문화목록의 초성들 가운데 후음(ㆆ,ㅇ,ㅎ)을 제외하고는 ㄱ, ㄷ, ㅂ, ㅅ 모두가 전청에 속한다는 것이다. 그 이유는 전

---

16 첫소리 글자는 모두 17자인데, 어금니소릿자 ㄱ은 혓뿌리가 목구멍을 닫는 모양을 본뜨고, 혓소릿자 ㄴ은 혀가 위 잇몸에 붙는 모양을 본뜨고, 입술소릿자 ㅁ은 입의 모양을 본뜨고, 잇소리자 ㅅ은 이의 모양을 본뜨고, 목청소릿자 ㅇ은 목구멍의 모양을 본떴다. 《훈민정음 해례본》 제자해.

청이 다른 음들에 비해 가장 쉽게 발음할 수 있기 때문일 것이다. 후음 ᅙ, ㅎ, ㅇ 가운데 전청은 ᅙ인 것으로 보아 ᅌ과 ㆆ의 초성도 ᅙ일 가능성이 높다.(김슬옹, 2007,183)

소리 성질 발음기관	전청 (아주맑음소리)	차청 (버금맑음소리)	불청불탁 (안맑안흐림소리)	전탁 (아주흐림소리)
어금닛소리(아음)	[ㄱ]	ㅋ	ㅇ	ㄲ
혓소리(순음)	ㄷ	ㅌ	[ㄴ]	ㄸ
입술소리(순음)	ㅂ	ㅍ	[ㅁ]	ㅃ
잇소리(치음)	[ㅅ] ㅈ	ㅊ		ㅆ ㅉ
목청소리(후음)	ᅙ	ㅎ	[ㅇ]	ᅘ
반혓소리(반설음)			ㄹ	
반잇소리(반치음)			ㅿ	
	6자	5자	6자	6자
기본자	17자			
초성	23자			

소리 성질과 발성기관

한글은 실로 발성기관의 모양이라는 기표와 발성작용이라는 기의로 나눈 다음 발음기관별로 소리의 성질을 다시 나눈다. 이렇게 나누어 놓고 볼 때에 우리 민족의 문화목록어가 갖는 의의를 재삼 인지할 수 있다.

문화목록어를 오행과 연관시킨 이상 우리는 문화목록어들 간의 상생상극 관계를 이를 통해 알 수 있다. 이 말을 바로 이해하기 위해서는 문화목록어들이 시대를 관류하는 동안 하나도 파손됨이 없이 축적되어야 한다. 하나라도 파손이 되고 훼손이 되면 5행간의 유기체적 성격이 말소된다. 오늘날 세계 종교의 가장 큰 문제점은 다름 아닌 민족 문화목록어가 존속되지 못해 신관의 총체적 모습과 양상이 사라지고 말았다는 데 있다. 그 이유는 후대에 오는 것들이 선대의 것들을 보존과 존속을 시키지 못하고 단절이 되어 균열이 생겼기 때문이다.

다음에 오는 음이 무엇이냐 따라서 우리 입 안의 소리 나는 곳은 민감하게 반응을 보인다. 구석기 시대의 '굴살이'와 '곰'신, 신석기 시대의 '들살이'와 '닭'신, 그리고 청동기 시대의 '벌살이'와 '붉'신, 철기 시대의 '하나님'(ᄒᆞᆫ님)의 순서에서 먼저 있었던 것들이 손상됨이 없이 후대에 그대로 보존되면서 이어진다는 것이다. 그런데 여기에 한가지 규칙이 있는데 김경탁은 이를 '후래거상'이라고 했다. 즉, 그의 지적 가운데 괄목할 만한 점은 소리의 발생순서와 문화목록어의 후래거상後來居上, 즉 "뒤에 오는 말이 위에 있다"이다. 후래거상에 의하면 음의 발생순서는 곰-닭-붉이지만 그 놓이는 순서에 있어서는 그 반대인 붉-닭-곰이다. 한자화 되면서 후래거상 현상이 뚜렷해, 붉닭, 혹은 '배달倍達'과 혹은 닭곰 '대감大監' 같은 것이 이에 해당한다. 예를 들어서 제帝가 천天보다 먼저이지만 '천제天帝'라고 한다.

어린 애기가 뱃속에서 생겨나는 발생순서는 촉각-후각-미각-청각-시각이다. '이비인후과耳鼻咽喉科'라 함으로 그 순서가 반대이다. 유식불교에서도 후래거상을 적용하여 '안이비설신'이라고 했다. 이것은 생물학적으로 발생하는 순서와는 반대이다. 나중에 나오는 말이 먼저 있었던 말과 연속과 화합이 될 때에 나중에 오는 말이 더 포괄적이고 전체적인 의미를 갖는다. 즉, 나중에 나오는 말은 자기 자신이 전체이면서 동시에 개별적이다. 수학에서는 이런 것을 두고 '순서수의 역설' 또는 '멱집합power set冪集合'이라고 한다. 가장 나중에 나오는 말은 자기 자신이 한 요소인 동시에 전체 자체이다. 이를 '멱집합의 원리'라고 한다. 후래거상은 바로 멱집합의 원리 가운데 한 단면을 잘 보여준다고 할 수 있다.

문화목록어와 후래거상의 문제

서양수학에서 이러한 멱집합을 알게 된 것은 19세기 후반 칸토어의 집합론 이후부터이다. 부분의 합이 전체라는 유클리드의 공리가 멱집합을 받아들일 수 없게 했다. 먼저 있었던 말이 뒤에 오는 말과 결접될 수도 없었고, 뒤에 오는 것이 위에 거할 수도 없었다. 그래서 인도-유럽적 문화목록어들은 모두 분리되고 균열적이다. 이런 후래거상 현상이 인구 문화권에서는 찾아보기 힘들다. 그 이유는 전후 문화의 단절 때문이다. 예를 들어서 Logos와 Pathos라고 할 때에 양자 사이는 단절이고 균열이 있을 뿐이다. 김경탁은 서양에서는 신관이 다신론에서 일신론으로 발전하든지, 일신론에서 다신론으로 발전하지만 우리 민족에서는 다신론-다신론적 일신론 혹은 다신론적 일신론-일신론 시대로 발전한다고 한다. 이런 현상을 후래거상에서 찾을 수 있다. 서양에서는 문화목록어 사이에 단절과 균열이 있었지만 우리에게서는 그런 것이 없는 연속과 화합이다. 다시 말해서 나중에 나타난 신은 이전에 있었던 신들을 예외 없이 악마화 시켜 제거하거나 박멸해 버린다. 후래거상後來居上이 아니고, 뒤에 나온 것이 앞의 것을 제거하는 후래거전後來去前이라 할 수 있을 것이다. 서양의 경우, 나중에 오는 신들은 모두 천사가 되고 그 이전의 신들은 모두 사탄 악마가 된다. 그러나 우리 불함문화권에서는 상반된 두 말이 연칭이 되기도 하고 결합도 된다. 예를 들어서 '우주宇宙'라 할 때에 우宇는 공간 개념이고, 주宙

는 시간 개념이다. 서양에서 시간과 공간이 결합 관계라는 것을 알게 된 것은 20세기에 들어와서이다. 모두 언어의 전후가 균열되었기 때문이다.

인도와 유럽에서는 전과 후 사이에 균열이 생겼으며 이를 '유럽적 균열European dissociation'이라 한다. 인도-유럽 문화권에서 후래거상은 드문 일이다. 이에 대해 동양 특히 한국 문화권에서 후래거상은 '한국적 화합Korean association' 때문에 다반사로 있는 일이다. 김경탁은 문화목록어를 인간의 주거 환경의 변화, 음성 발달 과정의 변화, 그리고 언어학적 변화에다 순서대로 적용시키고 있다. 그러나 필자는 이들 문화목록어를 융의 분석 심리학에 적용한 E. 노이만과 초인격심리학자 K. 윌버의 방법론을 원용하여 문화목록어들을 대응시켜 《한민족의식 전개의 역사》(지식산업사, 1988)를 저술한 바 있다. 이는 E. 노이만의 *The Origin and History of Consciousness* 의 방법론을 원용한 것이다. 즉, 올-우로보로스Uroboros, 곰-타이폰Typhon, 둙-태모Greater Mother, 붉-태양화Solarization과 같다. 후래거상에 의해 옳곰은 '왕검'으로, 둙곰은 '대감'으로 한자화 되었다. 그렇다면 텡그리는 다름 아닌 '둙곰'이라 할 수 있다. 그런 의미에서 텡그리는 다음에 말할 붉과는 다른 그 이전 층에 나타난 것이라 할 수 있다. 그러나 문화권에 따라서는 그 반대일 수도 있다. 텡그리가 일본 같은 곳에서는 천신으로 지고의 신이 되기도 한다.

불함문화론의 원천이 된 붉은 밝음과 광명을 의미하며 노이만이 언급한 '태양화 시기'에 해당한다. 인간들이 산에서 '굴살이', 평원에서 '들살이'를 끝낸 다음 다시 평야로 내려와 '벌살이'를 한다. '신시神市'란 벌살이 때에 해당한다. 벌살이가 시작되면서 인간에게는 '전에 들어 보지 못하던 일들something unheard before'이 생긴다. 오행의 토에 해당하는 순음이 발달하여 붉을 자유롭게 발음할 수 있게 되었으며 불함문화론이 비로소 시작된다. 벌살이가 도시 국가라고는 할 수 없다. '마을' 공동체를 통한 '울'(울타리)가 만들어지던 때이다. 기원전 2천년 전후는 청동기와 도토기를 겸용하던 시기에 해당한다. 이 때를 두고 서양에서는 하늘에서 신이 내려올 때를 의미하는 '에누마 엘리쉬 Enuma Ellish'라고 한다. 이 시기의 특징은 하늘 문이 열리면서 하늘에서 남자 영웅신들이 일제히 쏟아져 내려오던 때이다.

그리스에선 제우스가, 바빌로니아에선 마르두크가, 인도에선 인드라가, 조선에선 환웅이 일제히 내려오던 시기이다. 이들은 하늘, 광명, 남성이라는 남성원리를 갖춘 것이 특징이다. 그래서 이 시기를 '태양화 시기 Solar age'라고 한다. 그리고 이 같은 시기를 두고 불함문화가 등장하는 시기라 하고, 붉이 문화 목록어로 변하는 시기이다. 이 시기는 지금까지도 연장되고 있으며 이 때에 변한 산천의 지명이 박과 백이란 것이다. 박朴, 백白, 해解 등 모두 태양화 시기에 해당하는 목록어들이다. 최남선은 이러한 맥락을 모르고 이 붉과 그 이전의 텡그리(둙굼)에만 함몰하게 된다.

이제 대륙의 북에는 구이에 이어 부여를 세운 해모수, 고구려의 주몽이 서고, 남에는 가락국의 김수로, 신라의 석탈해, 김알지, 박혁거세 등 우리 문화목록어인 박과 관계되지 않는 것이 없을 정도이다. 단군은 이미 텡그리(둙굼)라 했으며, 단군 이후 대륙의 남북단에는 붉 문명이 태동하고 있었다. '왕검'의 '검'과 '니사금'의 '금'과 '해모수'의 '해모'가 모두 '굼'의 전음이다. '왕검'의 경우 '왕'은 후음 '울'이고 '검'은 아음이다. 그렇다면 '단군왕검'이란 둙·울·굼으로 닭의 알에서 나온 굼신이란 뜻이 된다. 김경탁의 문화목록어에 을을 첨가해 울·굼·둙·붉·흔으로 결정지을 수 있다고 본다.

(7) 수메르와 텡그리-붉

문화목록어로서의 뎅그리

'텡그리즘'은 지금 지역에 국한된 개념이지만, 막상 그것은 문명의 시원과 연관이 된다. 즉, '텡그리'는 수메르의 문명의 시원이고 근원이라 할 정도로 주요하다. 수메르어와 여타 다른 나라 언어들의 관계를 연구하는 학자들이 한 가지 이구동성으로 동의하는 것은 수메르의 딩그르와 몽골어의 텡그르가 같다는 것과, 몽골어의 그것은 한국의 '당골레' 혹은 '단군'과 일치한다는 것이다. 문화목록어의 자격요건은 그것이 반드시 신명에 연관이 되는 것은 기본이고, 나아가 주요 인명과 지명과도 연관이 되어야 한다. 그런 점에서 수메르어 딩그르는 수메르의 문화목록어가 되기에 아무런 하자가 없어 보인다.

수메르어에서 신을 의미하는 말은 딘·기르DIN.GIR이다. DIN은 '정의로운', '순수한', '밝은' 등을 의미한다. 수메르의 대법원에서 증언하는 사람들은 세개의 '신성한 물체'를 들고 있는데 '황금의 구', '기르GIR', '알라크마흐라티'(배의 모터나 엔진을 의미)가 그것이다. 길가메쉬가 파수꾼을 두고 '기르사람'이라고 한 기록이 나온다. '기르'는 길이가 긴 첨탑 모양을 한 물체를 나타낸다. 수메르 닌우르타 신전에서 가장 신성하고 엄하게 보호되던 지역을 '기르수GIR.SU'라고 했으면 이는 '기르가 오르는 곳'을 의미한다. 박혁거세가 탄생한 계림과 같은 곳을 의미한다. 기르의 상형문자의 모습은 아래와 같다. (시친, 신들의 고향, 2014, 211)

GIR의 설형문자

다음은 DIN.GIR가 어떻게 연관이 되는지를 신명과 연관하여 DIN에 대하여 알아보기로 한다. DIN은 '밝고 뾰족한 물체 같은 정의로운 존재'를 의미하면 그것의 상형 문자는

DIN의 상형문자

DIN과 GIR 두 언어를 결합한 상형문자는

DIN.GIR의 상형문자

와 같다.

DIN.GIR는 E.DEN이란 지명과도 밀접하게 연관이 된다. '에덴'이 구약 본래의 것이 아니고, 고대 메소포타미아에서 기원한 아카디어 '에리두ERIDU' 즉, '들'에서 유래한다.(시친, 신들의 고향, 343) 벨은 E를 중국어 '옥옥屋'에서 유래한다고 하면서 '거주처' 혹은 '집'이라고 한다. 인간들이 산에서 내려와 들(평원)에 살다가 벌(평야)로 이주한다. 대홍수 이후 인간들은 고산지대에서 굴살이를 하다 들살이-벌살이로 자연스럽게 이주한다. 에덴의 어원으로 보아 구약 성서는 인간이 들살이를 시작하면서부터 인류문명이 시작하였다고 본다. 에덴의 날씨는 따듯하고 바람이 시원한 곳으로 묘사하고 있다. 그 곳에는 4개의 강물이 흐르고 있다. 구약 어느 곳에서도 우리는 빙하기의 흔적으로 그리고 굴살이를 찾아볼 수 없다. 에덴은 벌도 아닌 들살이 때의 흔적을 보인다. 이것이 구약이 말하는 문명 시원의 한계이다.

벌살이를 시작하던 청동기부터 도시를 건설하기 시작하는데, 수메르 문헌들은 도시들이 세워지던 순서를 차례로 기록하고 있다. 빙하

기가 막 끝나갈 무렵부터 인간들이 벌살이를 시작할 때부터 근동아 지역에서는 '에리두'란 도시가 최초로 건설 되었으며, '에덴'이란 말이 여기서 기원한다. 에리두를 필두로 에리두-누딤무드-바디트비라-누기그-라락-파빌상-시파르-우투-수드가 그 순서이다. 이 최초의 도시 에리두를 구약성서는 '에덴'이라고 한 것이다.

에덴은 신명과 지명으로 뿐만 아니라 주요 인명으로도 사용되었다. 《에녹서》는 EDNI란 아내를 취하였는데 그 의미는 '나의 에덴my EDEN이다. EDNI의 아버지는 단-엘DAN-EL이고 그녀는 므두셀라Methuselah란 아들을 낳았다.(Sitchin, *The Stairway of Heavewn*, 1980, 110) 구약성서에서 우화등선 즉, 산 몸으로 하늘에 오른 인물이 바로 에녹이고, 므두셀라가 구약 안에서 가지고 있는 위상을 생각하면 DIN.GIR가 문화목록어로서의 자격을 갖추기에 부족함이 없다고 본다. 므두셀라를 신약의 히브리느는 예수의 전신이라 했다.

DIN.GIR의 어원과 문법, 그리고 종교적 의의

수메르어 DIN.GIR는 두 음절로 된 한정사이다. 다시 말해서 DIN.GIR는 모든 신들의 이름 앞에 붙어 따라 다니면서 그것이 신의 이름이라는 것을 한정해 주는 역할을 한다. 예를 들어서 DIN.GIR Enlil, DIN.GIR Enki 등과 같다. 서양 종교사에서 신의 일반명사에 해당하는 God의 경우 다름 아닌 DIN.GIR가 그 원형이다. 실로 서양 종교사에서 2000여년 이상의 긴 역사를 가지고 있는 신의 명칭이다. 고대 아카드-수메르 어휘집에 보면 '아일루Ilu'란 말이 나오는데 이 말이 히브리와 가나안의 신 '엘EL' 혹은 '일루'이고 이 엘이 3000여년 이상 서양 세계를 지배해온 'god'이다. 그리고 아일루가 상형 문자로는 별

모양(수메르어로 '바르바르')이다. 예수가 탄생했을 때에 동방박사들이 별을 따라 예수 난 곳을 찾아가는 것도 결코 우연이 아니다.

한국의 문화목록어로 볼 때에 '아이루'는 '알'에 해당하며 '가드god'가 된 것은 성음 발전 과정에서 볼 때에 자연스럽다 할 수 있다. 알이 곰으로 변하듯이 말이다. 이에 대해서는 앞으로 신학의 토착화 작업과 함께 중요하게 다루어지지 않을 수 없을 것이다. DIN.GIR 상형 문자는 위에서 본 바와 같이 두 단계로 발전한다. 첫 번째 단계는 DIN과 GIR로 나뉘는 것이고, 두 번째 단계는 그것이 하나의 별 모양으로 합성되는 것이다. DIN은 수메르어로 '정의로운righteous'이고, GIR는 '로켓'을 의미한다고 한다. 'god'로 신 이름이 영어권 세계에서 통일돼 가고 있지만, 그 기원은 DIN.GIR이다. 그리고 DIN.GIR는 텡그리-당골레-'단군'으로 이어진다. 그리고 인류 역사상 제일 처음으로 '나의 하나님'과 같이 인격적인 존재가 된 것도 DIN.GIR이다. 우리가 관심을 아니가질 수 밖에 없는 이유이다. DIN.GIR 하나만 심층적으로 탐색을 하면 한국어와 수메르어의 관계는 물론 문명사 내지 종교사의 큰 광맥을 찾아낼 수 있을 것이다.

문법적 고찰부터 먼저 하면 다음과 같다. 수메르어에는 자음 가운데 단어의 끝 부분에 나타나는 이른바 가능태potential form로서의 자음이 있다. 예를 들어서 수메르의 신 명칭 'God'는 DINGI인데, 그것의 수동태인 '신에 의해by the God'는 DINGIRE이다. RE에서 E는 문장 구문에 의해 수동태에 해당하는 우리말의 수동태에서도 나타나는 '…에 의해'라 할 때에 주어에 붙어 수동태임을 나타내는 말이다.[17] R은 여기서 연결어로 붙는 자음이다. 다른 예로서 ASHA는 '들'을 의미하지

---

17 조철수 교수가 수메르어와 한국어가 동근임을 확신하게 된 동기가 이러한 접두사와 접미사들 때문이다. 〈부록〉 참고.

만 ASHAGA는 '들 안에서in the field'이다. 그래서 가능태란

> DINGI의 가능태는 DINGIR
> ASHA의 가능태는 ASHAG

다른 한 편 DINGI의 소유격은 DINGIRA이다. 끝의 A는 우리말 '의' 그리고 일본어의 'の'와 같은 소유격을 나타낸다. 그래서 DIN-GIRA는 '딩그르의'란 의미이다. DIN.GIR는 두 음절로 되어 있으며 한정사로 사용되어 신 일반 명칭의 접두사로 쓰인다. 예를 들어서 DIN.GIR ENLIL과 DIN.GIR.ENKI 등이 그 좋은 예이다. 단군도 접미사가 되어 부루·단군 등으로 된다.

DIN.GIR에 소유격 접미사가 붙을 경우에는 인류 종교사상 최초의 인격신 개념이 탄생한다. 즉, 아카드어 아일루ILU 혹은 일루루와 동일한 DIN.GIR에 소유격 접미사가 첨가될 경우 어떻게 그것이 인격화되는가를 알아보기로 한다.

ILI 혹은 DIN.GIR MU	'나의 하나님 MY GOD'
ILSU 혹은 DING-RA-RI	'그의 하나님 HIS GOD'
BELI	'나의 주님 MY LORD'
ABI	'나의 아버지 MY FATHER'

수메르어에서 아버지는 ABI라 하고 어머니를 AMA란 한 것은 우리와 유사하다.

기원전 3000년경에 DIN.GIR에 소유격을 첨가하여 종교학 사상 최초의 인격신은 아래와 같은 어머니 여신이었다.

AMA-DINGIR-MU, the mother-is-my-God

AMA, mother, 어머니

DINGIR, god, 하나님

MU, my, 나의

세 말들은 고대 우루 문헌 속에 나타나는데 모두 한국어와 유사성을 갖지만 인격신과의 유사성이 더 중요하다. 적어도 이러한 인격신적 표현이 고대 수메르 어휘집에 나타난다는 것은 놀랍다 아니할 수 없다. 최초의 인격신이 어머니였다는 것과 소유격 '나의'가 신에 접미사로 붙을 수 있다는 사실은 서양 문명사에서 전무후무한 일이었다.

히브리 종교사에 인격신이 등장하는 것은 야훼이며 기원전 8-7 세기 전후의 일이었다. 도르키드 제콥슨은 기원전 2000년경에 처음 인격신이 나타났다고 *The Treasure of Darkness*(Yale University Press, 1976)에서 주장하고 있는데, 수메르에서는 그것보다 1000년 앞서 이미 인격신 표현이 있었다. 그리고 제콥슨은 '아버지의 하나님the god of the father'라고 함으로서 첫 번째 인격신은 남성신이라고 했다. 그러나 수메르는 여신이다.

그런데 DIN.GIR의 전신은 '아일리ILI'이다. 그래서 ILI MU 역시 '나의 하느님'을 의미한다. '아이루'와 '엘'(혹은 엘로힘), 그리고 딩·기르 DIN.GIR가 모두 서로 밀접하게 연관이 된다. 우리 문화목록어로 하나로 엮어 보면 올-곰-돍과 같다. 지금으로부터 4000여년 전 우루 3왕국[18] 때부터 신이 인격신화 되기 시작하였다. 수메르 신들의 인격화는 그들의 독자적인 것이 아니다. 양강 유역에 내려오기 전 어디선가 이미

---

18 우르 제3왕조는 우르에 기반을 둔 기원전 2100년에서 2000년경의 수메르 왕국으로 가장 전성기에 속한 왕조이다.

그들이 먼저 있던 곳에서 가져온 것이다.

우르 3왕조(기원전 2100년경)는 환웅-단군(기원전 2300 년경) 시대에 해당한다. 《삼국유사》에 의하면 환웅이 홍익인간과 재세이화를 했다고 한다. 홍익인간弘益人間은 인격신적 특징이고, 재세이화在世理化는 비 인격신적 특징이다. 이 두 특징은 불가분리적이다. 우리의 문화목록어가 후래거상 함으로서 이 두 요소가 서로 분리되지 않았다. 올금은 비인격적, 그리고 돎붉은 인격적이다. 돎은 양 쪽의 성격을 나누어 갖는다. 보통 후래하는 것이 먼저 있었던 것들을 억압과 살해 내지 제거를 한다. 이것이 인도-유럽적 특징이라 했다. 그러나 동북아 문명, 특히 한반도내 문화에서는 이런 특징이 없거나 있어도 약하다. 결국 유럽적 균열이 인격과 비인격의 균열을 심각하게 야기 하였다.

서양 전통에서 인격신이 최초로 나타난 것은 우르 3왕조 때부터이며 비인격적인 요소들과 어떻게 균형을 유지하는지는 또 다른 종교학적 그리고 신학적 관찰의 대상이다. 아무튼 강한 인격신적 요소를 가지고 있는 히브리 전통에서 볼 때에 그것은 다분히 수메르에서 그대로 물려받은 것이다. 히브리 전통에서 '야훼 하나님'이라고 할 때 보통 이를 YAHWEH ELOHIM으로 표시한다. 전자는 인격적 후자는 비인격적인 특징이 농후하다. 그러나 히브리 전통에서 이 둘은 아무런 이상 없이 잘 조화를 유지하고 있다. 모두가 수메르 문명의 덕을 입은 바 크다.

그러나 기독교가 그리스-로마 세계로 들어가면서 가장 먼저 상실한 것이 비인격적 요소라고 할 수 있다. 아우구스티누스와 아퀴나스의 신학이 그리스 철학의 영향을 받으면서 가장 먼저 상실한 것이 비인격적 요소들이다. 후래거상이 아니고 '후래거상後來去上'이었다. 나중 오는 것이 먼저 것을 제거했다는 의미이다. 아래 수메르 신 개념들을 수에 연관시켜 보면 더욱 수메르 신들의 특징을 더 자세하게 파악하게 될 것이다.

수메르 신들과 수개념

서양에서 지금까지 나온 신들에 관한 기록 가운데 수메르 이전의 것은 없다. 하늘과 땅 사이를 자유자재로 돌아다니는 즉, 천지왕복 할 수 있는 신들의 우두머리는 안AN이다. 별모양을 하고 있는 AN은 그 생명력이 매우 길어서 설형문자가 사라지기 전인 기원전 4000년경부터 예수 시대까지 살아 생존하던 신이다.

안은 바빌로니아 등에서 '아누ANU'로 불렸다. 별 모양(✳)의 신 안은 하늘, 신성한 존재, 안의 후예들의 신 일반을 의미한다. 안은 아카드의 설형문자에서 바빌로니아와 아시리아로 그 문자 형태가 변해도 사라지지 않고 거의 4천 년 이상 그 명맥을 유지한다. 텡그리에 이어 안 역시 한국의 HAN과 연관이 있다고 본다. H음이 모음 앞에서 쉽게 탈락되는 것으로 보아 수메르의 AN과 한국이 HAN은 불가분리적이라고 본다.(II부 1장 참고) 우선 그 발성에 있어서 유사성은 물론 그 함의된 의미에 있어서도 같다. 그리고 그 변화 과정 역시 AN-ANU이듯이 HAN-HANU와 같다. 그러나 한국에서는 HANU-NIM(하느님)에서 보는 바와 같이 인격화 돼 있다. NIN에 해당하는 것이 야훼이고 아도나이이다.

그러나 한국에서는 그 생명력이 지금까지 유지되고 있다. 특히 기독교를 통해 더 활성화되어 가고 있다. 그런 의미에서 한국에서 기독교는 원형인 수메르와 다시 만나게 된다. 고향으로의 회귀이다. 그 이유는 문화목록어의 후래거상 때문이다. 후대에 나타나는 신이 전대의 신을 이어서 오히려 위로 올라가 승화돼 왔기 때문이다. 그래서 지금은 '한'이 최상에 있다. 수메르의 안이 지금까지 유지돼 오지 못한 이유는 후대의 정치구조나 사회구조가 전대의 것을 지워 왔기 때문이다. 수메르에는 안에 관한 수많은 신화와 설화들이 있다. 그 가운데서도 가장 신기한 것은 신들에게 60을 최고의 수로 한 다음 순차적으로 후대의 신들에게 수를 매겨 주었다.(시친, 신들의 고향, 2014, 161)

남성신들(6명)	여성신들(6명)
60-안(아누)	55-안투(안의 부인)
50-엔릴	45-난릴(엔릴의 부인)
40-엔키(에아)	35-닌키(엔키의 부인)
30-난나(신)	25-닌갈(난나의 부인)
20-우투(샤마시)	15-인안나(이시타르, 난나의 딸)
10-이시쿠트(아다드)	5-닌후르쌍(안의 딸)

남성신들은 모두 짝수이고 여성신들은 모두 홀수이다. 양자가 모두 10씩 차이로 상하가 나뉜다. 10에서 60까지 0으로 끝나는 숫자는 모두 남성신들에게 주었고, 5로 끝나는 숫자들은 모두 여성신들에게 주었다. 음수와 양수가 우리와는 반대이다.

수메르신들을 이렇게 수로서 표시할 때에 그 안에는 많은 의미가 들어 있다. 먼저 수메르인들은 60을 가장 높은 수로 보았고, 이를 가장 높은 신인 AN과 일치시켰다. 우리의 역에서 괘수가 모두 64개이고 천간12와 지지10의 최대공배수는 60이다. 64괘이지만 괘를 생성가능하게 하는 정괘인 건곤감리 4개를 빼면 60이다. 수메르인들은 60을 최고의 신과 일치시키는 동시에 이를 'Elisabeth'라고 했다. 여왕의 이름이 여기서 유래한다. 수메르인들은 우리와 같이 60진법을 사용하였고 이는 서양의 파운드와 같은 60진법의 기원이 되었다. 60진법이 얼마나 편리한가에 대한 설명은 여기서 생략한다.

다음 남신과 여신을 대칭 관계로 보아 남신은 우수이고 여신은 기수이다. 역과는 반대인 것 같지만 역에서도 귀장역 같은 데서는 주역과 다르고 수메르와 같다. 여기서 주요한 것은 남녀 신을 대칭 구조로 파악했고 항상 부부 한 쌍으로 보았다는 점에서 음양대칭으로 사물을 파악한 우리와 같다. 이렇게 남녀 신이 서로 상보적이고 대칭적인 것이 그리스-로마 신화, 그리고 인도-유럽 신화에서는 훼손되고 만다. 바빌로니아 신화에서 남신 마르두크가 여신 티아맛을, 그리스 신화에서 남신 제우스가 타이폰을, 인도 신화에서 남신 인드라가 여신 브리트라를 살해하는 것 등은 수메르 신화가 이들 지역에 들어가 변화 된 것이다. 대칭의 파손, 그것이 변화다. 우리 단군 신화에서 환웅과 웅녀가 결합하여 대칭을 만드는 것은 예외적이며, 이는 수메르 신 개념과 같은 궤를 유지하고 있음을 의미한다. 수메르신화에서 창조신은 닌후르쌍(5)이란 여신이다. 다음에 말할 구약의 신 엘로힘의 원형은 안이지만 엘로힘은 음양 대칭의 신이 아니다. 안에게는 안투(55)라는 부인이 있었지만 엘로힘에겐 없다. 가톨릭은 마리아로 그 역할을 대신하게 한다. 그 다음의 야훼도 배우자가 없음은 마찬가지이다.

신을 수로 표시할 때에 가장 주요하게 여겨야 할 점은 남신과 여신의 수가 항상 짝재기를 유지한다는 점이다. 다시 말해서 60과 55의 경우 두 수를 5로 나누면 12:11이 된다. 같은 방법으로 모든 대칭 관계의 수를 5로 나누면 10:9, 9:8, 8:7, 7:6,⋯ 2:1과 같아진다. 이 짝재기 비례는 창조의 비밀이다. 1:0의 비례는 곧 유와 무의 비례이고 대칭이다. 우주 창조는 이러한 짝재기 비례에서 가능해진다. 이를 두고 유무상생, 무극이태극, 일시무시 등(1:0과 같이)이라고 한다. 음수와 양수도 2:3과 같이 항상 짝재기이어야 한다. 축구공이 5각형과 6각형으로 되어 있고 우주의 운기도 5운6기인 것이 모두 짝재기 사례들이다. 여기서 말하는 짝재기란 율려律呂의 다른 표현이라 할 수 있다. 아래 도표는 수메르 신들의 숫자와 그리고 남녀 쌍들의 대칭 관계를 한 눈에 나타낸 것이다.

인도-유럽의 신관은 그런 의미에서 창조의 질서를 파손했다. 이러한 인도-유럽 신관의 파손을 '인도-유럽적 균열Indo-European Dissociation'이라고 한다. 이에 대해 한국의 신관은 '한국적 화합Korean Association'이라고 할 수 있다. 한국적 화합과 같은 유형의 신관을 수메르에서도 볼 수 있다. 이를 '수메르적 화합Sumerian Association'이라고 해 두면서 하나의 도표로 이를 예시하려 한다. 이 도표에는 수메르 신들의

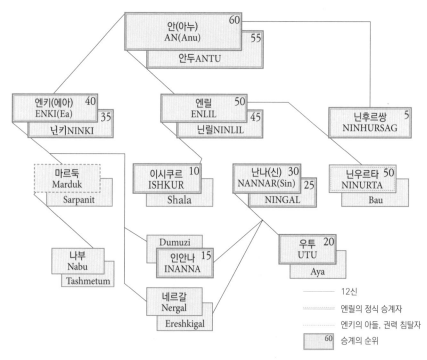

수메르 주요 남녀 신들의 계보와 숫자

계보와 남녀 신들 쌍들과 해당 숫자도 함께 볼 수 있다.(시친, 신들의 고향, 2014, 163)

수메르신화에서도 신들 간의 갈등이 있다. 그러나 인도·유럽 신화는 지속적으로 남신·여신의 갈등으로 점철된다. 그것이 남녀 신들 간의 대결과 같은 갈등은 아니다. 수메르 신관의 남녀 신이라는 대칭과 짝재기 현상은 창조의 비밀이다.

우리의 10천간과 12지지의 문제가 거론되지 않을 수 없다. 하늘의 남성신 10명(10천간)이 지상에 내려오니 12명의 여신들이 있었다. 이들이 서로 결합하려 하나 10:12(5:6)로 짝이 맞지 않는다. 이들의 짝을 맞추는 기법이 다름 아닌 60갑자이다. 수메르의 60진법 기원이 어떻게 시작했는지 그리고 수메르에도 이러한 짝재기 문제가 율려 사상으로 발달했는지 연구의 대상이라 아니할 수 없다. 이 연구는 수메르와 동북아 문명의 상호 관련성 뿐만 아니라 어디서 어디로 이동했는지의 문제도 알 수 있는 단서가 될 것이다.

DIN.GIR, AN, ELOHIM간의 상생상극 관계

수메르의 딩그르가 수메르의 다른 신들, 특히 구약성서의 엘로힘과는 어떤 관계인가를 먼저 파악하는 것은 일차적으로 주요하다. 다음으로 그것이 우리 문화목록어와는 어떤 관계인가를 알아보려 한다. 먼저 DIN.GIR는 상형문자가 설형문자로 변하면서 다음과 같이 시대별로 글꼴이 바뀐다. 즉, 상형문자 다음에 설형문자가 나타나자 DIN. GIR 역시 '안AN'으로 변하고 그 상형문자는 아래와 같다.

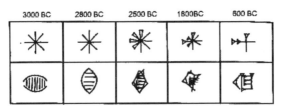

3000 BC	2800 BC	2500 BC	1800BC	600 BC

AN(신 혹은 하늘)의 설형문자

결국 DIN.GIR는 '안AN'이 되어 DIN.GIR-AN와 같이 결합된다. 설형문자 AN은 별의 반짝임을 상징한다. 별-붉과 어원을 같이 하며 수메르어는 '별'과 '밝음'을 BAR-BAR라고 한다. 예를 들어서 우투 신전 이름이 E.BABBARA인데 이는 '빛나는 집'이란 뜻이다. 이를 문화목록어로 볼 때에 AN의 성격을 그대로 나타낸 것이다. 다시 말해서 남성-하늘-밝음의 성격을 지닌 붉층에 해당하는 존재임을 나타낸다.

고대 아카드-수메르어 단어집에 보면 DIN.GIR가 '아일루ILU'로 표현되어 있는데, 이는 가나안의 신 엘 'EL'이다. 이것이 복수형이 되어 ELOHIM이 된다. 그리고 상형문자가 될 때에는 위에서 말한 별모양이다. 다시 말해서 DIN.GIR=ILU=EL이라 할 수 있다. 우리 문화 목록어로 볼 때에 닭금과 알이 서로 연관돼 나타나는 것을 발견할 수 있다. 하늘의 별 모양 그리고 '의로운 사람' 등의 의미는 앞으로 종교학적으로도 주요한 의미를 가지며 3개 이상의 목록어가 합성되어 가는 과정을 볼 수 있다. 그리고 DIN.GIR가 인간들이 들살이를 시작하면서부터 생겨진 것도 알 수 있다.

에덴EDEN은 E.DIN으로 DIN의 집(E)이란 뜻, 즉 '신의 집'이란 뜻이다. 창세기의 묘사로 보아 에덴동산이 고산지대 굴살이 때가 아닌 것은 분명하다. 적어도 빙하기 이후 물이 빠지면서 들살이를 할 때의 정경을 묘사하고 있다. 농사를 짓던 카인을 버리고 양을 치던 아벨을 선호한 것을 보면 농경 벌살이도 아닌 들살이가 인류문명의 시원으로 본 것이 분명하다. 에덴이 '들살이'라면 에덴의 동쪽은 '벌살이'를 의미한다. 벌살이와 함께 농경이 시작되고 아담과 이브는 밭갈고 논갈며 머리에 땀을 흘리며 살아야 한다. 들살이와 벌살이를 원죄 이전과 이후로 본다. 그러면서 신의 명칭도 변한다.

에덴동산과 천지를 창조한 신은 엘로힘ELOHIM이다. 엘로힘은 엘에 '해'he가 첨가된 엘의 복수형이다. 엘의 다른 복수형인 '엘림'은 드물게 나타난다. 그런데 구약성서 역사상 가장 신기하고 풀리지 않는 의문은 한국어 성서에는 '엘'이 '신' 혹은 '하나님'으로 번역돼 있어서 한국 기독교인들은 '야훼 하나님'이라 한다. 그런데 이 표현은 구약성서의 '야훼 엘로힘'에서 '엘로힘' 자리에 '하나님'을 바꿔치기해 집어넣은 것이다. 엘과 엘로힘은 동의이음equivocal이다. 그런데 어떻게 그렇게 우상 숭배를 반대하는 유대인들이 가나안 만신전의 우두머리 신인 엘을 자기들의 신으로 삼을 수 있었느냐이다.

바알과 아세라 두 신은 그렇게 배척했으나 막상 최고신인 엘은 아무 거부 없이 수용하여 자기들의 신으로 삼은 것이다. 그리고 심지어는 '이사라-엘' 할 때에 엘은 바로 그 엘 신이다. 자기들의 최고신은 엄연히 '야훼'인데도 '이스라-야훼'라 하지 않았다.(김이곤, 178) 모세이전 이스라엘 민족은 가나안 신전의 신들 가운데 엘과 연관된 신 명칭은 몇 가지 아래와 같이 그대로 가지고 와 사용했다.

EL ....(창세기 33:20)
EL ELYON(지고지존자) ....(시편 73:11)
EL OLAM(영존자) ....(창세기 21:33)
EL SHADAI(전능한자) ....(창세기 17:1)
EL RO-I(나를 보시는 분, 예시자) ....(출애굽기 6:3)

등과 같다.

ELOHIM은 보통명사 'a god'으로서 성서에 2,000회 이상 사용된다. 영어로는 'God'로 번역된다. 성서에서는 심지어 엘로힘이 이방의 신 혹은 여신의 명칭으로도 사용된다(출애굽기 12:12, 열왕기하 11:5).

제호바JEHOVAH는 이스라엘에서 인격신화되면서 4개의 히브리어 문자Tetragrammaton인 YHWH로서 '나는 스스로 있는자I am that I am'로 잘 알려져 있다. 영어로는 'Lord'로 그리고 한국어로는 '주님'으로 번역된다. 아도나이ADONAI는 '주님Lord'이지만 창세기 42:30에서는 마치 인간인 것처럼 여겨지기도 한다.[19] 특이한 현상은 '나의 주님 여호와 My Lord Jehovah'이다(창세기 15:2, 15:8, 신명기 3:24). 일종의 후래거상이다. 여기서 최대의 관심사는 우리 목록어에서와 같이 후래거상 현상이 나타났느냐이다. 나타난다고 할 수 있다. 무엇보다 '야훼 엘로힘'에서만은.

인격신관의 띠로 본 한국·수메르·이스라엘

한국·수메르·이스라엘을 하나로 엮는 실마리는 창세기 14장 18-24절에 갑자기 등장하는 멜기세덱 이야기에 있다. 난 때도 난 곳도 모르는 '제사장'과 살렘의 '왕'의 직책을 가지고 있는 멜기세덱은 예수의 전신으로 알려져 있다. 그가 얼마나 지고한 인물인가는 아브라함의 머리에 손을 얹고 축복하는 장면에서 절정에 이른다. 그는 살

---

19 ADONAI에서 소유격 '나의'에 해당한 AI가 탈락되면서 ADON만 남게 된다. 이 점을 프로이드는 착안하여 이것은 이집트의 ATEN에 해당한다고 한다. 그래서 모세의 하나님은 ATEN이고 히브리인들의 유일신관이 이집트에서 유래했다고 한다.(Osman, *Moses and Akhenaten*, 166-7)

렘의 왕이라고 하는데 '살렘'은 '예루살렘'을 두고 하는 말이다. 최근 트럼프에 의하여 이스라엘의 수도로 선포되기도 한 예루살렘이란 말이 처음 등장하는 곳은 여호수아서 10장 1절에서이다.

그런데 '예루살렘'은 '우루살렘Urusalem'이 그 원어이다. '우루'는 다름 아닌 수메르의 수도 우루를 의미하고 '살렘'은 평화를 의미한다. 그렇다면 '평화의 우루시'가 예루살렘의 의미이다. 이 말은 멜기세덱이 가나안 지역 살렘의 왕이란 뜻이다. 멜기세덱은 말키+쩨덱='의+왕'와 같다. 신약 히브리서(7장2절)는 멜기세덱을 '의의 왕', '평화의 왕', '지극히 높으로 하나님의 제사장'으로서 예수 그 자체임을 묘사하고 있다. 예수 자신도 같은 말을 했다가 유대인들로부터 네 나이가 얼마인데 아브라함을 보았다고 하느냐는 힐책을 받기도 했다.

여기서 우리의 관심사는 '우루'이다. 그것이 우리 사서에 나오는 12분국 가운데 하나인 '우루'라면 예루살렘은 다름아닌 고조선 12분국 가운데 하나일 수 있기 때문이다. 이에 대한 논의는 뒤로 미루기로 한다. 그런데 이 우루살렘의 왕 멜기세덱이 누구인데 감히 아브라함을 축복할 수 있었느냐는 것이다. 그리고 아브라함은 그가 전쟁에서 이긴 전리품 가운데 10분의 1을 그에게 바치기까지 했다. 분명히 멜기세덱이 구약에서는 아브라함보다 위에, 그리고 신약에서는 예수와 동격인 존재이다.

여기에 한 가지 더 놀라운 사실은 그가 아브라함에게 축복할 때에 그가 부른 신과 그 신의 이름이다. 즉, 멜기세덱은 축복할 때에 "하늘과 땅을 만드신 이, 엘·엘룐이시여, 아브라함을 축복하소서"(창세기 14장 19절) 우리말 표준말 번역은 "천지의 주제, 가장 높으신 하나님, 아브람에게 축복을 내려주소서"이다. 엘·엘룐이 '천지의 주제, 가장 높으신 하나님'으로 풀어 번역되었다. 하나의 고유명사로서의 신명인 '엘·엘룐'을 이렇게 사전풀이 하듯이 번역해도 되는 것인지, 그것도 경전에서 말이다. 읽는 독자들에게 신관에 있어서 엄청난 오해를 야기하고 편견과 독설을 불러일으킬 것이다. 그리고 역사와 문명사를 근본적으로 왜곡할 것이다. 번역자는 틀림없이 엘·엘룐을 그대로 번역했을 경우 불경죄를 면하기 위해서 읽는 독자들을 속이고 있다.

그런데 이상한 현상은 아브라함이 소돔왕의 은혜에 대해서는 사양하면서도, 소돔왕 앞에서는 그들의 신과는 다른 "엘·엘룐 앞에 맹세하노니"라고 말한다. 살렘와과 소돔왕은 모두 다 다른 부족이지만 살렘왕에 대해서는 그들의 신인 엘·엘룐의 이름을 부르며 그것을 야훼와 동일시한다. 김이곤은 "그러면 이 둘 사이를 동일시하게 하는 요인은 무엇일까?"라고 물으면서 "분명히 그것은 정치적 굴복이 아니었다."(김이곤, 1997, 180)라고 한다. 아브라함은 여기서 정치권력의 소유자인 소돔왕에게는 사은을 표시하지 않았지만, 살렘왕에 대해서는 예외적인 사은을 표하고 있다. 그 이유를 김이곤은 엘·엘룐과 야훼가 모두 '창조의 기능'을 가지고 있었기 때문이라고 한다. 즉, "그 기능이 동질성에서 서로 만나고 있다고 하겠다. 야훼는 엘·엘룐과 마찬가지로 천지의 창조자이시라는 것이다."(같은책) 그러면서 야훼와 엘·엘룐의 동일시는 모세의 노래 신명기 32장 6-7절에서도 나타난다.

6절: 우매 무지한 백성아 여호와께 이같이 보답하느냐 그는 너를 얻으신 너의 아버지가 아니시냐 너를 지으시고 세우셨도다.

이스라엘이 하나님을 배신하는 것이 너무나 악하기 때문에 이처럼 반문하고 있다. 이스라엘은 어리석고 지혜롭지 못하기 때문이다. 하나님께서는 애굽의 학대와 억압으로부터 구원하여 거룩한 백성으로 삼으셨다. 이는 새로운 피조물로 만드신 것이기 때문에 '너의 아버지' '너를 지으시고 세우셨도다.'라고 표현하고 있다. 이스라엘을 광야로 인도하여 언약과 율법을 주고 가나안 땅을 상속할 확실한 후사로서 준비시켜 영원한 하나님의 자녀로 확정하셨다.

7절: 옛날을 기억하라 역대의 연대를 생각하라 네 아비에게 물으라 그가 네게 설명할 것이요 네 어른들에게 물으라 그들이 네가 이르리로다.

옛날과 역대의 연대, 곧 한 세대 한 세대를 지나온 세월은 아브라함 때부터 출애굽, 그리고 광야 시대부터 가나안에 이르기까지를 가리킨다. 곧, 아득한 조상 때부터 언약을 맺어 오신 하나님께서 어떻게 그들을 인도하셨으며, 어떠한 일들을 행하셨는지, 그 아비와 어른들에게 묻고 마음 속 깊이 기억하라는 것이다. 구약의 신관에 있어서 일종의 후래거상 현상이라고 할 수 있다. 이것은 이전의 신과 이후의 신과의 관계를 의미하는 것이기 때문이다. 최고의 신인 엘이 모세에 이르러서 이미 최고의 신으로 숭배 받던 야훼로 자연스럽게 전이되어가고 있었다. 두 신은 후래거상 논리에 의하여 '야훼-엘·엘룐'으로 결합되었던 것이다. 이 신명기의 결합은 신명기 32장 8-9절 '모세의 노래'에서 극적으로 나타난다.

그는 너희를 지으신 너희의 '아버지'가 아니시냐? 엘·엘룐께서 여러 나라에게 땅을 나누어 주시고...그러나 야훼의 몫은 그의 백성이니, 야곱은 그가 택하신 유산이다.(신명기 32장 8-9절)

위에 인용한 모세가 죽기 직전에 부른 소위 '모세의 노래' 속에는 두 신명칭들(엘·엘론과 야훼)이 동시에 등장한다.

엘로힘과 야훼(혹은 제호바) 사이에는 신명 간의 상생이 이루어져 후래거상이 잘 이루어졌다. 기원전 3000년경 우루 3왕조 이전에 엘-딩 그르는 인격신화 되어 '아비'(아버지)라 불렸다. 김이곤은 "가나안의 엘 이미지 중 아버지 이미지가 야훼의 이미지와 충돌 없이 평행되었다."(김이곤, 1997,181) 후래거상을 김이곤은 '평행'이라고 했다. 야훼 신은 선별적으로 평행을 이룬다. 소돔왕의 신과 같은 가나안 신들인 바알과 아세라 와는 상생이 아닌 상극을 하고 있다. 신관은 크게 자연신관과 인격신관으로 대별되는데 야훼와 엘·엘론 간의 평행 내지 후래거상 간의 공통적인 것은 인격신관적이라는 점이다. 그러나 엘·엘론이 굳이 인격신적 측면만 있었던 것은 아니다. 모세 이전에는 엘·엘론에게 자연신관적 면모도 있었던 것이다. 두 신이 후래거상이 된 이유가 과연 창조의 기능이란 때문인가? 아니면 다른 이유가 있는가.

야훼와 엘·엘론의 후래거상 문제

야훼와 엘·엘론 간의 후래거상 현상은 '야곱의 유언'으로 알려진 창세기 49장 24-25절과 신명기 33장 13-17절 등에서 광범위하게 나타난다. 야곱의 유언은 모세의 노래와는 달리 자연신관적인 '하늘의 이슬', '땅의 물', '젖가슴(사따이)', '자궁' 등과 같이 생산에 관계되는 여성적 모습으로 드러나고 있다. 그런데 자연신관과 인격신관이 절묘하게 결합되어 이러한 생산의 축복을 주는 분이 '네 아비 엘'이라고 인격신적 면모를 여실히 보여주고 있다. 모세에 이르러 유일 인격신으로 굳혀지기 전에는 여전히 생산에 축복을 주는 신이란 것이 창세기 12-50장 사이에서 보여주는 것이 사실이다.(같은 책) 엘과 야훼 간에는 자연신관과 인격신관이 절묘하게 결합되면서 후래거상이 자연스럽게 이루었다. 딩그르 즉, '정의로운'과 같은 고도의 높은 정신적 가치는 야훼와 공유하기에 아무런 유감이 없었다. 자연신관이 인격신으로 변하는 데는 소유격 접미사가 주요하다는 것을 상기하기 바란다.

아도나이에서도 '나이'(우리말 '나의')가 탈락하면 이집트의 '아텐Aten' (Adon)이 된다. 소유격의 주요성이 여기에 있다. 같은 가나안 신이기는 하지만 '바알'과 그의 배우자인 '아세라'는 야훼 엘로힘과는 물과 불의 관계로서 상생이 아닌 상극을 한다. 그 이유는 엘로힘이 정의로운 정신적 가치를 가졌지만 바알과 아세라는 생산과 다산을 지상의 가치로 삼고 있기 때문이다. 생산의 신 태모인 '산신産神'이란 말이다. 굴살이 때의 산신山神이 들살이를 시작하면서 산신産神이 되고 벌살이가 시작되면서 삼신三神이 된다. 이것이 알감닥박의 순서이다. 그리고 후래거상의 원리에 의해서 중단과 단절없이 후래거상 현상이 가능해진다.

그러나 이스라엘 종교사에서는 그렇지 않았다. 엘로힘은 닭과 붉의 중간 고리 단계이다. 엘로힘에는 농경 생산적인 태모적 성격과 정의의 화신인 정신적 양 측면을 모두 지니고 있다. 그러나 바알-아세라는 후자적인 측면을 결여하고 있다. 다산을 위한 축제를 구약 예언자들과 제사장들은 음란한 것으로 치부하고 야훼-엘로힘과의 연결을 거부하였다. 그래서 부분적인 연결만 가능하게 되었다.

야훼-엘로힘-아쉐라(바알)이라는 후래거상이 만들어지지 못하였다. 그래서 야훼와 엘로힘은 상생, 그리고 엘과 바알과도 상생이나 야훼와 바알과는 상극간이다. 이는 마치 목(바알)이 엘(화)을 생하고 엘이 다시 야훼(토)를 생하나 목이 토를 극하듯이 바알과 야훼는 심각한 균열을 야기하고 서로 생존의 갈등을 빚는다. 구약 전체의 역사는 바알(아세라)과 야훼 간의 전투장이라 해도 과언이 아니다. 그러나 우리 문화 목록어는 알감닥박한이 후래거상을 자연스럽게 만들어 상생상극의 신들 간에 견제와 균형을 유지하고 있다. 이것이 바로 풍류도가 '포함삼교包含三敎'라 한 말의 의의인 것이다.

한국 문명사에서는 알·감·닥·박·한이란 5개의 문화목록어가 빠짐없이 후래거상을 하고 있지만 이스라엘 역사에서는 그렇지 못한 이유가 무엇인가? 그 이유를 수학에서 찾아야 할 것이다. 문화목록어 가운데 한 부분이면서 동시에 집합 전체인 그러한 목록어가 '한'에 해당하는데, 수메르-이스라엘 역사에는 이러한 한이 없었다. 한에 해당하는 '안AN'이 그 역할을 못한 것이다. 안 혹은 아누는 하늘 최고신이기는 하지만 그것이 자연신과 인격신적인 면모를 동시에 갖추지는 못하였다. 알감닥박에서 '알감'은 자연신관적이고 '닥박'은 인격신적 면모를 지니고 있는데 양자 사이에 균열적 현상 때문에 결국 두 신관적 성격을 결여하게 되고 부분적인 후래거상을 하게 된다. 바알과 아세라는 농경신으로서 생산과 다산을 좌우하지만, 정의와 사랑이라는 지고의 인격신적 가치로 승화하지는 못하였다. 그래서 야훼와 결부될 수 없었고, 이러한 이유로 아브라함은 소돔왕에게는 사은을 베풀지 않았던 것이다.

이러한 부분적 후래거상은 후대 서양 문명사에 치명적 결과를 초래한다. 자연신관적인 것은 심지어 악마화 되면서 천사와 악마라는 이분법을 초래하게 되었다. 그래서 그 정도가 막심하여 19세기 말부터는 유물론과 관념론으로 양극화된다. 그리고 유대-기독교-이슬람은 모두 세계 도처에서 종교 분쟁을 야기하여 국제 질서를 파괴하고 있다. 바알과 아세라에 대한 부정은 여성들에 의하여 대 반격에 직면하게 되었고, 환경 파괴의 주범으로 낙인찍히게 되었다. 한국에 들어 온 야훼-하나님 신앙은 야훼가 가지고 있는 부분적인 후래거상 때문에 그것과 결부된 하나님마저도 지금 한국 기독교 신자들에 의하여 극단적인 이분법과 이원론의 오류에 빠지게 했다.

우리 문화목록어에서 후래거상을 가능하게 한 이유는 멱집합의 원리가 가능했기 때문이다. 전체 자체가 부분이 되는 원리를 멱집합의 원리라고 할 때에 철기시대에 나타난 '한'은 그것 자체가 철기시대에 나타난 한 요소이지만 그것은 곧 전체를 다 아우른다. 한의 사전적 의미 속에 '하나', '여럿', '가운데', '같음'과 같은 의미등 무려 22개의 다양한 의미를 갖는다. 약 6000여 년 역사 기간 동안 원래의 '가나다간'이 천 년마다 한 음절씩 떨어져 나가 지금의 '한'이 되었다고 한다. 실로 한은 '하늘'이란 비인격적인 측면과 '하나님'이란 인격적인 측면을 동시에 지닌다. 그래서 한국에서 '야훼- 하나님'으로 쉽게 정착이 되었다. 그러나 중국에서 '야훼-상제'나 일본에서 '야훼-신'이 거의 불가능하다. 그 이유는 궁극적으로 인격과 비인격의 조화 문제에 달려 있기 때문이다. 알감닥박은 목화토금수가 상생상극을 하듯이 신들끼리도 그러하다.[20]

---

20 물론 5음 후·아·설·치·설 간에 상생상극을 하여 그것이 인간의 오장육부와도 연관이 되어 인체 특정 장부에 이상이 생길 경우 발음에 바로 이상이 전달된다. 우리 문화목록어가 발성기관의 발달, 그리고 인간의 주거 살이의 변화와 밀접하게 연관이 돼 있다는 것은 경이롭다 아니할 수 없다. 영어의 경우 동물의 의성음을 한 번 두고 보자. '오빠생각'에서 '뜸북'은 crake, '뻐꾹'은 cukkoo, '기럭'은 geese, '귀뜰'은 cricket라고 한다. 거의 변화가 없다 그러나 한국말의 경우는 발성기관의 위치가 다 다르다. 그래서 의성음을 내는 대는 한국말 만한 언어가 없다고 한다.

한국-수메르-이스라엘을 잇는 맥락은?

일찍이 문정창은 《한국·수메르·이스라엘 歷史》(서울: 한뿌리, 1993)에서 만주·요동지역의 소호금천씨가 서쪽으로 이주한 것이 수메르라고 단언하고 있다. 그는 중국과 일본학자들은 경쟁적으로 이스라엘과 자기들과의 관계를 찾고 있는데, 가장 많은 유사성을 가지고 있는 한국에서는 연구의 기미도 보이지 않는다고 개탄하고 있다.(문정창, 1996, 38)

문정창에 의하면 소호금천씨의 일부가 티그리스·유프라테스양강(티·유양강) 유역에 기원전 3100년경에 도달한 것이 곳이 에덴동산이란 곳이다. 기원전 2900년경 에덴동산이 앗슈르에게 빼앗긴 후 이를 다시 회복한 왕이 바로 수메르 1왕조를 세운 엔릴 영웅이었으나, 이때에 대홍수가 발생하여 다시 수메르는 수난을 겪게 되었고 북쪽에서 아카드 족이 흥기하게 되자, 엔릴왕조는 남쪽으로 밀려나게 된다. 다시 기원전 2300여년경, 니므롯 족이 일어나 앗슈르를 밀어 내고 수메르 2왕조를 건립한다. 기원전 2100여년경에 구티족이 니므롯(노아의 자손)을 멸망시키자, 다시 구티족에 점령된다. 다시 기원전 2060년 우루 남무가 구티족을 물리치고, 3우루왕조를 건설한다. 드디어 기원전 1950년 엘람인들이 침입하여 3왕조를 타멸하니 이것으로 수메르 1000여년 역사는 종식을 고한다.

문정창은 아담과 노아 그리고 아브라함으로 이어지는 역사가 다름 아닌 소호금천씨의 후예들의 것이라고 한다. 그러나 필자는 문정창의 주장을 그대로 모두 수용하기에는 그것을 입증할 만한 능력의 밖에 있다. 그러나 아무리 역사에 문외한이라 하더라도 우리 인간에게 있었던 과거의 큰 두 가지 사건은 역사와 문명사를 이해하는 상식이고 기준점이어야 하는 것이 있다. 그것은 '빙하기'와 '대홍수'이다. 그리고 역사 전공자라 하더라도 이 두 사건을 전제하지 않는 연구는 공염불이 될 것이다. 46억년 지구 역사에 4번의 빙하기가 있었는데 지금 우리는 제 4빙하기 말기에 살고 있다. 빙하기와 대홍수는 서로 밀접한 관계가 있다. 지구가 온난화 되면서 전 지구를 덮고 있던 얼음이 녹으면서 그것이 대홍수 사건이 된다.(최덕근, 지구의 일생, 2018, 참고) 그래서 대홍수는 하늘에 내리는 비 보다는 땅에서 녹는 눈이 더 큰 물을 만들었던 것이다. 그럴 때마다 지구상에 존재했던 모든 생명체는 거의 다 멸종되었고 인간들은 고산지대 굴살이를 하다가 들살이로 그리고 벌살이를 하면서 지금까지 생존해 오고 있다. 이렇게 두 사건으로 참혹했던 과거를 예레미아는,

보라 내가 땅을 본즉 혼돈하고 공허하며 하늘에는 빛이 없으며, 내가 산들을 본즉 다 진동하며 작은 산들도 요동하며, 내가 본즉 사람이 없으며 공중의 새가 다 날아갔으며, 보라 내가 본즉 좋은 땅이 황무지가 되었으며 그 모든 성읍이 여호와의 앞 그의 맹렬한 진노 앞에 무너졌으니 여호와께서 이와 같이 말씀하시길 이 온 땅이 황폐할 것이나 내가 진멸하지는 아니할 것이며(4장 23-25절)

라고 했다. 물론 예레미아를 비롯한 성경의 모든 기자들은 이 모든 재앙이 신의 진노 때문이라고 한다. 빙하기는 땅에서 화산이 폭발해 해를 가리면서 시작되었다는 등 다양한 설이 있다. 그러나 빙하기와 대홍수는 불가분의 관계인 것은 분명하다.

이런 맥락에서 볼 때에 창세기는 빙하기와 대홍수 사이에서부터 인류사를 기술하고 있다. 지구상에는 홍수와 빙하라는 재앙 이외에 전

쟁이란 재앙이 기다리고 있다. 인간 위에 다른 천적이 없기 때문에 인간은 인간끼리 천적이 되어 죽인다. 같은 동족끼리 가장 많이 살상을 하는 것이 인간이다. 단군 신화에서 '홍익인간'이란 말은 다른 종이 아닌 인간에게만 적용되는 마땅한 용어이다. 티·유 양강 유역에 이주한 수메르 인들은 최초의 낙원 틸문Tilmun을 건설한 장본인이고 틸문이 에덴의 원형인 것을 그 누구도 의심하지 않는다.

여기서 거두절미하고, 아브라함과 수메르의 관계만을 알아보기로 한다. 관계의 단서가 1901년 프랑스의 고고학자가 유프라테스 강 상류에 위치한 하란지방에 위치했던 수메르 마리왕궁터에서 대량의 설형문자 점토판 23,600여 매를 발굴한 것에 있다. 이곳은 아브라함이 유년 시절을 보내던 곳이다. 마리에서 아브라함이 어떻게 유년 시절을 보냈는가를 워렌 K. 죤슨은 외경 야서Jasher에 근거하여 'ABRA-HAM'을 저술한 바 있다.(Johnson, 2001) 특히 책의 4장은 마리에서의 아브라함 유년 시절을 흥미롭게 서술하고 있다. 물론 고고학과 외경 경전에 모두 근거한 소설이다.

세계 제1차 대전 후 프랑스의 위탁통치 기간 중 지방민 한사람이 죽어 텔하리라는 지역에서 무덤을 파던 중 그곳에서 '랑카마리…마리왕'이란 말이 적혀 있는 인형이 하나 나왔다. 이 인형은 아브라함 시대 아이들이 가지고 놀던 것임이 분명하다. 이 마리 왕국은 최근 여성 신학자들에 의하여 보물 같이 취급받기도 한다. 제사장과 왕들이 모두 여성들이었다는 사실이 발견되었기 때문이다. 이 마리 왕국은 기원전 2700-1700까지 존속하다가 바빌로니아 함무라비왕에서 의해 괴멸되었다.

아브라함이 가나안을 향해 이주한 때가 바로 기원전 1880년경이라고 볼 때에, 마리왕국의 운명과 같이 한다고 할 수 있다. 이 말은 아브라함의 뿌리가 수메르였음을 강하게 시사하는 부분이라 볼 수 있다. 이것이 사실이라면 아브라함과 멜기세덱과의 관계에서 엘·엘론과 야훼가 평행 혹은 후래거상 하는 것은 차라리 자연스럽다 할 수 있을 것이다. 이렇게 주장하는 이유는 두 가지이다. 하나는 신학적이고 다른 하나는 문명사적이다. 신학적이라 함은 엘과 야훼가 자연스럽게 후래거상 할 수 있었던 이유이다. 그것은 문명의 동질성 때문이다. 그러한 동질성을 만들어 주는 것이 아브라함과 그가 살던 지역이 바로 수메르문명이 발생하고 자라고 사라지던 곳이라는 점 때문이다. 문정창은 한 발 더 나아가 소호금천족이 티·유 양강 유역에 내려간 것이 에덴동산, 노아홍수 그리고 아브라함의 역사적 배경이라는 것이다.

문정창은 『대영백과사전』에서만 인용하여 이런 결론을 얻었다고 그의 책에서 말하고 있다. 『대영백과사전』은 가장 이론의 여지가 거의 없는 내용을 싣고 있기 때문이라고 했다. 문정창에 의하면 수메르와 같은 시기에 지구상 어딘가에 수메르만큼 고도로 발달된 문명권이 있어야 하는데, 그 지역은 바로 만주-요동뿐이라는 것이다. 같은 시기에 같은 수준의 문명권이 있었다 하더라도 그 문명의 특징에 있어서 같은 점이 있어야 하는데, 문정창은 아래 8가지 특징에 있어서 두 문명권은 같다고 했다.

1. 수메르인들의 특징을 '검은 머리'라고 하는데, 수메르인들은 검고 곧으며 서구인들에 비해 키가 작고 후두부가 편평이다.
2. 두 문명권은 태음력을 사용하였다.
3. 두 문명권은 순장제도가 같았다.
4. 두 문명권의 언어는 교착어였다.
5. 두 문명권은 설형문자를 개발해 사용했다.

6. 두 문명권은 공히 60진법을 사용했다.

7. 두 문명권은 회도灰陶를 사용했다.

8. 두 문명권은 옹관총이란 장묘제도가 있었다.(문정창, 1993, 39)

　문정창은 이를 두고 '수메르인의 한국적 8대 요소'라고 했다. 필자는 이 책에서 그 이상의 것들 가운데 1. 신 명칭에 있어서 유사성, 2. 고산숭배의 유사성, 3. 모계 전통의 유사성, 4. 윷놀이의 유사성, 5. 수사의 동일성, 6. 인격신관의 유사성 등을 추가하였다.

2

수학소로 본 수메르와 한국: 윷놀이로 본 비교

천동설을 지동설을 바꾼 것은 천문학이 아니고 기하학이다. 천문학 자들 가운데 케플러 등은 우주가 5개의 정다면체로 구조되어 있을 것이라고 확신하고는 소위 플래톤의 정다면체를 연구하기 시작했다. 같은 종류의 면으로 만들 수 있는 것을 정다면체라 하는데, 다섯 개의 즉, 4, 6, 8, 12, 20 정다면체뿐이지 그 이상은 없다. 이를 '플래토 정다면체'라고 한다. 그리스인들은 우주의 기본 요소가 불, 공기, 물, 흙 4가지와 에테르라고 생각했다. 그리스의 철학자 플래톤은 불은 정사면체, 흙은 정육면체, 공기는 정팔면체, 물은 정이십면체 모양이고, 우주 전체는 정십이면체의 모양을 하고 있다고 생각했다. 정다면체가 다섯 종류 밖에 없다는 것을 증명한 것은 피타고라스 학파라 했지만, 플래톤이 쓴 책에 이 내용이 전해지기 때문에 오늘날 정다면체를 플라톤의 도형이라고도 한다.

플래톤 이전에도 5개의 정다면체가 있었던 흔적은 다반사이다. 기원전 2500년경 북동 스코트랜드 인들은 아래와 같이 정확하게 플래톤의 5개 정다면체를 고안해 냈었다. 옥스포드의 애쉬몰린 박물관에 현재 보관돼 있다. 신석기인들이 이런 정다면체들을 만든 이유는, 그것이 단순 장식품이 아니고, 정확하게 천문 관측의 결과였다고 추정하고 있기 때문이다.(롤러, 1997, 97)

신석기인들의 5개 정다면체

신석기인들이 이미 플래톤보다 1000여년 전에 5개의 정다면체를 알고 있었다는 것을 의미한다. 이러한 구상물보다 더 주요한 것은 우리의 인체 내에도 정확하게 플래톤의 정다면체가 들어 있다는 사실을 아는 것이다. 더욱 놀라운 일이라 할 수 있다. 물론 인체는 소우주로서 대우주의 모형을 그대로 따른 것일 것이다.

수학자 사우토이 교수는 부족의 추장이 권위의 상징물로 이 구형물을 가지고 있었을 것으로 보았지만 이 추장은 사실상 천문관이었다. 추장들은 돌로 된 이런 모형물로 천문 관측을 했으며 이것이 후대에 일반인들에게는 놀이 도구로 발전했다. 그러한 놀이가 바로 주사위 던지기이다. 수메르인들이 드디어 정사면체 삼각뿔로 된 4개의 주사위를 마루에 던진다. 윷놀이와 연관하여 관심의 적이 되지 않을 수 없다.

고대 수메르 왕국의 수도였던 우르에서 발굴된 설형문자로 된 바빌로니아 왕국 때인 기원전 18세기 경에 제작된 이 놀이 도구의 놀이 규칙이 우리의 윷놀이의 그것과 얼마나 유사한지를 비교해 보기로 한다. 비교를 하는 목적은 궁극적으로 정다면체이론에 나타난 수 개념의 비교를 통해 수메르와 우리 문화의 비교를 위해서이다. 수메르 윷가지는 삼각뿔의 꼭지점 하나에 검은 색칠을 한다. 4개의 삼각뿔을 던져 이 검은색 꼭지점이 위로 올라오는 개수에 따라서 셈친다. 그러면 4개의 주사위가 서로 다른 주사위와의 관계에서 검은 것이 위로 올라 올 수 있는 개수는 모두 4^4=256개이다. 검은 꼭지점이 위로 올라온다는 것은 윷의 경우 윷 가지가 위로 제껴지는 것이라 생각하면 된다. 물론 윷의 경우는 가지 하나가 제껴지느냐 엎어지느냐 두 가지 경우이기 때문에 2^4=16이다. 그러나 수메르인들의 경우는 삼각뿔에 있는 4개의 꼭지점이 제껴지느냐(위) 엎어지느냐(아래)이기 때문에 개수가 다르게 된다.(Sautoy, 2008, 45)

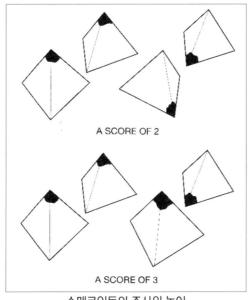

수메르인들의 주사위 놀이

아무튼 위 그림에서 보는 바와 같이 검은 꼭지점 2개가 위로 올라오면 2점, 3개이면 3점이다.[21] 검은 것을 윷가지의 '제껴짐', 그리고 흰 것을 '엎어짐'이라고 할 때에, 수메르인들은 후자를 0으로 계산한다.

---

21 흰 꼭지점이 아래로 쓰러진 것은 셈하지 않는다. 그러면 여기서 다른 한 가지 생각해 볼 셈 방법은 검은 꼭지점이 아닌 다른 3개의 꼭지점이 나타날 경우이다. 다시 말해서 점수가 0이 되는 경우이다. 그 경우가 몇 개인가. 흰 꼭지점 삼각뿔 하나에 3개씩 있다. 그래서 삼각뿔의 꼭지점은 4개이기 때문에 3^4=256이다.

그러나 윷놀이에서는 윷가지 4개가 모두 엎어질 때에(흰점일 때에) 이를 '모'라고 해 가장 높은 5점을 준다.[22]

이런 계산법의 차이는 매우 주요하다. 수메르인들의 0이 우리에게는 5에 해당하기 때문이다. 우리는 0이 없는 것이 아니라 0=5라고 본다는 점이다. 역의 주요한 발상이 여기서부터 시작된다. 이는 집합론에서 말하는 멱집합의 원리에 해당하는 부분이 전체이고 전체가 부분인 원리에 해당한다. 서양 수학사에서 멱집합의 원리를 알게 된 것은 19세기 말 칸토어 집합론이 등장한 이후부터이다. 그 동안 유클리드의 '부분의 합이 전체'라는 공리에 대한 신뢰가 지배적이었다.

북미주 인디언들에게도 윷놀이 같은 것이 유행하였지만 근동 아세아의 수메르에까지 유사한 놀이가 있었다는 사실은 윷에 대한 관심을 높게 한다. 역사적 그리고 고고학적 관계에 상관없이 인류 공동의 수학 발전사를 아는 것은 주요하다.

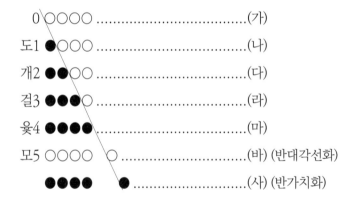

_____
22 물론 삼각뿔의 하나 이상에 검은 색을 칠할 수도 있을 것이다. 마치 윷가지에 표시를 하여 윷가지가 물러서 갈 수도 있는 것과 같다. 앞으로는 제켜지는 것과 엎어지는 것 가운데 어느 쪽을 선택해 점수 계산하는가는 놀이하는 사람들의 재량에 맡겨 둘 수도 있다.

수메르인들은 모에 0점을 주는데 한국인들은 5점을 주는 이유를 아는 것은 놀이 문명 발전사에서 많은 유사점들이 있지만 발전 과정에서 앞서고 뒤서는 차이가 있음을 보여주고, 이 차이는 매우 주요하다. 다시 말해서 모에 5점을 주는 것이 수학적으로 보았을 때에 앞선다는 것이다. 이는 칸토어 전과 후를 나누는 것과도 같다. 서양 수학사에서 G. 칸토어가 19세기 말에 집합론을 발견하기 전까지는 유클리드 수학에 충실하여 부분의 합이 전체였다. 그러나 집합론 이후 소위 멱집합에서는 이런 유클리드의 공리가 더 이상 통할 수 없게 되었다. 여기 세 요소를 가진 집합 {a, b, c}가 있다고 할 때에 그것의 부분집합 혹은 멱집합은 {∅, a, b, c, ab, bc, ca, abc}와 같아 모두 8개가 된다. 요소 3의 부분집합은 8이란 뜻이다. 여기서 공집합 ∅와 집합 그 자체인 abc가 포함되기 때문이다.

　이렇게 집합론의 셈법은 다르다. 먼저 빈 그릇을 놓고 거기에 사과 4개를 담는다고 할 때에 도는 '1개 담김/3개 안담김', 개는 '2개 담김/2개 안담김', 걸을 '3개 담김/1개 안담김', 윷은 '3개담김/0개 안담김'이다. 그러면 모는 '4개 안담김/0개 담김'이다. 윷까지는 담김에만 점수를 주었는데 모에서는 안담김에 5개의 점수를 준다. 여기서 담김과 안담김을 모두 표시해주는 방법은 역에서 음과 양을 모두 표시해 주는 것과 같다. 고대 점치는 정인들이 길과 흉, 그리고 비가 '온다'와 '안온다'를 모두 표시해 주는 데서 음양이론이 나온다. 음양의 효가 이렇게 만들어지고 결정된다.

　집합론의 발상법은 이러한 역의 발상법과 같다. 윷놀이 역시 역의 발상법과 같다. 윷가지 4개가 젖혀짐/넘어짐을 1/3(도), 2/2(개), 3/1(걸), 4/0(윷)과 같이 짝을 만드는 것을 두고 '석합보공析合補空'이라 한다. 위의 도표에서 (가)는 사과를 담는 빈 그릇 자체로서 이를 공집합 ∅로 표시한다. 여기에 윷가지가 젖혀지면 담고 엎어지면 안 담는다. 수메르인들은 젖혀지는 것을 삼각뿔의 꼭지점에 까만 점을 칠해 표시했다. 그런데 문제는 어떤 논리로 모에게 5점을 주느냐이다. 여기에 칸토어의 대각선논법을 불러 와야 설명이 가능해진다. 대각선논법을 윷을 통해 쉽게 설명하면 아래와 같다. 대각선논법을 적용해 보면 수메르인과 우리가 어느 점에서 사고 발달에 있어서 앞서고 뒤서는가를 알 수 있다.

(0) 대각선논법의 5대 요소로 가로, 세로, 대각선화, 반대각선화, 반가치화라 한다.

(1) 수메르나 한국 모두 (가)에서 점수가 시작한다. 수메르는 검은 꼭지점이고 한국은 윷가지가 젖혀지는 경우로 도표에서 모두 흑점으로 표시했다. 이 말은 흑점의 경우에는 점수 1, 2, 3, 4와 같이 주지만 백점은 0이란 뜻이다.

(2) (나)(다)(라)(마), 즉 도개걸윷까지는 수메르와 한국은 같다. 이 말은 도-윷까지는 점수 주기가 같다는 말이다. 그러나, 한국의 경우는 (바)와 (사)가 추가된다. (바)를 반대각선화라 하는 이유는 대각선상의 점들을 45도 각도로 누여 가로로 만들었기 때문이다. 이 때에 대각선상의 연장에서(바) 흑점이 하나 더 생긴다.

(4) (사)에서 반가치화라 하는 것은 흑을 백으로 백을 흑으로 바꾸는 것이다. 그러면 흑점이 5개가 된다. 이것이 다름 아닌 모가 탄생하는 비밀이다.

(5) (가)는 (사)를 반가치화 시킨 것이다. 다시 말해서 (사)는 반대각선화와 반가치화를 통해 만들어진 결과이지만 그것은 도·개·걸·윷이 생성되는 배경인 (가)이다.

(6) (나)(다)(라)(마)는 일관성을 갖는다. 즉, 흑에는 점수를 주고 백에는 점수를 안 주는 점에서 일관성을 갖는다. 그러나 (마)와 (사)는 연속적인가 비연속적인가? 이것이 세기적인 연속체 가설의 문제이다.

결론적으로 말해서 수메르와 한국의 윷놀이는 윷말 셈하기에서 같으나 모에서 전자는 0점을 주고, 후자는 5점을 주는 데서 판이하게 달라진다. 이러한 차이를 분간하기 위해서는 칸토어의 집합론과 대각선 논법이란 현대 수학의 기법을 도입해 보아야 한다. 도입해 보았을 때에 수메르인들은 칸토어 이전의 수학에 머물고 있음이 분명해졌다. 다시 말해서 수메르인들의 사고방식은 일관성 유지에 아무런 문제가 없다. 그러나 한국적 사고방식은 일관성과 비일관성의 역설적 관계에서 이해하지 않으면 안 되는 문제가 있다. 이러한 일관과 비일관성의 역설적 관계가 불확실성의 시대라는 피치 못할 현실을 만든다. 그리고 4차 산업의 정보화 처리도 모두 이러한 불확실성과 역설에서 그 기반을 두고 있다.

3

수메르신화의 수학소: 대각선논법의 관점에서

바빌로니아 신화에서 남성신 마르두크와 여성신 티아마트의 싸움을 시친은 외계인들의 지구 침투로 황당해 보이는 설을 주장하고 있다. 외계인 문제가 있을 때마다 나사마저 시친에게 자문을 구할 정도로 그는 외계인 지구 내방과 귀환을 철저히 믿는다. 에덴의 설형문자 형태도 로켓맨이라고 하면서 수메르 문명을 외계인들이 지구를 방문하여 세운 것이라고 한다. 그는 지금 수메르에 관한 가장 많은 글을 쓰는 사람 가운데 하나이다. 그러나 필자는 수메르인들이 극동에서 근동으로 이동한 것을 가정하고 글을 쓰고 있다. 시친과는 견해가 달라도 시친이 신화 해석하는 방법의 논리적 구조에 있어서는 참고할만 하여 대각선논법이란 특단의 논리를 사용해 이해를 구해보기로 한다.

네필림은 외계인인가? 이방인인가?

시친의 외계인 도래설을 뒷받침하는 중심어는 '네필림'Nephilim이다. 창세기 6장에 신의 아들과 인간의 딸들이 교접하여 태어난 존재가 '네필림'이라고 한다. 동물세계에서도 말과 나귀 사이에 생겨난 노새란 존재가 있다. 이와 같은 존재가 보통 인간과는 몸집이 비교가 안 될 정도로 크고 고도의 지능을 가진 존재였다고 한다. 전 세계에 퍼져 있는 거인 신화가 이를 잘 말해 주고 있다.

네필림의 존재에 대하여 창세기 6장 이외의 구약의 다른 곳에서도 언급되고 있다. 학자들 간에는 네필림이 인간 종족과 종족간의 차이이고 상봉일 뿐이지, 시친과 같이 외계인과 지구인 사이에 생겨난 별종으로 보지는 않는 것이 중론이다. 그러나 시친은 자기의 주장을 아직까지 굽히지 않고 있다. 외계인들이 로켓을 타고 지구에 하강했고 다시 하늘로 돌아갔는데 그 발사대가 틸문(에덴 동산의 원형)에 있었다고까지 주장한다.

먼저 근동아 연구 학자 조철수 교수를 통하여 종족간의 상봉설을 소개해 보기로 한다. 노아 홍수 이야기가 시작되기 직전에 홍수가 나게 된 원인과 이유를 설명하는 구절이 있다. "신들의 아들들이 사람의 딸들을 아내로 삼아 자식을 낳았고 그 때에 네필림이 살았다"(창세기 6장 1절-4절) 이 창세기 기사는 J라는 기자가 쓴 것이다. J기자는 근동아시아의 신화와 설화를 가지고 와 자기 민족의 것으로 만드는 데 천재였다. 마치 일본인들이 서양의 기술을 받아들여 그것을 변형시켜 자기 것으로 산업을 부흥시켰듯이 이스라엘도 종교의 그 모방 기술은 탁월했었다. 그런데 여기서 이를 단순히 모방이라고 보면 안 된다. 변형 시켜버린 다음 먼저의 것보다 그 내용이 탁월하여, 오히려 능가할 지경이 되어 버린다. 구약 창세기의 처음 부분을 읽는 사람들은 단 한 번만 읽어도 그 내용이 무엇인지 알 수 있고, 그 내용을 다른 사람들에게 전달까지 할 수 있다. 지금 남녀노소 그리고 기독교인들과 비기독교인들을 막론하고 창세기 아담 이브 얘기를 모를 사람이 없을 것이다. 이는 J기자의 창조적 글쓰기의 성공 때문이다. 남의 것을 수용하여 그것 이상으로 자기들 것으로 만드는 글쓰기에 있어서 고수 가운데 고수였다. 일연의 삼국유사에서 단군 신화 글쓰기도 성공한 예이다. 그러나 일제를 거친 후 지금 우리네 사가들에게서 J기자 같은 인물이 없는 것은 유감 가운데 유감이다. 유감이기는커녕 우리 것마저 우리 것이 아니라고 화까지 내는 것이 이들이 아니던가? J같은 기자가 있어서 오늘의 유대교와 기독교가 있고 유대 민족이 세계를 지배하고 있다 해도 과언이 아니다. 창세기의 세계화는 가장 큰 세계화 성공 사례이다.

그런데, J기자의 관심사는 창조에 있었던 것이 아니고, 홍수 설화에 있었던 것은 그의 글의 분량에서도 분명하다. 다시 말해서 홍수 기사가 창조 기사보다 그 분량이 많은 것으로도 그의 관심사가 홍수에 있었다는 사실을 증명한다. 신들의 아들들과 인간의 딸들 사이의 결혼 이야기는 그리스와 힛티 사람들 신화에서도 흔히 발견할 수 있다. 역의 10천간 12지지의 유래 역시 하늘의 10명의 남자들이 내려와 땅의 12명의 여자들과 짝지었다고 한다. 그 무엇보다 단군 신화야 말로 하늘 아들과 땅 여인과의 사이에 결합하는 내용이 아니던가.

그런데 J기자의 글 쓴 목적은 인간의 수명이 120세로 정해졌다고 함으로서 땅의 여인의 계보대로 인간이 계승되었음을 암시하는 데 있다. 이 말은 신의 수명은 영원하기 때문에 땅의 자손들은 '아담의 자손'이고 하늘에서 내려왔다는 이들 자손들은 다른 신들을 섬기는 족속의 자식들이라는 것을 의미한다. 다시 말해서 창세기 6장 기사는 다른 신을 섬기는 족속끼리 만남을 의미한다. 신의 자손이라면 죽지 않을 것이지만, 인간의 수명을 120세로 제한했다는 것은 땅의 여성 계열로 이어졌다는 것을 의미한다.

창세기를 읽는 과정에서 종종 혼란을 조장하는 부분들이 있다. 6장의 네필림 기사와 11장의 신나르 광야에 갑자기 나타난 인간군에 관한 기사이다. 에덴동산 밖에는 다른 세계와 인간이 없는 줄로 알았는데 갑자기 나타난 다른 인간군은 도대체 어디서 온 것인가? 그러면 이들은 원죄를 범하지 않은 인간군들의 후손들인가? 성경의 답은 없다.

앞으로 외계인이 지구에 도래한다면 기독교는 교리, 특히 원죄 교리 상에 큰 혼란을 겪을 것이다. 그래서 외래인들이 도래해도 이런 혼란 때문에 권력 당국은 발표를 안할 것이다. 아니 못할 것이다. 기존의 가치관, 특히 종교관이 완전히 달라져야 하기 때문이다.

다시 말해서, 네필림에 대해서는 두 가지 설이 있다. 외계인 도래설 과 이방인 조우설이 그것이다. 그래서 네필림은 하늘에서 떨어진 신들이 아니고 같은 지상에 있는 다른 신을 믿는 종족들의 자손들이라는 게 조철수 교수의 주장이다. '신들의 아들'을 '브네이 엘로힘'이라고 하는데 '브네이'는 '...의 아들'과 같이 일반 명사로 흔히 쓰이는 구절로서 엘로힘 신을 믿는 종족들이 자손이 '하늘에서 내려 온 아들들'로 묘사한 것이다.

여기서 창세기 1장 1절에 나오는 신의 이름인 '엘로힘', 역시 이스라엘 고유신이 아니고 다른 종족, 가나안 신의 이름을 가져온 것이다. 본래는 '엘'이었는데 그것을 복수화하여 '엘로힘'이라고 하여 신들이 '우리들'이란 복수 형태로 표현했다. 영어로는 'God'로 번역되었고 우리말로는 '하나님'으로 번역되었다. 이에 대하여 '야훼'는 '주님'Lord으로 번역되었다. 주(야훼)와 하나님(엘로힘)은 두 개의 신의 이름에서 가져온 것인데, 이렇게 번역 과정에서 왜곡시키고 있다. 그렇다면 J 기자는 신의 이름을 Jehovah(혹은 '야훼')라고 한 만큼 신관의 큰 변화가 신들의 아들과 인간의 딸들 사이의 결합으로 생겼다고 설명될 수 있다. 조철수에 의하면 네필림은 우주에서 온 외계인들이 아니고, 지상에 이미 살고 있던 다른 신을 믿던 종족들끼리 즉, 이스라엘 사람들이 출애굽하여 가나안 땅으로 들어가 만난 사람들 간의 조우이다. 가나안 땅을 정탐하고 40일 후에 돌아온 정탐자들이 한 보고서 속에도 네필림에 관한 자세한 이야기가 나온다.(조철수, 창세기와 원창세기, 232-233)

"그 땅에 사는 족속은 힘세며 …우리는 아나크 자식들을 거기서 보았습니다. …거기서 우리는 네필림 지파의 아나크인 네필림을 보았습니다. 우리는 우리가 보기에도 메뚜기 같았고…그들도 우리를 그렇게 보고 있습니다"(민수기, 13장 27절-33절)

이상의 전거에 근거하여 조철수 교수는 "어떤 신적인 존재들이 사람의 딸들과 결혼했다는 이야기가 아니라 이스라엘 사람들이 가나안 땅에 들어가 살 때에 다른 신들을 섬기는 아들들이 아담의 딸들을 아내로 삼았다"(같은 책, 235)고 한다. 이에 대하여 시친은 자기의 주장을 굽히지 않으면서 네필림은 분명히 외계인이라고 주장한다. 시친은 "아주 오랜 동안 구약 연구 학자들은 네필림을 '땅위의 거인들'이라고 해석해 왔다고 하면서, 최근의 번역자들은 그것이 잘못된 것임을 깨닫고 히브리어인 네필림을 그대로 두는 방법을 택하였다"(시친, 신들의 고향, 213쪽)고 한다. 시친은 네필림의 어간 'NFL'을 두고 '떨어지는 것'으로 해석, 이는 외계인들을 의미한다고 주장한다.

심지어는 자기를 지지하는 구약학자도 있다고 하면서 19세기 저명한 구약학자 말빔Malbim을 그 예로 들어 그의 말 "고대의 지도자들은 하늘로부터 땅으로 내려온 신은 아들들이었으며, 그들은 지구를 지배했고 인간의 딸과 결혼했으며, 그들의 자손이 영웅과 왕이 되었다"(같은책, 214)를 원용한다. 시친은 성경의 문자적 해석을 그대로 믿는 것이 옳다고 하면서 고대의 신화적인 얘기들이 모두 오늘날 고고학적으로 증명이 되고 있다고도 한다. 그러면서 "네필림은 쉠의 아들 즉, 로켓(din.gir)의 아들들이라고 강변하고 있다. 에누마 엘리쉬 신화를 외계인 도래로 여겨 더욱 그의 이론을 심화시키고 있다. 그의 주장을 그대로 수용할 수는 없어도 그 속에 담겨 있는 논리적 구조만은 탁월하여 이를 아래에서 다루어 보려고 한다.

에누마 엘리시(쉬)란 대우주 서사시-수메르-바빌로니아 편

시친은 수메르 신화를 정확한 우주과학의 이야기로 받아들인다. 마르두크를 태양계 밖에 있는 12번째 행성으로 보고, 티아마트를 지구로 본다. 그래서 바빌로니아 신화를 태양계 안에서 일어난 태양계 형성 과정에서 발생한 우주 과학적 사실을 신화 형식으로 표현한 것으로 본다.

티아마트는 바다의 여신이고 그의 남편은 압수(태양)이다. 그녀의 아들들을 시켜 남편 압수를 죽이게 하고 티아마트는 절대 권력을 장악한다. 이에 아들들은 힘을 다 합쳐도 티아마트를 이길 수 없다. 드디어 손자 마르두크가 나타나 "내가 만약 너희들의 복수자로서 티아마트를 부수고 너희들의 생명을 구하면 회의를 열어서 나의 운명을 최고의 것으로 만들어 달라"고 제의를 한다. 이는 다른 신들에게는 매우 자존심 상하는 제의이지만 티아마트의 횡포에서 벗어나자면 어쩔 수 없이 받아들일 수밖에 없었다. 아들과 손자가 합작하여 아버지와 할아버지를 죽이는데 마르두크가 나선다. 이를 라깡 같은 학자는 상징계에서 '아버지의 이름'에 시달리는 아들들의 반란으로 볼 것이다.

에누마 엘리쉬의 배경은 여성 모계와 남성 부계 간의 싸움이 마치 견원지간의 싸움만큼이나 북미 전쟁만큼이나 치열했다고 보면 된다. 강남 여혐 사건이 앞으로 마르두크와 티아마트 간의 현대판 전쟁이 될 것인가? 다시 말해서 어떤 이념 전쟁보다도 최근 미투me too를 포함해 성들 간의 전쟁이 가장 무서운 전쟁이 될 것이다. 다시 말해서 다음 큰 대결은 성대결 전쟁이 될 것이다. 여성들은 남자들의 씨받이 노릇을 더 이상 할 수 없다고 결혼을 포기하고 결혼을 해도 이혼율이 날로 증가하고 있다. 출산율의 저하, 이것만큼 무서운 적이 어디에 있겠는가? '아마-조네스'ama-zones란 말의 어원은 '젖이 없다'이다. 모계 사회에서 여자 아이가 나면 젖을 잘랐기 때문이다. 남자들은 나면 죽이거나 추방해 버린다. 젖을 자른 이유는 활시위를 당길 때에 젖이 방해가 되기 때문이다. 얼마나 여성들이 남성들에 대한 적개심이 강했으면 이럴 수도 있을까. 그러나 이것은 믿겨지지 않은 불편한 진실 이상이다.

여성학자들이 에누마 엘리쉬를 남녀 성 간의 충돌과 갈등으로 보지만 시친은 바빌로니아 혹은 수메르 신화는 태양계 형성 과정에서 생긴 천문학적 현상을 묘사한 과학적 기록으로 본다. 다시 말해서 12번째 행성(혜성)이 태양계 밖에서 진입해 들어오면서 지구인 티아마트와 대 충돌을 빚는 장면이 에누마 엘리쉬라고 한다. 그러면 46억년 전 태양계가 형성될 무렵에 있을 만한 일이 아닌가? 에누마 엘리쉬란 '그 때 높은 곳에서'란 뜻으로 우리말로 '하늘 문이 열릴 때'란 개천開天을 의미한다. 갈데아 창세기 혹은 창조 서사시의 매 첫 구절마다 나오는 '그 때에 왕권이 하늘에서 내릴 때' 등으로 해석된다. 이 하늘 문이 열릴 때부터 여성은 암흑기로 접어든다고 하여 이를 여성 탄압 시발점으로 보고, 여성학자들이 이 말을 대거 부각시킨다. 인류 문명사에 남녀 성 대결 전환이 에누마 엘리쉬를 기점으로 발생했다는 것이다.

에누마 엘리쉬 대서사시는 모두 5막으로 연출된다. 5막은 모두 태양계 안에서 벌어지는 별들 간의 전쟁이란 것이 시친의 주장이다. '별들의 전쟁Star Wars' 첫 단추가 에누마 엘리쉬란 것이다. 이에 대한 자세한 이야기들을 아래에서 엮어 보려 한다. 이렇게 하는 궁극적 목적은 신화 속의 논리적 구조를 보기 위해서이다. 나아가 우리 단군 신화와 유사한 무씨사당 벽화를 에누마 엘리쉬 서사시의 한 장면으로 보기 위해서이다. 분명히 에누마 엘리쉬는 모계에서 부계로 전환하는 과정에서 생긴 문명 내지, 사회현상을 그대로 반영한 것이다. 그래서 그것은 역사적이고 사회적이다. 그러나 이것을 우주적 사건으로 사영시켜 생각해 보는 것도 서로 동형사상homology일 수 있다. 동형사상이란 '동상同相'으로 번역되며, 수학에서 같은 것끼리 서로 점과 점끼리 일대일 대응해 사영시켜 보는 것을 두고 하는 말이다. 창세기에서 신이 인간을 자기의 형상대로 창조했다는 것도 동형사상이다.

지구라는 인간 사회 안에서 일어난 모계와 부계 간의 갈등을 에누마 엘리쉬로 볼 것인가, 아니면 태양계 안에서 행성들 간의 갈등으로 볼 것인가? 그러면 우주에도 갈등이 있단 말인가? 태양계를 하나의 작은 동네로 보고, 행성들을 골목 안의 개구쟁이들 정도로 본 후 이들이 장난치는 정도로 이해하는 것이 신화의 특징이다. 과학이 하나하나의 나무를 보는 기술이라면 신화는 큰 숲을 보는 안목이다. 지구상에서 모계와 부계의 충돌을 태양계 안에서 행성과 행성들 간의 충돌로 보자는 것이 시친의 주장이고, 필자의 견해는 이들 양 견해를 서로 호몰로지 관계로 본다. 양자가 일대일 대응이 되는 이유는 이들에 한 가지 논리 구조를 적용하면 결국 같기 때문이다. 그 논리 구조란 위에서 말한 대각선논법이다. 윷과의 비교에서와 같이 대각선논법을 적용해 한 수메르 신화를 이해해 보기로 한다.

마르두크와 티아마트

마르두크Marduk는 고대 메소포타미아의 신으로 위대한 도시 바빌론의 수호신이다. 마르두크는 바빌로니아 신화에서 태양신이자 주신主神이다. 주술과 주문의 신이기도 하다. 기원전 18세기 함무라비왕 시대부터 바빌로니아의 여러 신들 가운데 주신主神의 역할을 하였고, 나중에 수메르의 신 벨과 합쳐져 '벨 마르두크'로 숭배되었다. 마르두크는 바빌론에 있는 그의 유명한 사원 에사길 안에서 그 모습을 볼 수 있다. 그 곳에서 아내 사르파니투를 데리고 왕좌에 앉아 있다. 마르두크는 에아의 아들이며 사르파니투의 남편으로 머리가 둘이었다.

태초에 티아맛Tiamat과 압수Apsu라는 한 쌍의 우주신이 있었다. 티아맛은 여성신이며 바다의 짠물을, 압수는 남성신으로서 강에서 흐르는 단물을 상징하는 신이었다. 원초적인 혼돈을 나타내는 바다의 여신 티아마트가 어둠에 싸여 있는데 육지의 남신 마르두크는 바다의 여신 티아마트를 잡기 위해 바람을 타고 떠돌고 있었다. 티아마트가 자기의 자손들인 신들을 죽이려 준비를 하자 안샤르는 마르두크를 신들의 대표로 지명하였다. 마르두크는 다른 신들에게 자기가 신들 중에서 으뜸임을 인정하라고 요구했다. 마르두크는 전차를 타고 활과 삼지창, 곤봉, 그물, 바람의 무기 등을 가지고 싸우러 나갔다. 이 장면은 인도 신화에서 남성신 인드라가 여성신 브리트라를 살해하는 장면과 유사하다. 티아마트가 마르두크를 삼키려고 턱을 열자 그는 티아마트의 입 속에 휘몰아치는 바람을 불어넣었다. 그래서 티아마트는 입을 다물 수 없게 되었고, 마르두크는 티아마트의 배에 화살을 쏘아 그녀를 죽인다.

티아마트의 시체를 두 갈래로 찢어 하늘과 땅을 만들었다. 마르두크는 그 중간 세계에서 킹구의 피로 인간을 창조한 후 바빌론에 있는 자신의 신전으로 은퇴했다. 시친은 티아마트가 두 동강나 지구와 달이 되었고, 킹구가 바로 달이라고 한다. 그 이후 그는 엔릴과 동일시되었다. 전통적으로 바빌로니아의 왕은 마르두크의 현신으로 마르두크 신앙의 수호자로 여겨졌다. 글쓰기와 지혜의 신인 나부Nabu는 이 마르두크의 아들이다. 기원전 1800년경 바빌로니아에서는 새해를 맞이할 때마다 축제를 벌이고는 그 자리에서 왕이 최고신 마르두크 상의 손을 잡는데 이것은 마르두크가 그 해의 통치권을 왕에게 내린다는 것을 의미했다.

수메르 신화의 논리적 배경

기원전 3000년경 한 아카드 원통 인장에는 마치 오늘날 우리가 알고 있는 태양계를 묘사하는 듯한 내용이 그려져 있다. 가운데 빛을 발하는 큰 태양과 그 주위에 11개의 별들이 그려져 있는데, 이를 시친은 "수메르인들이 알고 있던 12개의 행성으로 구성된 태양계의 모습이다"(조철수, 신들의 고향, 250)이라고 단정한다. 일단 태양 중심인 것을 확인한다.

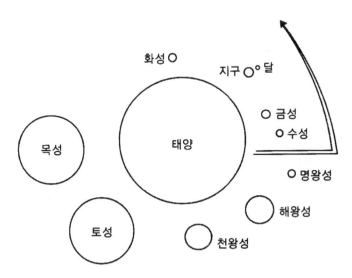

위 그림(시친의 '신들의 고향 중에서) 좌측 상단에 보면 가운데 큰 원(태양)이 있고 그 둘레에 11개의 작은 원들(행성들)이 있다. 이들이 바

로 태양계의 행성들이라는 것이다. 그런데 지금 우리가 알고 있는 행성은 9개가 아닌가? 11개인 이유는 달과 태양까지도 행성의 일부로 계산했기 때문이다. 이 부분만을 알아보기 쉽게 그림표를 따로 만들면 아래와 같다.[23]

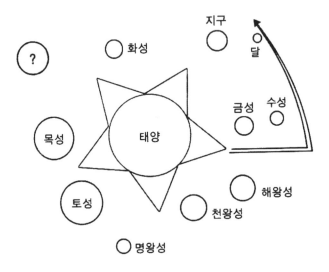

여기에 의문의 별 하나가 있다. 그것은 좌측 상단에 의문부호 '?'로 표시된 화성과 목성 사이에 있는 별이다. 그리고 명왕성이 토성과 천왕성 사이에 들어 있는 것도 지금 우리가 알고 있는 태양계와는 다르다. 명왕성은 해왕성 밖에 있어야 하기 때문이다. 그 이유에 대하여 시친은 다음과 같이 설명을 하고 있다.

먼저 의문의 별(?)을 시친은 다름 아닌 '소행성대'astroid belt라 한다. 이 소행성대에는 무려 3000여 개의 별들이 늘어서 있다. '소행성대'란 태양계 안 내행성들(수·금·지·화)과 외행성들(목·토·천·해·명) 사이에 있는 작은 행성들로 된 띠를 두고 하는 말이다. 시친의 수메르 신

23 제카리아 시친, 수메르, 신들의 고향, 서울: 이른 아침, 20043. 251쪽

화 이해는 이 소행성대 파악에 달려 있다 해도 과언이 아닐 정도로 주요하다. 이 소행성대의 회전축이 문제인데, 이들이 모두 동일한 방향의 회전축을 가지고 있다는 것이다. 이는 단적으로 이들이 처음에는 모두 하나의 덩어리였다는 것을 의미한다. 즉, 하나의 행성이었다는 말이다.

시친에 의하면 태양계는 태양, 9개의 행성, 소행성대, 그리고 혜성 comet이라는 입체구조로 되어 있다. 지금까지 천문 이해 방법에 있어서 이런 구조를 무시하고 평면적으로 이해했기 때문에 완전하지 못했다고 한다. 필자는 여기서 이런 구조를 윷놀이에서 본 대각선논법의 6대 요소들인 배열, 가로, 세로, 대각선화, 반대각선화, 반가치화에 대입하여 이해하려 한다. 필자는 우주와 태양계는 대각선논법에 따라 만들어져 왔고, 그리고 지금도 이 논법에 따라 운행되고 있고, 미래도 이에 의해 태양계 운명이 끝난다고 본다. 천문학의 배경에는 이 논법이 들어 있다는 것이다. 시친의 수메르 천문 이해는 물론 대각선논법을 전제하고 한 것은 아니지만, 필자는 한사상의 논리적 배경인 대각선논법을 통해 그의 천문 구조를 다음과 같이 이해하려 한다.

'배열'이란 대각선논법에서 명패와 물건이 세로와 가로에 배열되는 것을 의미한다. 다시 말해서, 배열이란 사각형의 가로와 세로 상에 항목들을 배열하는 것을 두고 하는 말이다. 어느 집의 명패란 그 집을 대표하는 호주로서 이는 전체 집합 자체이다. 호주가 명패라면 식구들은 거기에 달리는 식솔들이다. 형제간에 '항렬行列'이라고 할 때에 하나의 행에 여러 형제들의 이름이 달린다. 명패란 하나에 여러 개의 물건들이 달린다. 역의 방도란 사각형 안에 괘를 배열할 때에 세로에는 명패를 가로에는 물건을 배열한다. 여기서 세로를 '정貞'이라 하고, 가로를 '회悔'라고 한다. 하나의 정에 여러 개의 회를 배열하기 때문에 정과 회는 일과 다의 관계이다. 그런데 가로와 세로의 목록들은 같아야 하는데 바로 8괘 건, 태, 리, 진, 손, 감, 간, 곤이 그것이다. 가로와 세로는 같은 목록들로 배열돼야 한다. 세로 하나에 가로 다른 8개를 배열한다고 하여 이를 '일정팔회—貞八悔'라고 한다. 세로와 가로가 원에서는 중심과 주변이고 수학에서는 함수(f)와 변수(x)의 관계로서, 대각선화는 f(x)이고, 반대각선화는 x(f(x))이다.

방도는 아래에서 보는 바와 같이 8괘 건☰태☱리☲진☳손☴감☵간☶곤☷을 세로와 가로에 배열한 것이다. 배열할 때에 동일한 세로 1개에 가로 8개를 대응시켜 배열한다.

방도의 배열과 대각선논법

역은 원래 정인들이 점치는 데 사용되던 것이다. 정인들이 점치러 오는 사람들의 사례들을 분야별로 데이터베이스화 할 때에 사용한 것이 방도의 배열법이다. 예를 들어서 가정, 병고, 직업 등과 같이 인간

만사를 분야별로 분류할 때에 일정팔회법을 사용한 것이다. 앓는 '병'을 하나 세로에 배열한 다음 가로에는 이것과 연관이 되는 8개를 배열한다. 그러면 위 도표에서 보는 바와 같이 정대각선에는 가로와 세로가 같은 것이 배열된다. 즉, 정대각선상은 건건, 태태, 리리, 진진, 손손, 감감, 간간, 곤곤과 같이 배열된다.

방도에서 세로의 괘를 하괘 혹은 내괘라 하고, 가로의 괘를 상괘 혹은 외괘라고 한다. 당연히 세로의 것이 명패가 되고, 가로의 것이 물건이다. 이러한 배열 기법을 서양 수학에서는 '격자 형식'tensor이라 하며, 피타고라스와 리만과 같은 수학자들도 이미 알고 있었다. 그러나 이들이 칸토어와 같이 대각선화, 반대각선화, 반가치화란 요소들에 의해 격자를 파악하지는 못하였다.[24]

그러나 방도에서는 대각선논법의 이들 6대 요소들을 다 알고 있었다. 한 번 방도에서 반대각선화와 반가치화를 시켜 보기로 한다. 반대각선화와 반가치화란 정대각선상에 있는 8괘들을 눕혀서 가로로 만들고(반대각선화), 음효는 양효로 양효는 음효로 만드는(반가치화) 것이다. 정대각선상의 8괘들은 모두 상·하괘, 즉 외·내괘가 같다. 이를 '자기언급'self-reference, 혹은 '자기귀속'self-belonging이라고 한다. 정대각선의 이런 자기언급적 성격 때문에 진정한 의미에서 역학이 철학으로 과학으로 등정하게 된다. 역학은 자기언급에 주석에 불과하다고 해도 과언이 아닐 정도이다.

태양계 안에서 세로 혹은 명패는 태양이고, 가로 혹은 물건은 9개의 행성들이다. 그러면 소행성대와 혜성은 무엇인가. 위 방도에서 정대각선을 축으로 좌우상하로 64괘들이 양분되듯이, 소행성대를 축으로

---

24 이 격자법은 안 쓰이는 데가 없을 정도이다. 뇌연구 학자들이 뇌 안의 영역별 지도를 만들 때라든지 지질학자들이 산의 등고선을 결정할 때에도 이 격자법을 사용한다.

내행성과 외행성으로 나뉜다. 태양계 안에서도 태양이란 항성 즉, 명패가 생겼기 때문에 거기에 행성, 즉 물건이 항성을 중심으로 행성들이 회전한다. 이렇게 배열될 때에는 반드시 정대각선에 해당하는 것이 생길 수 밖에 없고, 그것에 해당하는 것이 태양계 안에서는 소행성대라는 것이다. 그러면 정대각선에 해당하는 소행성대가 반대각선화와 반가치화를 한다는 것은 무엇이고, 그 결과는 어떠한가?

이를 설명하기 위해서는 정대각선상에 있는 자기언급을 하는 괘들을 반대각선화로 반가치화를 시켜 보아야 한다. 정대각선의 반대각선화와 반가치화를 시키면 아래와 같다. 정대각선을 다시 가로로 바꾸는 것을 반대각선화라 하고 그 안에 괘들의 효를 음에서 양으로, 양에서 음으로 바꾸는 것을 반가치화라 한다.

건☰ 태☱ 리☲ 진☳ 손☴ 감☵ 간☶ 곤☷
　　곤☷
　　　　간☶
　　　　　　감☵
　　　　　　　　손☴
　　　　　　　　　　진☳
　　　　　　　　　　　　리☲
　　　　　　　　　　　　　　태☱

위의 정대각선상에서 자기언급하는 괘들을 반가치화 시키면 위와 같아진다. 태양계 안에서 별들의 전쟁이 벌어지는 이유는 지금부터이다. 태양계 안에 역설이 발생하고 역설 때문에 갈등이 발생하는 이유도 지금부터이다. 왜 혜성이 나타나는가도 지금부터 설명이 된다. 그러면 지금부터 정대각선에서 생긴 자기언급, 혹은 자기 귀속이란 말을 두고 한 번 그 논리적 구조를 파악해 보기로 한다.

자기귀속이란 말에 대해 '비자기귀속'이란 말은 역설을 야기한다. 즉, "'비자기귀속'이란 말을 '비자기귀속'"이라 하면, 같은 말(즉 '비자기귀속') 속에 자기가 귀속하니 '자기귀속'이다. 그런데 "'비자기귀속'을 '자기귀속'이라 하면" 두 말이 다르기 때문에 '비자기귀속'이다. 이는 마치 거짓말쟁이 역설에서 '거짓말'의 '거짓말'은 참말이고, '거짓말'의 '참말'은 거짓말인 것과 같다. 비자기귀속의 역설을 특히 '리샤르 역설'Richard's paradox이라고 한다. 이는 고대로부터 중세까지 '풀리지 않는 문제거리'insoluble로 전해 내려오다, 19세기 말 수학의 집합론에서도 같은 종류의 역설이 발견되어 이를 '칸토어의 역설'이라고 한다. 수학에서는 토대가 무너지고 확실성을 추구하던 과학은 낙원에서 추방되기까지 한 것이 바로 이 역설이다. 태양계가 이러한 역설에 직면할 수 밖에 없는 이유는 그것이 중심(1태양)과 주변(9행성)으로 구성되었기 때문이다. 이런 구조는 역설을 피할 수 없다. 중심과 주변의 구별이 아직 없던 우주의 조판기에는 이런 역설이 성립하지 않는다.

역설 문제는 20세기 들어 러셀에 의해 '이발사의 역설'로 재등장한다. 이발사가 동네의 주민들 가운데 자기 집에서 자기 수염을 깎지 않는 사람만 수염을 깎아 준다고 푯말을 붙일 때에 자기 자신도 그 동네의 주민 가운데 하나이기 때문에 집에서 자기가 수염을 '깎지 않는다면 깎아야 하고' '깎는다면 깎지 말아야 한다.'는 역설에 직면한다. 이를 두고 '이발사의 역설'이라고 한다. 러셀은 이런 이발사의 역설을 '러셀역설'이라고 했으며, 이 역설은 칸토어의 역설에서 비롯된 것이다. 태양계를 이해하자면 이 역설 이해가 필수이기 때문에 소개하기로 한다. 자기의 말에 자기도 귀속시키는 것이 반대각선화이다.

칸토어의 역설

칸토어의 역설은 다음과 같다. 이 역설은 우주의 구조를 파악하는 데 있어서 결정적으로 주요하다. 여기서 말하는 '집합'을 그대로 우주라는 집합으로 이해할 수 있기 때문이다. 집합을 명패라 하고 요소를 물건으로 이해하면 된다. 이 세상 모든 집합을 원소로 하는 집합(명패)을 S라고 하자. 그러면 집합 S의 부분집합들도 '모든집합'의 S의 원소(물건)이다. '모든'이라는 말 속에는 '모든집합'이라는 이 말 자체도 원소로 넣을 수 있기 때문이다. 이는 방도에서 가로와 세로를 같이 할 때에 명패가 물건이고 물건이 명패인 것을 두고 하는 말이다. 이를 반대각선화라 한다. 어느 집합의 부분집합을 '멱집합power set'이라고 한다. 집합 S의 멱집합은 2^s로 표현된다. 여기서 2는 '담긴다'와 '안담긴다'이다. 2^s는 S의 부분집합이기 때문에 당연히 S에 포함包涵되어

$$2^s \subset S$$

로 표시된다. 집합 S 안에 들어 있는 요소들의 수를 집합론에서는 '집합수cardinality'라고 하여 약자로 'Card'로 적는다. 그러면 집합수의 크기를 비교할 수 있는데 2^s는 S보다 작아서

$$\text{Card } 2^s \leq \text{Card } S$$

로 적는다. 작은 것이 큰 것에 들어 담기는 포함을 한자로는 포함包涵이라 적는다. 우편함 속에 우편물을 담듯이 부분과 전체가 명확하게 구분되는 담김 관계이다. 이것은 명백한 역설이다. 어느 집합의 멱집합은 모든 멱집합의 부분집합이지만 분명히 2^s는 S보다 커야 한다. 어느 집합의 수를 3이라고 할 때에 $2^3=8$로서 8은 3보다 크듯이 말이다. 이 역설이 발생하는 이유는 '모든집합'=S이란 말 속에 이 S의 멱집합도 부분으로 포함시킬 때에 이를 포함包㖥이라 한다. 다시 말해서 부

분과 전체가 서로 자기언급을 하는 포함包含에서 발생한 역설이라고 할 수 있다. 포함包涵에서는 역설이 발생하지 않는다.

명패와 물건은 전체와 부분의 관계이다. 태양계 안에서 태양이 명패라면 다른 행성들은 물건들이다. 이런 구조 속에서 태양 자체도 태양계 안에 다른 행성과 같은 한 부분이 되는 데서 태양계는 역설에 직면하지 않을 수 없게 된다. 대각선논법에서 대각선은 가로와 세로의 합으로서의 벡터인데 이것이 가로와 같아지는 데서(반대각선화) 대각선논법은 역설을 그 속에 잠재하고 있었던 것이다.

태양계의 이러한 구조 때문에 지구 안에도 명패와 물건의 관계가 형성된다. 다시 말해서 지구의 축에는 변하지 않는 진축으로서 지축이 있고, 자축이라는 허축이 있다. 진축은 변하지 않는데 자축은 수시로 변한다. 하나는 명패이고 다른 하나는 물건이다. 이런 관계에서는 불가피하게 역설에 의한 불안정성에 직면하게 된다. 다시 말해서 명패와 물건, 즉 전체와 부분으로 나뉠 때엔 어느 곳에서나 역설을 만나게 되고 태양계도 그 예외가 아니다. 그러나 46억년 전 태양계가 이렇게 항성과 행성으로 나뉘기 전에는 사정이 달랐다. 무역설의 기간이었다. 역설은 태양계가 명패와 물건으로 중심과 주변이 나뉘면서부터 생긴 것이다. 항성과 행성으로 나뉘는 우주의 다른 곳에서도 같은 역설이 나타난다는 말이다.

역과 역설해의의 길

동양의 역은 이 역설의 문제를 다루기 때문에 '역易은 역逆이다'라고까지 한다. 방도는 역설이 어떻게 나타나는가를 보여주고 있을 뿐이지 해의는 아니다. 역의 강물은 수천 년을 흐르면서 방도 속의 이 역설을 극복하기 위해 수종의 다른 도형을 그려 왔다. 그 가운데 하나가 원도이다. 64괘를 방이 아닌 원 안에 배열하는 것이다. 64괘를 양분하여 원둘레의 좌우에서 방향이 반대되도록 배열하는 것이다. 동양에서는 원도와 방도의 구조 속에 인간의 운명도 우주의 구조와 운명도 다 들어 있다고 믿어 천문학과 명리학이 동시에 발달돼 왔다.

그러면 방도로 돌아가 생각해 볼 때에 왜 역설이 발생했는가를 칸토어의 역설과 연관하여 다시 이해하게 되었다. 즉, 그 이유는 8괘를 명패와 물건으로 나누었기 때문이다. 1정8회법으로 배열했기 때문이다. 그래서 정대각선에서는 명패와 물건이 같아져 버렸다. 전체와 부분이 그리고 일과 다가 서로 되먹힘 돼 멱집합 현상이 나타나 버렸다. 우주의 구조이든 집의 구조이든 대들보와 서까래는 달라야 하는데 같아져 버렸다. 이런 집은 무너지기 마련이다. 그러나 무너지지 않고 있다. 그 이유는 무엇인가?

항성(태양)과 행성들이 중심과 주변으로 나뉘었을 때에 중심이 주변이 되고 주변이 중심이 돼 버렸다. 방도의 정대각선에서 보는 바와 같이. 태양이 중심이냐 지구가 중심이냐는 종교와 과학 간에 지난한 논쟁거리가 되었고 과학자들이 희생되기도 했다. 소행성대란 바로 정대각선이며, 이것은 자기귀속의 역설에 직면하게 된다. 정대각선은 가로와 세로가 사상된 벡터 선이다. 그래서 정대각선은 언제나 가로나 세로로 되돌아 갈 수 있다. 반대각선화 될 수 있다는 말이다.

반가치화와 반대각선화를 윷판이 풀이하는 해법은 모에게 5점을 주는 것이다. 5는 4열 밖의 '오열五列'이다. 오열은 국외자로 간첩 같은 존재를 두고 하는 말이다. 여기에 혜성은 제 5열에 속하는 존재이다. 태양과 행성들이 1정9회를 만드는 대각선이 형성되는데 그것이 혜성이다. 소행성대란 혜성(대각선 혹은 마르두크)이 행성들 가운데 어느 하나(티아마트)와 충돌하여 생겨난 것이 소행성대이다. 정대각선이 반대각선화와 반가치화를 했을 때에 나타나는 자연스런 현상이다. 시친이 소행성대가 만들어지는 과정을 설명하는 것을 보면 이러한 주장이 더욱 설득력을 얻게 된다.

정대각선상의 8괘를 반대각선화와 반가치화를 했을 때에 이것들은 방도의 가로 선 안의 어디에서도 찾을 수 없다. 마치 윷놀이의 모와 같이 말이다. 이는 잉여이고 '초과'excess이다. 한 번 방도를 가로와 세로 8개로 제한하지 말고 그것이 무한이라고 해보자. 무한일 수 있는 이유는 2의 무한 승이 가능하기 때문이다. 그러면 새로 생긴 가로선은 방도 안에 들어가지 못하는 무한의 밖에 있게 된다. 국외자이다. 이를 '오열'이라고 한다.

대각선논법은 모가 다른 4개(도개걸윷)와 연속성이 되는가 안되는가, 소위 연속체가설의 문제를 제기한다. 이 문제는 괴델과 코헨에 의해 20세기 중반을 넘어 '비결정성'으로 결판이 났다. 연속과 비연속이 모두 옳기도 그러기도 하다는 것이다. 태양계 안에서도 이런 비결정성은 불가피하다. 도개걸윷까지가 4열이고, 모는 제 5열에 속한다. '제 5열'이란 '국외자局外者'란 뜻으로 간첩 같은 존재를 두고 하는 말이다. 분명히 방도에서도 이런 국외자가 생기게 된다. 그러면 국외자局外者와 국내자局內者 사이에는 동질성과 비동질성 그리고 연속성과 비연속성의 문제가 발생한다. 이를 두고 '연속체 가설'이라고 한다. 칸토어는 연속성을 믿고 죽었지만, 후대에는 비연속성도 증명이 되었다. 윷과 모 사이는 동질적인가 비동질적인가. 연속적인가 비연속적인가.

명패를 항성恒星이라 하고 물건을 행성行星이라고 한다. 태양계란 집에서 태양은 호주이고 행성들은 식솔들이다. 태양계는 지금으로부터 약 46억 년 전, 거대한 분자 구름의 일부분이 중력 붕괴를 일으키면서 형성되었다. 붕괴한 질량 대부분은 중앙부에 집중되어 태양을 형성했다. 반면 나머지 물질은 행성, 위성, 소행성 및 다른 태양계 천체들을 형성하였다. 얇은 원반 모양의 원시 행성계 원반으로 진화하였다. 이를 18세기에 에마누엘 스베덴보리를 비롯하여 이마누엘 칸트, 피에르시몽 라플라스가 개발했다. 태양계는 처음 태어났을 때부터 격렬하게 진화했다. 많은 위성들은 자신들의 어머니 행성 주위에 형성되어 있던 가스 물질과 먼지에서 생겨났다. 반면 일부 위성들은 행성의 중력에 이끌려 포획되거나 또는 천체끼리의 충돌로 생긴 파편이 뭉쳐서 생겨났다. (지구의 달이 이런 사례라고 추측하고 있다.) 천체끼리의 충돌은 오늘날까지도 꾸준히 이어지는 현상이며, 태양계의 진화에서 중요한 부분을 차지한다. 행성들의 궤도는 안쪽 또는 바깥쪽으로 바뀌며, 행성들끼리 서로 위치를 바꾸기도 한다. 이러한 행성의 '이주' 현상은 태양계 초기 진화 때 발생한 것으로 추측된다.

태양계가 이렇게 명패와 물건으로 나뉘는 한 역설은 피할 수 없다. 역설이란 구조는 전체와 부분, 중앙과 주변으로, 언어상으로는 메타언어와 대상언어로 나뉠 때에 피할 수 없기 때문이다. 인간이 언어로 발설하는 순간 말과 사물 사이에는 대각선화가 만들어져 역설에 직면하게 되어 불교는 이를 개구즉차開口卽借 즉, 입을 열자마자 역설에 직면한다고 했다. 말이 명패가 되고 사물이 물건이 되어 버리기 때문이다. 그러면 말과 사물이 대각선을 만들어 역설을 조장한다. 반대각선이 되면 말이 사물이 되고 사물이 말이 된다. 태양계도 중심과 주변으로 굳혀지는 46억 년 전부터 이런 역설에 직면하게 되었다. 그리고 역설를 해의하려 태양계도 부단히 노력하고 애쓰고 있다. 화산, 지진, 홍수 등 모든 재앙이 이 역설에서 발생한 것이다.

수메르신화와 역설해의

우주가 빅뱅에서 폭발하여 확산 전개되면서 생겨난 후, 변함없는 현상은 계속 중심과 주변이 나뉜다는 것이라 할 수 있다.

아직 중심과 주변이 구분 안 된 조판기의 모습

위의 그림은 암흑 속에서 태양이 탄생하는 모습을 보여준다. 창조설화 기록 가운데 《규원사화》는 멋있는 글쓰기를 한다. 조판기肇判記, 태시기太始記, 단군기檀君記, 만설漫說 등 4부로 나뉘는 북애자의 글쓰기는 모범적이다. 조판기는 "태고에 음과 양이 아직 나뉘지 않은 채 아주 흐릿하고 오랫동안 닫혀 있으니"라고 시작하고 있다. 흑암에서 아직 태양이 나타나기 이전을 조판기에서 다루고 있다. 아직 중심과 주변이 구별 안 된 상태, 즉 태양과 다른 행성들이 생겨나지 않은 상태를 조판기에서 다룬다. 이제 가로와 세로, 그리고 주변과 중심이 구별되고 구분되는 시기를 태시기라 한다.

태양계의 탄생 이론은 지금 큰 혼란에 빠져 있을 정도로 현대 과학이 확실한 대답을 제시하고 있지 못한 것이 사실이다. 그러나 여기 한 가지 분명한 사실은 우주의 구석은 그 어디에 가든지 명패와 물건으로 나눌 수 있다는 사실이다. 다시 말해서 중심부와 주변부 그리고 세로와 가로가 형성되기 시작한다는 것이다. 《규원사화》는 이를 구별하여 태시기라고 한다.

  138억 년 전에 우주가 탄생하고 약 46억 년 전에 태양계가 생겨났다. 우리 태양계는 우리 은하 안에 있으며 우리 은하 밖엔 2000억 여 개의 다른 은하가 있다. 우리 태양계는 우리 은하계의 중심부에서 2만 6천 광년 떨어진 안드로메다 은하계 안에 들어 있다.

중심과 주변이 구분된 태시기의 모습 f(x)

태양계란 중심은 또 다른 은하계의 중심부의 주변이다. x(5(x))

태양계는 우리 은하계라는 중심부에서 볼 때에는 주변부에 있다. 그리고 우리 은하계도 더 큰 은하계의 주변부에 불과하다. 조판기와 태시기는 되물림하는 형식이다. 이를 두고 반대각선화라고 한다. 중심이 다시 주변부가 되는 것을 두고 하는 말이다. 가로와 세로 주변부와 중심부가 구별되는 순간, 그리고 중심이 다시 주변부가 되는 순간, 대각선논법의 연속체 가설의 문제가 제기된다. 방도의 구조가 바로 이런 구조를 그대로 반영한다. 그리고 역설은 피할 수 없게 된다.

　다시 말해서 지금부터 우리의 우주와 태양계는 큰 논리적인 문제에 직면한다. 집합론으로 볼 때에 집합 속의 집합 속의 집합 …과 같은 논리적인 문제 말이다. 일찍이 칸토어는 가장 큰 '모든' 집합이 있다고 할 때에 그 모든 집합 자체도 그 집합에 포한되는 역설에 직면하는데 이를 위에서 말한 '칸토어의 역설'이다. 우주는 커다란 집합의 집합의… 구조이다. 우주가 불안정하면서 스스로 변해가는 이유가 역설 때문이다.

　그러면 시친은 수메르 신화를 통해, 태양계 안에서 전개되는 이런 역설을 어떻게 보고 어떻게 그것을 해의하고 있는가? 수메르인들은 태양계 안의 이런 역설을 신화적 언어로 설명하고 있다. 이를 소개하는 시친 자신은 대각선논법에 문외한이었다. 그러나 필자는 시친의 말을 대각선논법의 6대 요소의 말로 바꾸는 시도를 여기서 하려 한다. 여기서 명패와 물건의 관계는 일과 다의 관계이기 때문에 그것이 중심과 주변의 관계일 수도 있고, 세로와 가로의 관계일 수도 있다. 1개 태양을 중심으로 9개의 행성들이 주위에 배열된다. 1정9회이다. 이것이 태양계의 배열, 가로, 세로에 해당한다. 사각형의 가로와 세로가 원에서는 주변과 중심이고 또한 변수(x)와 함수(f) 관계이다. 그래서 대각선화는 $f(x)$로 표시되고 반대각선화는 $x(f(x))$로 표시된다. 우주는 이런 함수 구조 그 자체이다.

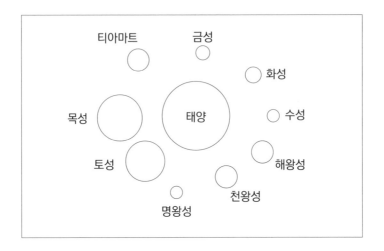

수메르인들은 태양계 안에는 12개의 행성이 있다고 했다는 것이 시친의 주장이다. 위 그림에서는 지구가 안 보이는데 앞으로 태양계 밖에서 침입해 온 12번째 행성(혜성) 마르두크가 티아마트를 공격해 두 동강을 내어서 한 토막으로는 지구를 만들고, 다른 반 토막으로는 화성과 목성 사이에 있는 소행성대를 만들었다. 그래서 소행성대 역시 하나의 행성으로 간주한다. 소행성대는 대각선(혜성 혹은 마르두크)이 반대각선화되면서 생겨난 것이다. 마르두크(대각선)가 티아마트를 치는 것이 반대각선화이다. 지금의 9개 행성에 소행성대, 달 그리고 태양 자체를 넣으면 12개가 된다. 여기서 항성인 태양도 멱집합 논리에 의해 행성이 된다. 대각선논법 6대 요소들에 따라 수메르 신화를 설명해 나가면 다음과 같다.

1. 지금 우리가 알고 있는 태양계의 궤도에 12번째 행성 궤도를 추가한 것이다. 이 12번째가 혜성이라 보고 있으며 이 혜성의 등장은 대각선화를 두고 하는 말이다. 다시 말해서 12번째는 가로와 세로를 가

로지르는 즉, 태양과 행성 모두를 가로지기 하는 혜성을 두고 하는 말이다. 혜성은 마치 방도에서 가로와 세로로 1정8회를 만들 때에 자기 언급을 하는 정대각선에 해당한다. 이것이 반대각선화 하면 오렬 혹은 모와 같은 존재가 탄생하는데 그것이 지구이고 소행성대이다. 그래서 이들은 초과분이고 잉여분이다.

  이러한 배열이 있게까지는 마르두크와 티아마트의 대판 싸움이 있었다. 데카르트의 좌표계로 배열을 하게 되면 태양은 좌표계의 중심이 되고, x축은 9개 행성이고 y축은 소행성대가 된다. 그러면 혜성은 좌표계의 중심과 주변 모두 가로지기 횡단을 한다.

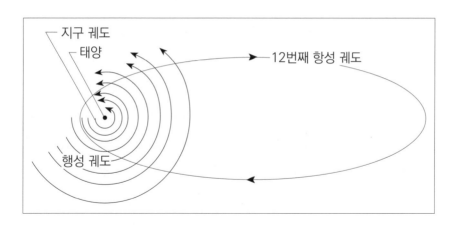

  2. 위 그림은 티아마트를 향해 12번째 마르두크(혜성)가 돌진하는 모습이다. 반대각선화 되는 모습을 여실히 보여주고 있다. 이는 혜성과 같은 존재(마르두크)가 좌표계 안의 x축 상에 있는 티아마트를 향해 돌진하는 장면으로서, 이는 전형적인 대각선이 x나 y축이 되려는 바, 반대각선화 되는 대 장면이다. 이제 마르두크가 티아마트를 공격해 반 토막 낸 다음, 지구와 소행성대를 만들어낸다.

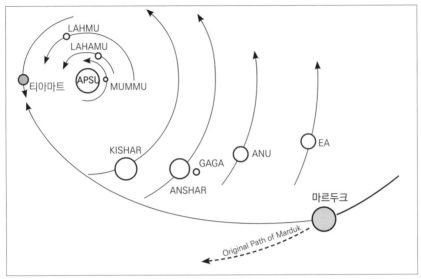

마르두크가 티아마트를 향해 공격해 나가는 반대각선화 장면

3. 드디어 티아마트를 마르두크가 공격하여 위성들(좌)을 반 토막 낸다. 그 결과로 지구와 소행성대가 탄생한다(우). 그리고 이런 반대각선화의 초과분으로 달kingu이 탄생한다. 좌측 그림을 보면 혜성이 충돌하자 소행성대와 지구Ki와 달Kingu이 생겨난다. 키Ki는 순수한 우리말 장소를 의미한다. '여기', '저기' 할 때의 땅 혹은 장소를 의미하는 말로서 원래는 신성한 장소를 의미했으나, 차츰 불완전 명사로 변했다. 엔키Enki는 원래 땅의 여신이나 차츰 하늘과 땅을 왕래하는 신으로 변한다. 행성대 안에 있던 티아마트의 몸을 혜성(대각선)이 쳐 두 조각(혹은 소행성대, 지구, 달로 세 조각)이 난다. 이것이 에누마 엘리쉬의 대드라마이다. 티아마트는 창세기에서 '흑암'이란 말로 등장한다. 흑암의 어원은 '테홈Tehom'으로서 전능한 엘로힘은 이 테홈을 쳐 천지창조한다. 창세기 기자가 바빌로니아 신화를 절묘하게 자기 민족의 것으로 둔갑시킨 장면이다. 신화는 정확하게 천체 변화의 과정을 묘사한

것이라고 시친은 본다.

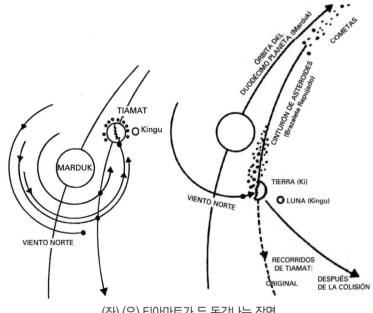

(좌) (우) 티아마트가 두 동강나는 장면

4. 티아마트의 죽음으로 이제 우주의 주인공은 마르두크가 된다. 여성에서 남성으로 변했다. 이를 반가치화라고 한다. 우주의 가치관이 완전히 정반대가 되었다. 이제부터 여성적 가치관인 여성원리(땅, 밤, 어둠, 물질)와 남성원리(하늘, 낮, 밝음, 정신) 사이에 심각한 균열이 생겼으며 이를 '인도-유럽적 균열Indo-European dissociation이라고 한다. 인도에선 남성신 인드라가 여성신 브리트라를 살해하고, 그리스에는 남성신인 제우스가 여성신 타이폰을 살해한다. 이를 '에누마 엘리쉬'라고 하고, '개천'이라고도 한다.

5. 한사상은 이러한 변화의 층을 '울, 굼, 둠, 북, 흔'으로 나누고 이를 '한의 변층變層'이라고 한다. 유럽적 균열은 정확하게 박층에서 일어난 사건이다. 박층은 에누마 엘리쉬와 함께 청동기 가부장제 등장

을 알리는 층이다. 남선원리를 대표하는 것이 태양이라 하여 이를 노이먼은 '태양화 시기'Sola Age라고 한다. 한사상은 단군 신화에서 어떻게 변층이 일어났는가를 관찰한다.(김상일, 한민족 의식전개의 역사' 1988. 참고) 시친은 실제로 우주에서 일어난 사건으로 보아 외계인의 도래를 확신하고 있지만, 한사상은 기원전 2000년 전후에 일어난 문명의 대전환, 즉 여성 모계 문명에서 가부장 남성 문명에로의 전환에서 발생한 사건으로 본다.

6. 한의 사전적 의미 속에는 일다중동혹一多中同或이 함의돼 있다. 그래서 태양계에 대한 바른 이해를 위해서는 하나와 여럿의 관계에서 시작해야 한다. 이것이 하나의 중심과 여럿의 주변, 함수와 변수, 집합과 요소, 세로와 가로의 관계에 해당하기 때문이다. 중中이란 가로와 세로가 대각선화 되는 것을 의미한다. 동同이란 대각선이 반대각선화하여 가로 가운데 있는 변수와 같아지는 것이다. 그러면 역설이 발생하는데 그 역설은 비결정성과 불확정성이기 때문에 이를 혹或이라 한다. 태양계는 이러한 한의 사전적 의미가 지배하는 곳이다. 태양계뿐만 아니라 우주 자체가 중심과 주변으로 나뉘는 한 이런 한의 사전적 구조를 피할 수 없다.

수메르 신화로 본 무씨사당 석실 해석

수메르 대서사시 서두에 상투적으로 붙는 '하늘로부터 왕권이 내릴 때'를 소위 '에누마 엘리쉬enuma ellish'라 한다고 했다. 이를 처음 문제시 한 장본인들은 여성학자들이다. 하늘 문이 환하고 밝게 열리면서 하늘에서 내려온 신들이 모두 남성들이고 이들이 내려오자 땅에는 비극적, 즉 여성 살해가 시작되었다. 에누마 엘리쉬는 청동기와 함께 가부장제가 시작되기 때문에 이 서사시가 있느냐 없느냐에 따라서 문명의 축에 끼느냐 마느냐가 결정된다. 이것은 역사 얘기인 동시에 신화인 동시에 우주과학이다. 이렇게 말하는 이유는 우리나라 역사학자들 재야와 강단을 막론하여, 얇은 지식으로 역사의 진위 운운하지 말라고 일침을 놓기 위해서이다. 그리고 재야 사람들도 신화가 얼마나 주요한지 파악이나 하고 신화에 난도질 하지 말기 바란다.

우리는 위 바빌로니아의 에누마 엘리쉬를 읽으면서 우리도 이에 해당하는 서사시가 있다는 사실을 알게 되고, 그것이 바로 단군신화이다. 우리의 문명사와 의식구조가 세계 보편적임을 알게 된다. 그런데 중국 가상현에 단군신화와 대동소이한 벽화가 하나 있는데 이를 '무씨사당벽화'라 한다.

혹은, 무씨사석실武氏祠石室이라고도 하는 중국 산동성 가상현嘉祥縣에서 남쪽으로 28리 떨어진 자운산紫雲山 아래에 있다. 빙하의 범람으로 흙이 쌓여 흙 가운데 묻혀 있던 것을 건륭 51년에 황역黃易이라는 사람이 발굴해 지금과 같은 무씨사석실을 만들 수 있게 되었다. 만들어진 연대는 춘추전국시대 이후인 기원후 147년이다. 김재원은 〈단군신화檀君神話의 신연구新研究〉(1947)라는 그의 하버드대 박사학위 논문에서 무씨사석실을 그 내용으로 볼 때 단군 신화의 내용과 8~9할이나 복합된다고 했다. 벽화의 방은 앞과 뒤로 나뉘어 있는데, 여기서 문제가 되는 것은 후석실 제3석 제2층이다. 각 석실의 화상석은 대개 4층으로 나뉜다. 제2석은 위에서 두번째 층의 아래가 나뉘지 않고 한 층으로 되어 있다.

이제 후석실 제2석 제2층으로부터 보기로 한다. 먼저 구름 위에 떠 있는 인물과 마차들이 보인다. 구름은 지상이 아닌 하늘을 상징한다. 이 장면은 단군신화에서 환웅이 아버지 환인에게 지상으로 하강을 윤허 받는 장면에 비견할 수 있다. 그러나 우측의 환인이라 여겨지는 인물이 남성이 아니고 여성이다. 바빌로니아 신화에서 환웅에 해당하는 인물이 마르두크이다. 마르두크도 천상에서 땅에 내려가 티아마트를 살해하기 위한 허가를 제 신들로부터 받는다.

후석실 제2석 제2층

후석실 제3석 1층

후석실 제3석 2층

후석실 제3석 3층

후석실 제3석 4층

　오른쪽 위에 있는 두 인물 가운데 왼쪽에 있는 인물은 수염이 있고 오른쪽에 있는 인물은 수염이 없다. 이는 남자와 여자로 성별을 나눌 수 있음을 의미한다. 왼쪽 위와 오른쪽 가운데에 있는, 날개 달린 말이 끄는 마차는 지금 이동 중임을 보여준다. 즉, 누군가가 하늘 위에서 지상으로 내려오고 있는 장면이다. 구름 위에는 날개 달린 인물들이 많이 보이는데, 구름은 새 모양으로 표현되어 있다. 김재원은 두 주인공과 관련해 남자는 동왕공東王公이고, 여자는 서왕모西王母라고 파악한다(김재원, 1982, 67쪽). 서왕모의 왼쪽에 있는 인물은 세 개의 구슬을 쥐고 있다. 이는 단군 신화에 나오는 세 개의 천부인과 비교할 수 있다. 마르두크는 티아마트를 살해 하려고 하지만, 환웅은 홍익인간과 재세이화 하려 하강하려 한다. 그러나 양자 모두 하늘에서 땅으로 하강하려는 즉, 에누마 엘리쉬란 점에서는 완전히 같다. 기원전 2000년 전후의 시기적 배경도 같다.

　제 3석 1층은 하강하여 땅의 족속들로부터 환영을 받는 장면이다. 이제 그림의 아랫부분으로 눈을 돌려보자. 아래 왼쪽에는 한 귀인과 두 무사가 있고, 그들이 타고 온 마차와 말 두 필도 보인다. 오른쪽에는 건물이 있는데(안보임), 건물 안에서 두 사람이 나오고 있다. 이는 하늘에서 내려와 지상에 당도한 인물(환웅)을 영접하는 장면이다. 무사들을 거느리고 온 귀인 사이에 세 개의 원형 산봉우리가 있다(안보임). 이 가운데 오른쪽 아래의 산에는 날개 없는 사람이 있으나, 높은 봉우리에는 날개 달린 천사가 무기를 들고 방어하고 있다. 또 한 천사는 그 산 안에 있고 제3의 천사는 그 봉우리에서 내려오고 있다. 하늘과 땅은 아무런 충돌 기미가 안 보인다.

이들 내용은 단군 신화와 매우 흡사한 점을 보여주고 있다. 서왕모라고 하는 여인을 환인桓因이라고 본다면, 그 왼쪽의 수염 달린 남자는 곧 환웅이다.《삼국유사》에서는 환인이 남자이지만, 김정학 같은 학자는 여자로 본다. 수메르 신화의 엔릴ENLIL 같은 인물일 것이다.[25] 이는 아들 환웅이 환인과 상의하는 장면, 즉 땅 밑으로 내려가고 싶다는 의사를 표현하는 장면이다. 세 개의 천부인은 이 그림에서 세 개의 구슬 같은 것이다. 단군 신화에서는 환웅이 내려온 곳을 삼위태백三危太伯이라고 했는데, 밑에 있는 세 개의 봉우리가 바로 삼위태백일 것이다. 그 밖의 인물들은 모두 환웅이 데리고 내려온 무리들이다.《삼국유사》에 따르면, 환웅이 무리를 끌고 지상으로 내려올 때 앞에서 세 용이 끌고 네 사람이 용을 타고 있었다고 한다. 이렇게 보면, 이 그림의 내용이 단군 신화의 내용과 거의 80~90퍼센트 가까이 일치함을 알 수 있다.

필자가 여기서 문제시하는 부분은 후석실 제3석 제2층이다. 제3석 제2층의 그림 왼쪽에는 나팔 같은 것으로 바람을 일으키는 풍백風伯과 우뢰사자인 뇌사雷師가 차에 앉아 있고 여섯 동자가 마차를 끌고 있

---

25 수메르어로 'AN'은 최고 하늘신에, 'EN'은 여신에 해당한다.

다. 뇌사는 두 손에 각각 망치를 쥐고 양쪽에 있는 두 개의 북을 치고 있다. 여섯 동자 앞에 있는 크고 작은 두 인물은 각자 한 개의 병을 쥐고 있는데, 하나는 달려가고 있고, 다른 하나는 그 병의 물을 쏟으려고 한다. 이는 틀림없이 우사雨師이다.

그런데 문제의 쌍수룡雙首龍 한 마리가 등을 구부리고 있는 장면을 보면 병과 채찍을 두 손에 나누어 쥔 한 인물이 용의 등 위에 타고 있으며, 그 밑에서는 망치와 끌을 가지고 누군가의 목을 따려고 하는 인물이 보인다. 같은 무기를 쥔 사람이 밖에도 하나 있다. 이상은 벽화에 대한 김재원의 설명이다(김재원, 1982, 71쪽).

그런데 이러한 장면은 단군 신화에서는 찾을 수 없다. 윗부분은 거의 단군 신화의 내용과 일치하지만, 한 사람이 다른 사람을 죽이려고 하는 쌍수룡 밑의 장면을 단군 신화에서는 찾을 수 없는 것이다. 이에 대해 김재원은 다음과 같이 설명한다. 용의 배 위에 있는 여자는 번개를 치게 하는 신이다. 쥐고 있는 채찍의 지그재그 모양은 번개를 의미한다. 병은 번개비를 내리게 하는 물병이다. 쌍수룡 안팎의 무기를 쥔 두 인간은 뇌사가 거느리는 여러 신들이다. 목을 따는 것은 벼락을 맞는 장면이다. 그 다음 오른쪽 구름 위의 인물은 왼손에 무언가를 쥐고 지금까지 본 그림과는 달리 왼쪽을 향해 가는데, 손에 쥐고 있는 것은 무기로 보아야 할 것이다. 왼쪽 지상에 날개도 없이 머리를 풀어헤치고 있는 두 인물은 구름과 아무 관계도 없는 지상의 인간인데, 놀라서 목이 떨어지는 사람에게 가고 있다.

이들 장면은 《삼국유사》의 기록으로는 도무지 이해할 수 없다. 1942년에 중국인 유명서는 〈식양사후석실소견황제치우전도고式梁祠後石室所見皇帝蚩尤戰圖考〉라는 글에서 후석실 2층의 내용을 다음과 같이 풀이하고 있다. 즉, 쌍수룡 안의 살인 장면은 중국의 황제皇帝가 치우蚩尤를 살해하는 장면이라는 것이다. 전설에 따르면, 황제는 서방의 한족漢族을 대표하는 인물이고 치우는 동이족을 대표하는 인물이다. 이 둘은 탁록에서 치열한 싸움을 벌인 역사가 있다. 우선 유명서는 제 3석 1층에 대해 다음과 같이 풀이한다. 즉, 황제는 천신에게 기도를 드리고 그 결과로 하늘에서 보낸 원병을 맞았는데, 이 그림에 그러한 모습이 나타내고 있다는 것이다. 유명서는 오른쪽의 세 인물에서 가운데 서 있는 것이 황제라고 주장한다. 내용이 이렇게 이어지면서 제 3석 2층의 장면은 둘로 나뉘어 풀이된다.

유명서에 따르면, 오른쪽 쌍수룡은 황제의 부하 응룡應龍이며, 그 밑에서 망치와 끌을 들고 엎드린 인물의 목을 치는 장면은 황제가 치우를 공격하는 장면이라고 한다. 쌍수룡도 응룡이고 피격당하는 자도 응룡이라고 해석하는 것은 아무래도 무리가 있다. 쌍수룡의 등에 있는 인물은 응룡의 보조자로, 응룡에게 물을 공급해주고 있다고 한다. 쌍수룡 왼쪽에 있는 사람들도 모두 응룡이 부리는 자들이다. 유명서는 우사·뇌공·풍백까지도 모두 황제의 휘하에 있는 부하들이라고 보고 있다. 그러나 그의 이러한 주장에는 커다란 약점이 있다. 만약 2층을 황제와 치우의 각축전으로 본다면, 이와 연결해 3·4층을 설명할 수 없다는 점이다. 유명서는 제3석의 태반이 공백으로 남을 것을 우려한 화공이 3·4층을 여분으로 아무 의미 없이 만들었다고 주장한다. 그러나 공간의 처리 방법이나 그림의 내용으로 볼 때, 화공이 심심풀이로 3·4층을 만들었다고 하는 말은 설득력을 얻기 힘들 듯하다.

정덕곤鄭德坤은 황제와 치우의 싸움이라는 해석을 대체로 받아들였지만, 제 3석 2층의 해석에서 유명서와 의견을 달리한다. 즉, 풍백·우사·뇌공은 황제의 군사가 아니라 거꾸로 치우의 군사라는 것이다. 그리고 쌍수룡 밑에서 벌어지고 있는 살육 장면은 다만 치우의 잔인한 모습을 고발하려는 것에 지나지 않는다고 보고 있다. 그는 살해하는 자가 누구인지, 살해당하는 자가 누구인지, 그리고 왜 살해하는지에 대해 아무런 언급을 하지 않고 있다.

다른 한편, 미즈노水野淸一는 이 화상석이 한갓 놀이 모습을, 즉 치우 기蚩尤伎라는 놀이 장면을 그린 것이라고 본다. 그런데 그 놀이의 유래는 역시 황제와 치우의 싸움에 있다는 것이다.

이상 세 외국인 학자들의 견해에 대해 김재원은 "그 어느 분도 이 화상석 전체를 한 설화로 간파한 사람이 없고, 그 가운데 한 부분만을 떼어서 중국에 전래하는 치우설화에 배정했다. 그러나 어느 치우에 관한 고 사료도《삼국유사》에 실려 있는 단군설화 같이 80~90퍼센트까지 이 화상석 전체를 설명하는 것은 없다"(김재원, 1982, 129쪽)고 비판했다. 김재원은 치우 설화가 단군 설화의 일부분은 될 수 있어도, 치우가 이 화상석의 주인공이 될 수는 없다고 한다. 풍백·뇌사·우사 같은 것은 이미 여러 설화 속에서 등장하기 때문에, 오직 그 한 요소를 가지고 와 이 화상석의 내용이 치우 설화를 다룬 것이라고는 치부할 수 없다는 것이다. 유명서와 정덕곤의 주장이 그 타당성을 잃는 까닭은 역시 제2층에서 벌어지고 있는 장면 때문이다. 김재원은《삼국유사》에 나오는, '풍백·우사·운사'를 거느리고 '농사·인명·병·형·선악' 같은 인간의 360여 가지 일을 다스린다는 내용이 이들 그림과 빈틈없이 부합한다고 본다.(김재원, 1982, 131쪽)

무씨사당 벽화에 대한 해석은 각각이다. 그러나 한 가지 같은 것은 3석2층을 해석함에 있어서 그것이 치우와 황제의 대결로 본 점이라 할 수 있다. 그리고 그것이 화합이 아닌 심각한 균열과 갈등의 장인 점에서도 일치한다. 인도 유럽 신화에서 남성신과 여성신의 갈등이 다반사인 점에서 치우와 황제라는 남남 갈등과 균열로 본 것은 세계

보편 신화소에서 볼 때에 거리가 많이 멀다. 지금으로부터 2000여 년 전에 만들어진 신화 혹은 설화 속의 세계 보편적인 신화소는 남녀 갈등이다. 그런데 위 세 외국인 학자들의 학설은 그 다음 제 3석 3층에 와서는 그 일관성을 유지할 수 없게 된다. 다시 말해서 2층과 3층 그리고 4층의 연결을 찾을 수 없다. 그래서 빈 공간을 메우기 위해 화공의의 치기 어린 놀이 정도로 치부하는 것은 용납이 안 된다.

그렇다면 우리는 무씨사당 벽화에 대한 이해를 함에 있어서 특단의 다른 이해 조치를 취하여야 할 것이다. 일단은 그 속에 있는 하늘과 땅, 그리고 남자와 여자, 그리고 인간과 동물이라는 3중 대칭 구조 안에서 신화소가 가지고 있는 보편적 구조부터 찾아 나가야 할 것이다. 먼저 하늘과 땅의 대칭이 서로 만난다는 것에 착안해야 한다. 이 때에 하늘은 항상 세로이고 땅은 가로이다. 이런 대칭 구조 속에서 대각선화가 만들어지고 다시 반대각선화와 반가치화 현상이 나타난다. 이러한 대각선논법의 관점에서 무씨사당 벽화를 점검을 해 보면 다음과 같다.

시친을 여기 다시 불러 오는 것이 무씨사당 벽화를 이해하는 데 도움이 된다. 다시 말해서 대각선논법을 원용하는 것이 무씨사당 벽화를 바로 이해하는 데 시금석이 될 수 있다. 환웅을 마르두크라고 할 때에 티아마트는 웅녀로 대칭된다. 그러면 양자 간의 갈등이 일연의 단군 신화엔 없다. 그러나 《규원사화》의 경우에는 사정이 다르다. 환웅이 옥녀라 일컬어지는 여인을 폭약을 던져 여러 차례 살해하려 한다. 그리고 삼성기에는 환웅이 글 속에 들어가는 장면이 나온다. 그러면《규원사화》는 왜 삼국유사와 그 장면이 다른가? 그 이유는 유교문화에 있다. 《규원사화》가 쓰인 때는 숙종조 연간이고, 이 때는 조선왕조에서 유교 가부장제도가 확립될 때이다. 그리고 무씨사당 벽화는 한대의 유교가 국가 이념이 되던 때이다. 제3석 2층이 결코 한대의 유교 가부장제 문화와 무관하다고 볼 수 없다. 다시 말해서 일종의 에누마 엘리쉬가 팽배하던 시기이다.

대각선논법으로 볼 때에 대각선에 해당하는 혜성과 같은 존재인 환웅이 땅에 내려와 웅녀와 조우할 때에 불교 문화권이냐 유교 문화권이냐에 따라서 화합이냐 균열이냐가 결정된다. 삼국유사는 전자인 경우이고 《규원사화》는 후자의 경우이다. 환웅, 즉 대각선이 반대각선화 되어 웅녀와 직면하여, 그것이 반대각선화가 될 때에 시친은 소행성대와 지구가 만들어졌다고 한다. 쌍용수 안의 살해 장면은 마르두크와 티아맛의 충돌 혹은 혜성과 지구의 충돌로서 대각선논법으로 이해 된다. 3석 3층에서 곰의 입에서 물체가 나오는 정체는 달의 탄생을 의미할 수 있다. 그것이 3석 3층에 여실히 나타나 있다. 우측 끝 부분에 곰과 호랑이의 등장이다. 이는 소행성대와 지구의 등장과 같다고 할 수 있다. 반대각선화 다음에 반드시 생기는 모와 같은 잉여물이 있기 마련이다. 곰의 입에서 새끼 하나가 나오고(혹은 들어가고) 있다. 이것을 시친은 아마도 달Kingu의 탄생이라고 할 것이다. 실로 달과 같은 위성은 반대각선화의 부산물 혹은 잉여물인 것이다.

구약성서는 엘로힘이 흑암(테홈과 티아마트)을 파괴하고 천지를 창조한 것을 에덴 동산의 시발점으로 본다. 대각선화와 그리고 반대각선화와 반가치화는 새로운 질서의 탄생을 의미한다. 제 3석 4층이 바로 평화가 도래하여 홍익인간 재세이화가 시작하는 시발점으로 보고 있다. 3석 4층에서 드디어 단군이 탄생하여 인간들에게 농사짓는 법과 같은 농법을 가르치는 벌살이가 시작된 것을 보여주고 있다. 붉층의 등장이다.

대각선논법의 6대 요소가 모두 실현되는 과정으로 우주가 창조되고 인간질서가 생겨난다. 이것이 역설해의이다. 그러나 6대 요소가 단절될 때에 그것이 병이고 화근이다. 그리스-로마 신화에서 이러한 단절의 병적 현상을 발견하게 된다. 46억 년 전에 태양계가 생긴 후, 지구와 소행성대가 탄생한 다음 지구에서 달이 생겨나니 이것이 지금의 태양계의 모습이다. 그리고 신화는 이러한 사실을 가장 잘 그려내고 있다. 이 글은 이 사실을 대각선논법이란 논리로 설명해 낸 한 시도이다.

IV

한·중·일 언어와
수메르어의 비교

들어가며

소위 차축시대란 '말'과 '글'의 시대라 할 수 있다. 그리스의 문화 목록어는 '로고스'이고 이를 요한은 예수라 했다. 한국에 선교사들이 처음 들고 들어 온 것도 글로 된 성서였다. 과연 글과 말 없이는 기독교를 비롯한 세계 모든 종교들과 위대한 사상들이 불가능하다 해도 과언이 아니다. 그런데 서구문명사에서 글이 수메르에서 시작된 사실을 누구도 부정할 수 없다. 예수가 생존 당시 사용된 아람어의 전신이 수메르어란 사실도 부정할 수 없다.

고대 근동아시아에서 기원전 2000년경까지 수메르어가 일상 생활과 문헌에 나타난 언어였다. 이런 수메르어가 1869년 오페르Jules Oppert가 수메르 유적지를 발견하기까지는 전혀 알려지지 않았다. 수메르인들은 비-셈족과 비-인도유럽족이었다. 수메르인들은 유대, 이집트, 그리스 등 지구상 그 어느 종족과도 다른 모습과 언어와 문명을 가지고 있었다. 사무엘 크레머는 이를 두고 "역사는 수메르에서 시작되었다History Begins at Sumer"라고 했다. 이에 전 세계 역사학계와 문명사학계, 특히 언어학계에서는 서로 경쟁적으로 수메르어와 자기들 모국어를 일치시키려는 작업을 하고 있다.

지구상의 제 언어들 가운데 수메르어와 가장 가까운 유사성을 보여주는 언어는 한·중·일 세 나라의 언어들이다. 일찍이 볼C.J. Ball이 *Sumerian and Chinese* (수메르어와 중국어)를 1913년에 출간하였다. 우리 한국에서도 문정창이 『韓國 수메르, 이스라엘의 역사』(백문당, 1979)를 통해 8가지 정도의 특징에서 수메르는 한국에서 건너갔다고 주장하고 있다. 그러나 문정창은 언어비교에 대해서는 적은 관심을 보이고 있다. 이에 필자는 미국 유학시 볼의 책을 남가주대학 도서관에서 구입하여 『인류문명의 기원과 한』(가나, 1987)을 통해 수메르와 한국과의 연관성을 언어, 고산숭배, 모계사회, 신 명칭의 비교를 통하여 출간한 바 있다. 그 이후 고 조철수 교수가 필자의 수메르 수사와 한국 고대 수사를 비교하여 연구의 외연을 확장시킨 바 있다. 4년 후 요쉬와라R. Yosghiwara가 *Sumerian and Japanese*(Japan Enflish Service, Inc., 1991)를 출간하였다.

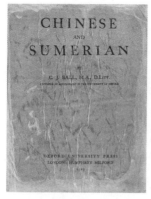

볼의 중국어와 수메르어
(1913)

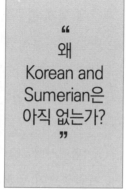

요쉬와라의
수메르어와 일본어(1991)

　두 나라 언어가 같다면 언어적 특징, 문법, 그리고 수사가 같아야 한다. 그러나 중국어와 수메르어는 언어적 특징(교착언어)과 문법이 같지 않고, 일본어와 수메르어는 수사가 일치하지 않는다. 그러나 이 제반 특징을 모두 갖는 언어는 한국어이다. 그러나 한국 학계는 역사, 언어, 종교 등 어느 분야에서도 관심을 안 보이고 있다. 앞으로 세계 무대에서 학술적 가치와 연구 비중에서 수메르와 한국 문명 비교만큼 지대한 것은 없다고 본다. 그러나 비교는커녕 근동아 학과 하나 대학에 없는 나라가 대한민국이고 이런 연구 자체를 국수주의 운운 하면서 매도하고 있는 현실이다.

수메르의 기원은 아직 아무도 정확하게 알지 못한다. 그러나 이들이 티그리스와 유프라테스 양강 유역에 기원전 3000여 년경에 이주해 온 이주민인 것은 분명하다. 세계 역사학계가 수메르의 기원을 찾으려는 노력의 일환을 '수메르적 문제성Sumerian Problem'이라고까지 부를 정도이다. 과연 수메르인들은 어디서 출발하여 양강 유역에 정착하였는가? 이들이 양강 유역에 도달했을 때에는 이미 기존의 있던 지역에서 언어와 수 많은 문명적 요소들을 가지고 이주하였다. 많은 차원에서 연구가 진행되고 있기 때문에 쉽게 결론을 내려 단정할 수는 없다. 그러나 한가지 분명한 것은 이들이 사용하던 언어가 지금까지 남겨져 있고 그것이 거의 해독이 되었다는 점이다. 우리는 이에 근거하여 최대한의 미확인 요소들을 제거하면서 두 언어를 비교해 나가야 할 것이다.

이남덕의 『한국어의 기원』(이화여자대교출판부, 1986)에서 한국어와 일본어는 같은 퉁그스에서 기원했으며 일본어는 한국어에서 기원전 6000-8000여 년 전후에 파생된 것이라고 했다. 일본어는 세계 어느 언어보다도 한국어와 가깝다. 요쉬와라가 이미 일본어와 수메르어를 비교하는 저술을 내놓은 마당에 박기용 교수와 고 조철수 교수 이외에 학계에서는 아직 이에 대한 연구에 손을 댈 기미도 보이지 않는다. 어느 두 언어가 같자면 언어 특징, 문법, 그리고 동일한 언어 그 가운데 수사가 같아야 하는데 이 제반 특징에 있어서 수메르어와 같은 언어는 한국어 이외에 또 다른 언어가 있는지 의심스럽다. 물론 중국어나 일본어가 이러한 제 특징에 있어서 몇 가지에 있어서는 같은 수 있지만 한국어 만큼 근접성이 높은 언어는 없다고 본다. 이에 앞으로 수메르어와 한국어가 학계에서 반드시 다루어질 것을 기대하면서 그 동기 부여와 유도를 위해 볼의 책을 중심으로 중국어와 수메르어의 관계를 먼저 여기서 다루어 두려고 한다.

　마지막으로 세계 수메르어 연구 60여 명 가운데 한 분이시고 그 중 우리말과 수메르어 관계에 관심을 가지셨던 고 조철수 교수의 말을 인용하려 한다. "수메르어와 우리 옛말 사이에 비록 지리적으로나 시간적으로 그 차이가 크지만 수메르어와 우리 옛말의 문법을 대조하여 보면 어느 다른 언어보다 그 유사성을 많이 찾아 볼 수 있다."

1

중국어와 수메르어 비교

　중국과 일본 연구 학자들은 다투어 수메르어와 자국어를 관련시키려 경쟁적이다. 여기에 우리만 빠져 있다. 언어특징, 문법구조, 유사어, 그리고 수사가 모두 같은 것은 우리말 뿐이다. C. J. 볼이 1913년에 Chinese and Sumerian을 옥스포드대학 출판사에서 간행하였다. 그러나 중국어는 교착언어가 아니고 문법 구조도 같지 않다. 다만 유사한 단어만 있을 뿐이다. 그러나 요시와라와는 달리 볼은 책에서 중국어뿐만 아니라 한국어와 일본어 그리고 월남어까지 동원하여 비교를 하였다. 그런데 흥미로운 사실은 같은 한자라도 한국어 발음이 수메르어에 더 가깝다는 것이다. 볼의 책에서 뽑아서 수메르어와 중국어(한국어 등 포함) 대조표를 아래 소개한다.

약자 '한'은 한국어, '일'은 일본어임. 일본어는 영어발음으로 표기

수메르어	중국어(일본어와 한국어포함)
A	孩, 아들, gai(일)
AB	海(hai), kai(일)
AB-SIM	芽筍(ya-sun), a sprout, 씨앗
AG, AKA	好(hou), 호(한), ko(일)
AN, ANA	昻(ang), 안 혹은 한(한), gan(일)
A-ZAD	災(chai), 재(한), sai(일)

수메르어	중국어(일본어와 한국어포함)
BA	半(pat), 반(한)
BAR BAR	輝(hui), 밝을, 휘(한), hot(일)
BAD	別(pit), 벌어질, 별(한), bet(일)
BAD	無(mu), 몰(한), bot(일)
BAL	撥(pat), 발(한)
BAL	佛(fo), 발(한)
BAN	盤(boun), 반(한),
BAR	虎(boa), 범 혹은 호(한), po(일)
BUR	肥(fei), 부를, 비(한), at(일)
BUR	窟(ku), 굴(한), kot(일)
DA	帶(tai), 띠, 대(한)
DAB	助(cho), 도울, 조(한)
DAM	像(siang). 닮을, 상(한)
DAMU, DUMU	童(dung), 아들, 동(한), shi(일)
DAR	鴉(tsau), 닭, 치(한)
DIRI	黛(tai), 더러울, 대(한), de(일)
DIMU	傳(chwan), 전(한), den(일)
DIN-GIR	帝(ti), 뎅그리, 제(한)
DUG	終(chung), 죽을 종(한)
EN	任(yen), 님과 임(한), kin(일)
EME	飮(yin), 음(한), in(일)
ESHE	三(san), 셋, 삼(한)
GA	家(kia), 집, 가(한,일)
GAL	鬼(kwei), 귀(한)

수메르어	중국어(일본어와 한국어포함)
GAL	開(kai), 열 개(한), kai(일)
GAM	감다(한)
GAN	紅(hong), 붉을 홍(한), ko(일)
GA-SHEM	神(sheng), 신(한), shin(일)
GEM	陰(yin), 음(한), in(일)
GE GA	溢(ik), 가득, 일(한)
GIR	骨(kwet), 골(한), gai(일)
GISH-GAR	記(ki), 글, 그림(한)
GAL	가르다(한)

아래는 한자 확인을 못해 한글과 영어로 뜻을 대신한다.

EN, INI	眼(yen), 안(한), ken(일)
IM	染(im), 적실 염(한)
IM BAR	風(pio), 바람 풍(한)
KA	口(kou), 입 구(한), KO(일)
KA BA	입을 벌리다(한)
KI	基(ki), 터 기, 여기 저기(한)
KIN	看(kin), 볼 간(한), kin(일)
KUR	丘(hiu), 구릉 언덕(한)
LAL	蜜(mit), 벌 꿀 밀납(한)
LIG	力(lik), 힘 력(한), riki(일)
MAG	莫(meng), 마지 막(한), bo(일)
ME	말하다(한)
ME	(한국 고아시아족 언어 가운데 물을 ME라고 하여 '수원'은 '멧골'임)

수메르어	중국어(일본어와 한국어포함)
MUD	滅(myt), 멸(한), met(일)
MU SAR	名(ming), 이름 명 쓰기(한)
NAB	nep(중), 나루 강(한)
NUM NUMMA	狼(lang), lang(한)
PA	花(fa), 꽃 화(한)
PAP	父(fu), 아버지 부(한)
RA	來(lai), 올 래(한)
RIG	綠(luk), 색깔 록(한), ryoku(일)
SA	싸우다(한)
SA	贊(tsan), 도울 찬(한)
SIG	슬픈(한)
SIL SILA	絶(tset), 자를 절(한)
SU	쏟아 붇다(한)
SUP	攝(tsiap), 모을 섭(한)
SHAR BAR	밝은 거룩한 장소(한)
TAB	差(cha), 잡다(한)
TAR	칼(한)
TE	胎(tai), 자궁 태(한), tai(일)
UMMA	엄마(한)
UGA	가마귀(한)

이상은 볼의 책에서 극히 제한된 부분만을 발췌한 것이다. 1994년 경, 한신대 철학과 나성 교수가 한자음을 확인했고, 철학과 문상원 군이 한글 번역을 도왔다. 위의 목록에서 한 가지 발견되는 주요한 사실

은 같은 한자음을 두고 볼 때에 수메르어 음과 한국어가 가장 가깝고 중국와 일본어는 거리가 상당히 멀어 보인다. 이는 한자가 처음 발생한 곳이 동이지역이고, 수메르인들이 이 지역에서 이동해 간 것이 아닌가 추측케 한다. 볼의 노작은 결국 한국어와 수메르어가 더 가깝다는 것을 입증한 결과가 된 것 같다.

2

일본어와 수메르어 비교

일본어와 수메르어의 일반적 비교

요시와라는 일본이 수메르어를 보존하기에 좋았던 이유를 자연환경에서 찾는다. 일본은 섬나라이고 산이 많기 때문에 언어의 고유성을 지켜내기에 좋았을 것이라고 한다. 볼이 수메르어와 중국어를 비교하면서도 한국과 월남어 일본어를 망라하여 상호 비교를 하고 있는 반면에 요시와라는 한국어에 대해서는 전혀 언급함이 없이 일본어를 고대(OJ), 방언(DJ), 현대 표준어(SJ)를 주요 사용할 뿐 약간의 중국어를 가져와 비교할 정도이다. 일본이 지역적 자연환경 때문에 가장 수메르어를 잘 보존하고 있다는 주장이 옳다면 과연 수메르어가 어떻게 근동아시아까지 전파되었는가에 대한 설명은 역으로 어렵게 될 것이다.

요시와라는 '수메르'를 'SHUMERA'라고 하면서 그 의미를 '땅 혹은 연합의 땅the land or the united land'를 의미한다고 했다. 그 이유는 여러 도시국가와 지도자들이 연방하여 수메르가 이루어져 있었기 때문이다. 그런데 이 SHUMERA라는 말이 현대 표준 일본어(SJ)에도 여러 곳에서 보인다. 예를 들면 다음과 같다.

❖ SUME IROTO いろと(OJ); 황제의 둘째 아들
❖ SUME GAMI神かみ; 황실의 창설자, 태양신, 천황의 조상에 대

한 경칭, 신들에 붙는 경칭

⁎ SUME MUTZUすのすう; 천황의 친척들

⁎ SUMERA BE; 천황의 옆에

⁎ SUMERA MI KUNI; 일본의 옛 국명

⁎ SUMERA GI; 천황

⁎ SUMERA GIMI; 천황

⁎ SUME IROTO すめぃろと(OJ); 황제의 둘째 아들

⁎ SUME GAMIすめらかみ; 황실의 창설자, 태양신, 천황의 조상에
대한 경칭, 신들에 붙는 경칭

⁎ SUME MUTZU すめみつ; 천황의 친척들

⁎ SUMERA BE; すめらび천황의 옆에

⁎ SUMERA MI KUNI; すめらみくに일본의 옛 국명

⁎ SUMERA GI; すめらぎ천황

⁎ SUMERA GIMI; すめらぎみ천황

요시와라는 이어서 지적하기를 RA의 일본어 기원에 대해서는 알
수 없지만 수메르어로 가면 알 수 있다고 했다. 이에 대한 자세한 논
의는 다음 소유격genitive를 논할 때에 이어질 것이다.

일본어와 수메르어 간의 특징적 비교

a. 교착어 특징: 일본어와 수메르어는 모두 교착어계에 속한다. 교
착어는 은, 는, 이, 가와 같은 토씨를 사용하는 동시에 어떤 두 말
이 서로 결합이 될 때에 그 어간이 조금 변하거나 거의 변하지 않

는다. 이 점에 있어서는 한국어도 마찬가지이다.

b. 어순: 일본어는 주어-목적어-동사의 순서로서 이 점도 한국어와 같다. 아래 지적들이 한국어에도 해당한다.

c. 동형이의homonym: 어떤 두 언어가 소리도 같고 철자법도 같은데 의미가 다른 경우가 두 언어에서 발견된다.

d. 접속사 생략asyndetic: 두 언어는 거의 접속사를 생략하고 사용한다.

e. 복수형 생략: 특별히 강조할 경우를 제외하고는 복수형을 사용하지 않는다.

f. 명사, 형용사, 동사의 형이 거의 구별이 되지 않는다.

g. 관계대명사는 거의 사용하지 않는다.

h. 성을 구별하지 않는다.

요쉬와라는 이상의 특징들 가운데 가장 중요한 것은 a와 c라고 하면서 이는 일본어와 수메르어가 같은 우랄-알타이어계에 속한다고 결론하고 있다.(5) 그러나 이러한 결론은 잘못 되었다. 일본어와 한국어는 퉁구스어계에 속하며 일본어는 한국어에서 파생되었다는 것이 유력한 학설이다. 그러나 요쉬와라는 책에서 한국어와 일본어와의 관계는 일언 반구 언급도 안 하고 있다. 이것이 연구의 한계일 것이다.

비교의 근거

어느 한 단어의 음절을 전체로 보면 두 언어가 전혀 다른 것 같지만 부분으로 나누어 보면 두 언어가 놀라울 정도로 같은 것을 발견할 수 있다. 이런 현상이 생기는 이유는 두 언어가 근본적으로 교착언어이기 때문이다. 두 개 이상의 음절이 붙어서 한 단어를 만들 경우 전혀 다른 것이 되는 것 같지만 분절을 시켜 보면 같다는 사실을 쉽게 발견한다는 것이다. 두 언어가 같고 다른 경우를 a. 한-음절인 경우, b. 두-음절인 경우, c. 세-음절의 경우, d. 전체-부동과 부분-동인 경우, e. 하이브리드인 경우 등으로 나누어 볼 수 있다.

a. 한-음절인 경우
수메르어 MU: 낳다, 다시 낳다, 후손, 등.
일본어 MU: 낳다, (씨)가 퍼지다. む
수메르어 PA: (나무) 잎
일본어 HA: (나무) 잎

b. 두-음절인 경우
수메르어 AMA: 어머니
일본어 AMA: 어머니
한국어: 어머니, 아마이
수메르어 GIRI: 자르다
일본어 KIRU: 자르다
한국어: 자르다, 가르다.

c. 세-음절인 경우
수메르어 AGAL: 부자 rich
일본어 AGARU: 잘 살게 됨 to become prosperous
수메르어 ASHAG: 들 field
일본어 ASHAGE/ASHAGI: 들 field

d. 전체-부동과 부분-동인 경우

수메르어 GU....DE은 '울다' '소리치다' '말하다'와 같은 의미를 갖는데, 이와 유사한 일본어가 전무한 것 같지만 이들을 분절시켜 보면 같은 점이 발견된다. 일본어로 DE가 '들락날락', '쏟아 붓다'이다. 수메르어로 GU가 '소리'와 '목'을 의미한다. 예를 들어서 일본어 GUTARU는 '말하기'이고, GUTARO는 '말많은 사람'을 의미한다. 이와 연관된 말들을 보면 아래와 같다.

> GUZA: '한담 혹은 잡담' chitchat,
> KUI: '소리'(현대 일본어에서는 KOE)
> KUBI: 목 neck
> KUTAMATA: 목덜미 nape of the neck and others

가능성은 낮으나 매우 타당해 보이는 비교는 수메르어 GUB: '서다'와 일본어 IGUMASU: '설려고 노력하다'. 수메르어 IDUB와 일본어 'DUB'는 (곡식을) '쌓다' '모으다' 우리말 '덤'과 서로 비교 가능하다.

> 일본어 TAGAKU: (손으로) '나르다'
>   TA는 TE의 결합형이다. TE(일):

e. 하이브리드
> 일본어 SHINABIRU: (얼어서) '오그라들다'
> 수메르어 SHE: (얼어) '시리다' BIR: '오그라 들다'

SHIN과 BIRU 사이에 끼어 있는 NA를 소유격 '의'로 본다면 SHIN-ABIRU는 정확하게 '얼음의 오그라듬 frost's shrivel'(6)이다.

두 언어 간의 자음 교환

다음 경우는 자음이 설령 변해도 의미는 같은 경우가 두 언어 모두에서 발견된다.

자음교환	수메르어	일본어
B:G	IBI: IGI 눈	TABANE: TAGANE, 다발
B:M	BUR: MUR 입다	BUCHI: MUCHI, 채찍 whip
D:G	ADAR: AGAR district	KUDI: KUGI 못질 of land parcels
D:H	DE: HE let	DOMEKU: HOMEKU hot
D:Z	UDU: EZE sheep 양	ADA: AZA birthmark, 모반, 출생점
G:M	NAGA: NAMA 비누	UGUISU: UMUISU bush warber
G:N	SAG: SHEN 머리 head	KUGI: KUNI, 못 nail
H:R	HUSH: RUSH 붉은, 화난	YOSOHU: YOSORU 거까이 오기
M:N	MUNUS: NUNUS 여자 woman	MADA: NADA 아직 아닌
N:R	NA: RA 언제	NAMU: RAMU 조동사
N:SH	NIN: SHEN lady	BENI: BESHI because
S:SH	SIG: SHEB 벽돌 brick	SI: SHI sour
S:Z	SUM: ZEG to give줌	SOMEKU: ZOMEKU to be noisy

이상은 수메르어와 일본어에서 자음이 변해도 의미가 같은 현상이 공히 나타남을 보여주는 사례들이라고 할 수 있다. 물론 이러한 이음동의 현상은 한국어에서도 흔히 볼 수 있다.

수메르어에는 자음 가운데는 단어의 끝 부분에 나타나는 이른바 가능태potential form로서의 자음이 있다. 예를 들어서 수메르의 신명칭 'God'는 DINGI인데, 그것의 수동태인 '신에 의해by the God'는 DIN-GIRE이다. 우리말 '당골레DANGORE'와 일치를 보여준다. 만약에 어원적으로 이것이 사실이라면 전라도에서 지금도 사용되고 있는 이 말이 정확하게 수메르어와 일치함을 보여준다 할 수 있다. RE에서 E는 문장 구문에 의해 수동태에 해당하는 우리말의 수동태에서도 나타나는 '에 의해'라 할 때에 주어에 붙어 수동태임을 나타내는 말이다. R은 여기서 연결어로 붙는 자음이다. 다른 예로서 ASHA는 '들'을 의미하지만 ASHAGA는 '들 안에서in the field'이다. 그래서 가능태란

DINGI, 그러나 가능태는 DINGIR

ASHA, 그러나 가능태는 ASHAG

다른 한 편 DINGI의 소유격은 DINGIRA이다. 끝의 A는 우리말 '의' 그리고 일본어의 'の'와 같은 소유격을 나타낸다. 그래서 DIN-GIRA는 '딩그르의'란 의미이다.

수메르어와 일본어의 인칭대명사

(가) 수메르어의 특징 가운데 하나가 세 품사들 즉, 명사, 형용사 그리고 동사 간의 구별을 할 수 없는 것이다. 영어에서는 세 품사들은 그들의 어간과 음절을 변화시켜 달라지지만 수메르어에서는 이들이 문장 안에 위치한 장소position에 따라 달라진다. 같은 단어에서 동사가 명사가 될 경우, '울다'는 SHE...GI이지만 '울기'가 되면 SHE-GI가

된다. 어떤 경우는 KU와 같이 동사 '먹다'도 되고 명사 '음식'도 된다. NAG은 '마시다'인 동시에 '음료수'도 된다. NAGAL은 '넓이'인 동시에 '늘리다'의 뜻도 된다.

(나) 수메르어 명사의 경우 교착언어의 특징이 뚜렷하다. 결혼식에서 들러리 즉, '신부를 뒤따르는 것'을 의미하는 NIG(것)+MI(뒤따르는)+USA(신부)는 세 말이 분리되지 않고 교착돼 사용된다. 이런 현상은 일본어에서도 발견이 된다. HI(sun)+MUKA(facing)+SHI(direction)는 '해뜨는 방향' 즉, 동쪽을 의미하는데 세 말이 교착된 상태로 표현된다. HIMUKASHI는 자음이 변해서 HINGASHI 혹은 HIGASHI로도 된다.

(다) 수메르어는 일본어와 같이 단수와 복수의 구별도 없고, 특히 남성과 여성 같은 성의 구별도 없다. 독일어를 비롯한 구라파 언어의 경우 남성과 여성에 따라서 명사를 모두 구별하는 것과는 대조가 된다.

(라) 영어에서는 명사와 대명사의 구별이 분명한데 수메르어와 일본어에서는 그렇지 않다. 예를 들면 수메르어 MA는 일인칭 단수 대명사인데 이것은 MAE/ME의 변형에 불과하다. 그러나 이들 변형들은 MA+E(주어)에 지나지 않는다. 일본어에서도 같은 현상이 나타나, '제자신'을 의미하는 MA는 MI의 변형이다. 일인칭 단수 대명사인 MARO는 남성의 이름으로 사용된다. 수메르어에서도 MA가 개인 이름으로도 사용된다. MARO의 RO는 RA/RI/RU/RE와 같은 성격을 지니고 있으며 모두 개인 이름으로도 사용된다.

(마) 수메르어 MA는 '어디where'를 의미하며 장소를 지칭하는 대명사이다. 일본어 MA/DIMA/ZIMA/EZUMA 등이 모두 장소를 지칭하는 대명사인데 KUMA는 '여기 혹은 이곳'을 의미한다. UMA/NMA는 '저곳'을 지칭한다.

(바) 수메르어 MU는 '나의my'와 같은 사람을 지칭하는 대명사이다.

　일본어 MUDA는 '나와 함께', MU는 '자기', TUMU는 '몸종', '추종자'이다.

(사) 수메르어 UMUN은 '주님', '왕', U는 '강한 힘'

　일본어 UMUN은 '영웅', '탁월함'

(아) 수메르어 ZA는 '장소'를 의미.

　일본어 ZARANI '자리' 한국어 '자리'

수메르어와 형용사와 부사 비교

수메르어와 일본어에는 형용사/명사/동사 간에 뚜렷한 구별이 없다. '수식어' 정도로 이해하면 된다.

(가) 수메르어 KI(장소) DU(좋은). INIM(말) DUGA(구술하다)=(말을 구술하다)

(나) 수메르어 KUR(땅) NU(없는) GI(돌아오다)='돌아 올 수 없는 땅'

(다) 수메르어 U(빛) NU(없는) ZU(알다) KUR(땅)='빛을 모르는 땅'

(라) 일본어 KURAI YORU는 '어두운 밤'=(명사)+(명사)

(명사가 형용사 역할을 한다)

(마) 일본어 YOWAI KOROK는 '약한 심장'=(형용사)+(명사)

수메르어 부사는 아래와 같이 네 가지 방법으로 만들어지고 쓰인다.

(바) 어근+(E)SHE의 경우

수메르어 어간에 ESHE를 붙여 부사를 만든다.

GAL(크게)+ESHE= '크게 만들기'

KUG(순수)+ESHE= '순수하게'

(사) 일본어에서 어간+SHI로 부사와 형용사를 만든다.

TSUYUK+ESHI='이슬 같이'

SHIG+ESHI='야채처럼'

(아) 어간+(A)BI의 경우

일본어 OTONA+BIRU= '어른답게'

BURU는 일본어 HURU에서 유래한 것인데 수메르어의 HUR와 같이 '답게' 행세하는 것을 의미한다.

(자) 어간+(A)BISHE의 경우

일본어와 수메르어에서 (A)BISHE는 '꼭대기로'(above)란 부사로 사용된다.

수메르어와 일본어의 '격'을 표시하기

(가) 주격 표시하기: 수메르어의 경우 주격은 A와 E를 부쳐 사용한다. 일본어의 경우에도 방언에서는 A이고, 고대어에서는 I이다. 한국어에서는 '은, 는, 이, 가'가 주격에 따라 다르게 붙는다.

(나) 목적격 표시하기: 수메르어의 경우 목적격은 BI/BA/BE를 붙여 표시한다. 수메르어 BA GU E는 '그가 그것을 먹다'인데 여기서 BA는 목적격을 나타내는 토씨이다. 일본어에서도 O(WO)와 방언에서 BA가 목적격을 나타낸다. YE BA KATAMBA는 '내가 그림을 그리다'이고 BA는 목적격 토씨이다.

(다) 소유격 표시하기: 수메르의 대표적인 소유격은 AK 혹은 A이다. 예를 들어서 수메르어 E(집) LUGAL A는 '그 사람의 집'이다. 우리말 '의'에 해당하는 말로 명사의 뒤에 붙는다. 일본어 WA는 '나'인데 WAA라고 하면 '나의'가 되고 일본어의 '와다구시와'에 해당한다.

수메르어와 일본어의 동사

수메르어의 어간은 명사나 형용사 구별이 안 될 정도로 같아서 문맥 상에서 그것이 동사인 것을 구별할 수밖에 없다. 여기에 수메르 어순 대로 문장을 적어 본 후, 그것을 영어와 비교하면 아래와 같다.

(수메르어순)The house for the god I it for him build.
(영어어순)   I build the house for the god.

일본어와 우리말은 모두 동사가 끝에 온다. 동사와 함께 따라 오는 주요한 요소가 접두사와 접미사이다. 그런데 부정사인 'NU'('아니다, not')가 접두사일 경우도 접미사의 경우도 모두 가능하다.

NU U ZU=know not
URU NU=it is not city

수메르어 가운데 BARA가 부정사로 사용되는데 BARA ZU는 '알지 못한다'이다. 그런데 고대 일본어 가운데는 MARA가 부정사로 사용 된다. 금지사 가운데 수메르어에 NA가 있다. '하지 마라'로 할 때에 우리말에도 MA가 부정사로 사용된다. 수메르어 NA PADE는 '말하 지 마라'이다. 고대 일본어에서도 NA+동사의 경우 그 동사의 행위를 금지하고 있다. 수메르어 NA NAM은 'to be'에 해당하는데 '나타남' 을 의미한다.

일본어 동사에 들어 있는 수메르어 어근들과 의문사

수메르어에서는 단순한 동사 어근이 일본어에서는 복잡해지는 경우를 발견할 수 있다. 이것은 문명의 이동과도 관련된 주요한 것이라 할 수 있다.

수메르어................................. 일본어

KU=come .... KU=come

U=be hungry............................ UU=be hungry

GU=thread.............................. KURU=to reel(thread)

E=say .... IU=say

BI=to fart............................. HIRU=to eject

'what' 혹은 '무엇'의 경우 수메르어에도 MU를 포함한 ANA(어느), NAM, MU 등이 있다.

MENDE NAM MU=what are we?=우리는 무엇인가?
ENENE NAM MU=what are they?=그들은 무엇인가?

수메르어 NAM MU는 우리말은 물론 일본어의 NAMU나 NAMO와 유사하다. 특히 수메르어 NAM은 일본어 NAN과, 수메르어 MU는 일본어 MU와 유사함을 보여준다.

의문사 'why=왜'는 수메르어로 ANA 혹은 ANASHE이다. 이는 한국어 의문사 '어느'와 유사하다. 의문사 'how'를 수메르어는 ANA, ANA GIN이라고 한다. 고대 일본어에서는 ANI라고 했으며 한국어

'어느, 어찌'가 이에 해당한다. 의문사 who를 수메르어는 ABA라 한다. BA는 생명이 없는 것을 지칭할 때에 쓰인다. 일본어에서 사람 일반을 지칭할 때에 BA와 MA가 쓰인다. 의문사 'when'를 수메르어로 MENE 혹은 MEDA라 한다. META META라고 하면 '자주자주'란 뜻이다. 일본어의 IMA는 '지금'이란 뜻이고 MEDE는 '까지'이다. 강원도 남부 지방의 방언 가운데 '하마'는 '벌써 이미'란 뜻이 있다.

수메르어와 일본어는 복수를 만들 때에 말을 반복해서 사용한다. 예를 들어서 수메르어 GUD GUD는 '소들'이고 일본어의 HITOBITO는 사람들이란 뜻이다. 우리말 복수 접미사 '들'을 '둘'과 연관이 있을 것이라 볼 때에 결국 이 말은 두 번 반복하는 것이라고 할 수 있을 것이다.

수메르어와 일본어의 수사비교

필자의 수메르어 연구는 수사 연구로부터 시작했다고 해도 과언이 아니다. 필자는 삼국사기에 남아 있는 수사를 수메르어로 복원하는 시도를 하였고, 조철수는 이에 대한 추가 연구를 하였다.(부록 참조) 두 글이 모두 이 책에 실려 있다. 여기 수사에 관해서 요시와라는 자기 글에서 가장 취약한 부분이라고 한다. 그러나 우리말의 경우에 수사는 수메르어와 가장 강한 비교를 할 수 있는 부분이라고 본다. 그가 수사 비교를 자기 책의 말미에서 다루고 있는 것도 양자 비교의 취약성 때문일 것이다.

▶ 숫자 '1'
수메르어로 1은 ASH, DISH, DESH, DILI, DITA, DIID(혹은 DID)이

고, 요시와라는 일본어로 1에 해당하는 말들을 다음과 같이 열거한다.

DITCHI, TI, TITSHI, HITAKEN HITAKEN(이 말은 발을 셈할 때에 사용), TOTETSU(11개), HITAMUKI(한 개의 마음), HITASURA(오직 단 하나), HISHITE(하루), HITOYE(한층), METCHI(한 개의 눈), 그러면서 필자가 가장 주요시한 수메르어 ASHI(아스)를 일본어 ARA(하나)와 비교한다. 그러나 이 말은 일본어 '아사'(아침)에 더 적합하다고 본다.

◦ 숫자 '2'

숫자 2를 수메르어는 MIN, MINU, MENU, IMMA라 한다. 이 밖에 TAB은 둘 혹은 짝을 의미한다. 일본어로 2는 HEN이다. 일본어에서 M과 H는 서로 교체된다. 그래서 HENNYA가 '두 팔'을 의미한다.

◦ 숫자 '3'

숫자 3을 수메르어로 ESH, ISH, AMUSH라고 한다. 일본어로 SHIKAMA는 '오후 3시'를 의미한다. SHI ASATTE가 '3일'을 의미한다.

◦ 숫자 '4'

숫자 4를 수메르어로 LIMU/LIMMU라 하고, 일본어로는 오후 4시를 ORIDOKI라 한다. O가 탈락되면 RI가 남는데 그것이 수메르어 LI 어간과 일치한다.

◦ 숫자 '5'

수메르어 숫자 '5'는 I 혹은 IA이다. 일본어로 50을 ISO라 한다. 여기서 SO는 10을 의미하기 때문에 수메르어와 일치점을 보이고 있다.

‣ 숫자 '6-9'

수메르어 6-9는 5에 차례로 1, 2, 3, 4를 더하여 만든다. 그래서 '6'을 ASH, ASHU라 하는데, 이는 IA(5)+ASH(1)이고, '7'은 IMIN인데 이것은 5+2(IA+MIN)이다.

‣ 숫자 '10'

수메르어로 '10'을 U, HAW(A)MU인데 일본어에서도 이에 해당하는 말을 찾기는 힘들다.

‣ 숫자 '11'

수메르어로 '11'을 UASH라 하는데 일본어에 해당어가 없다.

‣ 숫자 '20'

수메르어로 '20'을 NISH라 하는데 일본어에 해당어가 없다.

‣ 숫자 '30'

수메르어로 '30'을 USHU라 하는데 일본어에 해당어가 없다.

‣ 숫자 '40'

수메르어로 '40'을 NIMIN이라 하는데 일본어에 해당어가 없다.

‣ 숫자 '50'

수메르어로 '50'을 NINU라 하는데 일본어 FH NIN NIN은 '50대 50'을 의미한다. 즉, 동등한 균형이 잡힐 때 사용하는 말이다.

▸ 숫자 '60'

수메르어로 '60'을 GISH, GESH, MUSH DITA라 하는데 일본어로는 MU라고 한다. 일본어 MUSO는 60이란 뜻이다. 수메르인들은 아래와 같이 60진법을 사용한다.

120(60×2)=MUSH NIM
180(60×3)=MUSH AMUSH
300(60×5)=GESH IA
600(60×10)=MUSHU U

이러한 논리에 의하여 60(60×1)=MUSH DITA이다. 그런데 문제는 같은 60을 의미하는 것 가운데는 위에서 본 바와 같이 GISH와 GESH가 있는데, 왜 MUSH는 반드시 DITA를 동반해 같이 사용해야 하는가이다. 이는 수학적 문제로서 60은 수메르인들에게 전체 수이기 때문에 그것이 전체 자체이면서 동시에 '60'이란 독립수가 될 수 있다. 그래서 60일 때와 (60×1)일 때를 다르게 표시한 것 같다.

▸ 수메르어 '70'
(아직 발견되지 않고 있다.)

▸ 수메르어 '80'
수메르어로 GESH NISH으로 이는 (60+20)으로 얻어진다. 수메르어에 해당되는 수가 없다.

▸ 수메르어 '90'

(아직 발견되지 않고 있다)

◗ 수메르어 '100'

수메르어로 GESH NIMIN(60+40)인데 일본어에 해당되는 것이 없다.(52쪽)

어느 두 언어가 같자면 수사가 같아야 하는 것은 필수이다. 그러나 일본어와 수메르어의 일치는 요시와라도 고백하고 있는 바와 같이 가장 일치점 찾기가 어려운 부분이다. 그러나 우리말의 경우는 수사에서 가장 수메르어와 일치점이 많다.

◗ 수메르어와 일본어의 대조표

아래 두 언어 대조표는 R. Yoshiwara의 *Sumerian and Japanese*(55-104쪽)에서 뽑은 것이다. 번역은 영어와 한글(부분적으로)로 대신하였다. 우리말의 경우는 거의 전부가 순수 우리말이 수메르어와 일치한다. 저자도 지적하고 있는 바와 같이 수메르어와 일본어는 같은 교착어이고 문법 구조도 같지만 수사가 같지 않는다. 그리고 이남덕의 지적과 같이 일본어는 우리말에서 파생된 것이거나 연관이 된다면 일본어와 수메르어 연구는 타산지석으로 도움이 될 것이다.

수메르어	일본어
ABA	ABA sea
AGAL	AGARU rich
AMA	AMA 母 mother
AN	AN heaven

수메르어	일본어
ASHAG	ASHAGE 野 field
BA	BAR white
BA	BAR outside
BAR	BAR apart, 벌어지다
BULU	BULU to tremble, fright
BUR	BURU a trap
DE	DE to pour
DI DINGI/DIMI	god
DU	DU to start
DUB	DUBA clay
DUN	DUN to dig
E	E house
E	E to go out
ESI	ESI diorite, hard
GIRI	GIRI foot
GU	GU bull
GUR	GURU to gether, collect
GURU	GURUMA a ring
HAR	HAR usury, interest
HASh	HASH thigh, haunches
HIHI	mix
HUR	HURum valley
KALA	KALAM country, land
KALAM	KALAM land, country

수메르어	일본어
KI KI	place, 여기 저기
KU	KU to sleep
KU	KU come
KUKU	KUKU to enter
KUR	KUR mountain
KUR	KUR the dark, 구름, 검은
KUSH	KUSHU to be troubled about
MA	MA great, 마마
MA	MA to go
MAMA	MAMA to place
MI, ME	MI woman
MU	MU son 머스마
MU	MU year
MU	MU sixty
MUSH	MUSHE bird
NAMA	NAMA soap
NIG	NIG thing
NIM	NIM morning
NIR	NIR authority, 님
NU	NU to lie down, 눕다
PAPA	ditch, canal 파다
SASA	net
SASA	buy, 사다
SASA	bundle

수메르어	일본어
SAG	SAG head
SILI	SILI to cease
SUB	SUB to kiss
SUD	SUDE remote, 멀리
SUG	SUG marsh
SUN	SUM to give 줌
TEN	TEN cold
TUN	TUN spade, axe
TA	TA each
TU	ITU mouth
TUM	TUM suitable
U	U height, 위, 우에
U	U to be hungry
UB	UBU(R) teat
UL	ULU north
UMA	UMA mother
UMA	UMA victory
UR	UR spirit, 얼
UR	URU storm
GIRU	KIRU to cut, dagger
PAHA	葉, foliage
MU	MU give birth

(일본어 표기는 정기래 교수(전 텍사스 과기대 교수)가 한 것임)

3

한국어와 수메르어 비교

이 비교는 앞으로 학문적 연구를 통해 시정되고 보완될 수 있다.

수메르어와 한국어는 교착밀어로서, 그 어순이 비슷하다. 국내 학자들이 원시 한반도어라고 꼽고 있는 말들이 대부분 수메르어와 일치하고 있다.(예 : 구지, 메, 그리고 수사들)『삼국사기』「지리지」에 나오는 지명, 인명들은 한자漢子로 바뀌기 이전의 원래의 고유한 이름으로서, 수메르어와 비교 연구해 볼 필요가 있다. 한국어의 계통은 아직까지 분명하게 밝혀지지 않고 있으나, 수메르어와의 비교를 통해 좀 더 선명히 밝혀지리라고 본다. C. J. 볼은 중국어와 수메르어를 비교하고 있으나, 우선 양자는 문법적 특색이 같지 않고, 발음에 있어서도 비슷할 뿐, 정확하지가 않다. 차라리 한국식 한자 발음이 더 수메르어에 가깝다. 이것은 한국식 한자 발음이 원래 한자음이라는 것을 의미할 수도 있다. 아래에서 몇몇 단어의 비교를 통해, 수메르어와 한국어의 관계를 살펴보기로 한다. 일본어는 해당 수사가 없다.

아래 표에서 왼쪽의 고딕체 단어는 수메르어이고, 그 옆은 영어 번역이며, 오른쪽 고딕 단어는 한국어이다. 한국어의 경우는 수메르어와 발음과 뜻이 일치하고 있다. 즉, 왼쪽 수메르어는 오른쪽 한국어 발음과 어떤 것은 정확히 같고, 어떤 것은 비슷하다. 이 비교는 필자 나름의 시안으로서, 관련 학자들의 연구를 바란다.

약자는 다음과 같다.

| 앗 | 앗시리아어 | 셈 | 셈어 | 몽 | 몽고어 | 터 | 터키어 |
| 일 | 일본어 | 중 | 중국어 | 한 | 한국어 | 만 | 만주어 |

AB, **ABBA** father, elder, prince, ruler. **BAB**, **PAP** father. 신적 존재에 붙여져 ABBA-Dingir가 되면, '하나님 아버지'를 뜻한다.	**아바** 수메르어 어원으로 보면, '아버지'보다는 '아바지'가 옳다. '왕자', '통치자'란 뜻도 있으며, 신적 존재에도 붙여진다. 한국에서는 군사부(君師父) 일체로서, 임금, 스승도 아버지 격을 가지고, 단군 신화를 보면 신과 사람은 부자 관계이다. 이 점은 수메르어의 **ABBA** 개념과 같다.
AK 수메르어의 소유격 K는 보통 탈락된다. 한국어의 소유격은 '나의 책' 같이 두 말 사이에 있으나, 수메르어의 경우에는 'G E-GU-AK 문 집 의'에서 보는 바와 같이 말의 끝에 놓인다.	**의**
A-LA human spirit ■ a-lu-iu 앗 셈	**얼** 인간의 정신
AN **ANU** 'The God of Heaven' ■■(ANI, ANA) 셈	**한**(韓, 汗, 干) 한에서 '하나'(HANA)님, 혹은 '하느'(HANU)님이 나옴. 모음 앞의 H음이 탈락되어, AN과 HAN은 같다.
A-DAM, A-DAMA red, blood	**단**(丹) 붉은색 일 아가이
AG, AKA to love, beloved	**아끼다. 아가**
A-NA what, which	**어느, 어디**

ASH one. 수메르어의 수사. ▶로 표시하고 **DIL**로도 읽는다. 딜(DIL)이 한국어의 **둘**이 된 것 같다.(가까운 수사 사이에 흔히 일어나는 현상)	**아시** 제일 처음이란 뜻으로, 아직 경상도 일대에서 쓰이고 있는 말. **아시 빨래**-처음 빨래, **아시 아침**-이른 아침 〈內訓〉 아촌 아들=從子 〈老는 大諺解〉 아촌 쏠=姪女 〈譯語類解〉 아촌 설=除夜, '섣달 그믐' 아죽(早, 朝)〉아춤〉아츰〉아침(朝)〉아직 아촌 아비=작은아버지=아저씨 아촌 어미=작은어미=아주머니 일 아사(朝, 阿佐) 〈신라어〉 朝干萬=아스무 〈고려어〉 阿慘
A-SHUG, A-SHUGI frost, cold, sleet **SHE, SHEG, SHED** frost **A-ZAG** bright, white	**서리**(霜)
A-SUR, A-SURRA urine	**오줌**(尿)
A-ZAD a disease, illness	**아프다**
BA a half, BAR half	**반**(半)
BA, BI 지시대명사 that, he, those, they, his, their	**그, 저것**
BAB-BAR(BAR-BAR) bright, shining, brilliant, brightness, sunrise, The Sun, white, to be bright, at day 별을 의미하기도 한다. 별이 둘 겹쳐지면 ■로 '하나님'(AN)이 된다.	**밝**(白, 光明, 日中) 최남선은 '밝 사상은 고유한 우리의 문화'라 했다. '밝'은 한자로 '불함'(不咸)이 된다. 밝은 산(山)이요, 신이요, 위대한 인물이기도 하다. 예 : 백두산, 박혁거세
BAD wall	**벽**
BAL(1) to pour water	**붇다**

BAL[(2)] to travel, march, advance, go	**발(發)**
BAL[(3)] to transgress, to regist, oppose	**배(背)**
BAL[(4)] to change, alter	**바꾸다**
BAL[(5)] to dig	**파다**
BAL[(6)] anger, rage, fury, violence	**발끈**
BAN dish, basin, bowl	**반(盤), 주발**
BAR[(1)] spread out, extended	**벌어지다**
BAR[(2)] other, another, foreign, the back, other side of the body.	**밖(밧, 밝, 밨, 바)** 중 背
BAR[(3)] companion, mate, fellow, comrade	**벗** 다뭇하다, 더불어, 두붙 일 tömonafu(伴) pət-t p-pət(음운 도치 현상)
BAR[(4)] leopard, panther, or the like	**범(虎)**
BI to kindle, to flare up **BIL-GI**(BAL GI) The fire God	**비추다, 빛** 중 gat, bat 일 hi
BIR[(1)] to rend, slit, cut in pieces, to cut off	떡을 **빚다** 일 hi
BIR[(2)] to spring, lear of water	물이 **불어나다**
BIR[(3)] prayer	**빌다**
BIR[(4)] to shine	**빛**
BU, BUR to cut or tear off, to pull or pluck out	**벌어지다**
BUR, BURU a hole, hollow, or cavity	**굴(屈)**
DA, TA, DU sides, surroundings or environs	**닿다** 중 tai, ta(帶)

DAB, **DIB** to take hold of, seize, grasp, grip	잡다
DAD–DIL The mighty man, or first in greatness, I. e. The King DA–GAL	대갈(머리)
DAG, **DAB** to add to, to help, aid, assist	돕다
DAG, **ZA** stone	돌
DAL hasten away	달아나다
DAL, **DALLA** brilliant, splendid, to shine forth **DAL**, **DI** sparkle of star **DE–DAL** flame, fire	달(月)
DAM[1] like, likeness	닮다
DAM[2] **DIM** pig, swine, boar	돝(돼지)
DAMU, **DUMU** child, son, boy, young **DU** son, child **TUR(DUR)** little, young **SHIR**, **SHAG** son	아들 '아'는 어리다는 뜻 자식
DAR a fowl, chicken, pullet, hen	닭
DARA various species of deer, chamois MASH	노루 사슴
DIB, **DAB** to go, to come to, to transgress	닿다, 다다르다
DIM a post, a pillar	기둥

DIN-GIR, DI-GIR a god or goddess, The King	**뎅그리(단군)** 몽 tengri(텡그리)　터 tang-li(탕리) 중 tien-i(天帝) **당굴레**
DU to do, make, create, build	만드다
DU a mound or heap **DUL, DUN**	**둑**, 언덕
DU to dwell, dwelling place, to assemble, gather together	더불어, 터(基)
DUB enclose	**덮다**
DUG covering, garment	**덮다**
DUG water pot	독
DUL to cover, to hide conceal	**덮다, 두르다**
DUKKA-BUR a potter **DUG** vessel, bowl, dish	독
DUN pig	**돛(돝)**
EN-GAR ploughman, tiller of the soil	밭**갈다**
ESH[(1)] to, unto, into **=IR=ER**	……**로**
ESH[(2)] three	**셋**
FUH-HI Fire God **BIL-GL=BAL-GI=GI-BIL** 셈 bal-cain(창세기 Ⅳ:22)	**복희, 불** 최남선은 '밝=복희'라 함
GA a house, a family	**가**(家)
GAB[(1)] a math or equal	**같다**(同)
GAB[(2)] breast	**가슴**

GAL[1] cloud	구름
GAL[2] to flow	가람(江)
GAL[3] to divide	가르다
GAL, GALA a piece, portion	갈레
GAM a wort of sword	검
GAM-MAL	감-말=검은말=낙타 여기서 영어의 camel이 나옴
GAN totality	한(全)
GAR to grind or crush	갈다(맷돌로)
GE[1] the ear	귀(耳)
GE[2] end	가(끝 부분)
GE[3] to write GAR, GUR	글 글자가 옛날에는 그림으로 되어 있었다.
GE, GA overflow, abundance, to be full, to fill	가득 채우다
GEN to go	간다
GI, GID to be long, remote, distant	긴
GI, GIN a reed	줄기(branch)
GIR way, path, road	길
GU throat	목구멍
GUG dark, black	검(黑)
GUL evil	궂(惡) 잊 예 : 됴흔일란 내게 보내오. 구즌일란 ᄂ이게 주ᄂ니(금강경 21). 三惡道 ᄂ세 구즌 일히니(아함경 11).

GUL sculptured	글
GUN country	군(郡)
GUR(=BUR) cave, pit, ∴earth, ground, house	굴(穴)
GUR to cut off in two	끊다
GUR to turn, return	굴르다
GUR turn	굴르다
GŪR cut	끊다
GUSH-KIN gold	**구지**(仇知) 원시 한반도 언어로서, 삼국 시대까지만 하더라도 금을 구지라 부름. **KIN**은 **금**(金), 누런 금속(yellow metal)이란 뜻
I, IA to be high, above 셈어에서 AN은 제1인칭 대명사 'Me'와 같다.	**위** 높은 한국의 제1인칭 대명사 나(NA)도 AN과 관계있을지도 모른다.
IGI-GAL knowing wise	어질다
IL, ILI to lift up, to raise, to become high	일어나다 일다
IM-BAR storm-wind	바람(風)
IN-GAR enclosure, close **KAR** surrounding wall	가리다
IR, ER,ESH to weep, tears	울다
KAR sword	칼
KI The Earth	**기** : 여기, 저기, 거기 장소를 의미하는 불완전 명사. 옛날에는 성읍, 신전을 의미함 일 si-ro 한 잣, 재, 자, 자이

KU fish	고기
KUD to cut off	끊다
KUM hot, fiery, glowing	검다–뜨거워 검어진다
KUR mountain, hill and country	구릉–산보다 낮은 언덕. 옛 사람들은 산에서 살았다. 산은 국가요, 그들의 삶의 땅이다. 고구려의 '구려'도 '구릉'에서 나옴. 예 : 溝漊 ; 魏書東夷傳 '溝漊者句麗名城也'(北史) 고구려조 '溝漊者句麗城名也' 만 '口'를 gurun 일 群 kohori 한 koir(고을) 만 golo
LAL honey, sweet	랍(꿀)–밀봉
LI in	……로
LIL, LILLA wind, spirit	바람, 얼
MA, MU to utter, to call	말(言)
MAG high, lofty, great, much, many	'맨', '맏', '뭇몬져', '맏이', '맏아들', '맏며느리', '많은'
MASH the sun, bright, pure **MASH–MASH** to cleanse, purity	맑은
ME 신에 대한 속성. 신이 세상을 다스리는 기준, 척도. 수메르 신은 수많은 ME를 가지고 있다.	얼마 : 향가에는 '마'가 불완전 명사가 아닌 옹근 명사로서 度數를 의미한다. '현마·몇마·언마' 등의 '마'는 '許度'의 뜻. 예 : 조고매도 머무디 아니 ᄒᆞ도다(不少留)
ME water	매(買) 고구려어로 물은 **買忽一云水城**(매홀은 수성이라 한다)(『삼국사기』「지리지」). 여기서 **買**는 **水**에 해당한다.
MES male, great, son	므스마(사내아이)

MU[1] charm, spell, incantation	무당
MU[2] wood, a tree, a stalk	나무
MU[3] a weapon of war	무(武)
MUD to darken, dark	먹, 묵
MUN-SUB, MU-SUB dusk, evening, twilight	무섭다-어두워 해가 지는 상태
NA this, that **NE** this **SHI** that	이것, 저것 이것 저것
NAME who?	누구
NAM what it is. **A-NA-AM** **TAR** **NAM-TAR**	낳다, 남(生) 짜르다 (운명을 얘기함)
NAR singer, musician	노래
NE=NER=SHER day, daylight	날(日)
NIM high	님(높은 분에 대한 존칭어)
NIN load, lady	님
NI, LI fat, grease	기름(脂)
PA[1]	파다, 보(洑)
PA[2]	지팡이
PIL, BIL, BAL to burn	불
PESH pregnant, to be with child	배다(아기를)
PIR[1] a man-at-arms	팔
PIR[2] insect	벌레

RA to, into, unto	……로
SA[(1)], **SAD** to live, house	살다
SA[(2)] to rival, vie with, emu-late, compete	싸우다
SAR to write	쓰다(글을)
SHAB=SHAM to buy, price	가슴
SAR year	살(한, 두, 세) 설날(新年)
SHE, SHUG corn, grain	수수, 옥수수, 씨
SHU hand writing, the scribe art	서(書)
SHU to cover, hide, conceal	숨다
SHU a multitude	수(數)
SHU–SHAN twenty	스물
SHUM to kill	죽이다
SI gall, bitterness	시다, 쓰다
SIG to be sad, grieved, afflicted	슬프다
SIL, SILA to cut	짜르다. 절(節)
SIR, NUR day	날
SU hand	수(手)
SU lip	입술
SU the beard	수염
SUB to gather, harvest	줍다
SUN, SUM to give	주다
SUR misery, distress	슬픔

SUR song	소리
TA, DA, DU in, with, sides	닿다
TAB[(1)]to flash, flame, flare, burn, glow	타다
TAB[(2)] add to, to double	더하다
TAR	타다
TE the womb	태(胎)
U[(1)] above	우, 위(上)
U[(2)] and	와
UB county	읍(邑)
UB, IB, IBBI neighbourhood, environs	이웃
UM mother **UMME-GA** pregnant woman	엄마(母)
UMMA old woman	엄마
UR weeping	울다
UR 수메르의 수도 우르	**於羅瑕** : 왕, 지배자 몽 erheto, erhitei(황제), erhe, 권력, 정권 **아루하**=한강 **위례**(백제 수도) **열수**(만주에 있는) **알천**(경주에 있는)
UR, URA old, to age. **U-U, U-RIN** brother	어른
URU-DU copper	구리
ZA, SI, DAG	돌(石)
ZAE, ZA thou, you	자네

부 록

1987년에 책이 나온 후, 1996년 조철수 교수가 수메르어와 한국어를 비교한 글이다.

1

수메르어 문법과 우리 옛말의 대조 연구

조철수

(예루살렘 히브리대학교 앗시리아학과 객원교수)

인류의 역사는 수메르에서 시작했다. 기원전 약 3200년경부터 고대 메소포타미아의 유프라테스강과 티그리스강 하류 지역에 문자를 쓰기 시작했던 문명이 바로 수메르 문명이다. 수메르 사람들은 누구한테 몇 마리의 양羊을 받았다는 영수증이나 누구의 땅을 얼마에 샀다는 계약서를 점토판粘土版에 써서 보관했다. 점토를 쉽게 구할 수 있었고 그것으로 토판을 간단히 만들 수 있었으며 점토판에 기록된 내용은 부식하거나 부패하지 않기 때문에 오래 보존할 수 있었다. 그들은 단순히 계약서에 팔고 산 물건의 내용과 그 가격 그리고 여러 증인들의 이름과 공증인 한 사람의 이름을 기록하는 일에만 그친 것이 아니라 계약을 이행하지 않으면 보상금을 지불할 것이며, 거짓으로 계약을 체결한 사람은 신神의 저주를 받을 것이라고 첨부하여 기록했다.

수메르 문자의 기원과 발달

기원전 32세기에 상형 문자pictograph가 생겼다고 볼 수 있는데 어떻게 이러한 표의 문자가 생겼는가? 현재 지론은 '물표(토큰)에서 토판

<u>으로</u>'from token to tablet 설명한다.[1](기원전 5000~3200년까지의 발전의 발전을 말한다.) 그 변천과정을 아래와 같이 재구성해 볼 수 있다. 기원전 5000년경에 메소포타미아 북쪽 지역에서 비슷한 모양의 조약돌들을 사용하여 사람들은 물건을 빌려주고 바꾸는 경제 활동을 했다. 예를 들어 양 8마리를 빌려주었으면 비슷한 어떤 모양의 조약돌 8개를 모아 점토로 쌓아 보관했다.(비슷한 모양의 조약돌들이 한 군데 모여 있는 곳을 많이 발견했다.) 강가에서 조약돌을 찾아 물표物標로 사용하는 방법을 버리고 세모, 네모, 원 등의 여러 모양으로 조약돌 모양을 점토로 만들어서 조약돌 대신에 사용하였다. 경제활동이 점차 많아지고 복잡해지면서 여러 종류의 품목을 구별하기 위해 물표의 위 표면에 여러 모양의 상징적인 선線을 그어서 사용했다. 예를 들어 양의 털 색깔이나 나이를 구별하는 수단으로 물표 표면에 일정한 양식을 표기하였다. 이때까지도 물표를 점토로 쌓아 보관했다.(남 메소포타미아에서도 이러한 물표를 많이 발견했다.)

물량거래가 커지면서 여러 물표를 점토에 쌓아 봉판封板으로 보관한 것이 아니라 점토로 토판을 만들어 그 위에 물표의 표면 모양을 그려서 물표를 대신했고 수효를 옆에 찍었다. 이미 상형문자가 생긴 것이다. 작은 점은 1, 조금 큰 점은 10, 좀 더 큰 동그라미는 60, 작은 점 중간에 금을 그어 반半을 뜻한다. 더하기는 10에 1 (즉 11), 빼기는 1에 10 (즉 9), 곱하기 큰 숫자 안에 작은 수를 표기했다.[2] 이렇게 물표

---

1 Schmandt-Besserat, D., 'From Tokens to Tablets : A Re-evaluation of the So-called Numerical Tablets', *Visible Language* 15 (1981), pp. 321ff.

2 숫자 1을 표기하기 위해 작은 점을 찍었다거나 10을 가리키기 위해 1보다 조금 큰 점을 표기했다는 것은 인류문화 보편성에서 쉽게 이해할 수 있다. 그러나 60을 가리키기 위해 큰 동그라미를 표기했다는 점은 상형문자를 만들어 갈 수 있었던 그 시발점으로 볼 수도 있다. 십진법을 사용했던 셈족들과는 달리 수메르 사람들은 60진

의 윗 모양을 토판에 글자로 사용하듯이 사물의 모양 중 대표할 수 있는 모양을 간단하게 그린 문자가 생겼다.[3] 한 점 옆에 두 점을 산山, 산 위에 떠오르는 둥근 모양이 태양, 황소머리에 두 뿔을 황소, 사람의 머리는 머리, 사람의 발 모양은 발, 걷다, 서다 등등으로 표의문자表意文字 ideogram가 만들어졌다. 중요한 사실은 이러한 상형문자가 나타난 시기가 약 BCE 32세기이며 분명한 것은 이러한 문자가 갑자기 나타난 것이다. 다시 말하면 글자의 모양이 오랜 시간을 두고 진화한 것이 아니다.

　이러한 과정을 통하여 만들어진 상형문자가 기록된 토판이 기원전 32세기로 추정할 수 있는 남쪽 메소포타미아 도시국가 우루크에서 약 1,000개가 넘게 발굴되었다. 대부분이 경제 활동을 기록한 '영수증'과 같은 종류이다 : 소2, 보리 60 5, 양 8, 염소 10 2 (이름) 등 수메르 사람들은 한자漢字처럼 그렇게 많은 상형문자를 만들지 않았다. 상형문자로 기원전 32세기에서부터 200~300년 동안의 글자의 수는 1,000개 정도이며 글씨의 모양이 상형문자에서 쐐기 모양의 글자인

법을 썼다. 옛날 사람들은 틀림없이 손과 손가락으로 숫자를 세고 전달했었을 것이다. 60진법일 경우 1에서 60까지 숫자를 세어나갈 때에 1~5까지 한 손으로 손가락을 펴서 세고 6번째는 다른 한 손의 손가락을 펴 올림으로 그것이 6임을 가리킬 수 있다. 계속해서 7~11까지는 한 손으로 펴서 세고 12번째는 다른 손의 두 번째 손가락을 펴서 12를 뜻한다. 이렇게 계속하면 다른 손을 다 펴면 30이 되고 다시 다 오므리게 되면 결국 60이 된다. (또한 곱셈의 시작이 여기에서 유래한다고 할 수 있다.) 주먹을 셈에 이용하면 주먹은 60을 가리킨다. 그래서 상형문자가 쐐기문자로 변해 갈 때 60의 동그라미 문자 대신에 주먹의 모양을 나타내는 쐐기모양의 획을 4개 원 모양으로 찍어 표기했을 것이다.

3 물표를 사용하다가 토판에 표의 문자를 기록했다는 이론을 뒷받침할 수 있는 글자는 '羊'이다. '양'의 뜻인 글자는 동그라미 가운데에 십자를 그었다. 소나 나귀 등의 글자는 그 물체를 닮았으나 '양'은 물표의 위 표면에 그렸던 모양을 그대로 글자로 썼다고 생각한다.

쐐기문자cuneiform로 변해가면서 상형문자를 쓰던 토판의 위치를 90도 각도 왼쪽으로 돌려 쐐기문자를 쓰기 시작했다. 90도 각도로 돌려쓰게 된 이유는 아마도 글씨를 쓰는 갈대로 만든 끝이 뾰족한 첨필stylus로 토판을 찍어 누르는 방식으로 글씨를 썼기 때문이라고 생각한다.

기원전 2500년경에는 글자의 수도 줄어들어 600개 정도의 쐐기문자로 고정되었다. 사물의 형상들의 경우, 그것의 특징이나 대표할 부분을 간단하게 그린 상형문자의 수효는 사회가 발달하면서 적어도 1,000개보다는 더 늘어나야 할텐데 그렇게 되지 않은 이유는 수메르 사람들의 의식意識 구조에 있었다고 생각한다. 그들은 새로운 단어를 만들기보다는 기존의 단어로 수식修飾하여 뜻을 나타내는 경우가 많다. 가령, 〈임금〉은 GAL, LU₂ 라고 쓰며 lugal이라고 발음한다. 이 단어에는 〈사람〉을 뜻하는 lu₂ 와 〈큰〉의 뜻인 gal을 서로 바꾸어서 붙여 쓴 경우이다.[4] 〈임금〉은 사람 중에 〈큰 사람〉이라는 개념에서 만들어졌다고 할 수 있으며, 〈큰 사람〉이라는 표현은 lu₂ gal로 띄어 썼다.

기원전 2500년경에는 글자의 수도 줄어들어 600개 정도의 쐐기문자로 고정되었다. 이렇게 줄어든 이유는 글자의 발음을 이용하여 많은 단어를 음절syllable로 쓰기 시작했기 때문일 것이다. 예를 들어, 〈부수다〉는 뜻의 동사가 halam인데, 쓰기를 ha-lam으로 사용하여 halam이라는 글자는 사라지게 되었을 것이다. 다른 예를 들어 〈꿈〉을 뜻하는 명사는 mamud라고 발음되는데 〈꿈〉을 뜻하는 글자는 없으며 음

---

4 수메르어에는 동음이의어(同音異議語 homonym)가 많아 앗시리아학에서는 그러한 경우에 글자(기호)의 음역에 일련번호를 붙여서 표기한다. lu와 lu₂ 는 서로 다른 글자이다. 즉 음역에 표기한 번호는 동음(同音)이지만 서로 다른 문자임을 가리킨다. 수메르어는 현재 한자에 비하면 동음 단어가 훨씬 적다. 한편 한 문자가 여러 음으로 발음되고 그 뜻도 각기 다르다. 예를 들어 〈입〉이 ka이며 이 문자를 〈말하다〉는 뜻인 dug₄로 읽거나 〈말씀〉의 뜻인 inim, 혹은 〈이빨〉인 zu₂로 읽을 수 있다.

절로 ma-mud라고 쓴다. 수메르어로 토씨에 해당하는 〈-에〉는 그 발음이 /아/이어서 〈꿈에〉를 쓸 때 ma-mu-da라고 썼다. 즉 발음되는 식으로 음절에 맞추어 쓰는 경우가 많았다. 위대한 착상은 기본적인 글자의 수로 표의 문자로 시작된 수메르어의 내용을 표현하며 그 글자의 발음 가치를 빌려와 음절로 문법적인 변화를 표현했다.

악카드어 음절문자의 발생

.

기원전 2335년경 사르곤은 북 메소포타미아의 도시국가 키쉬에서 멀리 떨어지지 않은 곳에 도시 악카드를 세웠다. 그의 출신에 관한 역사적 기록에 의하면 그의 아버지의 이름이 어떤 '라이붐'La ́ ibum이었으며, '수메르 왕 계보'에 의하면 그의 아버지가 '정원사'였다고 한다. 분명한 것은 그가 왕족 혈통을 타고난 것이 아니라는 점이며 그의 이름이 악카드어로 šarru-kēnu〈정당한 왕〉이라는 뜻이 나타내듯이 그의 왕권 계승을 정당화하였음을 알 수 있다. 사르곤 집안은 셈어를 사용했던 북서 메소포타미아 지역에서 수메르 도시국가로 이주해 온 사람들이었다.

55년의 재위 기간 중에 사르곤은 북서쪽으로 오래된 도시국가 마리Mari를 무너뜨리고 지금의 터키인 아나톨리아의 중심부까지 들어가 악카드 상인들의 무역업을 보호했으며, 지중해 쪽으로는 무역 도시국가 에블라Ebla를 장악했다. 북쪽의 앗시리아 지역과 동쪽의 엘람Elam과 마르하쉬Marhashi를 차지하였고, 남쪽으로는 모든 수메르 도시국가들을 정복했으며 배를 타고 출정하여 딜문까지 장악했다. 사르곤 왕은 그의 통치 말년 약 5년 동안 인류 역사상 처음으로 동서남북의 광대한 지역의 많은 국가들을 지배하여 명실공히 '수메르와 악카드의

왕'lugal ki-en-gir ki-uri이 되었다.[5] 사르곤 대왕의 위대한 업적은 주변의
대부분의 나라를 정복하여 새로운 정치적 판도인 '제국'을 만들었던
것이고, 후대 바빌로니아와 앗시리아 왕들이 그처럼 제국을 만들겠다
고 열망했던 대상이었다. 또한 인류의 문자 발달사에 있어서 사르곤
대왕의 결정적인 혁신은 그때까지 국정 기록을 수메르어로 사용하였
는데, 그들의 언어인 셈어를 행정 언어로 채택하여 국정 문서를 기록
하기 시작했던 점이다. 이래서 도시 악카드의 이름을 따라 '악카드어
語'lišān akkaei라는 단어가 생겼으며 이것은 약 185년간 지속된 악카드
왕조의 국용어였다.

악카드 왕조는 자그로서 산맥에서 내려온 산족(구티족)들에 의해 무
너졌고 그들의 지배를 약 40년 동안 받았다. 그 후 도시국가 우르를
중심으로 수메르 도시국가들이 산족을 몰아냈다. 수메르 도시국가에
서는 수메르어를 행정 용어로 다시 사용하였다. 그러나 기원전 21세
기에 약 110년간 계속된 우르 3왕조의 왕인 슈씬Shu-Sin이나 이비씬
Ibbi-Sin의 이름뿐만 아니라 그들의 가족들의 이름에서도 알 수 있듯이
이미 많은 왕족의 이름이 악카드어 이름이었다.[6] 우르 3왕조의 마지
막 왕 이비씬은 그와 가장 가까웠던 도시국가 마리Mari 출신의 신하인
이쉬비에라Ishbi-Erra에게 속임을 당해 결국 실권을 잃었고, 이쉬비에
라가 기원전 2017년경 도시 이씬에 새 왕조를 세움으로써 우르 3왕

---

5 수메르어 ki-en-gir ki-uri를 악카드어로 '수메르와 악카드'(šumeru u akkadu)라고
   번역했다. ki-en-gi-ra는 〈도시 主들(이 모인) 자리〉이며 ki-uri는 〈우리 땅(자리)〉이
   다.

6 예를 들어 우르남무의 부인의 이름이 Watartum이며 우르남무의 아들 슬기의 부인
   은 도시국가 마리의 왕의 딸이었고, 슬기의 자식들 중에 악카드어 이름을 가진 아들
   은 Shu-Enlil, Nabi-Enlil, Puzur-Enlil이고, 딸은 Shat-Sin, Simat-Enlil, Simat-Ishtar
   등이다. 악카드어 watăru〈더 많이〉, šu와 šat는 각각 〈그것〉의 남성형과 여성형이다.
   nabû〈부르다〉, puzur〈비밀〉, simat〈장식〉의 여성형.

조는 끝났다.[7] 이씬 왕조 때를 초기 고대 바빌로니아라고도 부르는데, 이때에 점차적으로 행정 문서를 다시 악카드어로 쓰기 시작하였으며 서사 학교에서는 수메르어를 열심히 가르쳐 수메르어 문법책, 단어 장, 백과사전 등 수메르 전통 문화를 그대로 전수하고 발전시켰다. 그 후 기원전 6세기 말에 페르시아 사람들이 바빌론을 지배할 때까지 수 메르어로 쓰여진 문학 뿐 아니라 종교적 정치적 문헌 등이 보존되었 으며, 악카드어는 바빌로니아와 앗시리아의 공용어였고, 이집트의 왕 이 힛티 왕과 편지 왕래를 악카드어로 사용했던 것처럼 주변 국가들 과의 외교 활동의 국제어였다.

수메르어 문법과 우리 옛말의 대조

수메르어를 명사와 동사 등에 문법적 요소를 보여주며 문자로 기록 하기 시작했던 때부터 여러 단어를 한 문장으로 구성하여 그들의 이 야기나 전례, 혹은 呪文 등을 기록했던 때까지가 약 500여 년이며, 기 원전 2400년경에는 도시국가의 통치자들 사이에 조약을 맺는 조약서 나 사회 개혁을 명문화하는 등 수메르어 문장의 실상을 충분히 이해 할 수 있다. 그 후 400여년 동안의 문헌에서 수메르어의 문장 구조에 커다란 변화는 없는 점을 알 수 있으며, 동사 형태에 조금 복잡한 요 소를 보여준다. 그 후 고대 바빌로니아 시대에 들어와서는 수메르어

---

7 이때에 남쪽 메소포타미아 지역에 여러 해 동안 기근이 들어 이비씬은 그의 충신 이 쉬베이라에게 거액을 주고 보리를 사오라고 북쪽으로 보냈다. 그는 보리를 구입한 후 변절하여 북쪽 도시 이씬에 저장하고, 이비씬에게 '수메르 중앙 지역에 아모리족 들이 침입하여 우르로 보낼 수가 없다'고 편지만 보냈다. 얼마 후에 이쉬비에라는 이씬에 왕조를 세웠으며, 그러는 동안 우르의 물가는 폭등하고 결국 우르 3왕조는 무너졌다.

는 구어口語가 아니라 문어文語로 유지되었다. 즉 문법적인 변화가 생기지 않았다.[8]

수메르어는 셈어도 인구어도 아니다. 현재 학자들 사이에 공통된 의견은 아마도 알타이어 계통이 아닐까 하는 것이다. 그동안 여러 학자들이 터어키어, 핀란드어, 헝가리어, 그루지아어 등과 비교하여 중앙아시아 계통의 언어와 많은 유사성이 있음을 보여주었다. 우리말의 단어와 대조 연구가 김상일(1987)에서 시도되었으며,[9] 박기용(1994)의 최근 논문에서는 문법적인 차원에서 그 연관성을 시사하였다.[10] 이러한 연구와 그분들의 열성에 힘입어 수메르어 문법을 전공하고 수메르어 문헌 사전 편찬을 천직으로 하고 있는 졸자拙者가 그분들의 노고에 조금이나마 도움이 되고자 이와 같은 제목으로 시도해 본다. 졸고에 수메르어 문법을 개괄하여 어떤 부분이 우리말과 유사한지를 대조하여 볼 수 있으며, 더 발전하여 수메르어 연구 뿐 아니라 우리 옛말의 일부 원형을 찾는 데 새로운 계기가 되길 바란다.

수메르어는 교착어이다. 어근語根에 여러 형태의 접사를 일정한 순서에 따라 교착시켜 의미를 전달한다.

수메르어 자음은 /b, d, g, ĝ, h, k, l, m, n, p, r, s, š, t, z/와 모음 /a, e, i, u/로 구성한다.

---

8 수메르어 문법에 관한 최근의 참고문헌으로 Hayes, J. L., *A Manual of Sumerian Grammar and Texts*(Malibu : Undena Publications, 1990)와 Thomsen, M-L., *The Sumerian Language.* An Introduction to Its History and Grammatical Structure(Copenhagen : Akademisk Forlag, 1984)를 들 수 있다.

9 김상일, '수메르어와 한국어의 수사 비교, 수메르어와 한국어의 비교' 등, 『人類文明의 起源과 〈한〉』, 서울: 가나출판사, 1987.

10 수메르어 명사구에 붙이는 후치사를 격변화로 많이 설명하는데 박기용(수메르 語格體系對照分析, 언어학 16호, 한국언어학회, 1994, 81~129쪽)은 우리말의 토씨와 대조하여 그 활용이 서로 비슷함을 학계에 처음으로 발표했다.

모음에서 /e, i/와 자음으로는 /b, p/, /g, k/, /ĝ, m/, /s, š, z/ 등이 지역과 시간에 따라 서로 바뀌며 사용되었기 때문에 문법적으로 쓰인 음절수는 50개도 안 된다. 수메르어는 단음절 단어가 많다. 수메르어 단어의 마지막 음가가 자음이고 문법적 접미어가 모음으로 시작하면 흔히 그 자음에 모음을 붙여 음절로 표기한다. 〈심장, 속〉의 뜻인 šag₄dp 처격 토씨 〈-에〉를 붙여 $ag₄-ge라고 쓴다. 예를 들어 우리말에 〈속-에〉를 〈소게〉라고 표기한다.

▸ 속격 토씨

수메르어 문장에 뜻은 표의문자로 사용하고 문법적 요소는 음절로 표기한다. 문법적인 요소는 그 글자가 뜻을 전하는 것이 아니라 음音만을 전하는 것이다. 예를 들어, 〈집〉이 e₂이며 〈집에〉를 e₂-e라고 한다. 여기에서 처격토씨인 e라는 문자의 뜻은 물길(水路)이지만 문법적으로 사용될 경우 〈수로〉라는 뜻을 갖지 않는다. 예를 들면, nin an-na-ke₄ 〈하늘의 주인-이〉: 〈이〉는 능격能格 토씨를 가리킨다. 이 문구를 분석하면 nin an-/ak/-e 즉 〈하늘의 여주〉 nin an-/ak/에 능격토씨 -e를 붙인 것이다. 그러므로 na는 문자로서의 뜻이 있는 것이 아니라 단순히 〈하늘〉 an의 끝 자음에 속격토씨를 붙이게 됨으로써 생긴 음절이다. 다른 예를 들면, 〈임금의 집-에〉를 e₂ lugal-/ak/이며 여기에 처격토씨 〈-에〉를 뜻하는 -a를 붙여 음절로 표기한 것이 -la-ka이다. 그러므로 〈입〉을 뜻하는 ka는 이 문구에서는 그 뜻이 없으며 -la-는 단순히 〈임금〉인 lugal의 끝 자음에 속격토씨 /ak/를 붙여 쓴 음절이다.[11]

---

11 수메르어에는 기대속격(anticipatory genitive)이라는 것이 있다. lugal-la e₂-a-ni <*lugal-/ak/ e₂-/ani/ 〈임금의, 그의 집〉. 〈임금의 집〉을 〈임금의, 그의 집〉이라고 속격토씨에 소유격 대명사를 다시 한번 사용하는 방법이다. 3인칭 소유격 접미사는 /

수메르어의 접미사 /ak/는 속격토씨이다. 예를 들어 바빌론의 최고신 이름 〈마르둑〉을 /amar-utu-/ak/에서 나온 이름이다: amar 〈송아지〉 utu 〈태양신〉 /ak/ (속격토씨) 즉 〈태양신의 송아지〉가 마르둑이다(첫 모음 /a/가 떨어진 경우). 속격토씨의 사용은 명사와 다른 명사를 속격을 만드는 관계이므로 매우 보편적인 문법요소이다.

우리말에 명사와 명사 사이에 개입되는 /Vk/(모음+ㄱ)와 비교한다: 〈석 자〉〈*/서+ㄱ+자/, 〈넉 되〉〈*너+ㄱ+되.[12] 또한 명사의 끝에 /모음+k/(모음+/ㄱ/)를 붙임으로 명사에서 나온 명사denominal 또는 축소형demunitive을 만든다. 이런 예는 많다. 〈털毛)+*/ㅓㄱ/〉〈터럭〉(터러게 니르니) (터럭은 작고 가는 털을 뜻한다). 〈가르〉(派)+/ㄱ/〉〈가락〉('가르'는 '分岐', '가락'은 '분기된 물건'을 말한다). 〈갓)(皮)+/ㅏㄱ/〉〈가족〉(=가죽), 〈것(表)〉+*/ㅓㄱ/〉〈거죽〉 (니블 거죽과).[13] 이렇게 명

---

ani/이다(/a/-ni: /ani/ 앞에 나오는 단어의 끝이 자음이면 자음+/a/-ni가 된다). 비인칭 소유격 접미사는 –bi이며 기대속격의 쓰임새의 한 예를 들면 kalam-ma lugal-bi <*kalam-/ak/lugal-bi 〈나라의, 그 임금〉 = 〈나라의 임금〉. 우리 옛말에 속격을 나타내는 〈사이ㅅ〉과 대조한다. 〈나랏말쏨〉.

12 이숭녕, 중세국어문법, 서울: 을유문화사, 1981, 117~118쪽의 다른 많은 예를 참조. 수메르어에 기수와 서수를 구별하여 사용한다. 기수는 형용사처럼 그러나 기수로 사용될 때는 숫자를 명사로 여겨 속격 토씨를 붙인다. gud I immu는 〈황소(gud) 네(I immu) (마리)〉. 그러나 I immu-kam < *I immu-/ak/-/am/은 〈넷이다〉(=네번째이다). 우리 옛말로 분석하면 *〈너〉-/ㄱ/-이-(다) (〈이〉가 술격 토씨이며 수메르어의 */am/ (=am₃)는 수메르어의 "to be" 동사 me에서 파생된 접미사라는 설명은 아래 참조).

13 이숭녕, 중세국어문법, 93~99쪽. 또한 접미사 /ĝ/(ㅇ)의 경우도 마찬가지라고 생각한다. *〈/구르/+/ㅇ/〉 〈구릉〉, 〈골+/ㅏㅇ/〉 〈고랑〉, 〈구무(穴孔)+/ㅇ/〉 〈구멍〉 ((죠고만 구멍을 둛고), 〈긷(柱)〉+*/ㅜㅇ/〉 〈기둥〉 (기둥애 스는 客 이). 자음 /k/와 /g/는 유사하며 특히 수메르어에서는 많은 경우에 구분이 없다. 또한 /ĝ/의 음가는 /g, k/나 /m/으로 그 음가를 표기하는 경우가 많다. 고대 바빌로니아 학교에서 공부했던 토판에 〈나무〉의 뜻인 ĝiš의 발음을 gi-iš 혹은 mi-iš로 표기한다. 수메르어 saĝ〈머리〉을 아카드어의 음절로 사용할 때 sag 혹은 sak의 발음이 된다.

사를 만드는 우리말 속격 요소 */모음+ㄱ/를 수메르어 문법 요소인 속격 /ak/와 관련하여 이해하면 우리말의 /ㄱ/ 형태소는 속격을 나타낸다고 할 수 있다. 즉 터럭은 〈털에서 나온〉, 거죽은 〈것의〉, 가락은 〈가라〉에서 나온 명사로 분석할 수 있다고 제안한다. 아낙은 〈안(內)〉+/ㄱ/ 즉 〈안(內)〉의 사람〉 아내를 가리킨다.

⟩ 부사격 토씨

명사구에 토씨를 접미하는 우리말처럼 수메르어도 그러하다. 그 토씨는 능격 -e, 처격 -e(곁에), 처격 -a(속에),[14] 여격與格 -ra, 이격離格/出格 -ta, 向格/원인격/비교격 -še₃, 共格/비교격 -da이다.[15] 우리 옛말과 대조하면 주격토씨 〈-이〉, 처격 〈-아/-어(良), -에〉, 방편자리토씨 〈-로/-루(留)〉, 출격 〈-브터〉, 위치도움토씨 〈-셔〉,[16] 공격 〈-도/-두(都/刀)〉[17]를 들 수 있다. 수메르어에는 타동사의 직접 목적에 대격토씨를 붙이지 않는다(零格 0토씨라 한다). nin e₂-a ku₄ 〈여주인(nin)-0 집-에 들어온다〉, nin-e geme₂ tag 〈여주인-이 여종(geme₂)-0 때린다(tag)〉. 지시 접미사 -e, -še, -re(혹은 -de₅), 각각 〈이, 그, 뎌〉와 대조한다.

수메르어 지시 접미사 še와 〈그〉의 대조: 언어 음성학에 š와 k는 전

---

14 수메르어 처격 토씨에 -a,와 -e가 있다. 그 차이는 -a는 〈안에〉, 반면에 -e는 〈곁에〉로 구분된다. 예를 들어, e₂-a ku₄ 〈집 (안)에 들어온다(ku₄)〉, e₂-e gub 〈집 (밖)에 서 있다(gub)〉.

15 박기용(1994), 85쪽

16 위치도움토씨나 연유자리토씨의 형태소 /서/는 향가에서 찾기 힘들고 중세어에 나타난다고 한다(김승곤, 우리말 토씨 연구, 건국대학교출판부, 1989, 79쪽). 고대국어 힘줌도움토씨 〈사〉(沙, 乃)와 비교할 수 있을 과제라고 본다(최남희, 고대국어 형태론, 291~295쪽).

17 방편자리토씨 〈-로/-루〉(留): 최남희, 고대국어 형태론, 박이정, 1996, 257~263쪽. 〈역시, 함께〉의 뜻을 가진 도움토씨 〈-도/-두〉: 최남희(1996), 287~290쪽.

환하여 사용되는 경우가 있다. 지시사 -še가 우리말에 중칭中稱을 나타내는 〈그〉와 대조할 수 있다.[18]

수메르어 RE는 때로는 re 혹은 de₅로 표기한다. 그 음가가 /rde/이다. 수메르어 원칭 지시 접미사 /rde/를 /de/(de₅)로 읽으며 우리말의 원격 지시사 〈뎌〉와 대조한다. 지시 접미사는 명사 뒤에 온다.

형용사에서 부사

형용사에서 부사 만드는 방법으로 –a나 –bi를 붙이는 경우가 있다. hul₂ /hul₂ -a 〈기쁜/*기쁘어〉, gal/gal-bi 〈큰/크게〉 (-bi는 원칭 지시사이다.)

▸ 문장 구성

수메르어는 주어 보어 목적어 동사의 형태로 문장을 구성한다. nin uru-še₃ du-da 〈여주인-Ø 도시로 가(du)다(da)〉.[19] lugal-e e₂ hul-le-

---

18 예를 들어, charles(영어와 불어)와 karlos에서 첫 자음 ch/š와 k의 경우나 kirche와 church 등. 이와 마찬가지로 〈슈메르〉라는 이름은 원래 수메르 도시국가의 도시 통치자들의 모임이었던 ki-en-gi-ra 〈도시 통치자들의 자리〉를 셈어를 사용하던 사람들이 음역하여 šu-me-ru라고 불렀다. 즉 k<š, /ng/> m. 〈山, 지방, 나라, 누리(世), 저승〉 등을 뜻하는 수메르어 kur와 우리 옛말의 */구르/와 같은 단어라고 가정하며 구려(句麗), 굴(穴), 골(谷), 골(=고을) 등도 */구르/에서 파생된 단어임은 주지하는 바이다(김상일, 1987, 387쪽 참조). 위의 k와 š의 음은 전환 현상과 관계하여 유추하면 또한 수메르어 kur에서 우리말 〈산(山)〉이 파생되었다고 가정한다. 위에서 본 것처럼(/kiengira/=/šumeru/) 자음 š/k는 어떤 경우에 서로 교체되어 사용되며 설음/반설음의 관계인 r(1)/n도 쉽게 바뀌어 표기된다(즉 kur */šen/). 이렇게 변별하게 된 유래는 아마도 우리 옛말에 분하여 생겼다고 할 수 있지 않을까? 그래서 우리 옛말에 산소(山所)는 무덤이 있는 곳이 아닐까?

19 수메르어 동사 뒤에 붙이는 접미사 –da(혹은 –eda)는 부정사같은 역할을 한다. 우

da 〈임금이 집-0 헐(hul)으(e)다(da)〉 (*hul-e-da).[20]

> 동사

수메르어의 모든 자동사는 동사의 원형을 바꾸지 않고 동사에 다른 분법 요소를 첨가하여 타동사로 사용할 수 있다. 예를 들어, il₂은 〈일다, 일으키다〉는 뜻이다. 수메르어로 보편적인 명령형은 동사 뒤에 바로 /a/를 붙여 실현한다. 자동사로 쓰일 경우: il₂ -la 〈*il₂ -a〈*il₂ -a 〈일어 (나라)!〉. 타동사로 쓰일 경우: il₂ -la-an 〈 *il₂ -a-n *〈일으켜 그(n)-0〉(=그를 일으켜!), il₂ -la-ab 〈*il₂ -a-b 〈일으켜 그(b)-0〉(=그것을 일으켜!). 우리말에도 명령형에 /어/ 혹은 /아/의 접미어가 있다(먹어! 죽어!). 여기에서 –n과 –b는 각각 직접 목적을 교차 지시하는 대명사격 접요사이다.[21]

리말의 동사 어근+〈-다〉와 비슷하다.

20 수메르어 hul은 우리말의 《(집을) 헐(다)》 또는 《(남을) 할(다)》 (=헐뜯다)처럼 〈헐다〉(부수다)는 뜻과 〈惡하다, 악하게 하다〉는 뜻이 있다. 이처럼 두 문화권에서 언어의 발음뿐 아니라 문화적으로 상통할 수 있는 단어들의 쓰임새를 찾아내어야 그 교류를 확실히 알 수 있다. 예를 들어, šag4는 〈심장, 속, 안(內)〉이라는 뜻 이외에 〈자궁〉이라는 뜻도 포함한다. 수메르어로 〈잉태하다〉는 말을 《(뱃) 속에 물(정액)을 뿌리다〉 (šag4-ga a ri)라고 표현한다.(a〈물/정액〉, ri〈사출하다〉. 다른 예로, 수메르어로 神을 dingir(/diĝir)라고 하며 이 단어와 퉁구스어의 tengri와 동의어이다. tengri는 최고신이며 하늘신이다. 한 가지 중요한 점은 수메르어의 dingir는 그 표의문자로 〈하늘〉을 뜻하며 an이라고 읽으며 또한 an은 고유명사로 하늘신의 이름이다.

21 수메르어에는 인칭과 비인칭 대명사가 있다. /n/은 인칭을 /b/는 비인칭을 나타낸다. 사람과 神은 인칭에 속하고 그 외에는 모두 비인칭이지만 이방인이나 원수 혹은 사람을 낮추어 부를 때에 비인칭을 쓰기도 한다. 예를 들어, 사람이 그의 아내와 여종이 같이 서 있는데 그의 아내에게는 인칭으로 부르고 여종을 비인칭으로 가리키는 경우도 있다.

사역형 어미 /i/

수메르어 동사 원형에 /i/를 붙여 사역형을 만드는 경우가 많다: 예를 들어, nu₂ 〈누어!〉 *nu₂ -i₃ -in 〈그를(n) 누이어!〉 (n은 인칭 대격 접사이다.) 우리말과 같이 변한다.

완료형과 미완료형

보통 과거를 완료형으로, 현재-미래를 미완료형으로 표현한다고 말하지만 엄격히 구분하여 보면 동사의 행위가 끝나는 것을 기준으로 하느냐, 아니면 끝나지 않은 상태를 말하는 것이냐에 따라 구분할 수 있다. 수메르어에는 동사의 원형이 완료형으로 쓰이며 미완료형은 동사에 -e를 붙인다. 예, du₃ / du₃ -e 〈짓 / *짓어〉, hul / hul-le 〈헐 / 헐어〉, dul / dul-le 〈둘 / 둘러〉 (두르다) 등. 수메르어 미완료형 접미형태소 e는 우리말에 동사 접미 형태소 */어/와 */아/같은 양상이다.

수메르어 문법 형태소 -e의 중요한 역할은 근칭 지시 접미사이며 능격토씨이고 처격토씨를 나타낸다. 또한 동사의 어근에 붙여 동사의 미완료형을 나타내는 것이다. 우리말에도 근칭 대명사 〈이〉와 주격토씨 〈-이〉,[22] 그리고 처격토씨 〈아/어/에〉와 동사 진행형 어미 */어, 아/에서 그 활용을 볼 수 있다.

수메르어 동사 접미 요소 /ede/

동사의 원형 뒤에 바로 /ede/를 붙여 부정사나 진행형을 만드는 경우가 있다. du₃ -de₃ (집을) 〈짓기 위해〉(*짓데), dab-be₂ -de₃ 〈잡으려는데〉(*잡으대), du-de₃ *〈가대〉, ku₄ -r-de₃ (〈*ku₄ -r-ede) *〈들어오대〉

---

22 우리 옛말에 주격토씨 〈-이〉는 3인칭 근칭 대명사 〈이〉에 유래한 것이라는 의견이 있다(김승곤, 한국어의 기원, 건국대학교 출판부, 1990, 294~297쪽)

(ku₄-r 〈들어 오다/가다〉). 우리말에 〈노니다가〉(처용가), 〈주더니, 오는
딘댄, 너를 보디 아니하리라〉 등의 /다, 더, 대, 디/와 비교할 수 있을
것 같다.

▶ 주격 지시 접미사

동사구에 주격을 나타내는 인칭 접미사를 붙인다. 1과 2인칭 지시
사 요소는 –en이다. 〈나〉와 〈너〉를 대조하여 보면 1과 2인칭 모두 /
ㄴ/을 내포하고 있다. 3인칭 단수 접미사는 무표이다(unmarked). dab-
en *〈잡 나/너〉(=나/너는 잡다).

이와 관련하여 고찰할 수 있는 문법적 요소는 존재를 나타내는 경우
이다. 존재를 나타낼 때 수메르어에서는 "to be"의 뜻인 동사 me를 사
용한다. 동사 me에 단수 1과 2인칭을 나타낼 경우 주격 지시사 en을
사용한다: nin me-en 〈女主-∅ 이(me) 나/너〉 (=나/너는 여주이-다). (수
메르어 동사구가 자동사이면 주격토씨는 영격零格(∅이다.) 단수 3인칭의
실현은 그 형태가 –am₃이다: nin-am₃ 〈여주-∅ 이(me)〉(=여주이-다).
박기용(1994, 94~95쪽)에 수메르어의 이러한 형태소 am₃를 "술격토
씨"로 설명한다.[23]

---

23 "술격토씨"는 박기용(1994, 94~95쪽)에 따른 용어이다. 이 논문에 의하면 우리말에
〈그녀는 여주이-다〉에 〈이〉는 술격토씨이며 〈이〉는 동사 〈이다〉 "to be"에서 유래한
동사격 술격토씨라는 주장이다. 수메르어에서 이와 마찬가지로 동사 me에서 파생
된 –am3을 토씨로 명사구에 접미사로 사용한다. 이러한 –am₃은 동사 me에 동명사
화 형태소 –a를 붙인 形인 me-a가 음위전환된 것으로 설명한다. 더욱 분명한 경우
는 단수 3인칭만 제외하고 모두 동사 me에 인칭 지시접미사 –en(단수 1,2), 복수는
–enden(1인칭), –enzen(2인칭), –eš(3인칭)을 붙인다. 위의 논문에서 –am₃을 술격토
씨로 설명함으로써 우리말과의 유사성을 더 잘 볼 수가 있다.

▸장소-시간 부사격 접사

수메르어에 장소와 시간을 가리키는 기본적인 부사격 접사로 근칭 mu-, 중칭 e-/i-/a-, 원칭 ba-/bi$_2$-가 있다. 직설법에서는 접두사로 그러나 명령형에서는 접미사가 된다. 예를 들어, mu-gen 〈여기 걷다〉(=오다), i-gen 〈거기 걷다〉(=가다), ba-gen 〈저기 걷다〉(=가 버리다). 명령형의 예로, dab-mu-un (*/-mu-n/) *〈잡 여기 그(-n)(=여기 그를 잡아라), dab-ba-an (〈*dab-/a-n/) *〈잡 거기 그〉(=거기 그를 잡아라), e$_3$ -bi$_2$ 〈나가 거기로〉.

▸상응 접요사

장소-시간 부사격 접사 뒤에 토씨에 상응하는 접요사를 첨부하여 행위의 상태를 실현한다. 여격 –ra-(2인칭단수) -na-(3인칭단수), 공격 共格/비교격 –da-, 이격離格/원인격 –ta-, 離格 –ra-/-ri-, 향격 -še$_3$ /-ši-, 처격 –ni-,[24] 예를 들어, mu-ra-gen 〈여기 너에게 걷다〉(=여기 너에게 왔다), mu-na-de6 〈여기 그에게 데려왔다〉, mu-da-gub 〈여기 함께 섰다〉, ba-ši-gen 〈저기 향하여 걷다〉, ba-ta-e$_3$ 〈저기 (…)로부터 나갔다〉,[25] 이러한 접사들을 길게 연결할 수 있다: 그 한 예로, ma-

---

24 단수 2인칭 여격 접요사 –ra-는 원격 장소부사 ba-에 당연히 사용하지 못한다. mu-ra-du$_3$ 〈여기 너에게 (집을) 짓다〉: ba-ra-hul〈저기 떨어져 헐다〉.

25 우리말은 동사의 어근에 접미어를 붙여 여러 상태를 표현한다(〈하나니, 하더니, 하리니, 하리러니, 하노니, 하거니, 하고자, 하여라〉 등등). 수메르어에서는 명령형 동사구에서 그 유사성을 찾을 수 있다. 동사의 어근에 이러한 부사 접사를 붙여 동사의 상태를 표현한다는 점이다. 수메르어를 문자로 기록하기 시작할 당시에 이러한 장소-시간-상응관계의 문법적 요소를 동사 뒤에 붙여 명령을 나타내고 동사의 앞에 붙여 서술형이나 강조 등을 나타내는 방법은 언어의 인위성을 많이 보여준다. 수메르어와 우리 옛말의 이러한 접사의 형태소를 비교하여 연구하면 수메르어에 가장 어렵고 심각한 장소-시간-상응 접요사의 관계를 이해할 수 있을 것이며, 또한 우리말에 가장 복잡한 관계를 보이고 있는 활용어미에 대하여도 그 기원과 발달을 찾아

ra-da-ra-ta-e₃에서 동사 어근은 e₃ 〈(밖으로) 나오다/나가다〉는 뜻이 며, 동사 앞에 붙은 접사들은 부사격 연쇄체이다. ma-는 〈여기〉 ra- 〈당신에게〉 da- 〈함께〉 ra- 離格 (떨어져) ta- 出格(부터). 이 동사구가 나오는 문장을 인용하면 dingir-zu ud-gin₇ ki-ša-ra ma-ra-da-ra-ta-e₃ 〈당신의 神이 태양같은 지평선에 여기 당신에게 함께 (산 뒤)로 부터 떨어져 나온다〉[26]

동사 원형 뒤에 이러한 부사역할을 하는 접사를 붙여 명령형을 만든 다. de6-mu-na 〈데려와 여기 그에게〉, gen-ba 〈가 저기〉, gub-mu-da 〈서 여기 함께〉.

부정문은 nu, na, nuš, ba-ra 등으로 동사구를 시작한다. 우리말 부 정 부사에 〈아니, 안, 몯, 마라〉 등과 비교한다.

수메르어의 강청법 1인칭(let me)은 접두사 ga-이다. 예, ga-ak 〈내 가 하고자〉. 〈하고라, 하고려〉의 /고/로 대조할 수 있다. 2/3인칭(may you/he)은 he₂ -이다: 예, he₂ -ak 〈네/그가 하여라〉. 〈하야라, 하여라〉 의 /야, 여/ 등과 비교한다. 동사 ak는 〈하다〉는 뜻이다.

수메르어 문헌에 자주 나오는 복문 구조는 아래와 같은 예로 설명할 수 있다. 〈사람이 집을 짓다〉는 lu₂ -e e₂ du₃ . 〈사람이 집을 짓다〉를

볼 수 있을 것 같다. 수메르어를 이해하는 확실한 길은 수메르어의 문장이나 단어를 악카드어로 번역하였던 고대 바빌로니아 학자들의 번역문헌에서 쉽게 찾을 수 있 다. 그러나 수메르어의 장소-시간-상응 부사 접사의 관계를 분석하는 데 가장 어려 운 이유는 셈어인 악카드어로는 이러한 형태소를 번역에 충분히 반영할 수 없다는 점이다.

26 dingir-zu 〈神 너의〉(=너의 신), ud-gin₇ 〈태양같은〉, ki-ša-ra는 ki-šar₂-ra를 음절로 표기한 것이다. ki 〈땅〉, šar₂ 〈3600, 전체〉(=σápo), -ra는 šar₂의 끝자음에 처격토씨 -a를 붙인 것이다. 〈3600 땅〉 즉 〈지평선 끝의 山脈 위〉를 가리킨다. 비교토씨 gin₇ 은 우리 옛말의 〈도곤, 두곤〉과 대조할 수 있다: 平原에 싸힌 뼈는 뫼두곤 노파잇고 (이숭녕, 중세국문법, 213쪽).

〈집을 지은 사람〉으로 만들려면 동사구에 –a를 붙이며 자연히 lu_2 -e 의 능격토씨 –e는 ㄴ탈락된다: lu_2 e_2 du_3 -a. 이 동명사구 끝에 여격 토씨 -ra를 붙여 lu_2 e_2 du_3 -a-ra 〈집을 지은 사람에게〉라는 명사구를 만든다. 한편 위의 문장에서 lu_2를 빼도 명사구가 되며 그 뜻은 〈집을 지은 이에게〉: e_2 du_3 -a-ra가 된다. 다음에 gu_3 mu-na-de_2 〈여기 그 에게 소리(gu_3) 쳤다(de_2)〉라는 문장이 따라오면 lu_2 e_2 du_3 -a-ra gu_3 mu-na-de_2 〈집을 지은 이에게 여기 그에게 소리쳤다〉. 다른 예로, a-ma-ru ba-ur_3 -ra-ta 〈홍수가 휩쓸어 버린 (때)부터〉,[27] ^{d}utu e3-a-aš ba-gen 〈태양이 뜨는 (쪽을 향)해서 저기 갔다〉〈동쪽으로 가 버렸 다〉.[28]

많은 수메르어 복합 문장이 이렇게 술부 끝에 –a를 붙이고 다음 문 장을 연결하는 구조이다. 우리말에는 술부에 관형사형 어미 /ㄴ/ 혹 은 /ㄹ/을 사용한다.

---

27 a-ma-ru 〈홍수〉, ba- 원칭부사, ur_3 〈휩쓸다, 뭉게다〉, -ra (-/r-a/)의 /a/는 명사화하 는 관형사형 어미, -ta는 원인격/출격토씨.

28 ^{d}utu 〈태양〉 위첨자 ^{d}는 神 이름을 가리키는 자정기호이다. e3-a-aš <*e3-a-še3. 동사 e3는 〈(밖으로) 나가다/나오다〉.

2

수메르 수사와 우리말의 수사와 대조

여러 문화 사이에 수사의 관계는 그 문화 사이의 연관성을 찾을 수 있는 지름길 중에 하나이다. 김상일(1987)에 이러한 점을 주시하고 수메르어와 우리말 사이에 수사 1~6까지의 발음이 유사하다는 것을 자세히 설득력있게 밝혔다. 여기에서는 그 논문을 보완하고 새로운 가정을 제시한다.

1은 수메르어로 aš이며 우리말에 〈처음, 일찍, 먼저〉를 뜻하는 〈아시〉와 같다(김상일, 1987, 330쪽)

2는 수메르어로 min이다. 우리말에 〈둘〉은 수메르어의 min에서 파생된 것이 아니라 아래와 같이 설명할 수 있다. 수메르어에 aš는 〈하나〉이며 이것의 표의문자로는 dili/deli로 읽으면 〈홀로, 唯一〉의 뜻이다. 둘 이상의 복수를 가리킬 때 deli를 두 개 겹쳐서 표기하고 dedli라고 발음하며 복수를 나타내는 지정 기호로 사용했다(즉 */deli-deli/ 〉 dedli). 여기에서 자음접변의 변천과정 dedli 〉 *debli처럼 〈두블〉[29]이나 dedli 〉 *dulli 혹은 dedli 〉 *dulli의 자음접변을 통해 〈둘〉이 될 수 있다.

3은 수메르어로 eš. 우리말에 〈서〉 혹은 〈서이〉.

4는 수메르어로 limmu이다. 자음 /m/은 반자음 /w/와 서로 바뀌

---

29 〈두블〉: 최남희, 고대국어형태론, 서울: 박이정, 1996, 190쪽.

는 경우가 있다. 鼻音 /m/이 脣音 /b/로 다음 /w/로 변하는 과정이다.[30] 또한 우리말에도 /ㅂ/에서 /w/로 변한 단어가 많다.[31] 이와 같이 수메르어 limmu가 *liwwu로 다음에 *liʹu로 변하여 */너/가 되었다고 가정할 수 있다. 훈민정음 체계인 半舌音 /ㄹ/와 舌音 /ㄴ/은 비슷한 음가이다. 예를 들어, 〈라새〉=〈노새〉, 〈라귀〉=〈나귀〉.[32]

5는 수메르어 ia2. 고구려어 우ㅈ(于次)와 오쯔를 대응한다.

수메르어는 6~9까지를 5+1, 5+2, 5+3, 5+4처럼 두 단어의 발음을 붙여 읽었다. 이와 마찬가지로 우리말도 5에 각각 1에서 4를 붙여서 읽어 6~9라는 숫자를 복합어로 만들었음을 볼 수 있다.

6은 수메르어 aš3 (〈*ia2+aš). 우리말 */여스/, */여쐐/ (여숫달 참조).

7은 수메르어는 imin (〈*ia2+min)이다. 위에서 〈둘〉과 대응하기 위해 〈둘〉을 수메르어 복수 지정 기호 dedli에 유래를 찾았다(위의 2를 참고). 수메르어 수사 6~9까지를 만드는 방법에 기준을 두면 우리말 쪽으로 7을 뜻하는 복합 명사를 만들기 위해서는 */ia+dedli/ 〉*/iadebli/, 중세국어 〈여듧〉.[33] 혹은 */ia+dedli? 〉*/iadelli/. */여들/이 된다고 추정할 수 있다(여ㄷ래(八日) 참조). 심각한 문제는 */iadelli/ (5+2)는 /여들/인 8을 뜻한다. 고대국어에 7은 〈난은難隱〉 혹은 〈닐굽-急〉이라고 표기한다.[34]

8은 수메르어 ussu (〈*ia2+eš). 우리 옛말에는 무엇일까?

9는 수메르어 ilimmu (〈*ia2+limmu). 위의 4와 비교하여 우리 옛말

---

30 아카드어 〈사람〉의 뜻인 awilu는 amilu와 같은 단어이다.

31 이숭녕, 중세국어문법, 22~23쪽. 예를 들어, 셔블〉셔울, 고바(麗)〉고와.

32 이숭녕, 중세국어문법, 30쪽.

33 /여듧/은 〈여듧잿〉을 참조한 것임: 이숭녕, 중세국어문법, 229쪽. 접자음 /bl/이 /lb/이 되는 것은 (자음)도치 현상이다(metathesis).

34 최남희, 고대국어형태론, 190쪽.

쪽으로 변화시키면 */ialimmu/ 〉 */ialiwwu 〉 */iali´u/ 〉 */여러/ 〉 */여너/. 첫음절의 음가를 */여/로 가정하는 것은 6과 7의 첫음절이 */여/이기 때문이다. 9의 음가를 */여너/로 추정할 수 있다. 고대국어의 7 표기자인 〈난은難隱〉은 */여너/의 표기자가 아닐까? 문제는 수메르어의 9가 우리 옛말에 7이 된다는 것이다.

이와 같이 6~9까지 우리 옛말의 9의 음가인 〈아ㅎ〉를[35] 제외하고 수메르어와 우리 옛말의 수사를 대조할 수 있다. 그러면 /ussu/와 /아ㅎ/ 사이에 어떠한 변천과정을 생각할 수 있을까? 수메르어 8인 ussu(=*/ia2+eš/)를 우리 옛말 쪽으로 옮겨보면 */우스/ 혹은 */아스/ 였을 것 같다.[36] 고대국어의 ㅳ의 음가인 혀끝같이소리 /ㅅ/와 목청닫음소리 /ㅇ/으로[37] 옮겨 */아ㅅㅇ/을 가정하면[38] /ㅅㅇ/이 喉音 /ㅎ/으로 변한 것이라고 설명할 수 있다: 즉 */아ㅅㅇ/ 〉 */아ㅇ/ 〉 */아ㅎ/.

우리말에 1~6까지 수메르어 수사와의 유사음을 볼 수 있지만 7~9까지는 그 순서가 뒤바뀌었다. 언어 행위에서 생기는 인접한 수사끼리의 도치 현상에서 설명할 수 있다. 아마도 원래는 6=*/여스/, 7=*/여들/, 8=*/아스/, 9=*/여너/의 순서였는데 세월이 지나며 6~9까지의 숫자가 5+1~4에 유래한다는 원래의 의미는 잃어버리고 사용되었

---

35 〈여드래(八日)〉와 〈아ㅎ래(九日)〉: 이숭녕, 중세국어문법, 231쪽.

36 數詞의 변화과정을 연구한 서정범(1996, 318쪽)에 鴉順(九十)〈아순〉의 語根을 /앗/으로 생각하고 〈아홉〉은 */앗-읍/에서 형성된 것으로 설명한다(우리말 뿌리, 서울: 고려원, 1996).

37 최남희, 고대국어형태론, 53~54쪽.

38 수메르어 8 ussu(*/ia2+eš/)가 우리 옛말 쪽으로 */아스/인 끝자음이 〈혀끝같이소리 /ㅅ/에 목청닫음소리 /ㅇ/으로 됐다고 가정한다면 8=*/아스/가 6=*/여스/와 비슷하기에 8자에서는 서로 변별하여 사용하려고 8자의 음가 */아스/의 끝자음 /ㅅ/이 목청닫음소리로 변했을 것이다.

는데 언제부터인지 3~4가 인접하여 〈서-너〉의 합성어로 자주 사용되어[39] 6의 */여스/ 다음으로 오는 숫자를 */여너/로 유출誘出해갔다고 생각된다.(즉 3~4=/서-너/(/스-너/), 6~7(/여스-여너/). 이래서 6=*/여스/ 다음에 7=*/여너/가 따라오고 다음 수는 각각 하나씩 뒤로 밀려서 8=*/여들/, 9=*/아ㅇ/가 되었던 것이 아닐까? 동국여지승람 권8에 八㐌里縣一云仁里別號七谷이라는 부분이 나온다.[40] 여기서 전하는 옛날부터 써 내려오던 '七谷'의 이름을 '八㐌里'라고 고쳐 부르게 된 이유를 위의 설명에서 찾아볼 수 있지 않을까? 옛날에 7을 가리키는 */여들/은 지금의 8을 뜻한다는 증거가 아닐까?

수메르어와 우리 옛말 사이에 비록 지리적으로나 시간적으로 그 차이가 크지만 수메르어와 우리 옛말의 문법을 대조하여 보면 어느 다른 언어보다 그 유사성을 많이 찾아 볼 수 있다. 졸고에 서술한 것은 그 대표적인 것을 말하는 것이며 보다 더 많은 가능성을 갖고 자세히 분석할 수 있다고 생각한다. 문법 이외에도 우리 옛말의 단어와 그 쓰임새를 비교할 수 있으며 또한 수메르의 신화나 영웅전 등을 읽음으로써[41] 우리 옛 이야기와 상응할 수 있는 부분을 찾을 수 있다. 한편 종교 제의 등 그들의 생활상이나 고대 메소포타미아 사람들이 부각浮刻으로 남긴 수많은 예술 작품에서 그 문화적 맥을 찾아 볼 수도 있을 것 같다. 이러한 여러 방향에서 다각적으로 두 문화와 언어의 유사성을 연구할 수 있는 터전이 마련되기를 희망한다.[42]

---

39 〈서-너〉가 합성어로 자주 사용되는 경우를 중세국어 자료에서 볼 수 있다(허웅, 우리 옛말본. 15세기 국어형태론, 샘 문화가, 1975, 104쪽).

40 이 부분(동국여지승람 권8 星州)의 인용은 강길운(1990)에서 한 것이며 그의 설명은 전혀 다르다(강길운, 古代史의 比較言語學的 硏究, 샘문社, 1990, 131쪽).

41 조철수, 수메르 신화(1), 서울: 서해문집, 1996.

42 1996년 개천절에 〈대한성서공회 문헌정보자료실〉에서 시작한 〈고대어 고전어 공부

(조철수 교수는 위 옥고를 남기고 서거하셨다. 더 이상 연구를 하실 수 없고, 현재 이런 연구를 대신할 분들도 없다. 생니가 빠지는 듯한 아픔을 금할 수 없다. 앞으로 본고를 근거하여 연구가 진척되기만을 바란다)

모임)에 참석하신 분들에게 감사하며, 특히 우리말 문법을 필자에게 열심히 가르치신 박기용 고수의 노고에 감사드린다. 그러나 졸고는 모두 필자의 論調이다.

A Study about the similarities between the Sumerian Grammar and the Old Korean language

Cheolsu Jo

This study shows that there can be found the similarities between the Sumerian grammar and the Old Korean language. Sumerian and Korean are both agglutinative language and their words are basically mono-syllabic in nature. Thus one can easily identify many similar phonemes between the two. But if we can point out a certain amount of the grammatical items which can be paralleled one with the other linguistically we may fairly safe to argue that Sumerian had some relationship with the ancient Korean in terms of language and culture. Though this is a preliminary investigation one can glace at the following subtitles of Sumerian grammatical elements being compared with the Old Korean:

Sumerian	Old Korean
genitive construction: NP1-NP2-/ak/	NP-/əg/or -/g/
"agglutination" (so-called case-mark): -e, -a, -ra, -ta, -še3, -da	-i, -e, -ro, -tə, -sə, -do
demonstative suffix: -e, še, -de5	i, ge, deə
imperfective verbal suffix: Root-e	Root -ə/-a
verbal suffix -/ede/	VERB-de/-di/-də
verbal suffix -/ede/	VERB-da
1/2 p. sg. pronominal suffix: -en	na/nə

A Sumerian finite verbal sentence can be transformed into a non-finite clause through suffixation -a and then by adding an agglutination suffix one can make a noun phrase with the information of that agglutination suffix. Korean language structure has the exact same feature as the Sumerian in this regard. The worst headache of any Sumerologist might be the so-called dimensional verbal prefix chain which precedes the verbal base. Their functions tell adverbial in nature to indicate time and place, near and far, now and then, on and off, separate and together, etc. This can be found in the verbal suffix chain in Korea. We may set out for further investigation in hope to clear some obscure matters between the two languages.

엮고 나서

1987년 초판 당시의 글임. 그러나 현재 판은 단독 저술이다.

문명과 문명은 유기적 관계에 의해서 형성되어졌다. 고대 문명으로 올라갈수록 이러한 유기적 현상은 더욱 뚜렷하다. 오래된 문명권 속에서는 어디서나 발견할 수 있는 빗살무늬 토기와 여신상 등이 고대 문명의 유기적 관계성을 실증적으로 증명해주고 있다. 이러한 문명의 유기적 관계성은 빈번한 교통 통신 수단에 의해 그렇게 되었다기보다는, 인류 문명의 여명기에 어느 한 곳에서 함께 생활하다가 사방으로 흩어지면서 공동으로 사용하던 언어, 토기, 종교 의식 같은 것을 가지고 갔기 때문에 이루어졌다고 이해하는 것이 타당하리라 본다. 고대 근동아시아에서 남북미 대륙에 이르기까지의 놀라운 정도로 유사한 관계성은 이러한 유기적 문명사관을 토대로 하여 엮어졌다. 글을 쓴 분들은 각자 자기가 전공한 입장에서 자기 분야만 소개하였다. 엮은이는 이를 토대로 하여 수메르—한국—아메리칸 인디언을 한 줄에 꿰어 보려고 했다. 하나로 꿰는 실 역할을 한 것이 '한'이다. 그러나 이는 여러 방법론 가운데 하나에 지나지 않을 뿐, 이 방법만이 전부라고는 할 수 없다. 앞으로 언어학, 고고학, 인류학, 신학 등 모든 분야가 동원되어야 유기적 문명사관은 틀을 잡게 될 것이다.

유기적 문명사관은 요즘 국내에서 가열되고 있는 식민사관 극복과 한국 정통사관 회복에도 큰 공헌을 할 수 있을 것이다. 국내 사학계에서 무시당하고 있는 『환단고기』나 『부도지』 같은 사서들도 인류 문명의 기원적 입장에서 볼 때에 신빙성 있는 자료들로 받아들여질 수 있다. 즉, 고대 문명의 몇 가지 문명소文明素로서 고산 숭배, 여신 숭배, 홍수 설화 같은 요소들이 위의 사서들 속에 손색없이 갖추어져 있다. 이 사서들 속에 나오는 인명과 지명 같은 것이 인류 초고대 언어인 수메르어와 일치한다는 것은 놀라운 일이다. 이는 국내 문헌 자료가 실증되어질 수 있다는 증거이다. 실증될 수 없다는 이유로 이 고사서류들을 함부로 외면할 수 없다는 사실을 이 책을 엮으면서 절실히 느끼게 되었다. 이 고사서류들을 근동아시아나 아메리칸 인디언 문명권에 가서 고증할 수 있다는 것은, 우리 한국 문명이 그만큼 왜소되어 있고, 국내 학자들의 이해하는 폭이 너무 협소했다는 것을 의미한다. 수메르나 인디언을 연구하는 학자들이 이제 우리 처마밑까지 와서 문을 두드리게 되었다. 중국 요령성에서 발굴된 유적은 우리에게 가장 직접적으로 신호를 보내오고 있다. 홍산문화권에서 발굴된 빗살무늬 토기와 여신상은 그 모양이 수메르나 인디언의 그것과 유사하고, 한반도 안에서 발굴되는 것과도 유사하여 홍산문화권이 인류 문명의 요람지로 부각되고 있다. 이미 국내 학자들 가운데는 이 지역이 옛 고조선 지역과 일치한다고 흥분하는 분도 있다. 최근 유전자 인류학자들도 이 지역에 관심을 집중하고 있다.

동남아 일대의 산악 지방에서 아직 원시생활을 해 나가는 종족들의 신의 이름이 예외 없이 거의 '한'으로 일치하고 있는데, 앞으로 한국에서 '한'사상 국제 대회라도 개최하여 연구해 볼 만한 가치가 있다고 본다.

인류 문명의 주인공으로서, 주인으로서의 의식도 없고, 주인 노릇도 못할 때, 항상 손님이 들어와 주인의 자리를 빼앗고 주인 행세를 못하게 된다. 지금 우리에게 가장 시급한 문제가 주인 의식의 회복과 문화적 긍지를 갖는 일이라 할 수 있다. 이 책이 한국학을 이해하는 한 차원의 도움을 주는 것 이외에, 잃었던 민족의 영광을 다시 찾아 인류 문명의 주인공으로서의 의식을 일깨우는 데 도움이 된다면 더 바람이 없겠다.

1987년 초판

나가는 말

　만약에 외국(미국)에 나오지 않고 국내에서만 연구 생활을 했더라면 이런 글을 쓸 엄두도 발상도 못 내었을 것이다. '민족'이란 말 자체가 정치계에선 금기어가 돼 '국민'으로 둔갑했다. 세계화가 되는 마당에 우리말을 고집해서 무슨 소용이 있냐고 서슴없이 말한다. 학계에서는 민족물 찾는 것 자체를 타기시 하고 있다. 그러나 1975년 외국에 나와 외국 학계를 접해 볼 때에 이런 어처구니 없는 소리를 하는 사람들은 우리 뿐이라는 사실을 알게 되었다.

　나치 민족주의에 질급 당한 유태계 학자들이 미국을 비롯한 전 세계 학문을 쥐고 흔들면서 '민족주의'란 말은 학자의 권위와 품위를 훼손하는 말이 된 지 오래되었다는 말이다. 35년간 일제 식민치하에서 우리 학문은 숨쉴 곳도 없었고, 이어 분단이라는 유래 없는 비극적 현실이 연속되고 있는데 우리네 학자 교수들은 유대인 흉내내기에 바쁘다. 여기서 말하는 민족주의를 구태여 정의한다면 그것은 '자발적 민족주의 spontaneous nationalism'라고 할 수 있다. 침략과 정복이라는 약육강식의 민족주의가 아니고, 지구촌의 다른 민족들과 평화 공존하려는 민족주의, 다시 말해서 생존을 위한 자발적일 수밖에 없는 민족주의를 두고 하는 말이다.

　전 세계적으로 Chinese and Sumerian 그리고 Sumerian and Japanese는 무려 100여 년 전부터 시작되었다. 수메르어 전공 고 조철수 교수는 세계 어느 언어보다 한국어가 가장 수메르어에 가깝다고 이 책 부록에서 시작하고 있다. 물론 조교수 역시 처음에는 이런 주장에 반신반의 했었다. 그러나 여기 부록으로 실린 글들, 즉 1990년대 서거하시기 전에 남긴 몇 편의 논문들은 앞으로 Sumerian and Korean 연구에 문을 열 수 있는 길잡이가 되기에 충분하다.

만 30 여년 만에 출간되는 증보판은 그 내용이 다양해졌다. 그 중 III부에서 수메르-히브리-기독교로 이어지는 신관을 상생상극相生相克 관계로 본 것은 철학과 신학에 던지는 도전장이다. 인간이 지금까지 믿어 온 신들은 어느 하나 버릴 것이 없는 서로 상생하고 상극한다는 것이란 말이다. 그러나 기독교를 비롯한 주류 종교들은 자기들 신관 이전의 것들을 모두 사탄과 우상으로 매도하고 있다. 바알신관, 모세의 신관, 예수의 신관, 인내천 신관 등 모든 신관들은 서로 상생상극 관계에 있다는 것을 이 책은 주장한다. 신관을 '한'과 '텡그리'라는 도구를 통한 상생상극의 관계로 보지 않았기 때문에 많은 갈등과 충돌과 오해를 야기하고 있다. 구약에서는 바알과 아쉬테르 같은 여신을 우상이라 배격하고 있지만, 이들 여신들도 역시 지금도 살아 남아 남성 야훼신과 상생상극 관계에 있다는 것이다. 지금 거리를 배회하고 있는 '미투' 운동은 결코 여신들이 죽지 않고 부활하고 있다는 것을 단적으로 말해 주고 있다.

상생상극이란 유기체 관계 구조를 지배하는 것은 '우주의 영성' 자체이다. 앞으로 미래는 인류가 이런 유기체로서의 영성을 경험함으로 '호모 데우스Homo Deus'로 태어날 것이다. 지금으로부터 5000 여년 전의 전통을 세계 도처에서 찾아내려는 이 책의 시도를 고고학적 내지 언어학적 관점에서만 보아서는 안될 것이다. 우주적 영성을 찾자면 역사의 뿌리 근원을 먼저 알아야 한다. 그 근원을 찾는 데 있어서 '텡그리'와 '한'이란 두 말은 필수불가결의 도구가 될 것이다.

이러한 상생상극 관계로 보는 신관은 수메르-히브리-한국과 같은 연계고리를 통해서만 안목이 잡힌다. 물론 세계 도처의 모든 신관들은 서로 연계망을 만들어 상생상극하면서 새로운 영성, 그것은 마치 먼 과거 인류의 조상들이 가졌던 '기氣' 혹은 '지기至氣' 같은 우주적 영성이다. 규원사화는 조직적으로 우주적 지기가 탄생하던 시기를 '조판肇判'이라 했고, 지기가 인격신으로 되는 과정을 '태시太始'라 했다. 드디어 인격신이 탄생되는 단계를 '단군檀君'으로 나누어 기록했다. 구약 창세기에서 찾아보기 힘든 부분이다. 이번 증보판에서 이런 안목을 갖게 된 것을 소득으로 생각한다.

| 참고문헌 |

* Acta Sumerologia, edited by Mamoru Yoshikawa, Hiroshima : *The University of Hiroshima*, 1983.

* Adamson, David, *The Ruins of Time*, New York : Praeger Publishers, Inc., 1975.

* Baldwin, Gordon C., *Pyramids of the New World*, New York : G. P. Putnam's sons, 1971.

* Ball, C. J., *Chinese and Sumerian*, London : Oxford University Press, 1913.

* Ball, C. J., *Chinese and Sumerian Language*, Copenhagen : Akademisk Forlag, 194.

* Barnett, Franklin, *Dictionary of Prehistory Indian Artifacts of the American Southwest*, Phoenix : Northland Press, 1973.

* Batto, Bernard Frank, *Studies on Women at Mari*, Baltimore:Johns Hopkins University Press, 1974.

* Bernal, Ignacio, *3000 years of Art and Life in Mexico*, New York : Harry N. Abrams, Inc., 1968.

* Beyerlin, Walter ed, *Near Eastern Religious Texts Relating to the Old Testament*, London 1978.

* Bhagwani, Ernesto T. ed., *The Culture of the Bontoc Igorot*, Bontoc : MP, 1980.

* Black, Geremy A., *Sumerian Grammar in Babylonian Theory*, Rome : Biblical Institute Press, 1984.

* Burr Cartwright Brundage, *Empire of the Inca*, Norman : University of Oklahoma Press, 1981.

* Bushnell, G. H. S., *The First Americans*, New York : McGraw-Hill Press, 1978.

* Campbell, A., *Santal Tradition*, Indian Evangelical Review, vol. 19, No. 73,

October, 1892.

* Caplice, Richard, *Introduction to Akkadian*, Rome : Biblical Institute Press, 1980.

* Cassuto, U., *A Commentary on the Book of Genesis*, Part Two, From Noah to Abraham, trans. by Israel Abrahams, Jerusalem, 1964.

* Cassuto, U., Genesis II.

* Cochran, Gregory, *The 10,000 Year Explosion*, NY: Basic Books, 2009.

* Graigie, Peter C., *Ugarit and the Old Testament*, Eerdmans Wm. B. Publishing Co., 1983.

* Driver, G. R., *Canaanite Myths and Legends*, T. & T. Clark, 1976.

* Duchesne-Guillemin, Marcelle, *PUKKU AND MEKKU*, IRAQ, Spring, 1983.

* Eisler, Riane, *The Chalice and The Blade*, Pacific Glove: HarperOne, 1995.

* Ferm, Vergilius ed, *Ancient Religions*, New York : The Philosophical Library, 1950.

* Frazer, J.G., *Folk Love in the Old Testament I*, 1919.

* Gates, William, *An Outline Dictionary of Maya Glyphs*, New York : Dover Publications, Inc., 1978.

* Gordon, Cyrus H., *Forgotten Scripts*, New York : Basic Books, 1982.

* Gordon Cyrus H., *Ugaritic Textbook*, Pontifical Biblical Institute, 1967.

* Grahame, Clark, *World Prehistory*, New York : Cambridge University Press, 1977.

* Hale, Kenneth, *A Note on Subject-Object Inversion in Navaho*, Urbana : University of Illinois Press, 1973.

* Hallo, William W. and Simpson, William Kelly, *The Ancient Near East*, New York : Harcourt Brace Jovanovich, Inc., 1971.

* Hallo, William W., *The Ancient Near East*, New York : Harcourt Brace Jovanovich, Inc., 1973.

* Harrison, R. K., *Old Testament Times*, London : Inter-Varsity Press, 1970.

* Hawkes, Jacquetta, *Dawn of the Godsa*, NY: Random House, 1968.

* Heidel, A., *The Gilgamesh Epic and Old Testament Parallels*, 1946.

* Heidel, A., *The Gilgamesh Epic and Old Testament Parallels*, 2nd ed., Chicago, 1949.

* Heider, Friedrich, *Die Religionen der Menschheit in Vergangenheit und Gegenwart.*, Reclam-Verlag GmbH Stuttgart, 1959.

* Heinze, Ruth-INGE, *Tham Khwan*, Singapore : Singapore university Press, 1982.

* Heissig, Walther, *The Religions of Mongolia*, London : Routledge and Kegan Paul, 1980.

* Hembrom, Timotheas, '*The Creation Narrative of The Santals : A Plumbing into Theological Motifs*' at *Theological Seminar-Workshop IV in Tao Fong Shan*, Hong Kong in 1986.

* Hibben, Frank C., *The Lost Americans*, New York : Thomas Y. Crowell Company, 1968.

* Hooke, S. H., *Babylonian and Assyrian Religion*, Oxford : Basil Blackwell, 1962.

* Hulkrantz, Ake, *The Religions of the American Indians*, Berkeley : University of California Press, 1967.

* Jangma Pawlu, '*Doing Theology With Religions of Kachin Creation Story*' at *Theological Seminar-Workshop IV in Tao Fong Shan*, Hong Kong in 1986.

* Jensen, P., *Das Gilgamesch-Epos in der Weltliteratur I*(1906), II(1926).

* Jeremias, A., *Das Alten Testament im Lichte des alten Orients*, 4th ed., 1930.

* Jiayin, Min, *The Chalice and The Blade and the Chinese Culture*, China: China Social Sciences Publishing House, 1995.

* Johnson, Warren K., *ABRAHAM*, Santa Clarita: Christosoro Publishing, 2001.

* Kaufmann, Yehezkel, *The Religion of Israel, Chicago* : University of Chicago Press, 1960.

* Kinnier Wilson, J. V., *The Story of the Flood, in Documents from Old Testament Times*, ed. by D. Winton Thomas, 1961.

* Kluckhohn, C., *Navaho Philosophy*, New Haven : Yale University Press, 1949.

* Kramer, Samuel Noah, *History Begins at Sumer*, Philadelphia : The University of Pensylvania Press, 1981.

* Kramer, Samuel Noah, *Sumerican Mythology*, Chicago : The University of Chicago Press, 1953.

* Labat, Rene, *Manuel Depigraphie Akkadienne*, Paris : Librairie Orientaliste Paul Geuthner, S. A., 1976.

* Lalpallian, *How the Triune God Revealed Himself Among The Tribal Animists' at Theological Seminar-Workshop IV in Tao Fong Shan*, Hong Kong in 1986.

* Lanczkowski, Günter, *Geschichte der Religionen, Fischer Taschenbuch Verlag GmbH*, Frankfurt am Main, 1972.

* Landsberger, Benno, *Three Essays on the Sumerians*, Los Angeles : Undena Publications, 1974.

* Langdon, Stephen, *A Sumerian Grammar*, Paris : Libraivie Paul Geuthner, 1911.

* Langdon, S., *The Epic of Gilgamesh*, 1917.

* Livingston, G. Herbert, "*The Pentateuch in Its Cultural Environment,*" Grand *Rapids* : Baker Book House, 1978.

* Macfarlan, Allan and Plaulette, *Handbook of American Indian GAMES*, New York : Dover Publications, Inc., 1958.

* Marie-Louise Thomsen, *The Sumerian Language*, Copenhagen : Akademisk Forlag, 1984.

* Marks, J. H., *The Interpreter's Dictionary of the Bible*, vol. 2, New York, 19 62.

* Mathews, Thomas F., *The Clash of Gods*, Princeton: Princeton University Press,1993.

* McCurley, Foster R., *Ancient Myths and Biblical Faith, Philadelphia* : Fortress Press, 1983.

* McKenna, Terence, *Food of the Gods*, NY:Bantam Books, 1992.

* Mendenhall, George E. and Schafer, Edward H., *Early Mesopotamian Royal Titles*, New Haven : American Oriental Society, 1957.

* Noss, John B., *Man's Religions, New York* : Macmillan Publishing Co., Inc.,

1980.

* OKLADNIKOV, A. P., *The Soviet Far in Antiquity*, edited by Michael, H. N., University of Toronto Press, 1964.

* Oppenheim, A., Leo, *Ancient Mesopotamia : Portrait of a Dead Civilization*, Chicago : University of Chicago Press, 1974.

* Osman Ahmed, *Moses and Akhenaten*, Rochester: Bear and Company, 2002.

* Parrot, A., *Studies in Biblical Archaeology*, No. I, 1959.

* Ringgren, Helmer and Ström, Ake V, *Religions of Mankind Today & Yesterday*, Philadelphia : Fortess Press, 1967.

* Ruth M. Underhill, *Red Man's America*, Chicago : The University of Chicago Press. 1953.

* Sandars, N. K., *The Epic of Gilgamesh : An English Version with an Introduction*, rev. ed., Middlesex, 1972.

* Schott, A., *Das Gilgamesch-Epos*, 1934.

* Siwu, Richard A. D., *'The Inclusive Way of Life of Minahasan' at Theological Seminar-Workshop IV in Tao Fong Shan*, Hong Kong in 1986.

* Sitchen, Z., *Genesis Revised*, NY: Avon Books, 1990.

* Sitchen Z., The 12th Planet, NY: Harper, 1976.

* Sitchen, Z., Divine Encounter, NY: Avon Books, 1995.

* Sitchen, Z., *There were Giants Upon the Earth*, Rochester:: Bear & Company, 2010.

* Skinner, John, *A Critical and Exegetical Commentary on Genesis(ICC)*, 2nd ed., Edinburgh, 1930.

* Smith, G., *Transactions of the Society of Biblical Archaeology*, II, 1873.

* Speiser, E. A., *Genesis : Introduction, Translation, and Notes(The Anchor Bible)*, New York, 1964.

* Speiser, E. A., *The Epic of Gilgamesh*, in Ancient Near Eastern Texts ed. by Pritchard J. B., 1969.

* Takakusu, Junjiro, *The Essentials of Buddhist Philosophy*, Connecticut : Green-wood Press, 1976.

* Takerngrangsarit, Pradit, 'The Essence of Thai-Khwan' at Theological Seminar-Workshop IV in Tao Fong Shan, Hong Kong in 1986.

* Teubal, Savina J., Sarah The Priestess, Chicago : Swallow Press, 1984.

* Thompson, R., Campbell, The Epic of Gilgamesh, 1928(1), 1930(2).

* Tozzer, Alfred M., A Maya Grammar, New York : Dover Publications, Inc., 1977.

* Trever, Albert A., History of AncientCivilization , New York : Harcourt Brace and Company, 1936.

* Tyler, Hamilton A., Pueblo, Norman : University of Oklahoma Press, 1984)

* UNESCO FREE(1981년도판.)

* Ungnad, A. and Grëssmann, H., Das Gilgamesch-Epos, 1919.

* Ungnad, A., Die Religion der Babylonier und Assyrer, 1921.

* Ungnad, A., Gilgamesche-Epos und Odyssee, 1923.

* Waterhouse, John Clifford and Robert F., Sentence Combining, Indianapolis : Bobbs-Merrill Educational Publishing, 1983.

* Waters, Frank, Book of the Hopi, New York : Penguin Book, 1977.

* Wauchope, Robert, Lost Tribes Sunken Continents, Chicago : The University of Chicago Press, 1962.

* Wherry, Joseph H., The Totem Pole Indians, New York : Thomas Y. Crowell Company, Inc., 1974.

* Wiseman, D. J. ed., Peoples of Old Testament Times, Oxford : The Clalendon Press, 1973.

* Woolley, C. Leonard, The Sumerians, New York : W. W. Norton and Company, 1965

* Yoshiwara, R., Sumerian and Japanese, Chiba: Japan English Service, Inc., 1991.

* Zafarella, P. B., IGOROT ART, Philippines Quarterly, Sep. 1974, vol. 6, No. 3.

* ガブリエルユソテル, 『幻のインダス文明』, 東京, 大陸書房, 昭和 51.
* 內蒙古文物工作隊 編, 『新石器時代』, 內蒙古文物資料選輯, 1964.

* 遼寧省博物館, 旅順博物館, 「長海縣廣鹿島大長山島具遺址」, 考古學報, 1981 年, 第1期, 科學出版社.
* 中國社會科學院 考古學研究所 編, 『新中國 考古友現和研究』, 文物出版社, 1982.

* 강귀수, 『檀君神話研究』.
* 김경탁, 「하느님 개념 발전사」, 『한국 문화사 대계』VI, 서울, 불교사상사, 1973.
* 金芳漢, 『韓國語의 系統』, 서울, 民音社, 1983.
* 金東春, 『天符經과 檀君史話』, 서울, 가나출판사, 1986.
* 金秉模, 『韓國人의 발자취』, 서울, 정음사, 1985.
* 김상일, 윷의 논리와 마야역법, 대전: 상생출판, 2015.
* 김선기, 『한민족, 그 불사조인 이유』, 서울, 성화사, 1980.
* 金聖昊, 『沸流百濟와 日本의 國家起源』, 서울, 知文社, 1982.
* 김승곤, 『한국어의 기원』, 서울, 건국대학교 출판부, 1984.
* 김이곤, 구약성서의 신앙과 신학, 서울:한신대학교 출판부, 1999.
* 김열규, 「신화적 측면에서 본 한국사상의 원류」, 『민족 문화의 원류』, 서울, 한국정신문화원, 1980.
* 金元龍, 『韓國考古學槪說』, 서울, 一志社, 1986.
* 김재원, 『단군신화 신연구』, 서울: 탐구당, 1982.
* 金貞培, 『韓國民族文化의 起源』, 서울, 고려대학교 출판부, 1976.
* 람스테드 G.J., 『알타이어 형태론 개설』, 서울, 民音社, 1985.
* 박기용, '수메르어격체계대조분석', 『언어학』16호, 한국언어학회, 1994, 81-120쪽.
* 朴容淑, 『韓國古代美術文化史論』, 서울, 一志社, 1978.
* 朴杓, 『超古代文明에의 招待』, 서울, 드라이브사, 1983.
* 朴堤上, 『符都誌』, 서울, 가나출판사, 1986.
* 北崖子 著, 申學均 譯, 『揆園史話』, 서울, 명지대학 출판부, 1978.
* 민영진, 국역성서연구, 서울: 성광문화사, 1984.
* 손성태, 『우리 민족대이동』, 서울: 고리, 2014.

* 시친, 자카리아, 신들의 고향, 서울:이른아침, 2009.

* 신용하,『고조선 국가형성의 사회사』, 서울: 지식산업사, 2010.

* ____,『다시 보는 한국역사』, 서울: 지북스, 2003.

* 신이치, 니카자와, 김옥희역,『곰에서 신으로』, 서울:동아시아, 2012.

*『神學과 世界』제11호.

* 안성림.조철수, 창세기와 원 창세기, 1995.

* 安啓賢,『韓國佛敎史』, 서울, 동화출판사, 1982.

* 안호상,『국민윤리』, 서울, 배영출판사, 1977.

* ____,『단군과 화랑의 역사와 철학』, 서울, 사림원, 1979.

* 玉城肇 著, 김동희 譯,『세계여성사』, 서울, 백산서당, 1986.

* 元義範,「불타의 方法論的 해탈」,『불교사상대관』, 서울, 불교사상사, 1973.

* 유안진,『오해받는 우리의 옛 여인상』, 서울, 범양사, 1985.

* 尹乃鉉,『韓國古代史新論』, 서울, 一志社, 1986.

* 윤성범,『韓國的神學』, 서울, 종로서적센터, 1972.

* ____,「桓因, 桓雄, 桓儉은 곧 '하나님'이다」,『한국논쟁사』, 서울, 청담문
  화사, 1976.

* 이기영,『한국 철학의 전통적 기조, 한국 사상의 역사성과 방향』, 서울, 정
  신문화연구원, 1980.

* 李男德,『韓國語 語源研究 I』, 서울, 이화여대 출판부, 1985.

* 이병도,『한국 고대사 연구』, 서울, 박문사, 1979.

* 李恩奉,『韓國古代宗敎思想』, 서울, 集文堂, 1984.

* 이정기,「ᄋ리ᄅ 原形文化와 檀君神話」,『民族正統思想의 研究』, 서울, 주간
  시민사, 1978.

* 이홍규,『한국인의 기원』, 서울: 우리역사연구재단, 2012.임승국 역,『한
  단고기』, 서울, 정신세계사, 1986.

* 任孝宰 ,「放射線炭素年代에 의한 韓國新石器文化의 編年研究」, 金哲埈 博士
  華甲紀念史學論叢, 1983.

* ____,「新石器時代 韓國과 중국 遼寧地方과의 文化的 關聯性에 관하여」,
  『韓國上古史의 諸問題』, 한국정신문화연구원 상고사 학술회의 1987. 2.
  25~26.

* 장국원, 『世界運命學의 發端과 그 展開』, 서울, 성광문화사, 1982.

* 정소문, 텡그리, 서울:서문당, 2012.

* 정호완, 우리말로 본 단군신화, 서울: 명문당, 1994.

* 조선인민출판소, 『조선전사』1, 2 평양, 조선인민출판소, 1979.

* 조철수, 메소포타미아와 히브리신화, 서울: 길, 2000.

* _____, 수메르신화, 서울:서해문집, 1996.

* _____, 사람이 없었다 신도 없었다, 서울: 서운관, 1995.

* 조철수, 안성림 공저, 창세기와 원창세기, 서울: 서운관, 1995.

* 千寬宇 편, 『韓國上古史의 爭點』, 서울, 一潮閣, 1978.

* 최남선, 「不咸文化論」, 『최남선 전집』2, 서울, 현암사.

* 최남선저, 정재승.이주현역주, 불함문화론, 서울:울;역사연구재회, 2008.

* _____, 「아시조선」, 『최남선 전집』2, 서울, 현암사.

* _____, 「檀君神典의 古義」, 『최남선 전집』2, 서울, 현암사.

* 崔夢龍, 『人類文化의 發生과 展開』, 서울, 東星社, 1985.

* 川崎眞治, 「'契丹神話'와 '잃어버린 十部族'의 함수」, 『自由』, 1981. 1. 서울, 自由社, 1981.

* 파스투로, 미셸, 주나미역, 『곰, 몰락한 왕의 역사』, 서울: 오롯, 2007.

찾아보기